U0617660

本书为国家社会科学基金重大项目"建立全媒体传播体系研究"

（项目批准号：20ZDA057）成果。

刘德寰　孟艳芳　王袁欣　等／著

全媒体传播体系构建研究

RESEARCH ON THE
CONSTRUCTION OF THE
OMNI-MEDIA
COMMUNICATION SYSTEM

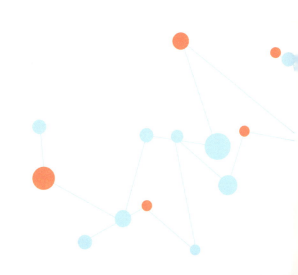

社会科学文献出版社
SOCIAL SCIENCES ACADEMIC PRESS (CHINA)

目　录

第一章　建立全媒体传播体系的背景

随着互联网技术的发展与媒介环境的大变革，近二十年，我国传统媒体纷纷从运营革新、内容分众、渠道整合等多个角度向新媒体转型。2019年，习近平总书记在中共中央政治局第十二次集体学习时就"全媒体时代和媒体融合发展"发表重要讲话，指出"推动媒体融合发展、建设全媒体成为我们面临的一项紧迫课题"，这次讲话为全媒体的定义与未来发展路径提供了一个新的视角，对全媒体的研究和实践在理论发展与战略规划上都极具意义。

第一节　大众的"消逝"与大众传媒的变迁

社交网络发展的各个阶段的核心意义始终在于改变人与自己感兴趣的他人、信息建立积极关系的方式。社交网络从少数人的使用转变为普遍的使用之后，不断形成新的对社会生活的结构性影响，其中对于媒介产业的影响至关重要，几乎从根本上改变了大众传媒主导传播活动的基本形态。对于媒介产业而言，这种变化最为重要的结果在于加速了大众传媒的衰落，导致这一变化的诸要素同时也使大众传媒影响下的社会交往普遍地发生了结构性的瓦解。

大众传媒不断走向自身的分化和解体之路，这与社交网络的兴起和演变过程，尤其是社交网络向社交媒体转化的过程紧密相关，正是这一过程最终带来大众传媒的衰微与解体，社会从而进入个体化媒体时代。

对这一过程的分析，固然需要对宏观性数据、公开资料进行检索，但更为重要的是对个体媒介使用情况的考察。因为这既是当前宏观资料难以揭示的部分，也符合媒介研究以人为本的研究取向。除此之外，更为重要的、确定本书考察方式的原因是关于"大众"的想法在现代社会无论国别广泛使用的情形，这与人们对大众传媒的使用密切相关。因此，从这个层面上来看，考察个体的媒介使用情况，是最直接有效的方式。在社交网络兴起及演化的过程中所发生的一切变化在实践层面都是由个体所组成的用户主导和推进的。正是因为个体获取信息的方式和内容发生变化，使得不同的信息流通和呈现方式出现，不同的社会交往结构才逐渐形成并显现。

今天个体的媒介使用选择正在失去主导地位，以互联网为枢纽的媒介系统接管了人们的日常媒介生活。这种媒介选择的转移，是整个21世纪最重要的社会变迁，而清晰地梳理这一结构变迁的过程及现状，是我们据此展开理论与实践分析的重要途径。"互联网"时代、"网络"社会、"移动互联网环境"是我们在日常语境、产业、媒介分析中不断提到的词语，然而人们对这些惯常使用的术语始终缺少明确的定义和分类。人们更倾向于在广泛、笼统的含义上使用这些词语，尤其在今天技术与经济发展的过程中，诸多与互联网技术结合的产业和媒介形态统一被称为"新媒体"，即使在日常生活中也不难发现这样做带来的混乱情形，我们用同一个词语谈论完全不同的事物，这很容易使本来处于同一范畴中的研究对象在形形色色的新概念中无法有一个共同的基点。

如果我们能够认同经典社会理论家对社会与个人生存图景之间的关系所进行的分析，那我们大体应该有理由认为媒介现实的整体结构与变迁对以媒介为生态环境进行的人类活动和社会系统同样有制约与建构的功能。媒介现实的诡异之处在于无论此刻情势多么明朗，我们都无法清晰界定未来的趋势。熊彼特的"颠覆式创新"最鲜明的体现大概就在媒介领域，那些将全部勇气投入技术创新的人也许会在一夜之间改变我们生存的媒介图景。

这一改变是如何发生的？回顾历史，我们可以看到媒介形态变化的现实依据，媒介现实的重构和重组在形态变化的不同阶段都有发生。但是与大众传播时期拥有广泛受众的大众媒体不同，今天的媒体环境中以独立个体身份出现的使用者成为媒体传播变革的重要力量，他们本身就是传播的基础构成部分。本书以这些使用者的媒介使用情况发生的变化为切入点，集中讨论媒介及其使用情况在过去十年中产生的变化。正是在这种结构性的变迁中，理论建构中的"大众"传播范式发生了根本的改变，大众传媒产业的解体和媒介意义上大众的消逝都是这一变化的表征。

一　大众传媒时间控制能力与空间安排能力的下降

大众传媒时间控制能力与空间安排能力首先体现在垄断权的个体化分离上，其次体现在媒介使用时间的迁移与结构上。

大众传媒在社会时间中最重要的竞争优势在于其对个体时间的集体垄断。受媒介资源限制，大众传媒在不断的相互竞争中发展出成熟的产业寡头组织。它们在报纸、电视台、广播电台这些大众传媒的各个子行业中，形成具备较高社会覆盖率的媒介集团，并逐渐拥有较高订阅率、收视率、收听率，为被视为"大众"的个体安排娱乐闲暇时间。人们像习惯工作场所一样习惯大众传媒对社会时间做出的安排与规定。关于这种安排的一种典型的现象是人们在电视的黄金时代需要通过订阅电视报知道电视台的播出安排，用以做出自己的收视选择，喜欢某一类节目或赶不上播出时间的人只能用刻录机把节目录下来。这些都是人们经历过的大众传媒对时间的安排和垄断。

这种强有力地、稳定地、持续地安排人们时间的能力与大众传媒成熟的组织运行机制密切相关。大众传媒产业通过准确、持续、固定的分秒不差的播出时间、发行时间，以及瞬时性特征为时间的垄断奠定了基础。互联网的出现则打破了这种关于时间的规定，虽然早期的门户网站在消息更新方面具有一些明确的时间规定，但这种规定也并不像传统媒体在集合众多人力资源调配之后必须实现的、分秒不差的时间安排系统一样严格。同时，互联网中的媒介内容具有持久性特征，人们不必在固定的时间接收消息。移动互联网阶段，手机成为人们接收消息的主要设备，大众传媒对于时间的垄断更加微弱。

目前来看，人们使用媒介的时间不断增加，但伴随这种增加出现的是大众传媒使用时间的减少。人们对时间的控制从由大众传媒规定转向由使用者自主掌握和安排。当然从大众传媒安排的时间中脱离并不意味着人们在媒介使用中获得了自由，大众传媒关于时间的安排是固定的，但是转向互联网媒介后，永远"在线"的他人彻底将个体抛入看似自由的不自由状态。

人们在时间上的转移对大众传媒体系的影响是显而易见的。以互联网为标志的网络传播体系出现以来，关于新媒体与传统媒体之间的讨论就一直在进行，其中具有代表性的是围绕"纸媒消亡论"展开的讨论。该讨论主要集中在以下方面：①报纸作为一种新闻形式会不会消亡；②传统媒体在新媒体技术环境下的转型；③传统媒体与新媒体的融合战略。第二个方面的主题在一定程度上也经常被包含在第三个方面中。我们可以看到传统媒体与新媒体的发展关系一直是讨论的重心。尽管如此，受到政策、商业、新闻生产方式变革等多方面影响，传统媒体形态是否会消亡、新媒体体系是否最终会彻底取代传统媒体体系等议题缺乏深入的讨论。媒介融合始终是重要的研究议题，学界对转型中的媒介产业所做出的适应性变革进行了诸多探讨。

无论我们尝试为媒介产业勾勒一个怎样的前景，个体的选择始终是至关重要的部分，但是我们很少看到专门的研究。个体的选择——在媒介形式越来越丰富的社会中，个体对媒介使用的时间是如何选择并分配的？尤其是他们的时间分配结构是否存在一定的规律性变迁？个体的选择正是一切变革得以发生的重要力量，人们用他们的时间参与到这场变革中。学界对个体的媒介时间分布、结构性特征的分析少见于论述之中，而这种分析并不能因为我们每个人都对其有一个"大概如此"的判断而变得不重要，因为由个体所进行的时间分配已经深度参与进媒介产业的结构性变化之中。尽管这种由个体所进行的时间分配谈不上永恒存在，但要说在瞬息万变的媒介环境中，有什么是永恒不变的，那就是被视为"接收者"的个体，他们的时间总是会被用到某种媒介上。

把真正的人带回我们对媒介的分析中，当我们对今天所处的媒介环境做分析时，关注处于这一环境中的人如何分配他们的时间变得至关重要。这是我们研究以网络与连接为主要特征的媒介变迁所带来的社会变迁的现实性起点。以时间为线索我们可以同时对媒介使用结构的变迁以及媒介在人们日常生活中所处的位置有清晰的了解。

媒介的表现形式及其作用机理并不能直接使用接触率、到达率、拥有率来解释，而应该考虑个体实实在在的时间投入。直接刺激人们使用媒介的不是技术，尤其不是这些有形的设备，而是人们在其中投入的时间和情感。为什么人们会心甘情愿被技术所驯服？这种驯服会带来怎样的社会和媒介后果？我们一直在强调社会生活各个主要领域对媒介使用的影响，但在今天这种媒介发展趋势下，是时候站在媒介现实之中，以我们日复一日习惯性的媒介使用，反观我们构筑的社会现实，并对此有所觉察和反思，不再回避显而易见的证据，不再基于形态的执念做无谓的融合，而是真正考虑媒介生态中最为重要的时间分配。因为这种时间分配等同于人的时间，体现的是一个社会中人们对时间的分配偏好。

那我们是不是应将媒介使用视为完全的个人行为呢？如果是，那么所有的研究应完全集中于个人，这是行为主义、心理学处理的范畴。本书想阐明的是：它既不是只关乎每一个个体如何使用媒介，如何理解自己收到的信息，如何行动，也不能被简单理解为每一个个体活动的集合，而应被理解为一种在变动之中具有现实性和历史性的媒介现实，而这种现实有其社会面向。

媒介使用已经越来越多地浸入日常生活，以至于很多时候做出精确的分类是困难的。当我们对媒介形态和结构性的变化进行探讨时，从终端入手有一条清晰的主线，能让我们将注意力集中在可以界定的领域。

每一种媒介类型都有其固有的性质，因此我们在研究中必须考虑其存在的特殊条件。我们研究的是那些构成接触时间的媒介类型和媒介使用时间变化的趋势。我们分析的是个体的媒介使用结构，但在媒介转型期，作为直接分析对象的是基于个体选择所形成的媒介使用时间。从基于大规模调查统计、来自个人的数据出发，我们可以获得反向探讨社会原因的基点，而不至于陷入政治、经济、文化等诸多因素的缠绕之中。每一个社会群体对媒介都有一种特殊的倾向，这种倾向既不能完全由个人的心理气质结构来解释，也不能用自然环境来解释。我们应该分析这种倾向的社会原因，比如分析这种倾向是单一的不可分解的，还是可以细分的。

大众传媒的空间安排能力不仅体现为其可以跨越传递与被传递消息的双方在地理空间上的距离，同时还可以让个人借助不同的媒体营造自我空间。大众传媒在空间上的扩展性是此前的印刷媒体所不能比拟的，一方面，广播、电视等大众传媒承担传递消息、传达政策的任务，在空间上能极大拓展消息传递的范围。另一方面，在个体的日常使用中，大众传媒尤其是电视，属于家庭空间、公共空间中的公共媒体。如果建构一个容纳多个成员的空间，例如家庭、酒馆、咖啡馆、商店、办公场所等，那么其中的电视是面向空间内所有成员的媒介，具备营造公共空间的权力、能力和媒介属性，因此可以在空间上占据个体生活空间。

此外，考虑到大众传媒尤其电视在物理层面的固定性，接收者必须处在与之相连的物理空间中才能够进入其存在的媒介空间。大众媒体因自身传输网络和设备的限制反而拥有一种空间上的聚集能力，以电视屏幕、收音机等为基点聚集工作空间、休闲空间中的人们，媒介空间成为人们聚集在一起的空间。虽然受限于物理空间仅少数在场的人能够共享，但是因为内容的同质性，处于无数个这样空间中的人都能够在同一时间看到、听到大体相同的内容。这种空间的规定和限制构成了大众媒体重要的构建社会公共领域的权力和能力。

大众传媒对空间的安排还体现在，无论是居住空间、工作场所，还是其他公共空间，它都能够划分出一个其他人也可以分享的媒介空间。现实空间中面对面的人可以将它视为一种共同参与的度过时间的方式，而丝毫不会感觉个人的空间、隐私或其他的需求受到侵犯（除非人们因为电视频道的不同选择而产生争执，但这也是一种产生沟通的过程）。大众传媒提供的是现实的、观看者可共同参与的开放空间。

人们能够在现实可感知的空间中借由彼此仪式性的在场，与媒介形成的空间相关联。但这种空间安排的能力能够实现的前提就是人们仍然将大众传媒作为唯一的或者至少是主要使用的媒介。移动化媒介在时间和空间上带来的变革是同时发生的，前文主要从个体的时间投入方面对媒介在时间层面的变化进行了分析，而时间投入的变化影响了整个媒介产业的格局，这一格局的改变势必对空间结构产生影响。然而这些变化严格来讲并非先后发生的关系，而是几乎同时在时间层面和空间层面发生。变化的总体趋势在媒介技术层面表现为塑造了个体独立空间。

手机作为目前移动化媒介最主要的终端形式占据了人们最多的日常媒介时间，随着智能手机的不断普及和手机屏幕的升级，台式电脑、笔记本电脑的日均使用时间呈现出逐步减少的趋势，手机在承载了大量的日常服务功能之后逐渐成为占据生活最主要时间的媒介终端，而手机在空间上最重要的意义就是它面向个体，属于个体，在媒介使用中进入、中断、退出的权力也属于个体。它在理论上使个人可以在任何时间、任何空间接收或发布任何内容。

二　从信息消费角度看媒介边界的模糊

在时间控制、空间安排能力不断消解的同时，大众传媒本身在媒介产业的社会分工过程中也经历着产业层面的变革。个体在媒介产业的变革过程中同样经历着分化，个体由传统大众传媒的受众转变成社交网络使用者，不再需要固守着大众传媒，而是可以在网络空间中搜寻自己喜欢和需要的信息和内容。在受众分化过程中，拥有一定资源和能力的个体开始凭借网络积累粉丝群体，由普通用户逐渐升级为重要的内容创造者和信息提供者，通过网站的扶植策略向专业的自媒体转变。

新闻业本身的分化与互联网的发展过程紧密相连，这一过程是从人们使用的设备发生转移开始的。值得注意的是，设备的转移是比较迅速的，但是内容的转移则在比较缓慢的进程中分阶段逐步完成。

社交化内容生产转向背后真正发生了变化的是社交网络，网络社区作为社交网络的前身提供了平台，人们根据自己感兴趣的话题"栖居"不同的版块，进行讨论和评价。一系列用户生产内容的网站崛起，在极大地丰富了互联网内容的同时，将选择权、表达权、反馈权赋予了生产者和使用者。社交网络成为内容的生产地，传统媒体集团在社交网络上创建账户吸引目标受众的同时，个体化内容生产者也在崛起，社交网络不再只是搬运内容的平台，本身也成为新闻的发生、传播空间。

这一变化一方面是技术发展以及整个移动互联网内容产业发展带来的必然趋势，另一方面也反映了社会生活的变迁。随着经济整体发展，人们的物质生活水平提升，中产阶层消费观念转变，人们的整体关注重点回到自身，包括自己的观念、消费、审美等，而不再是整齐划一的传统新闻。这一分化趋势最先瓦解的是以传统大众传媒为中心形成的"受众"，是那个想象中的由现代媒介塑造的"共同体"。基于同样的原因，他们正在不断分化为不同的群体。社会新闻、时事新闻这一类具有鲜明社会、政治职能的新闻类型在整个新闻领域中具有更为复杂的生产结构，其准入机制更为严格，且相对难以在市场化经营中获得利润，因此仍然保留在传统的媒介机构中。但是在泛新闻资讯中，普遍的竞争使得统一的媒介机构难以进行大规模的内容生产，而逐渐转为细分媒介内容方面的专门化生产。

社交网络成为主要消息源存在的空间，依据不同的媒介环境呈现出不同的消息源，具体为以下几个。

（1）新闻客户端。主要依据个体的浏览记录进行算法推荐，也即个体的消息源主要来自浏览记录，机器通过"看了什么"来做出判断，继续推送的内容主要由个体和机器算法来决定。

（2）社交网络型媒体。在基于个体的社会生活网络形成的传播网络中，经由对自媒体公众号的转发、订阅形成的消息流当中，只有符合群体偏好的消息才会进入其中。与大众传媒的固定性相反，社交网络型媒体的消息具有高度的不可知性，消息是否有更新、谁更新、更新了什么等都不可知，唯一具有确定性的是其得以纳入消息流时所符合的、群体性的、精神性的标准。真正的消息分类经群体性分类得以实现。大众传媒在这类传播网络中发挥作用的方式是先到达个体，通过群体中的成员而出现在某一类人群之中。

媒体形态总是伴随着人们日常生活习惯的改变而变迁，因此对其进行研究需要结合用户媒介使用行为和使用习惯的变迁。对媒体边界模糊的探讨，也需要对处在媒体技术和形态不断发展中的用户信息获取情况进行分析和考察。从微观实践到宏观规律的总结能够帮助我们从内到外认识媒体发展的脉络和社会影响。

（一）传统媒体的载体被大规模弃用，多数传统媒体不再是人们信息接触的主流形态

媒体形态意指用于区别不同表征的信息载体，在环境学派将研究视角投向媒体形态之后，对媒体形态的探讨受到越来越多的关注。以手机为主要载体的媒体整合趋势已经出现，我们通过对用户获取信息时的首选媒体进行历时性观察发现，2016~2020年，用户获取信息时所接触的首选媒体形态已经不再以传统媒体为主，如图1-1所示。

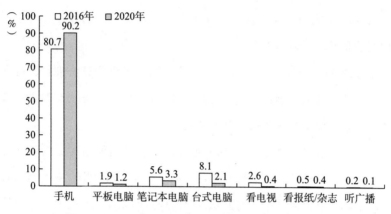

图1-1　2016~2020年用户获取信息的部分首选媒体

资料来源："2021年手机人——移动互联网全景大调研"数据库。

　　从图1-2、图1-3、图1-4和图1-5的对比中可以看出，2016~2020年，用户每天花在听广播、看电视和看报纸/杂志上的时间中"没有使用"的比例在提高，其他使用时长的比例大多在下降；与此同时，手机几乎成了每个人每天都会使用的工具。

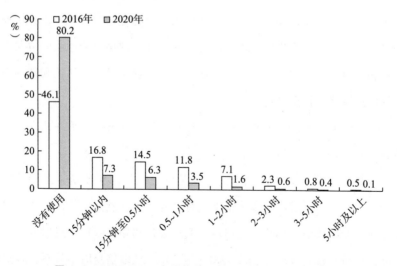

图1-2　2016~2020年用户每天花在听广播上的时间占比

资料来源："2021年手机人——移动互联网全景大调研"数据库。

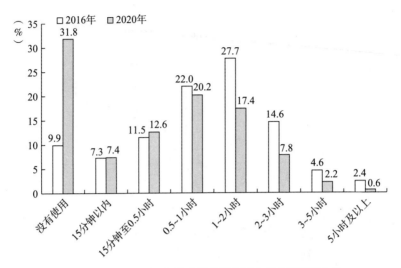

图 1-3　2016~2020 年用户每天花在看电视上的时间占比

资料来源："2021 年手机人——移动互联网全景大调研"数据库。

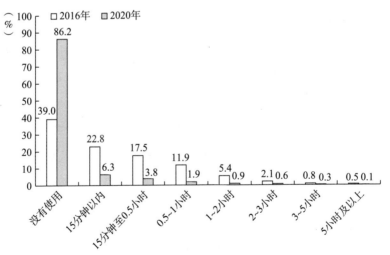

图 1-4　2016~2020 年用户每天花在看报纸/杂志上的时间占比

资料来源："2021 年手机人——移动互联网全景大调研"数据库。

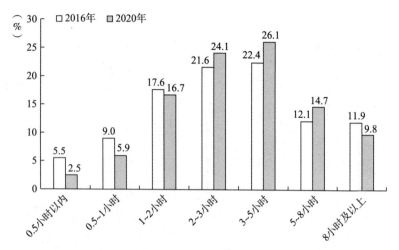

图 1-5　2016~2020 年用户每天花在手机上的时间占比

资料来源："2021 年手机人——移动互联网全景大调研"数据库。

在信息爆炸的今天，人们对信息的需求是不断增长的，听广播、看电视、看报纸 / 杂志的比例下降并不意味着人们不听广播节目、不看电视剧和报刊了，而是说明人们跨越了媒体形态的局限，通过手机上的各类应用来获取相应的内容。

在媒体形态变迁的过程中，新媒体已经通过信息技术的加持完成了对传统媒体形式的"扬弃"。这种"扬弃"使媒体的边界日渐开放、模糊、弱化，最终催生以手机终端为核心的复杂的信息集成系统。就像麦克卢汉所说，一种媒介在行使信息载体功能的同时，也被其他媒介吸收成为信息内容，这种思想在信息化时代表现为技术赋能下媒体形态的向下兼容，最终形成以信息内容为主导的"去形态化"发展趋势。

（二）online 式进化的媒体形式大行其道

与媒体边界模糊化发展伴生的是媒体组织的"去平台化"发展模式。媒体赖以生存的基础不再是被物理空间和外在属性所局限的固定形态，而是以品牌为根基的适应不同平台的开放的媒体生态，表现为传统媒体的 online 式发展。笔者研究发现，在 2016 年的新闻客户端市场中，商业媒体占据用户常使用的新闻客户端前五名，而 2020 年，原来的主流媒体已

经通过转换形式重新挤入了用户日常使用的新闻客户端市场。对比图 1-6
和图 1-7，经过 4 年转型发展，2020 年以各大媒体平台为入口、以场景
构建为竞争机制、灵活适应不同平台传播特点的人民日报和央视新闻奋起
直追，开始夺回一部分市场。

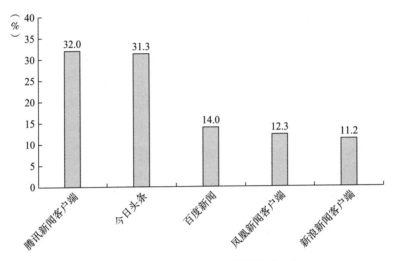

图 1-6　2016 年用户常使用的新闻客户端

资料来源："2021 年手机人——移动互联网全景大调研"数据库。

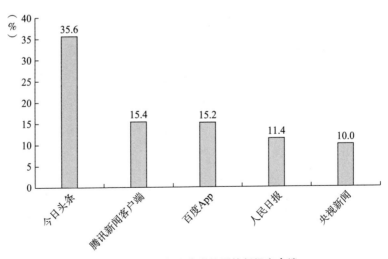

图 1-7　2020 年用户常使用的新闻客户端

资料来源："2021 年手机人——移动互联网全景大调研"数据库。

第 45 次《中国互联网络发展状况统计报告》显示，我国目前的网民规模已经达到了 9.04 亿人，互联网普及率达到 64.5%，网民中使用手机上网的比例达到了 99.3%，较 2018 年底新增手机网民用户 7992 万人。[①] 手机在日常生活中的普及推动了全员创造内容的崛起。2016~2020 年，电视、平板电脑、笔记本电脑、台式电脑等媒介终端的拥有比例明显下降（见图 1-8），媒体生态整体呈现"一主多辅"的形势，电视、电脑等依然是重要的媒介终端，但手机成为主要的媒介终端。

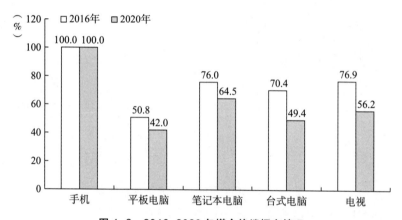

图 1-8　2016~2020 年媒介终端拥有情况

资料来源："2021 年手机人——移动互联网全景大调研"数据库。

在对 2016 年和 2020 年用户在网络上获取新信息的方式进行分析时我们还发现，微信公众号一直是重要的新信息获取方式，越来越多的媒体开设微信公众号扩大自己的舆论领地，走上了 online 式发展道路。

（三）传统形态的媒体不再是信息传播的唯一形式，变形的泛媒体方式影响力快速上升

社会化媒体的发展改变了人们的信息消费习惯，直播、短视频、专业音频软件的兴起蚕食着传统媒体的市场空间，影响了原来主流媒体的

---

① 《第 45 次〈中国互联网络发展状况统计报告〉（全文）》，中华人民共和国国家互联网信息办公室、中共中央网络安全和信息化委员会办公室网站，2020 年 4 月 28 日，http://www.cac.gov.cn/2020-04/27/c_1589535470378587.htm，最后访问日期：2022 年 11 月 3 日。

收费能力和盈利能力。在调查"2020 年用户曾为哪些内容产品付费"时，音乐占比达 23%，直播节目占比达 10%，相当于每十个人当中就有一个人曾经为直播节目付费（见图 1-9）。

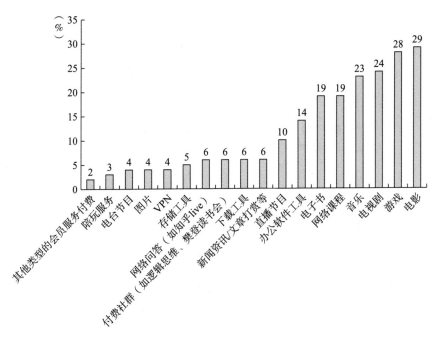

图 1-9　2020 年用户曾为哪些内容产品付费

资料来源："2021 年手机人——移动互联网全景大调研"数据库。

内容丰富、形式多样、精准推送、方便获取、高频互动的优势不仅让各种各样泛媒体类应用成为信息传播的重要渠道，还激发了用户潜在的创造能力。技术赋能消解了信息传播主、客体之间的身份边界，让用户在不同情境下的身份变得更复杂、更灵活。知乎、抖音、小红书等自媒体平台为用户的碎片化表达提供了新情境。对比 2016 年与 2020 年网民常使用的视频类 App/ 网站，我们发现 2016 年爱奇艺作为网民首选的视频类 App/ 网站，其日常使用比例在 2020 年已经被主打短视频的抖音赶超（见图 1-10 和图 1-11）。

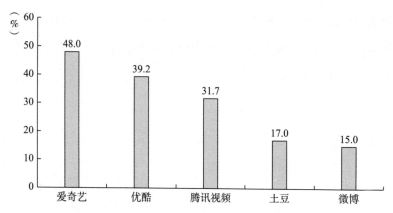

图 1-10　2016 年网民常使用的视频类 App/ 网站

资料来源："2021 年手机人——移动互联网全景大调研"数据库。

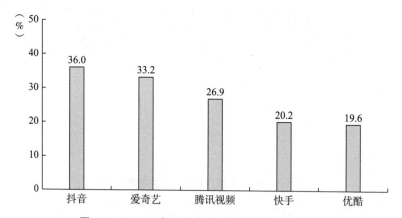

图 1-11　2020 年网民常使用的视频类 App/ 网站

资料来源："2021 年手机人——移动互联网全景大调研"数据库。

我国正处于社会转型期，各类矛盾凸显，人们对于精神安慰和自我吐露的需求给自媒体的发展带来了机遇，用户在获取信息的同时开始借助自媒体输出自己的价值观、发挥个人的影响力，媒体的发展也开始由"大而全"转向"小而美"，微信公众号和知乎频频推出的网络爆款将媒体的垂直细分优势展现得淋漓尽致。

在这种复杂的环境中，海量信息通过泛媒体化的形式传播。技术赋能成为核心，高效互动创造的流量又进一步强化了内容生产者与接收者边界的模糊，这也是时下被热议的"碎片化"时代的典型特征。

（四）传统意义上的非媒体类应用越来越侵入媒体领域，承担媒体功能

对用户在网络上获取新信息的方式进行对比，我们发现一些传统意义上的非媒体类应用逐渐替代原本的媒体类应用，承担起媒体的功能。由表 1-1 可知，在 2016 年的调查中，新闻媒体类应用中腾讯新闻和新浪新闻作为用户在网络上获取新信息的方式的占比分别为 47.7% 和 25.9%；2020 年，腾讯新闻占比为 24.1%，新浪新闻占比为 14.2%，而搜索类应用百度 App 的占比达到 21.3%，其他浏览器占比也达到 22.1%。

2020 年，以社交为主要功能的微信群作为用户在网络上获取新信息的方式的占比高达 20.5%，QQ 和微博的占比也达到 21.2% 和 20.9%。互联网领域经常提到的一个竞争战术是"用高频打低频，用多维打单维"，微信、QQ、微博等社交软件凭借与用户高频次接触在信息传播中有明显优势，以从文字、图片到短视频、长视频的多维发展拓展了业务形态，在短短几年内迅速侵入媒体领域，在实现社交功能的同时承担起了媒体功能。

2020 年，社区类网站 /App（论坛、知乎、豆瓣等）的占比达到了 12.9%，相较传统媒体或官方媒体，用户可以在此类网站 /App 上获得更详细的内容。虽然随着社区的不断扩大，社区类网站 /App 不可避免地走向"熵增"，但用户的信息获取习惯已经养成，即使知乎或豆瓣的社区环境持续恶化，也会有其他类属性网站 /App 代替，出走的用户已经不太可能再回到传统媒体上了。

表 1-1　2016 年和 2020 年用户在网络上获取新信息的方式对比

单位：%

2016 年用户在网络上获取新信息的方式	占比	2020 年用户在网络上获取新信息的方式	占比
微信朋友圈	70.6	今日头条	32.6
微信公众号	50.7	微信朋友圈	30.9

续表

2016 年用户在网络上获取新信息时的方式	占比	2020 年用户在网络上获取新信息时的方式	占比
腾讯新闻	47.7	微信公众号	30.1
今日头条	41.2	腾讯新闻	24.1
微博	35.9	其他浏览器	22.1
微信群	34.5	百度 App	21.3
新浪新闻	25.9	QQ	21.2
网易新闻	19.1	微博	20.9
搜狐新闻	17.7	微信群	20.5
短视频类网站 /App（包括直播）	14.9	短视频类网站 /App（包括直播）	16.9
社区类网站 /App（论坛、知乎、豆瓣等）	10.9	新浪新闻	14.2
其他新闻门户网站 / 新闻类 App	8.4	社区类网站 /App（论坛、知乎、豆瓣等）	12.9
电子书 / 杂志	8.4	门户网站（百度、新浪、网易门户等）	11.8
购物类网站 /App	7.6	微信小程序	11.5
音乐类网站 /App	7.0	视频网站 /App	9.7
喜马拉雅 FM	5.7	购物类网站 /App	9.0
蜻蜓 FM	3.3	微信看一看 / 搜一搜	8.8

资料来源："2021 年手机人——移动互联网全景大调研"数据库。

整体来看，用户在网络上获取新信息的方式更加丰富，比例趋于均匀，没有一种方式占绝对主导地位，用户的注意力被分散在不同的载体中，不同内容媒体形态之间的竞争开始加剧。

（五）日常生活中的生活服务平台开始承担商业服务类媒体功能，吸纳了广告主投放的转移

在对用户日常获取信息的渠道进行调查时我们发现，除了前文提到的社交类网站 /App、专业的新闻客户端和视频平台之外，用户越来越多地

将在线社区（知乎、豆瓣、贴吧、小红书等）以及其他一些购物类网站 /App 作为重要的信息来源（见图 1-12 和表 1-1），原本投在传统媒体上的广告资源也向社交类内容电商、网购类平台倾斜。

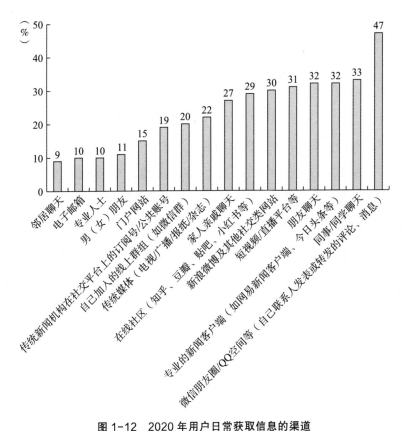

图 1-12 2020 年用户日常获取信息的渠道

资料来源："2021 年手机人——移动互联网全景大调研"数据库。

　　平台要实现变现无非是做内容、做产品、做服务。因为内容难以变现，电商导流成本较高，于是平台在提供免费信息服务的基础上，通过信息流广告售卖增值服务变现，这成为此类平台开始转向商业服务类媒体的动因。根据研究经验，不仅是社交类内容电商和网购类平台，包括游戏、动漫等在内的泛娱乐的内容平台也吸纳了大量广告，对传统媒体的广告市场形成了巨大冲击。

（六）新技术的发展增加了信息传播的多种可能性

新技术的发展也增加了信息传播的多种可能性，人工智能技术让内容生产、分发更加高效，机器人写稿大大提升了传媒领域的产能，智能算法促进了内容推荐的精准性和个性化；5G 技术的应用不仅能提供低时延的高清内容，还能实现各类移动终端的大规模互联，提升用户信息获取的效率和质量。有了 5G 技术，过去 AR/VR 在媒体领域应用中面临的传输和带宽问题都得到了解决。AR/VR 的应用打破了内容传播的时空界限。从技术的角度讲，人工智能、AR/VR 的应用让虚拟世界和现实社会的重叠性越来越高。英尼斯在《传播的偏向》里讲到，根据传播媒介的特征，某种媒介可能更加适合知识在时间上的纵向传播，而不是适合知识在空间中的横向传播，尤其是在该媒介笨重而耐久，不适合运输的时候；它有可能更加适合知识在空间中的横向传播，而不是适合知识在时间上的纵向传播，尤其是在该媒介轻巧而便于运输的时候。互联网作为空间偏向性较强的媒介，以高效便捷的传播方式在空间上和数量上获得显著的影响力，新技术和移动终端的发展弥补了时空造成的"不在场感"。

在媒体形态边界模糊化发展中，技术作为重要的社会变革力量，对传媒格局进行了重构，也由内而外改变了用户的信息消费行为，媒体发展的形式化逻辑被彻底打破，信息不再依附特定的媒体形态而存在，媒体的信息化发展趋势正在形成。也许在不久的将来，万物皆可成为媒体，媒体的形式在实用主义的逻辑下被淡化。社会文明的进步也在改变媒体的形态，人类社会正朝着信息化、集约化发展，媒体是否还会作为独立存在的形式，正在成为一个问题。

媒体形态边界的模糊产生的直接后果是媒体业务边界的模糊，用户对于媒体内容海量、及时、形态丰富的需求与专业媒体运作模式下内容供给不平衡之间的矛盾所造成的必然结果是原本各媒体领域的渠道资源和业务范围不再独有，跨行业、跨领域的从业人员和"斜杠青年"挤占了原本不可替代的专业化媒体在本行业系统内的生态位。

媒体从业门槛降低虽然能够带来互联网新媒体内容生产的繁荣，但大量未经专业培训的生产者进入内容生产领域也将对媒体的专业性造成巨大的冲击。从价值理性的角度讲，我们需要的是能够满足用户需求的符合社会价值的健康的媒体环境，因此，媒体从业人员的培养也需要适应媒体发展的客观需求，坚持专业性，把握创新性，在媒体业务中引入新技术，为媒体生态发展价值赋能。

随着用户大量转向泛媒体化的内容渠道，传统媒体赖以生存的广告基础正在坍塌，内容传播的精准化、传播效果的可量化为数字营销的布局创造了条件。颠覆过去以媒体形态和平台特征为导向的广告投放逻辑，以人工智能算法为底层逻辑，通过大数据反复修正用户分群，实现泛媒体化的数字营销将成为新的广告营销趋势。马克思的《资本论》第二十四章"所谓原始积累"中引用这样一段话："一旦有适当的利润，资本就胆大起来。如果有10%的利润，它就保证到处被使用；有20%的利润，它就活跃起来；有50%的利润，它就铤而走险；为了100%的利润，它就敢践踏一切人间法律；有300%的利润，它就敢犯任何罪行，甚至冒绞首的危险。"[1] 如何保证数据的真实性成为数字营销的最大问题，也是泛媒体发展中的内容生态问题之一，制定相关统计标准，实现数字营销的透明化，是未来发展的重要方向。

"万物皆媒"的本质是所有涉内容的平台都拥有了媒体的基本属性，那些本不是媒体的平台、产品也具有了媒体的属性，整个社会进入媒体化时代。"万物皆媒"的意义是整个媒体作为产业对底层结构的冲击，对媒体内容生产与分发、对从业人员、对广告运营都是巨大的冲击，未来整个媒体产业会以什么样的方式生存，是一个需要探讨的话题。

三 "大众"的消逝

在大众传媒解体的过程中，围绕媒体形态形成的群体组织形式也发

---

[1] 《资本论》第1卷，人民出版社，2004，第871页。

生了变化。这种变化既体现在结构上，也在意识形态领域发生，整体表现为媒介意义上的"大众"趋于消逝。

（一）作为受众"客体"的分化

在社交媒体的使用日常化，媒介产业的分工不断深入的过程中，受媒介影响的群体形态发生了变化，从前大众传媒的受众客体地位的消逝是最根本性的变化。传统媒体在整个 20 世纪曾经面对的是，至少认为自己面对的是整齐划一接收消息的大规模的、易受影响的、匿名的原子化受众群体。尽管关于受众在何种程度上以及消息接收的不同阶段可能具有的主动性，学界有很多的研究，但总体而言，一方面，受众处在被动的消息接收状态，消息以单向传播为主，缺乏有效便捷的反馈渠道。另一方面，受众在有限给定的媒介端和内容中进行选择，遵循的是大众传媒的生产逻辑、观念态度和时空安排。

大众传媒的受众这一身份不断消逝。这种消逝成为主要的趋势，而不再是发生在具体的某一类或几类群体中，社会中的中青年群体大部分时候是新技术的开发者和率先使用者，引领着互联网使用的浪潮，而在互联网环境中长大的青少年逐步大规模开始拥有自己的移动终端设备，独立自主地在网络空间中寻找媒介内容。随着最后一波中老年群体进入移动互联网，并花越来越多的时间从移动端获取信息和自己感兴趣的内容，传统媒体最后的受众也开始消失。

（二）想象"共同体"的幻灭

在媒介产业高度集中化的年代，报纸、电视、广播等任何一种面向广大受众的媒体都具有凝聚"共同体"的重要社会职能，如安德森对报纸在想象的共同体这一存在中产生作用的方式的研究，他借助的是大众传媒的单一和广谱覆盖特征，这两项特征使得每一个拿起当天报纸的人，都能想象到所有其他的但凡看报纸的人，和他一样在拿到报纸的这一刻共享一样的世界，接收一样的新闻和观点，这种媒介特征促使人们能够在心理上形成一种认知，就是自己和他人并无区别，生活在一样的环境之中，拥有同样的观念和对社会环境的认知，基于这一点，人们能够形成紧密的社会团结。[1]

媒体意义上大众的消逝不是人口数量上的大众消逝或终结，准确地说是人们想象中那种整齐划一的社会组织形态不复存在。依赖这种同质化的社会组织形态得以存在的大众传媒在不断地解体，受众不断地走向不同的媒介内容，人们在不断地分离中形成的新认知是"我与他人不同""我们生活在不同的世界和环境之中"，人们在自发地搜寻、浏览、对话和建构自己的媒介世界，形成相互区别、间隔，乃至冲突不断的世界。

共同体的实在取代了想象成为人们对自己生活世界的感知，人们每天沉浸在自己媒介和生活世界的同时，也必然会在对立言论中意识到，那个和自己拥有着同样价值观的世界不复存在了。人们必然会看到，别人的生活和自己的大相径庭。他们和自己处于不同阶层，有着自己完全不曾意识到的幸福或者苦难、机遇或者困境。开放的、流动的、多元的媒介环境使人们前所未有地意识到，共同的、一致的一切已经消逝了。人们需要寻找别的方式，来重建自己对熟悉的、相似的、共同的事物的归属和信念。

（三）主体意识的提升

媒介传播机制中最重要的变化是客观技术上每个人都掌握了发出声音的权力和机会。个体从被动接收消息到可以跟帖评论与自主传播，再到可以使用自己的公众账号以及社交网络、媒体账号主动发布消息。个体不论在实践还是理论视野中，都经历了一个从被动到主动的变化过程。在最早的"魔弹论"中，个体被视为对消息毫无抵御能力，只能被动地接收来自大众传媒的消息并做出反应。随着一系列实证研究的结果，学界对大众传媒的效果出现不同的看法，其中我们可以发现受众的消息接收其实仍然受到个体的经济与社会关系、个性等因素的影响。

个体可以开始自己发布消息的时候，"受"的意识越来越弱。当每个

---

[1] 〔美〕本尼迪克特·安德森：《想象的共同体：民族主义的起源与散布》，吴叡人译，上海人民出版社，2005。

人可自由发言的时候，那种关于自由、平等、独立的意识成为时代重要的表征。个体的主体意识越来越强，这种意识的崛起首先是受到身份转换的影响，即个体从受众转向用户。这意味着个体由被动接收消息的客体，在形式上转变成了一个媒介小环境中的权力拥有者、一个使用者（有时甚至是付费使用者）、一个内容创造者、一个具体媒介环境得以生存下去的重要维护者。

其次是在社交网络，尤其是社会媒体中，用户通过消息的发布、转发、评论形成重要的舆论力量，在一定程度上反映社情民意，推动社会重要公共事件的信息公开与透明，舆论监督与参与，这种对社会生活的直接、明显的参与感带给个体表达的信心和意愿。

最后是社交媒体兴起之后个体的表达主要与自己的日常生活和交往相关。与集体主义意识占据主导的时期不同，个体的感受、经验、经历成为社会表达中的主要部分，个体话语开始建构新的表达体系，对公共事务的关注在日常媒介话语中不断降低。由大众传媒所塑造的"大众"受众团体已经消逝，有必要再一次指出的是这种消逝不意味着大规模的个体不存在了，而是，那种社会形态已经不是我们在现有媒介环境中所能看到的受众群体的组织形态和意识形态，我们可能比较认同"大众"只是一个理论抽象的概念，似乎并没有必要去仔细推敲，非要对一个抽象的概念进行实际和精确的考察，这看起来像是一种注定徒劳的努力和尝试。好比卢曼写了一整本书论述关于大众社会的实在，但其中关于"大众"的分析是最含糊不清的，甚至于他根本没有处理过这一概念。这并不是孤例，理论家们将"大众"作为理论想当然的根基，如同经济学的"理性人"假设，却从不认为应该仔细进行一番考察。这种理所当然的看法在大众传媒时代，或许有其存在的合理性，但是今天的媒介环境已经发生了剧烈的变迁，大众传媒不断在消解，"大众"受众也在不断分化和转移。我们赖以完成理论想象的重要中介力量，或许从大众传播理论的观点来看，这种根基性的力量已经真实地消逝了，我们需要对那些大众传媒受众的流动方向和他们在新的媒介社会中的交往形态进行考察。

四　大众传播的变迁

在媒介产业及环境本身的结构变迁、使用者的媒介使用行为和围绕媒介变迁发生的个体交往关系的变化中，大众传播模式在逐渐发生变迁。

首先，组织上的大众传播机构发生变化，我们过去所谓的大众传播，是通过大众传媒向社会成员传递信息、知识、生活方式的传播模式。在运作上是经由专门的有发布设备的组织对有接收设备或渠道的个体、家庭、其他组织传播的模式，是少数人对多数人的、专业化的传播。近年来市场化的大众传媒组织经历了大量的关闭或重组，只有少数传统媒体在向网络环境的转型中存活下来，以社交网络为主要发布和传播渠道，继续维持经营。大众传媒在技术变迁的过程中，在形式上无可挽回地失去了对媒介权力的控制，媒介的权力已经由组织性的权力转向人自身，在媒介层面上，只要具备网络连接条件，只要网络存在，一个人就可以对媒介进行接触和使用，在行为上彻底取决于自身。

其次，"传—受"的经典大众传播模式已经终结。今天的传播活动从模式上来看是所有人向所有人的传播和沟通活动。每个人都拥有消息发布的设备、渠道，自己编辑排版发送，处理反馈和意见。个体拥有平等的消息发布的权利，这从根本上改变了大众传播模式，而且这一改变不仅仅指向传播本身，更是对整个社会的权力结构、交往结构的颠覆性重组。

最后，大众传媒中的"大众"这样一种想象性的社会阶层或结构已经不再存在。人们在社交网络、其他互联网应用中不断结成新的群体，同时社交网络也逐渐将人们的现实社会关系纳入其中，人们实质是生活在以自己为中心构建的群体关系中。

综上，一方面，我们可以看到个体化的媒介使用过程在扩散中晚期所呈现出的状态，这同时也是大众传播由集中化走向社交网络去中心化的过程。另一方面，在网络连接的沟通系统层面，网络社会本身在最基本的层面吸纳了行动者。无论从我们的日常生活经验，还是持续的实证调查中，都可以确定，在受众和用户层面，网络社会本身最基本的聚集与建构已经完成，而每一个社会个体在媒介时间、空间上的转向和投入是其完成的最关键的步骤。

第二节　互联网环境下国际传播格局的变化

当今世界正处于百年未有之大变局的背景下。在宏观层面，国际社会百年间经过世界大战和冷战所形成的西方国家在政治、经济、军事、文化等领域全面领先和主导的国际关系格局正在发生重大变化，"世界格局之变，崛起的中国重新走近世界舞台中央是推动这一变化最重要的动因之一"。① 而国际关系格局也正是国际传播格局的基础，随着国际关系格局和新媒介、新技术的发展，互联网环境下的国际传播格局也必然发生演变。

一　国际传播格局的相关概念界定

国际格局是国际关系学中最基本的概念之一，指的是"世界各种国际战略力量之间在一定历史时期内相互联系、相互作用而形成的相对稳定的国际核心结构和战略态势，它建立在力量对比的基础之上，反映了国际关系体系的内在联系和规律"，② 这种力量结构也是国际传播发生的背景。冷战后，世界政治及权力格局发生巨变，美国树立了政治、经济、军事上的霸权地位，但进入 21 世纪后，国际体系发生转型，非西方国家群体明显增加。2017 年，以中国为代表的金砖国家 GDP 达到了全球的 20%，贸易额占世界国际贸易的比重在 15% 以上，对全球的经济贡献达 50%，这

---

① 喻国明、欧亚:《"百年未有之大变局"与中国新闻传播学发展的历史方位》,《新闻爱好者》2021年第 4 期, 第 4~8 页。
② 方柏华:《国际关系格局: 理论与现实》, 中国社会科学出版社, 2001, 第 23 页。

被看作是第三世界国家挑战发达国家主导国际秩序的一个信号。中国作为世界第二大经济体正在缩小与美国的差距，而欧洲、日本等传统发达国家和地区则面临经济增长乏力的困境。

这样的全球权力格局变迁对国际传播格局有着直接影响。国际关系格局与国际传播格局均以民族国家为主要行为体，以民族国家为基本单位实现传播力量的集中化和协同化，而民族国家在文化上的软实力往往也与其在军事、经济、政治等方面的硬实力相挂钩。吴瑛将国际传播格局称为国际舆论格局，"在一定时期内国际舞台上的各种舆论力量相互联系、相互作用所形成的一种结构状态"；① 崔保国和孙平将其称为"世界信息与传播格局"，世界信息与传播格局是主权国家政治经济实力的直接映射，不平等是阻碍发展中国家快速发展的突出制约因素之一；② 赵永华和孟林山则提出"国际传播格局虽然与国际政治格局的发展方向保持总体一致，但就具体进程而言，存在一定的迟滞性"。③ 虽然学者论述国际传播格局的角度不同，但都指出了其与国际关系格局的密切关系。我们对国际传播格局的讨论无法脱离全球权力格局的大背景，而在某种程度上全球权力格局也从不同方面塑造了国际传播的过程。

二　历史上的国际传播主导范式

在探讨国际传播格局的演变前，需明确国际传播的内涵与外延。广义上的国际传播泛指"国际与国家之间的信息交流活动，尤指以其他国家为对象的传播活动，可通过人际传播或大众传播形式进行"，也有学者简单地将其定义为"发生在国家边界之间的传播"。而狭义的国际传播则强调依托以拥有大众传播手段的国家或社会集团为主体的跨国界信息交流互动，是为了突破对象国无形和有形的边界，让信息流入对象国，进而影响

① 吴瑛：《国际舆论格局与我国对外传播的路径选择》，《当代传播》2009 年第 5 期，第 31~33 页。
② 崔保国、孙平：《从世界信息与传播旧格局到网络空间新秩序》，《当代传播》2015 年第 6 期，第 7~10 页。
③ 赵永华、孟林山：《国际传播格局及其影响因素》，《中国社会科学报》2021 年 1 月 21 日，第 3 版。

对象国的民众。

国际传播研究的范围极广泛，跨越不同的学科及议题，如托马斯·L.麦克费尔在《全球传播：理论、利益相关者和趋势》中所说，国际传播是一个议题群，包括发展理论议题群、国际纷争中的新闻议题群、地缘政治学与传播议题群等，他提倡将国际传播作为内部结构相对分散的研究领域来勾勒。不过在不同时期的国际传播主导范式上，西方学者已形成了较为一致的看法。科林·斯巴克斯提出了三种主导范式：传播与国家发展范式、帝国主义范式、全球化范式。①斯莱伯尼则认为随着时间变迁可细化为四个范式：传播与国家发展、文化帝国主义、文化多元主义、新兴的全球化观点。这几种范式都从不同程度上与国际传播格局有所关联。冷纳、施拉姆和罗杰斯是传播与国家发展范式中的代表性学者。20世纪60年代，冷纳在对中东国家传播相关指标和社会现代化进程的分析中发现，大众传媒有助于社会整合、刺激经济与消费、传播新鲜事物和观点，进而推动社会向现代化发展，而施拉姆则进一步认为传播形态的发展是与国家和社会经济发展水平相适应的。罗杰斯的创新扩散理论进一步为"传播促进社会发展"提供了理论基础。同一时期，美国高速发展的科技和蓬勃发展的娱乐行业使其在电视的国际传播上获得了极大优势，美国媒体集团在全球电视节目出口市场上占据主导地位，将西方文化塑造成了"大众文化"，电影与电视节目出口所获取的利润也反哺了美国电视行业，使其进行节目、频道和业务上的迅速扩张。

20世纪70年代，劳尔·普雷维什提出了依附理论，认为发展中国家与发达国家之间存在一种依附关系，发达资本主义国家构成世界经济的中心，发展中国家则处于外围，受到发达国家的剥削与控制，这也从一定程度上描述了传统媒体时代的国家传播格局。始于这一时期的世界信息与传播新秩序运动也让更多人意识到国际信息流动的不平等性，明确了信息是

---

① 〔英〕科林·斯巴克斯：《全球化、社会发展与大众媒体》，社会科学文献出版社，2009。

从西方国家流入发展中国家的现状。帝国主义范式正是批判了在不平等的国际传播范式下，以美国、英国、德国、日本等为首的发达国家以跨国媒体集团为主体，通过文化输出对发展中国家实行文化霸权和文化控制，并通过单向信息输出和文化价值"倾倒"实现隐蔽性的意识形态控制。20世纪80年代，高速发展的信息和通信技术（ICT）被看作经济和社会进步的催化剂，最初许多学者乐观地相信互联网将实现真正的全球化、帮助消弭全球数字鸿沟，但随着互联网的发展与应用，其是否真正帮助打破了国际权力强弱秩序变得饱受争议，新兴传播技术下多元文化的冲突、交融和变迁也成了新的议题。

值得注意的是，西方学者对不同时期的国际传播主导范式的分析多止步于千禧年。在传统媒体时代，国际传播格局研究基于传播政治经济学、文化霸权主义、数字鸿沟、世界体系论、依附理论、国家话语权、国际关系理论、议程设置等多元理论框架，在批判和实证上都取得了丰富的研究成果。普遍认为以美国为首的西方发达国家在传统媒体空间占主导的国际传播秩序和格局较为明确，但以互联网为核心的新兴信息传播技术对国际传播格局产生了变革性的影响。对于互联网对国际传播格局的影响，学界内部从早期就存在截然不同的两种观点，第一种认为互联网会弱化原有的"边缘"，进而建立新的国际传播格局；第二种则认为互联网将维系甚至强化西方国家及媒介在国际新闻及信息流动中的主导地位。在过去数十年中，这种争议并未随着互联网在世界范围内的扩散及社交媒体等新应用的风靡得到解决，反而由于国际传播的多元化参与及国际政治经济与文化格局的变化而愈发复杂。

三　西方发达国家在国际传播中的主导地位可能被打破

发达国家有着领先于发展中国家的信息基础设施建设，在传统媒体时代就形成的跨国媒体集团也仍然掌握着全世界主要的新闻资源、新闻渠道和大量受众。因此，传统媒体空间中"等级化的""以美国为首的西方国家主导的"这一格局在互联网空间中仍然是存在的。美国在互联网技术、制定互联网通信协议、分配域名和 IP 地址、出售域名及制定管理政策等多方面都拥有很高的技术控制权。在互联网空间中，访问量最高的前三名网站是 Facebook、Google 和 YouTube，也全部来自美国，这三个网站覆盖了全球 200 多个国家和地区，拥有数十亿名用户，保证了美国在网络信息上的绝对输出地位。

但是把互联网及基于互联网的平台化媒体作为信息分发的渠道，改变了全球信息流动方式，打破了国际信息的生产分配被西方国家主导的传统格局。后发国家的传统大众传媒不仅面临着生产问题，还面临着"落地"问题，而平台化媒体为解决这一问题提供了机会。互联网媒体所具有的连接属性使用户成为内容的生产者和分发者，专业的国际媒体集团对国际信息流动的垄断地位被打破，通过平台化媒体，信息双向流动的可能性越来越大。发展中国家用户上传的内容可以借由平台化媒体被发达国家的用户浏览、转发。平台化媒体作为新的全球信息流动媒介，也使用户可以用最低成本在最大范围内选择内容。传统民族国家的地理边界对国际信息流动所形成的空间障碍，在由互联网建构起来的虚拟世界中被最大限度地压缩，图、文、视频等元素通过光纤实现了瞬时流动，使信息的国际流动性大大增强。例如，谢点对 Twitter 上关于"全球变暖"等社会议题的探讨进行爬取和分析后，得出结论：美英仍然占据优势地位，但印度、中国、南非、阿拉伯国家、肯尼亚等国家和地区在某些层面与指标上已超越了日本、法国、德国、瑞士等发达国家，且它们在各自所属区域的地缘优势促使其在国际传播中对周边国家发挥更大的影响力。[①]

四　国际传播领域的平台资源争夺成为新选项

互联网平台其本质是由互联网企业运营的计算机程序，它正在成为国际传播中多方抢夺的重要资源。"国际传播正呈现出平台化的新特点——从

[①] 谢点：《社交媒体空间的国际传播格局及其影响因素——基于国家、媒介、个体的多层面实证分析》，博士学位论文，浙江大学，2017。

单个内容'走出去'转变为传播平台'走出去'。"①当平台化媒体成为国际传播主要媒介后，对平台的争夺就成了对国际传播领域资源的争夺。以我国为例，作为中国优势的平台化媒体，短视频平台从 2016 年就开始实行国际化路径。截至 2020 年上半年，抖音海外版 TikTok 全球下载量达 6.26 亿次，位列全球第一，在苹果和谷歌系统内产生收入 4.21 亿美元，位列全球第三。快手则针对不同的海外市场推出了 Kwai、Snack Video 等不同的社交短视频应用，在韩国、俄罗斯、越南等市场表现突出。各国都在进行自有平台化媒体的建设，一旦时机成熟就会将其推向海外。

传统大众传媒时代的国际传播领域，民族国家行为体主要针对国际新闻的采集和分发能力进行建设，并且争夺这一领域的资源。从采集资源的争夺来看，各国政府对他国新闻机构海外记者站和新闻中心的设立都采取审慎态度，甚至将其当作外交砝码，特朗普时期美国针对俄罗斯和中国驻美国媒体机构所采取的极限施压手段就是一个例子；从分发资源的争夺来看，频道和节目的海外"落地"更是一个非常艰难的过程。平台化媒体时代，平台具有的技术本质和商业属性，使国际传播领域资源的争夺出现了巨大变化。平台化媒体的母公司可以通过海外商业并购较为容易地进入对象国用户市场，通过商业手段和技术优化获取用户，传统大众传媒时代的国际新闻采集和分发资源争夺退居次席，平台背后技术领域和商业领域的资源争夺则成为新的焦点。这种资源争夺焦点的变化，对以民族国家行为体为主体的国际传播力量所构成的稳定状态产生影响，国际传播力量的组合要素排列顺序出现了变化，平台背后的技术领域和商业领域资源成为第一要素，国际新闻的采集、分发能力成为次要要素。

五　互联网技术引发国际传播形势变迁

全球化影响着包括政治、经济、文化在内的国际社会各个方面，也

---

① 王方、陈昌凤：《全媒体时代的国际传播：智能化、平台化、故事化》，《电视研究》2020 年第 3 期，第 65~67 页。

推动国际格局不断变化。随着 20 世纪下半叶大众传媒发展进入全盛时期，全球传播的基本范式和学科体系被塑造与确立，国际格局、国际关系的变化往往会带来国际传播格局的逐步变化，此时此刻国际传播格局也基本形成。① 国际传播格局指的是在国际新闻传播中，各个国家在拥有话语主导权、信息发布权及影响力方面所占的地位和比重。换言之，国际传播格局的实质就是全球传播新秩序。

国际传播格局的转变很大程度依赖于互联网的推动，根据罗杰斯的创新扩散理论，国际传播格局可以根据技术的推动归为两个范式，即传统媒体下的大众传播范式和互联网技术下的数字传播范式。② 在大众传播范式下，信息是单向度的自上而下传播，整个信息流程是集中控制封闭式传播，在马太效应的影响下会加剧"西强东弱"的局面。从信息传播基础设施来看，发达国家所具备的就远超过发展中国家，根据联合国教科文组织的统计，1988 年在全世界每天出版的 8500 多种、总发行量为 5.7 亿份的报纸中，发达国家占发行总量的 70%，同时发达国家拥有的电视机和电视发射系统分别占全世界的 77% 和 84%。在亚洲，作为发达国家的日本，报纸发行量和电视机拥有数量等同于亚洲其他国家的总和。③ 当前，随着 5G 技术的普及和国际政治格局的变动，虽然以美英为首的发达国家仍占据信息生产、传播和技术的制高点，但是在数字传播范式的推动下，"西强东弱"的格局正在逐步松动。数字经济和互联网数字媒体的兴起使得国际传播格局出现"多极化"趋势和特点，在国家内部，传媒产业格局在新媒体强势崛起的背景下出现多极化趋势；在国际上，各国依托本土传媒产业，在全球化、商业化、数字化的浪潮之下，逐步扩大本国的传播力、影

---

① 方兴东、钟祥铭:《国际传播新格局下的中国战略选择——技术演进趋势下的范式转变和对策研究》,《社会科学辑刊》2022 年第 1 期, 第 70~81 页。

② 方兴东、钟祥铭:《国际传播新格局下的中国战略选择——技术演进趋势下的范式转变和对策研究》,《社会科学辑刊》2022 年第 1 期, 第 70~81 页。

③ 吴飞:《国际传播研究须把握国际权力格局》,《对外传播》2015 年第 4 期, 第 44~47 页。

响力。[①]在数字传播范式下，信息自上而下和自下而上双向联动传播，整个信息流程是分布式的、开放式的，随着技术创新和数据驱动，传播格局会趋向于全球均衡化。这两个范式的演变是融合推进而非交替进行，新的研究范式孕育于 20 世纪 60~90 年代，90 年代真正呈现出数字传播范式特征，伴随着 21 世纪之后 Web 2.0 浪潮，该范式发展得以巩固，直到 21 世纪 20 年代进入智能物联时代，新的范式逐渐进入常规化阶段。进入 2020 年后，传播格局由传统大众传播、网络传播、社交传播和智能传播等四大机制叠加而成，相互竞争、交汇与共振，且变革的趋势依然强劲，但是智能媒体／智能传播的异军突起，使其成为当前发展的主力军。[②]在智能媒体新时代，新的国际传播格局有以下三方面表现：一是传播主体的多元化引发传播形态的交互，人与人之间的连接更为复杂；二是信息系统的深度融合，导致了传播内容的转变；三是这一新格局倒逼媒介管理者对自身角色做出改变，并完善传媒管理体系。[③]

（一）数字边界的守卫

互联网的诞生和广泛应用革命性地改变了信息生产、储存、传递和文化传播的生态，并动摇了自《威斯特伐利亚和约》签订以来国与国基于物理边界认定的地缘政治生态。正如赵瑞琦所说，"互联网已成为舆论斗争的主战场，信息社会网络不仅是第四大全球公地（海洋、太空、极地之外的）或第五空间（陆地、海洋、太空、极地之外的），也是人类生活的第二空间，甚至在网络空间和现实社会的不断交织和融合之后，现实的海陆空间都已被网络消融，各国角逐新边疆主导权和规制权的斗争相当激烈"。[④]信息传播技术发展的背景下，信息开始无国界、跨边界地溢出，

---

①　赵永华、孟林山：《国际传播格局及其影响因素》，《中国社会科学报》2021 年 1 月 21 日，第 3 版。

②　方兴东、钟祥铭、严峰：《论数字传播学的崛起——传播学新范式的演进历程、知识体系和路径选择》，《新闻与写作》2020 年第 11 期，第 37~51 页。

③　李丹、裴硕：《人工智能环境下传播格局的重构》，《科技智囊》2021 年第 5 期，第 55~59 页。

④　赵瑞琦：《社交媒体语境下"一带一路"四个舆论场的互动与管理》，载《中国公共外交和国际战略传播》论文集，察哈尔学会，2016，第 10~14 页。

互联网已成为国际传播的必争之地，内宣和外宣之间的边界开始模糊，布局全球传播领域成为守护文化秩序的基础。

在传统媒体时代，虽然发达国家有着领先于发展中国家的信息基础设施建设，但其所传播的内容无论是基于报纸、广播、电影，还是电视节目，在国际传播的过程中都仍需要经过对象国基于版权法规等的严格审核。但在互联网时代，民族国家边界和文化边界不再重合，信息的无障碍流通导致发达国家可以对发展中国家进行更彻底的信息资源渗透和信息产品倾销。正如赵瑞琦所说，这些总部位于美国的社交媒体跨国集团精心设计自己的产品，周密安排文化商品的流动，努力使其在穿越国界时畅行无阻，其强大的功能与交流便利使很多发展中国家，如印度尼西亚和南非，几乎没有本土的有竞争力的互联网力量。[①] 还有学者提出了对网络中的语言霸权的担忧，正如尼葛洛庞帝在《数字化生存》中所说，"在互联网上，没有地域性和民族，英语将成为标准"，全球近 3/4 的邮件用英语书写，近 80% 的电子信息用英语储存。

因此，在互联网时代，通过"软实力"建设和国际传播能力建设坚守文化边界成为重中之重。

（二）传播主体与信息流动方式的变迁

传统媒体时代的国际传播分析多集中于国家的媒介机构和媒介产业，基于比较视角对不同国家媒介体制的差异或在信息传播指标上的差异进行分析发现，这些研究未能涵盖公众等其他主体在国际传播中可能发挥的作用。例如丁和根在波特钻石模型的启发下构建信息传播国际竞争力的分析框架，提出国际传播实力是硬实力和软实力的结合体，它由该国生产信息的能力（生产力）、传播信息的能力（传播力）以及这种传播对他国的影响力构成。具体而言，生产力主要包括生产要素、需求条件、相关产业、

---

① 赵瑞琦：《社交媒体语境下"一带一路"四个舆论场的互动与管理》，载《中国公共外交和国际战略传播》论文集，察哈尔学会，2016，第 10~14 页。

同行竞争；传播力主要指传播渠道；影响力主要指产品内容。[①]这一分析框架较为全面地阐释了信息传播的国际竞争力，但只适用于传统媒体而非新媒体时代。随着互联网及其应用的广泛普及，普通用户也可成为国际传播的主体，大数据、智能算法基础设施、社交媒介平台、传统媒体、意见领袖和普通民众交织在一起，形成扁平化、碎片化的网状传播模式。[②]

在社交平台和大数据算法的背景下，许多国家和地区的传播方式和传播指标开始产生变化，传统发达国家不再拥有垄断性的优势。

六　互联网环境下的国际传播格局变化

（一）全球互联网接入与使用概况

基于世界银行（World Bank）提供的数据，对比1990~2020年世界各国互联网用户数的变化。1990年，美国、加拿大、澳大利亚、北欧与西欧部分国家、日本、韩国等国家是世界上互联网发展最早起步的国家，亚非拉和东欧等其他国家与地区则处于"空白"状态。发达国家基于其经济实力和技术创新，率先跨过互联网发展的起跑线，为日后其网络信息传播的领先地位奠定了基础。作为互联网的发源地，美国1990年互联网普及率为80%，居世界第一位。2000年，北欧、日韩、澳大利亚互联网普及率在50%左右，西欧在10%~30%不等，智利、阿根廷、乌拉圭、南非在10%左右，东欧在5%左右，中国接近俄罗斯，达到1.79%。2010年，全世界都经历了互联网高速发展期，北欧几近饱和，超过90%的人使用互联网，除北欧外的欧洲其他地区及日韩在80%左右，东欧在20%~60%不等，中国、俄罗斯、南美、沙特阿拉伯则在30%~40%。2010~2020年，发达国家由于互联网发展接近饱和而存在停滞现象，发展中国家的发展速

① 丁和根：《生产力·传播力·影响力——信息传播国际竞争力的分析框架》，《新闻大学》2010年第4期，第138~142页。
② Entman, R. M., & Usher, N., "Framing in a Fractured Democracy: Impacts of Digital Technology on Ideology, Power, and Cascading Network Activation," *Journal of Communication*, Vol. 68, No. 2 (2018), pp. 298-308.

度更快，如非洲国家。总体而言，经过 30 年的发展，以北美、北欧、西欧、澳大利亚为代表的发达地区维持了领先地位。发展中国家起步晚，互联网发展相对缓慢，中国、俄罗斯、南美成为"后起之秀"，非洲和部分亚洲国家仍然是互联网发展最为落后的地区。

为了进一步了解移动互联网的发展历程，必须分析移动电话在各国的普及历程，因为手机是移动互联网时代最为重要的网络接入终端。1990年，北美、北欧、西欧、日韩仍然是最早起步的国家和地区，此时阿根廷、智利、沙特也已起步，而中国的手机拥有量还不到 0.002 部 / 百人。2010 年，发达国家在手机拥有量上基本失去优势，沙特阿拉伯、利比亚、俄罗斯、阿根廷、苏里南等国家成为世界上手机拥有量最高的国家，拥有量均超过 130 部 / 百人。2020 年，中国、俄罗斯、南非等国家巩固了其在手机拥有领域的领先地位。从地图上可以看出，除非洲中部部分国家因动乱而导致手机拥有量常年不稳定外，其他国家的手机拥有量均得到了较大发展，世界平均水平逼近 100 部 / 百人，南北差距、东西差距逐渐模糊，发达国家的绝对优势状态逐渐消失，许多发展中国家迎头赶上。但是由于一些手机用户可能并未接入互联网，手机也可能只是被用作进行通信的工具，手机接入数据仅仅可作为对该国家或地区的移动互联网发展参考。

一个更加全面的衡量信息技术发展的数据来源是国际电信联盟（International Telecommunication Union）自 2009 年起每年发布的年度报告《衡量信息社会发展》，其所包含的 IDI 指数和 IPB 指数可通过信息技术的综合发展程度来衡量各国的水平。其中，IDI 指数是衡量各个国家和地区 ICT 发展水平的综合评价指标，其从 ICT 接入、ICT 使用和 ICT 技能三个维度，选取 11 个分项指标通过加权计算得出。ICT 接入包括固定电话普及率、移动电话普及率、人均国际出口带宽、家庭电脑普及率、互联网家庭普及率共 5 个指标；ICT 使用包括网民普及率、固定宽带人口普及率、移动宽带人口普及率共 3 个指标；ICT 技能包括成人识字率、中等教育毛入学率、高等教育毛入学率共 3 个指标。IPB 指数是 ICT Price

Basket 的缩写，即 ICT 综合价格指数，该指标重在考察各国信息通信服务的普及价格，用来反映当前阶段绝大部分国家和地区使用 ICT 服务的负担程度，已成为世界各国尤其是发展中国家衡量 ICT 服务价格可承受性的重要参考指标。IPB 指数主要包括移动蜂窝电话篮子价格、固定宽带包月最低价格、移动宽带预付费 500MB 最低价格共 3 个指标。

国际电信联盟 2020 年发布的报告说明，总体上，全球手机用户数在 2014 年已经超过了固话用户数。2020 年，全球移动宽带用户比例达到 56%，高于固网宽带的 47%，安装互联网服务的家庭比例达到 62%。而且，蜂窝移动业务目前已覆盖全球 95% 以上的人口。对比不同的国家和地区，截至 2020 年，韩国已经连续三年位居国际电信联盟 ICT 发展指数排行榜榜首，2020 年紧随其后的是丹麦和冰岛。虽然所有参与调查国家的 IDI 指数都在逐年上涨，但是 IDI 指数居中和末尾的国家差距却在逐年拉大，即最不发达国家的 IDI 增长低于其他发展中国家，尤其体现在 IDI 指数分值上。具体而言，37 个非洲国家中有 29 个处于 2020 年 IDI 最低的 25% 国家的行列，体现了非洲仍有较大的数字鸿沟差距。美洲约 29 个国家进入了全球 IDI 最高的 50% 国家的行列。亚太地区的 ICT 发展则呈现不同的态势，这与其不均衡的经济发展水平体现出相似的情形。欧洲除阿尔巴尼亚以外的地区的 IDI 指数分值均高于全球均值 5.03，在全球 IDI 排名中均在中等之上。国际电信联盟数据的优势在于它较为全面地对全球数字鸿沟现状进行了衡量，其指标包括了接入沟、使用沟和技能沟三种数字鸿沟，较为全面地反映了不同国家和地区在互联网发展上的差异。

可以看出，尽管北美和北欧的发达国家在互联网使用上仍然存在着先发优势，但在过去 30 年中，发展中国家呈现出迎头赶上的趋势，在基建和网络使用方面都有了长足的进步，与因受贫穷和战乱而欠发达的地区已经拉开了很大差距，而且仍然保持着较快的增长速度。这说明在互联网环境下新的国际传播格局中，发展中国家可能将比在传统媒体环境下具有更多优势。

（二）互联网环境中不同语言的分布

互联网环境中国际传播格局的一个切入视角是探讨互联网环境中使用最多的语言。语言使用的多少可从两个不同角度来判别，一是使用该语言用户数的总数，二是使用该语言网页的总数。从用户数来看，Internet World Stats 提供的 2021 年数据表明在互联网上使用用户最多的十种语言是：英语、中文、西班牙语、阿拉伯语、印度尼西亚/马来西亚语、葡萄牙语、法语、日语、俄语和德语，使用这十种语言的用户占到了全部互联网用户的 76.9%（见表 1-2）。

表 1-2　2021 年互联网上使用用户最多的十种语言与比例

单位：万人，%

语言	用户数	占全部互联网用户的百分比
英语	11865	25.9
中文	8885	19.4
西班牙语	3637	7.9
阿拉伯语	2374	5.2
印度尼西亚/马来西亚语	1980	4.3
葡萄牙语	1718	3.7
法语	1517	3.3
日语	1186	2.6
俄语	1164	2.5
德语	925	2.0
总计	35250	76.9

资料来源：Internet World Stats。

Internet World Stats 也统计了互联网上使用这十种语言的人数和渗透率。其中日语和德语的渗透率最高，均达到了 93.8%，英语、西班牙语和俄语的渗透率也在 70% 以上；紧随其后的是印度尼西亚/马来西亚语和中文，分别是和 64.6% 和 60.1%（见表 1-3）。

表1-3　2021年互联网上使用用户最多的十种语言与该语言网络渗透率

单位：万人，%

语言	用户数	使用该语言的人数	渗透率
英语	11865	15312	77.5
中文	8885	14771	60.1
西班牙语	3637	5167	70.4
阿拉伯语	2374	4476	53.0
印度尼西亚/马来西亚语	1980	3063	64.6
葡萄牙语	1718	2909	59.0
法语	1517	4315	35.2
日语	1186	1265	93.8
俄语	1164	1459	79.7
德语	925	987	93.8
总计	35250	53724	—

资料来源：Internet World Stats。

　　但从用户角度分析也有其弊端，对于掌握多种语言的用户而言，要如何将其归为某一个语言的类别中仍有争议，在不同的平台之间对用户进行汇总和除重也非常复杂，所以另一个常用的方式是对互联网上使用不同语言的网页进行统计和分析。2009年联合国教科文组织的一份报告对1996~2008年12年的网页语言进行了监测，发现英语网页的比例逐年下降，从1998年的75%降至2005年的45%。[①]笔者发现，2005年至研究结束时，英语网页仍占45%，但这可能是由于搜索引擎索引了更多英语内容而出现的偏差，并不意味着互联网上英语网页比例真正稳定在近半数。可以看出，随着时间推移，非英语网页的数量正在迅速增加，2001~2011年，英语在网页上的使用量增加了约281%，比同期的西班牙

---

① Grefenstette, G., & Nioche, J., "Estimation of English and Non-English Language Use on the WWW," in *Proceedings of RIAO'2000: Content-Based Multimedia Information Access* (Paris, April 2000), pp. 237–246.

语（743%）、中文（1277%）、俄语（1826%）或阿拉伯语（2501%）的增长率要低。[1]这一发现与第一部分中对互联网的接入与使用的分析结果相吻合，即虽然以英语为官方语言的国家在互联网使用上具有先发优势，但随着互联网基础设施普及和使用技能提升，其他国家展现出更高的增速，二者间的差距在不断缩小。

（三）国际传播领域的平台资源争夺

当平台化媒体成为国际传播主要媒介后，对平台的争夺就成了对国际传播领域资源的争夺。

从 2021 年 Statista 数据库提供的互联网平台用户数据来看，Facebook、Twitter 和 TikTok 平台上用户最多的 15 个国家重合度较高（见图 1-13、图1-14、图 1-15），除美国以外用户数较多的国家包括印度尼西亚、巴西、墨西哥、土耳其、泰国等，均为发展中国家，而例如法国、德国等发达国家一般位于十名开外。这说明具有人口优势的发展中国家在互联网平台上有可能因为用户数的优势而获得话语权上与该国相关议题的舆论优势。但

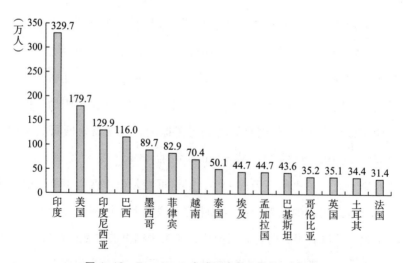

图 1-13 Facebook 全球用户最多的 15 个国家

资料来源：Statista 数据库。

---

[1] Sorid, D., "Writing the Web's Future in Many Languages," *New York Times*, No. 30 (2008).

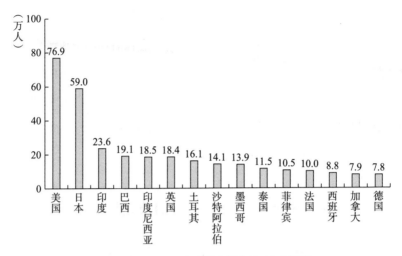

图 1-14 Twitter 全球用户最多的 15 个国家

资料来源：Statista 数据库。

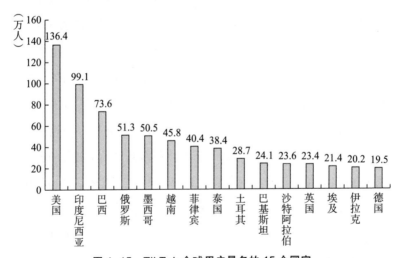

图 1-15 TikTok 全球用户最多的 15 个国家

资料来源：Statista 数据库。

是由于作为 TikTok 母公司的字节跳动将 TikTok 和抖音市场做了严格切分，所以作为世界第一人口大国的中国并不在平台上享有用户数量上的优势，在作为国际传播主要媒介的社交媒体平台上用户数量较少可能会对对外传播的效能有所影响。

随着百年未有之大变局的到来，新技术新媒介的兴起与国际关系格局的变迁导致了国际传播格局发生变化。传统媒体时代的主流范式已经不再适用，大数据平台和社交媒体的技术影响力甚至已经超越了国际新闻的采集和分发能力。要在新的国际传播格局中获得新数字边疆的主导权，需将军事和经济的硬实力与传播和文化的软实力的边界在管理战略层面打通，加强软实力和国际传播能力建设。

第三节　我国国内传播格局的演进现状和问题

自党的十八大以来，党中央高度重视媒体融合与发展，在党的十九届四中全会上，中共中央提出"建立以内容建设为根本、先进技术为支撑、创新管理为保障的全媒体传播体系"，这标志着媒体融合发展成为国家治理现代化的重要组成部分。在党的十九届五中全会通过的《中共中央关于制定国民经济和社会发展第十四个五年规划和二〇三五年远景目标的建议》，其中提出"实施全媒体传播工程，做强新型主流媒体"，使全媒体传播格局、全媒体传播体系的构建有了明确的落脚点和突破口。

在党中央的多次讲话和会议中，"全媒体传播格局"一词时常被提到，与"全媒体传播体系"不同，"全媒体传播格局"主要偏重于媒体本身、媒体内部的深度融合，强调传统媒体要与新兴媒体"融为一体、合而为一"，这是微观层面的要求。在构建"全媒体传播格局"过程中，对"格局"和"媒体传播格局"的定义有清晰的认知是十分有必要的。媒体传播格局指的是各媒体间力量的对比与组合的结构。当媒体间力量和组合发生改变时，媒体传播格局也会相应变化。随着时代进步、社会发展，媒体传播格局发生改变。在传统媒体的时代，无论是从纸质报纸到电报，还是从广播的出现，到大众传播时代电视的崛起，都会带来传播格局的变迁。各类技术发展、市场竞争日益激烈，传统媒体也即将被飞速发展的新媒体所替代。通信技术、数字技术、网络技术等互联网时代下飞速发展的各类技术不断促进着媒体设备的更新，对传统媒体传播格局的地位发出挑战。在互联网时代，新媒体已经完全获得传播的话语权，新媒体传播格局已经形成。

当前有学者认为新的媒体格局可以从两方面分析，一方面是新的全球媒体传播格局，另一方面是我国新的媒体传播格局。从全球范围来看，全球化带来的各方面影响，正在逐渐使原有的国际传播格局产生一定程度的改变。当前，随着5G技术的普及和国际政治格局的变动，虽然以美英为首的发达国家仍占据信息生产、传播和技术的制高点，但是"西强东弱"的格局正在逐步松动。发展中国家经济快速发展，国际地位有明显提升，以中国、印度、俄罗斯等"金砖国家"新兴经济体为代表的"他国崛起"进一步动摇了二战后由美国主导的世界秩序，这势必带来全球媒体传播格局的变化。越来越多的发展中国家争取到了更多国际话语权，全球媒体文化产品在世界范围内的流动也日趋多样化，由新兴经济体和发展中国家主导的反向流动新趋势正在形成。

从我国新的媒体传播格局角度来看，随着传播技术的快速发展，国内传播形态和传播方式越来越移动化和社交化，正在形成一种全新的媒体传播格局。从现实生活来看，从早先一枝独秀的报纸到互联网时代下的新媒体，多种媒介融合共生，技术、市场等多种因素都起着极其重要的推动作用。①进入"互联网+"时代，移动通信技术、数字技术、网络技术、智能媒体等迅速发展，新的传播手段和方式以及传播载体和终端都在飞速更新换代，报刊、广播、电视等传统媒体早已完成转型，网络和数字技术在催生新的媒体形态的同时，也在推动传播格局走向新的阶段。本节提到的传播格局特指我国国内媒体传播格局。本书将从国内传播格局和媒介融合发展两个角度展开，探索国内传播格局形成、发展现状和当前困境，分析媒介融合的发展阶段及特点、媒介融合概念下我国媒体的发展

---

① 郑保卫、姜秀珍：《后危机时代世界媒体格局变化与中国新闻传播策略》，《现代传播（中国传媒大学学报）》2011年第10期，第32~36页。

及成效、我国媒介融合相关的政策法规及其影响、我国媒介融合目前存在的难点。

一 国内传播格局的形成

在传统媒体时代，我国的传播格局与国家政治权力格局息息相关，甚至可以说是由国家政治权力格局直接主导，政治权力结构呈现的特点相应会间接反映在传播格局上。根据现有研究，可以总结为在我国传播格局形成早期，党全面主导政治权力的生产与分配，传播权力的生产与分配也由党主导，传播资源和途径由党决定。随着时代发展，改革开放带来了市场经济，也带来了部分传播权力的释放，媒体拥有了更多表达空间，掌握了更多媒体市场化自主权，但是从宏观角度来看，传播格局并未因此发生颠覆性的转变，而是仍在做变革的积累。此时媒体话语权有所增加，但从全国范围来看媒体数量仍然有限，这带来的一个局面就是：只要能够拥有媒体话语权，就能够有效控制传播场域。

伴随着我国经济社会的发展和变化，近年来我国的传播格局也产生了巨变。一方面，传统媒体的生存发展面临不小的危机，新闻舆论工作面临的压力和挑战增大，复杂化的社会结构导致舆论场中出现舆论喧嚣、阶层观点冲突、两个舆论场不统一等新问题。另一方面，随着网络技术的快速更新和以智能手机为代表的移动终端设备的快速普及，互联网传播形态下的新媒体从无到有，发展势头极其强劲。这种背景下互联网的崛起打破了原有的平静，而这又是历史发展中所必然面对的，互联网技术带来的我国传播格局变化，也是至今为止国内最激烈的传播格局变化。

新的媒体传播格局变化不是简单的多种媒体互相叠加、平台扩大，而是移动互联网与报刊、广播、电视互相博弈和融合。在传统媒体时代，传播者与受众之间有明确的界线，是自上而下的单向传播，传播中传受双方有简单的互动但需要一个过程。整体来说，这是严重不对等的关系。在新媒体时代，传播主体（媒体构成）正在发生翻天覆地的变化，传播者与受众之间的界线已经十分模糊，时间、地域局限被打破。互联网作为一种新技术，具有其他技术不可比拟的天然政治性和超强传播能量，这种强度和速度一经出现便开始改变原有政治权力结构与传播权力结构之间的微妙平衡，传统技术下的社会、经济、政治进程中的中介物在技术的加持下慢慢消失，扁平化和非线性的特点逐渐凸显。在韦伯和莫顿著作中提到的科层制，也曾出现在传统的传播格局中，但是技术赋权将原有的科层制一点点消融，信息不对称和层级化等问题逐渐被解决。互联网技术带来的我国新的传播格局和新的信息传播方式相比于传统，可能已经打破了垄断，为普通民众发表言论提供了途径，在传统宣传框架下无法表达或无法充分表达的诉求大面积转移到了网络空间，民众不再是沉默者，而转为发声者，这个改变表明大众政治在互联网空间中得到了前所未有的彰显。

在互联网技术下的新的传播格局中，民众突破了原有的现实社会关联，社会关系在网络世界中被重新定义，"网友"和"网络关系"不再是虚无缥缈的定义，而是真实存在的、赋予情感意义和价值的社会关系。在新的传播格局中，网民的注意力更加自由、分散，可选择的渠道更为多元，表达空间和行为有了突破和创新，无论是获取信息，还是表达意见，都不再局限于传统媒体这一类渠道。

二 国内传播格局发展现状和当前困境

（一）国内传播格局发展现状

总体来说，当前的传播格局中新媒体正在迅速发展，在媒体类型、传播渠道、内容覆盖程度、受众覆盖等多方面都形成一定特点。从技术层面来看，互联网技术已经发展到十分成熟的阶段，媒体传播也在物联网、元宇宙等新技术发展过程中充分融入传播思想和媒体发展思路；从舆论传播角度来看，当前传播格局呈现出突发性、多元性、交互性、冲突性、匿名性等特点，舆情风险极易扩大蔓延，形成声势网络应用平台。新的传播格局下的新平台和新渠道带给大众的是新的社交方式和社交潮流，海量信息一方面带给受众视听盛宴，另一方面也给受众信息甄别能力带来考验。本部分将从媒体覆盖形式、媒介内容传播、受众触媒时间、媒体经营收入和媒体发展空间格局五个方面阐释当前国内传播格局发展现状。

1. 媒体覆盖形式

在传统媒体时代，广播、电视相继成为最被大众喜闻乐见同时也是最为普遍的媒体传播形式，在那个单向传播的时代，媒体最主要的任务是信息传递。随着媒体技术的不断迭代，互联网技术飞速发展，越来越多的媒体形式丰富并推动大众传媒的发展，用户也开始加入内容创作，传播不再是单向传递，而是双向甚至是多向参与，媒体逐渐进入"人人皆可媒"的时代，媒体逐渐向高水准、商业化转化；随着用户需求不断升级，媒体愈发垂直化、圈层化，不同内容侧重的媒体可以更精准地服务于不同的用户，逐渐向"万物皆媒"的格局推进。互联网技术下诞生的短视频、直播，以及元宇宙等多种形式在丰富大众生活的同时，也为媒体覆盖形式增添更多可能。根据工业和信息化部、国家广播电视总局等渠道统计，截至2021年，我国广播电视播出时长合计达3603万小时，短视频上传用户超7亿人，在架App达252万款，大银幕超8万块。以短视频平台为例，对比2022年初，2022年7月抖音、快手两平台粉丝量Top 500账号的双月更迭率均显著增长。

根据国家统计局、国家广播电视总局、工业和信息化部和中国互联网络信息中心（以下简称"CNNIC"）公开发布的数据，学者崔保国和陈媛媛课题组做了2016~2021年中国传媒产业形态历时变化的研究。[①] 根据其研究以及数据结果可以看出，2016~2021年报纸无论是从种类还是出版总印数来看，都呈明显下降趋势，而同期的期刊种类和图书出版总印数虽然增加的幅度比较小，但是总体有所增加。除了纸质的媒体覆盖形式，广播、电视和电影传播均有所增长，其中广播播出时间的增长幅度相对较

---

① 崔保国、陈媛媛：《2021—2022年中国传媒产业发展报告》，《传媒》2022年第16期，第9~15页。

小，而电影传播方面，无论是电影院数量还是电影银幕数量均逐年增加，电视播出时间缓慢上升。相较于发展平缓的传统媒体，手机、互联网的发展速度则超乎想象，网民总人数迅速攀升，移动互联网接入流量也涨了22倍。App数量在2018年达到了巅峰，当年调查有452万款App，而在接下来的几年App市场则又开始发展缓慢，开发动力受阻，这可能与小程序的出现有着密不可分的关系（见表1-4）。

表1-4　2016~2021年中国传媒产业各媒介形态数据

项目	2016年	2017年	2018年	2019年	2020年	2021年
报纸种类（种）	1894	1884	1871	1851	1810	—
期刊种类（种）	10084	10130	10139	10171	10192	—
报纸出版总印数（亿份）	390.10	362.50	337.30	317.60	289.14	276.00
期刊出版总印数（亿册）	26.97	24.92	22.90	21.90	20.35	20.00
图书出版总印数（亿册）	90.40	92.40	100.10	105.78	103.73	110.00
广播播出时间（万小时）	1456	1491	1526	1553	1580	—
电视播出时间（万小时）	1792	1881	1925	1951	1988	—
电影院数量（家）	7985	9504	10463	11309	11856	14201
电影银幕数量（块）	41179	50776	60079	69787	75581	82248
手机用户数量（亿户）	13.22	14.17	15.66	16.01	15.94	16.43
网民总人数（万人）	73125	77198	82851	90359*	98899	103195
手机上网人数（万人）	69531	75265	81698	89690*	98576	102874
移动互联网接入流量（亿GB）	93.8	245.9	711.1	1220.0	1656.0	2216.0
App数量（万款）	—	403	452	367	345	252

注：* 为2020年3月数据。

资料来源：崔保国、陈媛媛《2021—2022年中国传媒产业发展报告》，《传媒》2022年第16期，第9~15页。

总体而言，在全媒体时代，国内媒体传播格局从媒体覆盖度上来看已经尽可能向各种形式进军，以报纸为代表的早期传统媒体逐渐衰落，纸质媒体发展缓慢，以广播、电视为代表的视听类传统媒体虽还有一定生存空间，但也有极大的发展局限性，而以手机、互联网为代表的新媒体则是在未来极具潜力，但其同时也面临着更新换代速度快的风险。

2. 媒介内容传播

万物互联的大传播时代兴起了一个多主体多信息流的"观点自由市场"，媒介内容不再是传统媒体时代的由权威声音单向传播，而是由专业媒体机构、自媒体、用户等主体共同创造。这种新信息生态的出现离不开内容创新和技术赋能，多元主体、多重形式的信息内容是传播的原动力，技术的飞速发展则是帮助原有种种设想以现实的形式实现。

在内容输出方面，用户喜好始终是发展趋向的重要指标。根据央视市场研究股份有限公司（CTR）的调研数据，基于用户需求与内容应用，可以大体将媒体类型横向划分为6种，即文娱媒体、社交媒体、服务媒体、消费媒体、知识媒体和信息媒体。[①]图1-16是CTR对上述6种横向划分媒体的详细分析，以电视文娱频道、短视频平台等为代表的文娱媒体旨在满足用户文化、娱乐方面的需求，触达的是娱乐场；以微博、微信等为代表的社交媒体旨在满足用户人际交往的需求，触达的是人脉场；以地方政务、生活服务平台等为代表的服务媒体旨在满足用户某一垂直领域的服务性需求，触达的是服务场；以电视购物、直播带货等为代表的消费媒体旨在满足用户"边看边买"的需求，触达的是商品场；以电子书、在线课程等为代表的知识媒体旨在满足用户了解知识、技巧，提升自我能力的需求，触达的是知识场；以电视新闻频道、今日头条等为代表的信息媒体旨在满足用户快速高效便捷了解信息的需求，触达的是资讯场。从"受众"到"用户"，用户不再是被动的内容接受者，而是能动的生产者和传播者，媒体内容生产不再是单向度的输出，而是将用户的消费、社交等多

---

① 《内容创新与经营破局：CTR 发布 2022 中国媒体市场趋势》，"CTR 洞察"微信公众号，2022 年 9 月 19 日，https://mp.weixin.qq.com/s/EtNN6_JusagkOw_X8B2Yyw，最后访问日期：2023 年 1 月 12 日。

种生活需求纳入其中，也是集合用户体验和内容创新构成多模态媒体的新源泉。在媒体根据内容和用户需求横向划分类型之外，深度挖掘 IP 潜力、放大 IP 内容价值也是当前媒体的发展特点。经典电影、综艺、音乐资源等通过技术翻新、长短视频合作等创新模式，发展其 IP 价值及长尾效应。从经济收益来看，优质 IP 共创为文化内容注入新动力，2020 年文化产业的总营收提升 158%。[①]从国家统计局公布的数据来看，2022 年上半年，全国 6.8 万家规模以上文化及相关产业企业实现营业收入 56052 亿元，按可比口径计算，同比增长 0.3%。媒体将 IP 转化与自身内容生产相结合，打造出形象化且有吸引力的新内容。

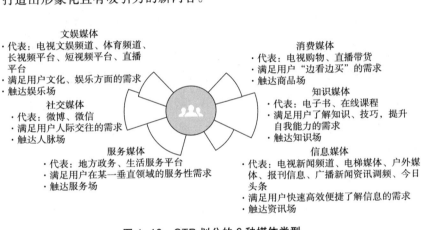

图 1-16　CTR 划分的 6 种媒体类型

资料来源：《内容创新与经营破局：CTR 发布 2022 中国媒体市场趋势》，"CTR 洞察"微信公众号，2022 年 9 月 19 日，https://mp.weixin.qq.com/s/EtNN6_JusagkOw_X8B2Yyw。

从技术赋能角度来看，大数据、云计算、人工智能、5G 等新技术的创新运用，成为提升媒介生产能力的助推器。过去普通纸质内容现在借由计算机以数字化形式呈现，并通过移动化数据、社交化数据以及平台化数据转化为分众化、多形态的优质媒介内容。[②]随着技术发展，越来越多新型媒介技术应用其中，以 2022 年党的二十大报告为例，部分媒体充

---

① 沈睿：《媒体市场趋势与生态构建》，《视听界》2021 年第 6 期，第 18~22 页。
② 李嘉卓：《从数字化到数据化：媒体深度融合内容生产中的思维嬗变》，《新闻爱好者》2021 年第 6 期，第 39~42 页。

分运用 AI 数字人等技术手段创新内容传播形式，新华社 AI 主播读新闻系列短视频，浏览量接近 1 亿人次，点赞量超过 200 万次。[①] 随着 5G 落地，媒介内容传播速度大幅提高，全息成像技术发挥到极致，北京广播电视台运用"5G+8K"超高清技术转播北京冬奥赛事，充分释放出场景化、视频化的媒介内容价值。2022 年上半年的元宇宙概念，也在媒体发展中逐渐被运用。元宇宙作为多个新型技术融合的虚拟数字新生态，为互联网 3.0 时代打造了全新人类文明的"类乌托邦"，创新性的内容产品、高度沉浸感的感官延伸以及边界模糊的拓展新时空都给媒介内容生产带来了新机遇。

内容为本、技术赋能是当前也是未来媒介发展的必要手段，更是必经之路。《关于加快推进媒体深度融合发展的意见》提出，"建立以内容建设为根本、先进技术为支撑、创新管理为保障的全媒体传播体系"。[②] 只有创新内容和新兴技术的合力作用，塑造崭新的媒介内容传播景观，才能将媒介内容传播引导至更广阔的发展空间，在未来创造更多的可能和机遇。

3. 受众触媒时间

受众触媒时间指受众接触媒体的时间。在不同的媒体发展阶段，受众触媒时间不尽相同，这既基于技术创新迭代中的前行，也依靠内容种类和载体的多元发展。从某种意义来说，受众触媒时间以及触媒种类的变化反映着一个时代的文化特征，是一个时代的符号和标志，这不仅是对未来发展有参考意义的风向标，更是历史长河中所处现实文化环境的深刻烙印。

在传统媒体传播时代，技术局限决定了载体和内容的单向度传播，

①《AI 数字人亮相党代会报道 | 二十大 · 观媒》，中国记协网，2022 年 10 月 20 日，http://www.zgjx.cn/2022-10/20/c_1310670520.htm，最后访问日期：2023 年 1 月 12 日。

②《中共中央办公厅 国务院办公厅印发〈关于加快推进媒体深度融合发展的意见〉》，中国政府网，2020 年 9 月 26 日，http://www.gov.cn/zhengce/2020-09/26/content_5547310.htm，最后访问日期：2022 年 10 月 2 日。

报纸作为核心传播形式自然是占据最主要的地位，不过即使是最简单的纸质形式也并非普罗大众均可享受，受众单一的触媒渠道和极短的触媒时间都是媒介本身带来的时代意义和信息。二战期间，大众传播走进人们生活，广播和电视传递的是更为鲜活的信息，声音与画面的结合丰富着人们的感官体验，直至互联网普及，传统媒体时代的广播和电视，尤其是电视，仍占据受众主要的生活娱乐时间，处于信息传播的核心地位。随着移动互联网技术的发展，媒体借助技术有更多的发展可能，受众的触媒方式多种多样，手机、平板、电脑等纷纷融入人们的生活，各类内容也加紧抢占大众的有限时间和注意力，然而新技术的兴起并不意味着传统技术会就此销声匿迹。CTR 研究报告显示，2021 年电视媒体核心地位依然稳固，观众规模达到 12.8 亿人，日均接触时长近 4.5 小时，但是与此同时也可以发现传统广播日均接触时长确实发生颠覆性变化，受众日均接触时长仅有 54 分钟。互联网的发展速度惊人。CTR-Xinghan（星汉）移动用户分析系统 2022 年 6 月的数据显示，我国移动互联网活跃用户规模达到 13.6 亿人，接触月均时长达 218.1 小时。[①] CNNIC 发布的第 50 次《中国互联网络发展状况统计报告》显示，截至 2022 年 6 月，我国网民人均每周上网时长为 29.5 小时，较 2021 年 12 月提升 1.0 小时。[②]

为了更进一步分析互联网时代下受众对于不同种类媒体的接触时间，根据北京大学市场与媒介研究中心刘德寰教授主持搭建的"2021 年手机人——移动互联网全景大调研"数据库，对台式电脑、笔记本电脑、平板电脑、手机、广播、报纸、杂志、电视的受众日均接触时间做出分析（见图 1-17 和图 1-18）。

从图 1-17 可知，一半左右的受众每天使用手机的时间为 2~3 小时

---

① 《新趋势下，中国移动互联网用户四大深刻"重构"｜CTR 报告》，"CTR 洞察"微信公众号，2022 年 9 月 20 日，https://mp.weixin.qq.com/s/pkixmKDXWzy2-dTQ1wiFdA，最后访问日期：2023 年 1 月 12 日。

② 《第 50 次〈中国互联网络发展状况统计报告〉》，中国互联网络信息中心网站，2022 年 8 月 31 日，http://www3.cnnic.cn/n4/2022/0914/c88-10226.html，最后访问日期：2023 年 1 月 12 日。

（24.1%）或者 3~5 小时（26.1%），没有使用手机的受众仅占 0.3%，每天使用 0.5 小时以内的受众也仅占 2.5%；由于平板电脑在"学生党"和"工作党"中使用比较普遍，其他受众日常使用并没有手机普遍，因此 42.1% 的受众表示可能没有使用平板电脑；和平板电脑使用情况类似的是台式电脑，42.7% 的受众认为一天中可能没有使用台式电脑；相比台式电脑的笨重和平板电脑的使用局限性，笔记本电脑则能够集便携性和功能性于一体，因此一天中没有使用笔记本电脑的受众比例远低于平板电脑和台式电脑的，仅为 29.9%。从数据来看，手机的使用率是远高于其他媒体设备的，日均接触时间也是远长于其他媒体设备，可以看出手机已经成为现代人生活中不可或缺的设备。

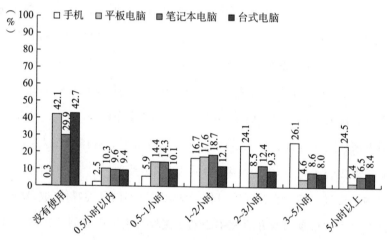

图 1-17　受众对于新媒体的日均接触时间

资料来源："2021 年手机人——移动互联网全景大调研"数据库。

图 1-18 反映了传统媒体的受众日均接触时间，可以看出杂志、报纸和广播的日均接触时间相对已经很少了，这说明在互联网时代下，这几类媒体确实面临危机，但是电视的受众日均接触时间并没有出现急剧减少，反而有回暖迹象，这与公共卫生危机之下假新闻泛滥有很大关系，受众在很大程度上需要将电视平台上播放的官方报道和移动互联网端的新闻结合来分析新闻真假。

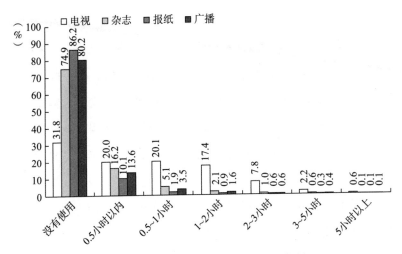

图 1-18 受众对于传统媒体的日均接触时间

资料来源："2021年手机人——移动互联网全景大调研"数据库。

综上所述，目前手机成为大众生活的必需品，电视作为新闻内容的验证辅助工具和官方传播工具仍有存在必要和发展空间，杂志、报纸和广播这些传统媒体面临"被遗弃"的风险，而平板电脑和台式电脑因其专业性和非便携性也在发展中受到一定局限，笔记本电脑集实用与便携于一体的优点使其在未来将会有更大的发展空间。当前时代，无论是内容的创新还是设备载体的迭代都处于交替融合的阶段，而深刻探索并满足大众的需求则是下一个创新点和着力点。

4. 媒体经营收入

在新经济形态以及受众注意力分散的大背景下，抵达受众的媒体市场向着细分方向发展，竞争日渐激烈。媒体经营收入的变化，是最能直观展现媒体竞争市场格局中各要素流动趋向和发展趋势的重要指标，因此有必要探究新旧媒体细分市场的广告收入和媒体经营管理上媒介经营的具体表现，通过传统媒体与互联网的竞争与融合，分析新兴技术可能带来的供给侧和需求侧的新取向，尝试探索媒介经济生态的新变革和未来数字媒体经济的新畅想。

在分析媒体经营收入时，不可忽视的是分析中国整体数字经济市场，宏观市场变化会对媒体经营收入产生巨大影响，它们之间有着密不可分的联系。2021年中国经济处于回暖恢复阶段，经济总量超过114万亿元，其中数字经济规模已超45万亿元，稳居世界第二。[①] 发展态势良好的数字经济推动媒体生产形式和内容的创新，也有助于传媒产业经济不断发展。据学者崔保国和陈媛媛课题组"2013~2021年中国传媒产业总产值与增长率"的统计数据，2021年中国传媒产业总产值达29710.3亿元，传媒产业总产值增长率从2020年的8.40%提升至2021年的13.54%，传媒产业总产值呈现回暖增长趋势（见图1-19）。

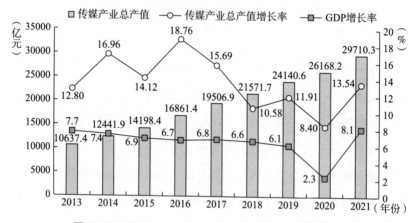

图1-19 2013~2021年中国传媒产业总产值与增长率

资料来源：崔保国、陈媛媛《2021—2022年中国传媒产业发展报告》，《传媒》2022年第16期，第9~15页。

从中国传媒产业主要细分市场收入来看，互联网相关业务稳居传媒市场收入高位，而以广播、电视和报刊为主的传统媒体市场收入呈下降趋势。数据显示，2021年传统媒体如广播电视广告以及报刊行业的市场收入相比2020年有所下降，与之相反，电影行业却在2021年实现了市场

---

① 《国家互联网信息办公室发布〈数字中国发展报告（2021年）〉》，中华人民共和国国家互联网信息办公室、中共中央网络安全和信息化委员会办公室网站，2022年8月2日，https://www.cac.gov.cn/2022-08/02/c_1661066515613920.htm，最后访问日期：2023年1月12日。

收入的回暖。相比之下，2021 年互联网营销服务和互联网广告的收入依然以绝对优势占据中国传媒产业市场整体收入的大块版图，并且较上一年上涨（见图 1-20）。①

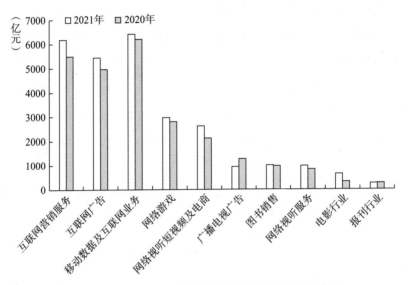

图 1-20　2020~2021 年中国传媒产业主要细分市场收入

资料来源：崔保国、陈媛媛《2021—2022 年中国传媒产业发展报告》，《传媒》2022 年第 16 期，第 9~15 页。

当前媒体单位经营主要收入来源依然是传统媒体广告收入，但广告收入在媒体经济支持体系中占比大幅下降。学者陈国权通过问卷调查了 116 家媒体，其中 42.24% 的媒体单位的最大经济收入来源依然是传统媒体广告。② 广告营销的目的是将获取的注意力或流量消费变现，流量从传统媒体时代的线下消费转向了以互联网为主的线上消费，虽然广告仍然是占比最大的收入来源，但曾经作为媒介经济支柱的广告收入确实逐年下滑，这也侧面反映出现今媒体经营收入的窘迫。根据 CTR 数据，2022 年

---

① 崔保国、陈媛媛：《2021—2022 年中国传媒产业发展报告》，《传媒》2022 年第 16 期，第 9~15 页。
② 陈国权：《主流媒体经济支持体系的新构成——基于 136 家媒体的调研报告》，《现代传播（中国传媒大学学报）》2022 年第 4 期，第 1~10 页。

1~8月广告市场在各行业花费同比减少10.7%。[①] 由于疫情和经济大环境的影响,广告主的预算投入更加谨慎,更加注重降低广告投入成本。

如今,传媒产业以流量为主的竞争日益激烈,传统媒体受制于技术、渠道、平台等多方面的因素,在行业竞争中逐渐落后。用户流失和渠道失灵也使得媒体资源无法有效转换,使传统媒体经营成本增加,传统媒体广告市场也被蚕食。广播、电视以及报纸的广告收入下滑。根据CTR数据,2022年1~8月广播广告花费同比下跌9.9%(见图1-21),电视广告花费同比下跌13.5%(见图1-22)。2021年报纸广告收入同比下降22.0%,期刊广告收入同比下降7.8%,2012~2021年报纸广告收入和期刊广告收入持续下跌。[②]

图1-21　2016~2022年1~8月广播广告花费同比变化

资料来源:CTR数据。

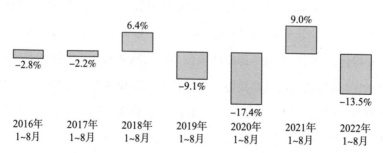

图1-22　2016~2022年1~8月电视广告花费同比变化

资料来源:CTR数据。

① 《1-8月三大细分广告市场表现 | CTR 报告》,"CTR 洞察"微信公众号,2022 年 10 月 13 日,https://mp.weixin.qq.com/s/aZKHSiyvwheeSHVxsmak4Q,最后访问日期:2023 年 1 月 13 日。
② 崔保国、陈媛媛:《2021—2022 年中国传媒产业发展报告》,《传媒》2022 年第 16 期,第 9~15 页。

　　与之相反，互联网广告仍占据媒体广告市场首位，以短视频广告和电商直播广告为主。根据中关村互动营销实验室发布的《2021 中国互联网广告数据报告》，2021 年互联网广告收入为 5435 亿元，同比增长 9.32%。[①]根据普华永道的数据，预计 2026 年中国互联网广告市场规模可达到约 1853 亿美元，年复合增长率将达 13.1%，[②]市场规模依然庞大。随着互联网技术的迅速发展，短视频、直播等新兴形式开拓了广告的新玩法，基于算法的个性化推荐广告也更能符合当下垂直化的个性需求。由于中国互联网广告规模持续增长与传统广告规模不断压缩，无论是媒体还是广告主，都不得不走上从传统到数字的新营销创收道路。

　　如今部分传统媒体仍然面临条块分割、发展失衡等局面，难以应对全产业链的竞争，无法发挥现有存量资源的潜力。不过，互联网的逻辑和范式带动传统媒体进入新的传媒市场竞争中，传统媒体有必要兼顾流量逻辑和用户诉求，实现供给侧内容生产的革命，搭建起多渠道多元协同的营收体系。物联网、元宇宙等新兴工业技术和网络信息技术会重塑媒体生产要素与供给体系，未来媒体经营亦将面临新变革和新挑战。

　　5. 媒体发展空间格局

　　媒体发展空间格局指各类媒体在不同空间中的分布与发展情况。从地缘空间角度主要划分为两个方面：一是全球媒体传播格局的变化，二是中国不同线级城市及城乡间媒体发展的相融与差异。全球和国内的媒体发展空间格局应是两个视角的结合，能够突破线性历史观和空间观，在横向和纵深中去审视媒体在不同地域展示的多元形态以及在这种形态背后由媒体与人共建的文化社会景观。

---

① 《〈2021 中国互联网广告数据报告〉（完整版）》，"中关村互动营销实验室"微信公众号，2022 年 1 月 13 日，https://mp.weixin.qq.com/s/-jWlxX8RX_cMSCMMumP_VQ，最后访问日期：2023 年 1 月 13 日。

② 【维观 TMT】普华永道发布〈2022 至 2026 年全球娱乐及媒体行业展望〉中国摘要，预计行业收入平均增速高于全球》，"普华永道"微信公众号，2022 年 6 月 23 日，https://mp.weixin.qq.com/s/e_hTP5xkunGjHmNqHGTGsA，最后访问日期：2023 年 1 月 13 日。

媒介融合使得传统媒体与新媒体之间的形态阻隔被消解，互联网等信息技术实现了跨地域、跨时间的全球文化交流与沟通，构成了一个传媒生态系统全景。媒体产业的发展无疑为全球经济复苏提供了重要推动力。普华永道研究数据显示，2022 年全球媒体产值预计达到 2.5 万亿美元，同比增长 7.3%。[①]互联网紧密连接起全球媒体市场，网络数字媒体突破了地域的界限，各个媒体都可以通过互联网构建起一个跨平台跨地域跨文化的全球传播体系。从前的全球互联网市场格局一直由美国数字媒介平台所垄断，随着中国短视频平台 TikTok 等新媒体"出海"且在全球范围内吸纳用户速度不断加快，原有的数字媒介格局渐渐发生了变化，国外大型互联网公司构建的垄断的国际舆论场逐步被打破，一个新的全球跨文化传播平台正在悄然搭建，这是时代的必然，也是发展的必经之路。

在以互联网和数字技术为代表的新媒体时代，全球媒体传播新秩序正在被改写，全球媒介融合趋势加强，全球媒体格局变化莫测。在"全球、全民、全媒"的发展趋势下，全球媒介融合构成了一个如麦克卢汉所隐喻的"地球村"，但在这个"地球村"中每个国家内部的媒体空间发展仍有其异质性和特殊性，当我们将视线重新拉回国内实际，会发现媒体传播度和接受度在不同线级城市之间存在差异。我国不同线级城市之间经济、文化等方面的差异，导致生活其中的受众对于不同媒体的传播、接受度不同。根据北京大学市场与媒介研究中心刘德寰教授主持搭建的"2021 年手机人——移动互联网全景大调研"数据库，可以发现手机、笔记本电脑等新媒介成为不同线级城市居民获取新信息的首选媒介，手机是首选最多的，其次是笔记本电脑。但与一线和新一线城市相比，二线及以下城市居民首选看智能电视（能联网）来获取新信息的占比更大，电视作为传统媒体在结合新技术发展之后在二线及以下城市仍具有较大媒体受众

---

① 《【维观 TMT】普华永道发布〈2022 至 2026 年全球娱乐及媒体行业展望〉中国摘要，预计行业收入平均增速高于全球》，"普华永道"微信公众号，2022 年 6 月 23 日，https://mp.weixin.qq.com/s/e_hTP5xkunGjHmNqHGTGsA，最后访问日期：2023 年 1 月 13 日。

市场。值得注意的是，相较于其他城市居民而言，五线城市居民在获取新信息的首选媒介上选择看报纸 / 杂志的比例更高（见图 1-23）。究其原因，五线城市一般规模偏小，经济基础设施相对落后，尤其是"人"或说年轻劳动人口作为城市的重要载体正不断流失，留在县乡地区的以老年群体为主，然而老年群体对新媒介的接受速度较慢，通过阅读报纸或杂志来获取新信息对他们而言是最简便且习惯的方式。因此要实现媒体在不同线级城市的平衡发展，弥合其中的数字鸿沟，就不单单要考虑媒介基础设施和媒介技术在各地区的发展情况，还要考虑媒介受众群体本身的媒介素养和对新技术的接纳程度。

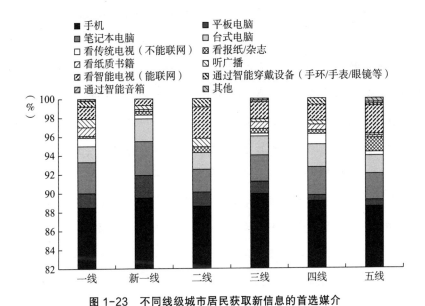

图 1-23　不同线级城市居民获取新信息的首选媒介

资料来源："2021 年手机人——移动互联网全景大调研"数据库。

　　媒体作为传播的外延，是全球传播秩序变革的重要因素，也成为打破过往传播话语霸权和重构全球权力结构的重要工具。继续开展媒体合作、协同传播观念，实现公平、公正的双向互动交流，以及发挥技术驱动力量对于全球媒体发展具有重要意义。站在中国本土视野下会发现，不同线级城市之间在手机等新媒介的接纳和使用上并无明显差异，媒体间信息也可以通过新兴技术在不同城市间快速流动和传播，这打破了原本地理空间的限制。传统媒体在发展相对落后的城市中仍占据一席之地，这需要我们进一步关怀这些媒介背后的使用群体，展现一个媒介空间发展的真实全景。

（二）当前存在的困境

当我们的视野聚焦在国内传播格局变化时，不可忽视的是网络带来的信息互联，世界上的每一个角落都会随着互联网的普及而紧密相连，国际传播格局变迁前期的"飓风"也势必会带来国内传播格局的变化，这种变化可能是滔天巨变，也可能是轻微改变，而这与经济、政治、文化等多重因素又是息息相关的。就像一枚硬币，任何事物都具有两面性，传播格局在不断发展的同时必然也面临着困境与挑战。宏观来讲，在新的传播格局下，传媒产业面临前所未有的竞争，而这种竞争与传统竞争相比，更加趋向于国际化与专业化。互联网时代下，信息技术、传播技术与传播载体的更新换代，语言和文化的交流与普及，经济的一体化，这些都极大程度地降低了传播的国际地域差异性，增强了国际的信息共享与互动，使得新闻传播的国际化趋势增强，这带来的就是新的传播格局下国内媒体的竞争更为激烈。受众的全球化以及竞争对手的国际化，要求国内媒体最大限度地考虑世界各国受众的需求与接受方式，尽可能争得话语权，与世界各大媒体展开竞争，在国际传播格局中接受考验，争得一席之地。

在面对传播格局国际化困境的同时，不可忽视的还有专业化带来的问题。在新的传播格局下，微博、微信等新媒体亟须提高专业素养，这是当前困境也是未来突破点。面对海量信息，无序肤浅，甚至虚假造谣的网络传播内容肆意横行，维护网络环境、创建清新整洁的网络世界成为当前传播格局下亟须解决的问题。

做好内容的选择与过滤，确定信息的真实与准确，增强新媒体的可信度和权威性，扶持新媒体和主流媒体相互协同形成良好的发展循环，使用户融入其中，并与官方、行业、市场多方共同努力创建良好的传播格局，这些是当前我国传播格局面临的巨大挑战。

三 媒介融合发展

媒介融合（Media Convergence）是近年来国内外传播学界较为热门的研究课题，但目前这一概念并没有形成共识性的理论或定义。

帕夫利克认为媒介融合中的融合指的是现存媒介向电子化、数字化形式靠拢的趋势，这一趋势的基础是计算机技术和网络技术的发展。同时，他还指出媒介融合可能带来的结果是对传统大众传媒和人际传播媒体泾渭分明的秩序产生挑战，媒介融合还可能促进多媒体产品的繁荣发展。[①]国内新媒体研究学者熊澄宇对于媒介融合也给出了相似的定义，他认为媒介融合是"所有媒介都向电子化和数字化这一种形式靠拢，这个趋势是由数字技术驱动的，并在网络技术的推动下变得可能"。[②]从媒体行业角度来看，章于炎、乔治·肯尼迪、弗里兹·克罗普于2006年的报告中提出，媒介融合是大众传播业的一个正常发展阶段，在这个阶段大众传播业通过媒介融合整合，利用原本处于单一所有权或混合所有权下的报社、广播等独立传统媒体，增加了新闻和信息平台的数量，进而在经济学意义上实现了稀缺资源（媒体资源）的最优配置。媒介融合的效果是可以形成媒体行业的规模经济和范围经济，融合的媒介形式以及被重新包装过的媒介内容可以为受众提供更大的信息量。三人对于媒介融合的效果给予了较为乐观的预期，他们认为媒介融合通过在媒体行业建立规模经济和范围经济，可以实现领先竞争对手、获得盈利、提供优质新闻的效果，媒介融合最终会在数字时代的媒体竞争中保持领先的战略地位。[③]

在全球媒介融合的趋势下，中国对于媒介融合的研究也日益增多。

---

① Pavlik, J., *New Media Technologies: Cultural and Commercial Perspectives* (Alllyn & Bacon, 2005).

② 熊澄宇:《信息社会4.0》，湖南人民出版社，2002，第30页。

③ 〔美〕章于炎、乔治·肯尼迪、弗里兹·克罗普:《媒介融合：从优质新闻业务、规模经济到竞争优势的发展轨迹》，中华传媒网，2007年4月23日，http://www.firstlight.cn/upload/firsttext/8508 603000/811497.pdf，最终访问日期：2023年1月13日。

其中对媒介融合概念界定较为全面，且较为符合我国国情的是蔡雯和王学文于 2009 年提出的定义：从概念上来说，媒介融合是指在科技进步的催动下，新的传播平台的出现导致不同媒体的传播方式和传播内容可以相互流通；从主体上来看，媒介融合涉及的主体包括传媒产业、电信产业、IT产业以及电子产业等多种与传媒本身相关联或之前关联不大的产业。此外，蔡雯和王学文在关于媒介融合的界定中提到媒介融合包含三个核心内容：媒介内容的融合、传播渠道的融合、媒介终端的融合。①

结合现实案例的感知，综合媒介融合概念界定的发展，笔者认为基于技术驱动，以内容融合、渠道融合、终端融合为核心的媒介融合定义更加全面且符合我国媒体行业现实，因此后续对于我国媒介融合的探讨将在这一定义的基础上进行。

（一）媒介融合的发展阶段及特点

从国内外学者的概念研究以及媒体行业的实践来看，媒介融合在不同核心层面具有一定的发展趋势，其内涵和形态正在随着研究的深入和实践经验的增加逐步向可能的最终形态演变。

在内容融合上，媒介融合倾向从技术驱动过渡到人性化服务。媒介融合最初是基于数字化、网络化、三网融合（电信网、广电网、互联网融合）等客观技术背景提出的，信息技术打破了传统媒体之间的信息壁垒，迫使不同媒体的信息整合呈现。而从实践来看，目前媒介融合表现为在实现规模经济和范围经济的同时，提升了用户的使用体验，整合过的媒介在用户习惯、内容推荐、内容检索等方面比传统媒介更加方便于用户使用，且这一现象有逐步升级的趋势。

在渠道融合上，随着三网融合的推进，三网内容层面的差异不再明显。从行业层面来看，广电网的视频内容和媒体广告、电信网的语音通话和信息传送，在互联网中都已经有了相对应的替代功能，电信网、广电网

---

① 蔡雯、王学文：《角度·视野·轨迹——试析有关"媒介融合"的研究》，《国际新闻界》2009 年第 11 期，第 87~91 页。

目前的竞争优势更多源于其固定设施的投入和互联网基础服务的提供。从内容分发层面来看，互联网与电信网、广电网之间的边界正在逐渐模糊，且互联网在媒体渠道的占比正在逐渐提高。

在终端融合上，媒体终端呈现出从多到一，再从一到多的趋势。"从多到一"指代表性融合终端——智能手机，它的出现承载了原来众多单一媒介的功能。智能手机可以提供原来用户读书看报、观看电视、收听广播等大多数媒体功能。在北京大学市场与媒介研究中心刘德寰教授主持搭建的"2021年手机人——移动互联网全景大调研"数据库中的数据显示，2016~2020年，用户每天的广播、电视、报纸等传统媒体的使用时间大幅下降，而智能手机则几乎成为所有人每天使用的主要媒介。"从一到多"指随着目前物联网技术的发展，具有媒介融合特征的终端设备正在不断变多，从而满足用户不同场景的使用需要。智能家电等具有连接互联网功能的产品正在逐步普及，这些媒介终端呈现类似智能手机的内容融合、渠道融合的特质，且能对于智能手机适用性不佳的使用场景进行补充。因此，在终端融合的趋势变化上，从多到一是指从多个传统媒介过渡到一个融合媒介，而从一到多是指从一个融合媒介分化为不同使用场景下的融合媒介。

（二）媒介融合概念下我国媒体的发展及成效

在媒体行业整体呈现媒介融合的大背景下，我国传统的四大媒介——报纸、电视、广播、杂志，纷纷顺应新的科技水平和媒介融合的趋势，产生了一系列发展。

在纸媒（报纸和杂志）上，目前来看，我国纸媒的发展呈现出完全脱离传统终端、渠道依赖互联网、内容呈现多元化、终端主要为智能设备的现象。传统媒体线上发展状况良好，我们对"2021年手机人——移动互联网全景大调研"数据库进行研究发现，2020年智能手机用户常用的新闻客户端中，人民日报等传统纸媒的线上客户端正在逐步占据更大的市场份额。纸媒线上发展的形式除了新闻客户端之外，微信公众号、微博乃至 B 站等"90 后"受众的平台也是传统纸媒进行内容输出的地方。从内容呈现来看，为了适应媒介终端受众的发展，纸媒在媒介融合过程中在内容形式上减少了长篇大论，加入了图片、视频的呈现方式。此外，由于互联网几乎没有信息承载的限制，为了方便用户能够最快看到自己感兴趣的内容，纸媒客户端积极使用推荐算法、搜索关键词、热榜新闻等技术，进一步优化了当代纸媒的用户体验。

在广电媒体上，在早期凭借内容制作优势和集成优势进行渠道扩张后，广电媒体为了应对智能手机、互联网带来的竞争压力，整体上呈现出媒介融合的三个核心特征：内容融合、渠道融合、终端融合。广电媒体的内容融合是为了避免不同媒体频道建设内容平台、技术队伍和营销队伍所造成的人员过剩、资金浪费，大的广电集团倾向于对现存小频道团队进行资源整合，从而形成规模效益。从渠道融合来看，集团化的广电媒体正在积极拓宽渠道，一方面凭借规模效益带来的内容优势吸引受众，另一方面积极引进互联网渠道内容，从而进一步模糊广电网与互联网之间渠道内容的差异。终端融合则体现为目前我国广电媒体"三屏合一"的大趋势，无论是家喻户晓的《春晚》还是其他栏目，都可以在电脑、手机上进行收看，传统的广电媒体已经突破了电视、广播形态上的局限，不再为内容设定特定的用户场景，用户使用广电媒体也更加便捷。

（三）我国媒介融合相关的政策法规及其影响

我国首个与媒介融合相关的政策法规为 2014 年 8 月通过的《关于推动传统媒体和新兴媒体融合发展的指导意见》（以下简称《意见》）。《意见》明确提出，整合新闻媒体资源，推动传统媒体和新兴媒体融合发展，是落实全面深化改革部署、推进宣传文化领域改革创新的一项重要任务，是适应媒体格局深刻变化、提升主流媒体传播力公信力影响力和舆论引导能力的重要举措。自此我国的传统媒体与新兴媒体打破对立模式，媒体行业得到了前所未有的发展。

2016 年 7 月，国家新闻出版广电总局发布《关于进一步加快广播电视媒体与新兴媒体融合发展的意见》，提出力争两年内，广播电视媒体与新兴媒体融合发展在局部区域取得突破性进展，形成几种基本模式。在"十三五"后期，融合发展取得全局性进展，建成多个形态多样、手段先进、具有竞争力的新型主流媒体，打造出数家拥有较强实力的新型媒体集团，基本形成布局合理、竞争有序、特色鲜明、形态多样并具有可持续发展能力的中国广播电视媒体融合新格局。

2017年5月，中共中央办公厅、国务院办公厅印发《国家"十三五"时期文化发展改革规划纲要》，提出现代传播体系逐步建立，传统媒体与新兴媒体融合发展取得阶段性成果，形成一批新型主流媒体和主流媒体集团，网络空间更加清朗，社会舆论积极向上。推动媒体融合发展。扶持重点主流媒体创新思路，推动融合发展尽快从相"加"迈向相"融"，形成新型传播模式。

2018年11月，中央全面深化改革委员会第五次会议审议通过《关于加强县级融媒体中心建设的意见》，将我国媒介融合的范围细化到县级媒体。2019年1月，中共中央宣传部、国家广播电视总局联合发布《县级融媒体中心建设规范》，指出县级融媒体中心应整合县级媒体资源，巩固壮大主流思想舆论，不断提高县级媒体传播力、引导力、影响力、公信力。

2019年4月，国家广播电视总局办公厅发布《关于建立"国家广播电视总局媒体融合发展专家库"的通知》，建设初期，专家库包括"优秀专家学者"和"优秀行业从业人员"两个子库。建立媒体融合发展专家库，可以为我国媒体融合提供指导力量和行业智慧。

2019年9月，国家广播电视总局发布《关于创建广播电视媒体融合发展创新中心有关事宜的通知》，决定择优创建广播电视媒体融合发展创新中心，以改革创新的思路举措，汇聚各方力量、深入研究探索、强化应用示范，加快推进广播电视媒体与新兴媒体深度融合一体发展。

2019年11月，科技部发布《关于批准建设媒体融合与传播等4个国家重点实验室的通知》，为媒体融合纵深发展、科技应用提供了保障。

2020 年 9 月，中共中央办公厅、国务院办公厅印发《关于加快推进媒体深度融合发展的意见》，进一步推进媒体深度融合。

自 2014 年开始，我国媒介融合相关政策的内容从战略重要意义的阐述逐步拓展至媒体行业、行政区级、人才吸引、科技支撑等多个层面可行的方针，目前来看在政策上取得了符合预期的成果，未来我国将进一步深化媒介融合。

（四）我国媒介融合目前存在的难点

综上所述，我国的媒介融合受科技进步和政策利好两大因素驱动，目前发展态势良好，但仍旧存在以下问题。

第一，内容融合对传统媒介规制和内部管理提出挑战。内容融合要打破媒介管理区域分割、行业分割的现状，才能实现媒介内容上的跨地区、跨形式。但我国的主要媒体行业从业者为事业单位，事业单位存在的组织壁垒导致跨媒介团队合作、网状信息管理较难达成，从而导致事业单位与媒介公司呈现的内容仍然较为割裂。

第二，媒介融合需要更高层次人才。融合媒介的管理者需要精通各类媒介的特点、受众和素材需求，需要知道如何运用媒介融合将同一条新闻在不同的平台上展现，因此，媒介融合需要综合性强、具有技术背景和商业背景的管理型人才。此外，如果要避免重复新闻组的不必要设立，充分发挥媒介融合的规模经济效益，从业者应当具备收集多种新闻素材，如视频、音频、文字、图片等内容的能力，且有能力将多种素材分别加工制作成适应不同平台特征的新闻。

第三，我国的融合媒介相较其他国家受互联网、智能手机的冲击更大，亟须建立竞争优势。中国的手机上网率显著高于美国等发达国家，而融合媒介的发展晚于智能手机作为娱乐产品大量占据人们注意力的时间节点，导致我国融合媒介面临互联网平台上大量劣质信息、伪官方信息对注意力挤占的问题。如何引导民众更好使用媒介、更多选择优质信息，也是我国媒介融合发展将要面临的问题。

第二章　全媒体实践案例与经验探讨

媒介融合战略提出以来，各类媒体平台客户端都在积极探索转型路径，结合自身特点建设全媒体传播体系，其中不乏可借鉴的成功案例。对于这些案例的探讨，有利于我们积累宝贵经验，进一步思考全媒体传播体系建设的可能路径，并为新时代全媒体理论建设贡献"养料"。对于具象实践的分析也能让我们转向一个更落地的视角，考察全媒体传播体系建设的应用价值。

在第一章中，我们从宏观层面分析了建立全媒体传播体系的背景，分别从大众传媒的变迁、互联网环境下国际传播格局的变化以及我国国内传播格局的演进现状和问题三个角度切入，勾勒了目前国际国内传播格局的大致轮廓和演变图景。在本章中，我们将目光聚焦于全媒体传播体系建设的实践层面。具体而言，本章分别介绍了传统媒介融合转型案例、县级融媒体履行社会职能案例、新闻客户端平台融合案例、垂直类商业媒体平台融合案例、服务社区型平台融合案例以及视频类媒体平台案例，以期增进大家对全媒体传播体系建设现状的了解。

第一节　传统媒介融合转型案例

一　传统媒介向全媒体发展的方向

结合"报网融合""报纸市场化"探索的相关案例，可以总结出传统媒体向全媒体发展的主要方向，具体内容如下。

（一）媒介渠道融合

"PC端网页＋移动客户端""微信＋微博"的搭配方式成为传统媒体构造新媒体矩阵的首要选择。PC端网页沿袭了门户网站时代的思路，技术成本较低、搭建方便，主要将传统媒体的内容"移动"到网络平台上，并通过超链接构建不同内容之间的连接或跳转逻辑，再加上"咨询""留言""热线"等基础政务服务功能为用户提供服务。移动客户端则覆盖了更多用户浏览资讯的场景，适应了碎片化、移动化、场景化的发展，而"点赞""评论""转发"等功能也提升了内容与用户、用户与用户之间的互动体验。微信与微博则分别帮助传统媒体接入私域流量与公域流量，同时微信也内嵌服务栏、小程序等功能，比媒体自建移动端更为便捷，因而成为政务服务的重要入口。

（二）技术应用创新

大数据、云计算、区块链、人工智能、虚拟现实等技术的发展推动媒体向数据化和智能化方向发展，技术重构了媒体生态，给传媒领域带来新的内容生产模式。大数据是传统媒体转型最常使用的技术方式。一方面，大数据被用于衡量事件热度与传播影响力，帮助记者发现新闻线索，反映社会情况；另一方面，大数据也加快了新闻信息处理的流程，介入采集、分发、生产等环节中，提高效率并提升了人的能力。人工智能与虚拟现实则为传统媒体提供了新的内容创作的可能。VR、AR等技术将构建媒体用户与现场的新关系，尤其在现场直播中，用户在现场的观察与感受将更多取决于他们的主观兴趣与认知需要，而较少受到传统电视直播的摄像、导播视角的限制。但由于这类技术实现难度较大，内容形式尚未在各级媒体中普及。

（三）搭建多元服务

传统媒体在信息服务上探索音频、短视频、中视频、长视频、直播等更多内容形态和内容产品，在拓展和发展新媒体平台的过程中，也利用自身的公信力和影响力优势寻求政务、生活服务等平台的搭建，逐渐实现从单一信息生产者向兼具公共服务的平台转型。目前，传统媒体打造的政务服务仍主要以区域（市、区等）或单位（政府、医院等）为核心，未来各部门或许可互相开放更多有价值的数据，打破"信息孤岛"割裂现状，通过将融媒体业务和社会化管理业务相结合，更好地服务当地群众。

（四）盈利模式拓展

当前，部分传统媒体的商业模式仍是传统广告售卖的延伸，较少借助新媒体吸引用户、拓展流量入口，进而实现流量变现。但也有媒体积极融合互联网思维，纳入新的媒介形式，挖掘更多可能的盈利模式，如新京报布局电商平台，加入直播带货。一方面，传统媒体在自身内容优势的基础上，可以进一步探索变现模式，以媒体智库的形式提供优质信息服务（如南风窗创办南风窗传媒智库，设立南风窗城市研究院、南风窗长三角研究院、南风窗音视频部、南风窗公益基金，构筑集出版、智库和公益等多元发展于一体的现代媒体集团），或探索知识付费、媒体付费（基于深入的调查性报道、专业领域的解释性报道和社会领域的服务性报道等媒体市场的稀缺品，形成对用户的吸引力）；另一方面，在媒介融合趋势下，传媒业与电信业、互联网业、IT 业等其他相关产业之间的融合与重组也将带来新的增长可能。

二　报网融合

（一）《信息日报》与中国江西网

2017 年 8 月，《信息日报》与中国江西网在江西日报社社委会的决策下，正式开启了融合发展的道路。

首先，中国江西网与《信息日报》融合发展后，借助大江大数据中心优化了传统新闻流程，通过大数据系统导出一周数据，再发给《信息日报》的记者编写加工。大江大数据中心还可以通过跟踪网络新闻及其评论发布时间、数量等数据指标，让全媒体记者编辑可深挖细节，对媒体报道、网民评论进行语义分析，区分出高频词和低频词，提供不同分析视角。大江大数据中心推出《大江大数据·江西热词》《江西新闻发布热词》等栏目，通过对新闻、微博、微信等客观指标进行函数计算，用数据、图表、词云图等多元可视化的方式，呈现热度和传播影响力，客观再现社会热点。

其次，融合后，《信息日报》有效加强了自身建设，拓宽了信息传播渠道，开发了"信息日报"客户端，"江西政读""信息日报"微信公众号等多个新媒体。同时，《信息日报》发挥传统媒体内容生产的优势，为新媒体平台提供丰富的短视频与文章内容。

再次，中国江西网还将提供更为便利的政务服务作为报网融合的重点。2019年，中国江西网开设"五型"政府建设专题，在《信息日报》开设"助力'五型'政府建设，聚焦'怕、慢、假、庸、散'"专版，共同打造江西省"五型"政府建设扩大社会参与加强社会监督平台，使两家媒体融合后的"问政模式"有力地履行了媒体职能。

从次，报网融合也为传统媒体提供了新的人才培养路径。为了适应两家媒体在融合后的创新转型，两家媒体融合后加强了对"一专多能"的复合型人才的培育，都在有目标地整合、吸收、培养各自现有的人才队伍，有针对性地培养"一专多能"的复合型新闻传播人才。

最后，从变现模式上看，二者报网融合后依然沿袭了传统的变现方式，即通过报纸发行和广告获得收入，但由于《信息日报》在融合之后开始布局微博、微信等新媒体，并提供直播、视频、内容标题优化等更多新媒体服务，获得了比传统媒体时代更庞大的流量资源。2019年，《信息日报》已由融合前的亏损变为盈利。

（二）澎湃新闻

2014年7月22日由上海报业集团旗下《东方早报》团队打造的"澎湃新闻"客户端正式上线。客户端上线后"澎湃新闻"网页版、WAP网页版、微博账号、微信公众号推出。

从资金结构上看，澎湃新闻是一个纯国企注资的新媒体项目。2015年已到位的资金为1亿元，其中5000万元来自上海市委宣传部，另外5000万元来自上海报业集团。未来也将保持这种1:1的投资比例。

首先，澎湃新闻搭建了细分受众的传播渠道，实现了对互联网和移动互联网多种媒体的重组与创新。澎湃新闻建立了PC网、WAP网、新闻客户端、微信及微博的媒体矩阵，形成了一个以互联网和移动互联网为基础的多媒体平台，并通过系统性的经营与管理完成了其品牌的塑造，也培植了一大批忠实的新闻消费者。

其次，澎湃新闻在新闻价值的追求上传承了《东方早报》，既有"影响力至上"的目标定位，在稿件的安排上也保持了稿件的原创性，选择了对新闻的专业主义的追求。为了支撑原创稿件的比重与质量，澎湃新闻建立了400人的新闻团队，在原创性上发挥独有的优势。并且，为了适应新媒体的内容生产，澎湃对员工尤其是对新人进行严格的新闻职业道德方面的培训。除了培训，采编人员还主动适应新媒体开展自我学习、自主转型。

不同于其他简单运营的新闻媒体，澎湃新闻对信息聚集的平台进行了适配，以求得新闻资讯更广泛地传播。例如，澎湃新闻客户端主要强调一手报道和新闻资讯的广泛性，微信平台则强调内容的精选。在内容表现形式方面，澎湃新闻的产品内容将图文、视频、H5相结合，在跨媒介的叙事形式中为消费者提供了足够多的使用选择，满足其新闻消费需求；在内容生产方面，澎湃新闻在充分保证原创质量的情况下，发挥"公民新闻记者"的力量，通过"报网融合"和UGC模式制造了更为广泛和优质的信息流。澎湃新闻除了专业记者采编的新闻报道之外，还向社会开放媒体平台，政府机构、专业组织等可以通过申请开通澎湃政务号或媒体团来拓展内容生产与传播渠道。同时，澎湃新闻还为民众反映舆情提供了通道（如澎湃的"问政"）。

从经营上看，澎湃新闻未来的盈利模式是通过传统广告、原生广告和优质内容输出等三种途径来获取利润。澎湃新闻还升级了对广告商的服务方式，服务方式的变化主要体现在并没有将广告制作纳入其业务范围，而是通过外包的方式保证广告的质量。澎湃新闻结合其新闻产品定位承接了大量高端产品，并结合广告主的要求，制作动静结合的广告成片，在更多媒体平台进行广告投放，形成广告传播的矩阵。

三　报纸市场化探索

2019 年岁末，时任新京报社社长宋甘澍在一次媒体融合高峰论坛的主旨演讲中提到，"全报社只有 11 人专职办报纸"，其余 500 多名采编人员都转去了以客户端为主的新媒体传播矩阵。换言之，在"移动优先，视频优先"的策略下，报纸可以依旧按照自己的规律和节奏进行着周期化的生产，但报社核心的资源配置完全转向了新媒体传播矩阵，报纸不再站在舞台的中央。2020 年起，《新京报》报纸不再自办发行，全部转为邮局代发；2021 年起，《新京报》从每日出版改为周五刊。2021 年，在媒体深度融合的道路上，新京报已经全面实现了报道方式立体化、传播渠道网络化和经营方式多元化。在内容形态层面，除了传统的图文资讯，新京报的音频、短视频、中视频、长视频、直播等内容形态和内容产品已经占到整个报社内容的 40% 以上，并且各个领域、各个部门还在进行着视频化探索。在传播能力层面，新京报大力进行了线上网络渠道和移动应用渠道的建设，初步完成了网络化、数字化、平台化、融合化的建设布局，实现了 500 个以上端口覆盖 2.5 亿人次的传播能力，获得了平均每天 5 亿人次的全网阅读量。在媒体经营层面，新京报也进行了多元化、互联网化的积极探索，不仅拓展了全新的经营领域、拓宽了报社收入来源，而且已经实现了线上营收占总营收的比重超过 80%，并继续努力争取进一步将线下营收占比压缩到 10% 以内。

首先，在确认"脱报向网"的基本方向后，新京报便全力推动媒介融合进程。2016 年 7 月 11 日，新京报携手腾讯，共同创办"我们视频"

部门，进军短视频新闻及新闻直播领域。"我们视频"并不仅在新京报自有的网站、移动客户端、微信公众号、微博账号上发布，还将内容分发渠道进一步扩展到了腾讯生态的微信新闻、QQ 新闻、天天快报、腾讯网、QQ 浏览器、企鹅号等资讯平台，实现了高品质内容与大流量渠道的有效融合。目前，新京报的传播渠道已经覆盖线下渠道、桌面渠道、移动渠道，其新媒体账号已经遍及微博、微信、抖音、快手、喜马拉雅、今日头条、哔哩哔哩等主要的新媒体内容平台，实现了多样化渠道的有机融合。

其次，新京报在内容形态和内容产品的融合方面进一步明确了移动优先、视频优先、形态多样、产品丰富的融合思路，努力实现图、文、视频、音频等内容形态和内容产品的全方位生产，并力争将融合化、可视化内容产品占比提升到 60% 以上。

在完成渠道融合、形态融合、产品融合之后，新京报提供的服务也从单纯的新闻服务向包含信息、政务、商务、生活、文娱乃至更多样化的融合型服务转变。为了更好地向用户提供高价值、高品质、高格调的内容服务，新京报除了重点为用户精心打造"我们视频""动新闻"等产品之外，还面向不同用户群体的需求，进一步推出了"知道视频""一览视频""政事儿""贝壳财经"等多样化的内容产品，以品质赢得用户，以品牌提升服务。在做好"用户在哪里，就争取把内容送达到哪里"的基础服务之后，新京报还在自建的 App 上进一步增加了"新闻＋政务""新闻＋商务""新闻＋服务"等多个板块，立足北京特色，强化自身在财经、科创、金融、文旅等多个垂直细分领域满足用户更精细需求的服务能力。为了提升自身的融合型服务水平和服务能力，新京报还与多家战略合作伙伴共同在 5G、云计算、人工智能、区块链等技术领域展开深度合作，以便不断优化用户体验。

在媒介转型的过程中，新京报也在调整自身的营收结构。2020 年 2 月 17 日，在全国人民共同抗击新冠疫情的情境下，新京报率先联合淘宝、京东、苏宁易购、拼多多等全国性的电商平台，帮助湖北、内蒙古、广西、甘肃、海南等省份的农户、合作社、公司及政府推广销售因疫情而滞销的上百万吨农产品。此外，新京报还启动了全新的支持各地文旅项目的"振翅"计划，通过提供价值1.2亿元的免费广告资源、近100篇的新闻报道和多场直播活动，为全国20多个省区市的旅游目的地进行免费推介，助力各地旅游市场的复苏。例如，2020年7月22日上线的"小鲸铺子"可以算是新京报最新的商业融合探索措施，它同样也是新京报布局电商平台迈出的关键一步。"小鲸铺子"采取了当下较为前沿的直达消费者（Direct to Consumer, DTC）模式，让全网用户都可以在新京报的小程序或公众号直接下单，从而方便了用户选购商品，提升了用户的购物体验。未来，新京报所打造的全渠道、全体系都将会助力"小鲸铺子"的发展，从而在媒体、内容场景之中为用户开辟一种全新的互动购物模式。

第二节 县级融媒体履行社会职能案例

一 县级融媒体典型案例

（一）江苏邳州"银杏融媒"

2018年10月，江苏邳州在全省率先挂牌成立融媒体中心，推出具有本土特色的"银杏融媒"品牌。邳州广电在原有基础上整合报纸、网络等各类媒介资源，以"可复制、可借鉴、可推广"为主要策略，构建"两台一报一网、三微一端多平台"立体化移动传播矩阵，实现广播、电台、客户端用户覆盖分别突破300万人、200万人、100万人。

从内容上来说，"银杏融媒"创建融媒实验室，一方面强调新闻采编、分发的效率和深度，以"一次采集、多种生成、多元传播、全方位覆盖"为采写编的规范流程推出融媒体产品，制作融媒体新闻栏目《有融有度》《搭把手》，推动大屏与小屏的交融；另一方面强调产品的本土化与居民的互动性,推出邳州方言网络节目《逗是这个事》和网络剧《邳州百晓生》,以及直播问政节目《政风热线》,帮助解决百姓问题。此外,"银杏融媒"充分利用 AR、VR 等新兴技术,采用短视频、直播等传播形式,推出 H5"@邳州人,书记喊你加入群聊,讨论这件事"、MV《邳州欢迎你》等"10 万 +"爆款融媒体新闻产品。

从政务功能的实现作用来说,"银杏融媒"推出"智慧党建""手机问政""新时代文明实践中心平台"等移动传播平台,做好基层宣传工作和解决民生问题。

从经营上来说,邳州广电重构经营模式和经营体系,实施"融媒 +政务""融媒 + 服务""融媒 + 产业"战略,其中"政企云"平台与 50 多家政企单位展开合作,整合政务资源并实现政务公开,通过代运营微信公众号和城市服务项目实现创收,仅该项收入就达 500 万元,并通过开辟下沉市场进军营销,依托新媒体等资源为客户提供策划、推广等服务。

从合作与发展来说,邳州广电加强与省级媒体合作,对接江苏广电的"荔枝云",实现省级媒体与县级媒体资源共享、技术共享,更好推进县级融媒体中心建设。

(二)甘肃玉门县级融媒体

甘肃省玉门市提出了"新闻 + 政务 + 应用服务"的融媒体建设思路,实施了"一中心四系统 + 爱玉门 App"云技术构架的融合媒体共享平台项目,解决了长期存在的功能重复、内容同质、力量分散等问题,推动了全媒体采编和内容生产转型升级。具体而言,玉门县级融媒体包括了"祁连云"数据融合中心、融媒体生产系统、融媒体报道指挥系统、融合媒资管理系统、全景演播室系统等。

从新闻采编发与运转流程来说,①采用多来源信息采集机制,通过融媒体共享平台连接传媒中心记者、各单位通讯员、"爱玉门"客户端注册用户,形成新闻素材资源池。②采用内容集中生产机制,不同编辑人员从资源池中调取新闻素材,编发适合各自媒体特色的内容,满足分类、分众化传播需求。③采用多渠道信息发布机制，区域内，将广播电视新闻同步到纸媒、两微一端及其他各类网站，并将行政事业单位的"两微一端"整合起来，进行分众化"一键传播"。研发智能机器人读新闻，播报一周玉门资讯热点，开启新闻生产模式新样态。区域外，在"两微一端"宣传矩阵的基础上，打通了央视新闻、视听甘肃、今日头条、百家号等新媒体端口，开通了甘肃首个新华社县级专线。④采用信息反馈机制，利用平台汇聚各类受众数据，分析传播效果，为优化内容生产、更好引导服务群众提供线索依据。

从政务功能的实现作用来说，玉门县级融媒体中心极大地提高了政务服务水平，它通过打造融媒体矩阵，延伸了政务服务，拓展了治理服务，强化了生活服务。市民诉求、生活难题等全部通过融媒体平台处理，促进了党委、政府与群众交流。同时，实现了审批事项、市民反映问题在线办理，实现了随时定位网约出租车、信息查询、网上挂号、健康档案调阅、缴煤气水电费等 200 多项便民服务。

（三）河南项城县级融媒体

2016 年 10 月，河南省项城市在其他县级融媒体建设模式的基础上，结合本地实际情况创新县级融媒体建设，整合多种媒介资源形成"一中心八平台"多元传播矩阵，以项城市融媒体平台为中心进行统一指挥和调度，打造集新闻资讯、电视直播、生活服务等功能于一体的客户端"项城云"，统一管理广播、电视、微博、"美丽项城"微信公众号、"项城瞭望"等八大平台，其中包括 70 家网站和 42 家公众号，并推出《电视问政》《法治在线》《环保在线》等政务栏目服务民生。

项城县级融媒体突出之处在于对人事的改革。首先改革体制，坚持去机关化、去行政化，打破官本位，体制内外一视同仁，员工能上能下、能进能出，从时间考核转变为量化考核。其次改革机制，实行绩效考核制、零基本工资制、全员竞聘制、数据考核制、末位淘汰制，实现同岗同责、同岗同薪，员工多劳多得。

　　这些改革举措也在实践中落到了实处，清退零出勤的老员工，对留下的员工进行绩效考核，竞聘上岗，打破论资排辈的传统，等等。同时，项城与高校、新闻媒体签订合作协议，引进海内外优秀传媒人才，坚定培养"四能人才"，并制定严格的新闻人员评价考核体系，通过新的用人机制和管理机制为融媒体建设提供人才保障，极大地弥补了县级媒体技术和人才上的短板。

　　（四）宁夏同心县融媒体中心

　　宁夏同心县是国家贫困县，所以在建设初期，要打造融媒体智慧扶贫特色板块。其移动新闻客户端面向的是当地群众，通过在新闻客户端上打造"智慧扶贫"特色板块，展示同心县最新的扶贫政策、扶贫资讯、扶贫风采，讲好扶贫故事，传播好扶贫声音；全天候实时滚动全国扶贫优秀案例，号召大家深入学习贯彻落实；开设线上扶贫超市，将具有本县域特色的产品包装售卖，增拓产销渠道，有力推动当地区域经济发展。

　　从对外宣传来说，宁夏同心县融媒体中心利用微矩阵助力扶贫工作动态宣发。通过融媒体微矩阵扩大公益扶贫影响力、传播力，融媒体中心在微博、微信、抖音、头条等新媒体微矩阵上及时发布脱贫攻坚一线动态新闻报道，加大美食、美景、人文等宣传推介力度，拓展微电商农产品销售渠道（微信朋友圈等），助力全县公益扶贫事业更上一个台阶。创新扶贫融媒体产品制作和推广方式，综合利用无人机、AR、VR等前沿媒体技术制作创新多样、科技感强、民众喜闻乐见的扶贫主题融媒体产品，开设《脱贫直通车》等微电影、短视频系列栏目，打造爆款 H5 动画或系列专题报告专栏节目等，让扶贫、助贫更加深入人心。

　　二　县级融媒体中心成功经验

　　（一）及时宣传和准确解读党的理论路线、方针政策及各级党委和政府精神

　　（1）江西省共青城市融媒体中心在 2020 年疫情期间开设专题专栏全

面立体报道疫情防控相关情况，注重舆论引导，针对谣言及时辟谣，正确引导人民群众。

（2）云南省陆良县融媒体中心策划《壮丽70年 奋斗新时代》《决战脱贫攻坚 决胜全面小康》等栏目宣传爱国主义精神，通过策划开展国庆节高唱国歌直播，动员全员参与直播，同时推进媒体适应新发展。

（3）甘肃省玉门市融媒体中心开设《精准扶贫政策解读》访谈栏目，解读精准扶贫相关重大政策文件。同时融合智能化技术，在"爱玉门"App实现阿里云AI机器人播报新闻，同时播出精准扶贫相关新闻，形成矩阵宣传。

（二）讲述本地老百姓生产生活故事

（1）长兴传媒集团的民生栏目《小彤热线》，与百姓生活息息相关，关注本地百姓生产生活，获评浙江省新闻名牌专栏，深受本地受众欢迎。

（2）江西省共青城市融媒体中心在疫情期间，积极回应民生关切，与其他部门联动协调解决民生问题，如菜价问题、防护物资短缺问题，稳定了民心。

（3）甘肃省玉门市融媒体中心打造纪实节目《玉门人·玉门事》，讲好玉门人自己的故事，凝聚强大的正能量。开设《民生问政》《百姓有话说》《随手拍》等融媒体互动监督栏目，最大限度帮助群众的诉求得到妥善处理。

（三）在重大危机事件和突发性事件中承担媒体职责，筑牢舆论宣传阵地

（1）2020年初新冠疫情暴发时，浏阳市融媒体中心第一时间传达疫情形势及防控信息，及时辟谣并发布最权威的信息。

（2）洪湖市融媒体中心疫情期间重点宣传防控典型，聚焦坚守抗疫一线的工作人员，通过榜样的力量感动身边人，为打赢疫情防控攻坚战营造了良好的舆论氛围。

（3）在新冠疫情报道中，长兴传媒集团直击一线问题，通过内参、监

督报道等，反映卡口查车不查人、产业链复工进度不一等问题，协助相关部门做好监督工作。

第三节　新闻客户端平台融合案例

一　门户网站移动新闻客户端：各具特色抢占市场先机

（一）腾讯新闻客户端：快速、客观、公正地提供新闻资讯

腾讯新闻是腾讯公司为用户打造的一款全天候、全方位、及时报道的新闻产品，为用户提供高效优质的资讯、视频和直播服务。在战略定位上，腾讯新闻客户端坚持"无限追求客观，力争多维度还原事实，在时间积累中去伪存真"，注重新闻事实和深度报道。在新闻生产上，腾讯新闻除了将《今日话题》《贵圈》等 PC 端精品栏目同步分享到手机端外，还推出了《新闻哥》《新闻晚 8 点》等一批适合手机端的特色栏目，满足客户端用户深度阅读的需求。在界面设计上，手机端新闻主页呈现一屏 4 篇左右的新闻，且头条新闻会用大图呈现，标题清晰。每条热点新闻下方可快捷评论、分享、选择是否为自己关心的热点。此外，腾讯新闻客户端还开发了"创意截屏"功能，自动截屏后用户可对图片进行自定义设计，并进行图片分享。

虽然腾讯新闻客户端借助微信、QQ 这两个强大入口获得了迅猛发展，在实时新闻推送上大受用户称赞，但是腾讯新闻在内容展示形态上相对单一，订阅采取内容流于形式，无法满足用户想看某一份刊物内容的需求。此外，腾讯新闻客户端定制的频道内容重叠较多，尤其在阅读过程中，将内容刷新后回到顶部，已不是当前阅读的条目，这不符合用户的阅读习惯。客户端内视频广告的时长接近短视频的时长，评论区内容也过于消极。除头条外新闻内容滞后，内容大多为娱乐信息。

（二）网易新闻客户端：有态度的新闻资讯

在战略定位上，网易新闻客户端一直以"有态度的媒体"为口号，

志在打造用户体验最佳的新闻客户端。网易新闻客户端的最大特点是其能够以轻松调侃的方式将媒体新闻和微博上的新鲜事汇成不同风格的图片，这使其更像一个集新闻、娱乐于一体的手机杂志。在内容生产上，网易新闻非常注重自己的原创报道，赢得了众多用户的认可。另外，网易新闻客户端内也上线了专属的晚间栏目《每日轻松一刻》等，颇受用户的喜爱。在界面设计上，网易新闻客户端也走在前列，成为众多新闻客户端模仿的对象，网易新闻客户端布局类似搜狐新闻客户端，但网易新闻客户端会将24小时要闻高亮置顶，Tab也明显多于其他同类新闻客户端。网易新闻客户端还有个最大的优势就是互动性强，网易新闻客户端的跟帖和评论在四大门门户网站新闻客户端建设上是最突出的。

但是，相比其他媒体和自媒体内容的筛选与推荐、个性化和精准化的推送，网易新闻客户端的内容分发能力有待加强。

（三）搜狐新闻客户端：全媒体资讯平台

搜狐新闻客户端是门户网站中最先向移动新媒体发起"进攻"的平台，由于搜狐公司的大力重视，搜狐新闻客户端成为国内首个用户数过亿的新闻客户端，并推出了全媒体平台，其对于平面媒体、网络媒体、电视、自媒体等都给予了相当程度的重视。搜狐新闻客户端得到了众多媒体的拥护，受到了喜欢订阅刊物的用户支持。在战略定位上，搜狐新闻客户端期望成为中国第一的新闻客户端，提出了"上搜狐，知天下"和"搜狐新闻，先知道"两个口号。在内容生产上，搜狐新闻客户端重视新闻的广度和丰富度以及新闻报道的快捷度。在栏目推介上，搜狐新闻《神吐槽》栏目既有图文版也有视频版，将选择观看哪个版本的权利交给用户，同时《神吐槽》所做的评论更加幽默、无厘头。在界面设计上，不同于腾讯新闻客户端，搜狐新闻客户端的"我的"放在了底部的Tab中，"关心"被"视听"取代。在"我的"这个Tab中不仅有阅读器所需的夜间模式，还有海量的独家内容提供给用户任意下载、随时观看。但是，搜狐新闻客户端在内容上的不聚焦使其丧失了一定的竞争力。

二　基于个性化推荐系统的新闻客户端：乘技术东风的商业平台

（一）今日头条新闻客户端：你关心的才是头条

今日头条是一款基于数据挖掘的推荐引擎产品，它为用户推荐有价值的、个性化的信息，提供连接人与信息的新型服务，是国内移动互联网领域成长最快的产品服务之一。以今日头条为代表的基于个性化推荐系统的新闻客户端的发展模式有一定的优势。一方面，对媒体而言，个性化新闻推荐重塑了新闻生产机制。今日头条客户端的新闻分发部门集社交、搜索、场景识别、个性化推送、智能化聚合于一体。另一方面，对受众而言，新闻私人定制满足个性化需求，节省时间，缓解信息过载与用户注意力缺乏的矛盾，有助于"使用与满足"范式下用户地位的升级，提升新闻媒介信息传播效率。

但是，基于算法技术的内容推荐也会产生一定的负面问题。首先，此类信息推送模式易使受众处于信息的自我循环之中，从而导致认知失衡与群体极化等问题。其次，个性化新闻推送具体的内容和信息的质量在很大程度上难以鉴别，如果不断给受众推送一些点击率高但虚假、低俗的文章，会使得新闻价值观偏离主流。再次，利用个性化推荐的新闻系统，其推送的新闻并不是自身生产的内容，而是通过大数据技术从其他渠道获取的内容，容易引发新闻版权纠纷。最后，算法推荐让大量无用的信息充斥受众终端，往往重大新闻事件的真相还未得到揭露，受众的注意力就已经转移，导致新闻真相变得不再重要。

（二）一点资讯新闻客户端：兴趣引擎，赋权用户

一点资讯新闻客户端作为一款兴趣资讯类应用重新定义了用户通过移动互联网获取新闻的方式。针对用户碎片化的时间和长尾需求定位于比较普通的人群。通过增加用户的兴趣方向，一点资讯新闻客户端在产品形态上真正实现了个性化资讯订阅，让用户的偏好决定新闻内容。

一点资讯新闻客户端最突出的特点是高度自定义、个性化展示和兴

趣引擎。高度自定义是指通过一点资讯新闻客户端，用户可以选择各种新闻类型的热门话题，例如旅游美食、明星八卦、热门电影等，帮助客户端初步了解用户感兴趣的话题。用户还可以进一步搜索感兴趣的话题来实现任意订阅，如增加"苹果手机""马云"等关键词后，一点资讯新闻客户端就会自动收集与其相关的新闻，形成相关栏目呈现在屏幕右边订阅栏，并且通过算法分析出这些新闻还涉及哪些关键词进行扩散推送。个性化展示是指搜索的结果会根据文章的时效性、相关性和热门程度等，结合用户的阅读喜好进行个性化排序，第一时间给用户提供最感兴趣的资讯内容。一点资讯新闻客户端展示页面还留出了图片的显示位置，图文结合的形式丰富了用户的感官体验，增强了阅读的趣味性。此外，一点资讯新闻客户端整体页面清爽，布局清新，客户端内广告含量低。兴趣引擎是指由于个人兴趣呈长尾分布，只满足大众的共性需求是不够的，一点资讯新闻客户端可以让用户自主选择感兴趣的话题，通过智能提取、数据计算、内容选取、个性推荐，推送给用户个人最感兴趣、最关心的新闻。

三 中央主流媒体新闻客户端：积极转型，全国示范

（一）人民日报新闻客户端：有速度、有热度、有温度、有态度

《人民日报》是中国共产党中央委员会机关报，权威性和专业性极强，是我国主流媒体的重要代表。人民日报社在媒介融合方面做出了诸多努力与实践，形成了以"中央厨房"为代表的较为成熟完善的一整套运作模式，积极响应国家打造新型主流媒体的号召。

人民日报新闻客户端自 2014 年上线以来，发展非常迅速，截至 2019 年 10 月底，客户端累计下载量突破 2.6 亿次。其发展最突出的特点是有速度、有热度、有温度、有态度。第一，有速度。人民日报已明确提出把包括新闻客户端在内的"两微一端"作为记者发稿的首发平台，在重要时政新闻、突发事件等报道中，多次实现全网和移动端的首发。第二，有热度。从用户的视角出发，人民日报新闻客户端内容有效

地实现了议程设置。例如，在两会期间，新闻客户端在"时局"专栏推出《中央喊话：三种"任性"小心了》等多篇时局文章，切中热点，引领舆论。第三，有温度。基于用户移动阅读的使用场景，新闻客户端提供的内容无论主题多么宏大，在表达上更多选择从日常生活切入，比如2015年两会期间推出的报道《总理报告，怎样影响你我生活》，受到用户欢迎。第四，有态度。主流媒体的公信力、权威性强于其他类型的媒体。2014年中秋假期人民日报新闻客户端发布《反腐不应该反职工福利》这一报道，从准确落实党中央精神的角度，提出了明确的观点。该报道迅速成为网上热门话题，被用户在微信朋友圈热转，引发全网各类评论，跟帖数超过600万条。

（二）央视新闻客户端：看得见的新闻

央视新闻客户端的战略定位是"看得见的新闻"，在"电视+"的思路下，央视新闻在电视端视听业务的基础上，充分发挥新闻客户端的平台优势与互动优势。央视新闻客户端首页具有要闻、传习录、滚动、直播、V观、VR、联播、微视频、夜读、民生、专题、国际、体育、军事、科技、看台湾、财经、评论、台风和地震20个专栏，用户可以对其进行排序，但不能删减。

央视新闻客户端在建设中存在三方面的问题。第一，内容开放程度不足。央视新闻的新媒体矩阵与央视新闻频道有很多重合的内容，新媒体沿袭了央视新闻频道的运营思路，很多时候只是将同样的新闻内容发布在不同的传播平台上，在按照不同用户信息消费习惯、根据不同的传播途径进行差别化呈现上还有较大的提升空间。第二，缺乏深度互动。在央视新闻客户端中经常可以看到阅读量达到好几万次，但是评论仅仅几条的新闻。阅读量只能代表一则新闻到达了多少用户，而评论量才是反映互动效果的指标。央视新闻保持了传统媒体只运营新闻、不运营用户的思路，其新闻客户端也只关注要提供什么内容给用户看，但对用户需求与用户反馈的重视不足。第三，缺乏清晰的盈利模式。对于满足社会大众知情权、提供新闻资讯的央视新闻而言，现阶段在新闻客户端通过收费下载和付费阅读等途径获得收入的可能性不大，广告还是其主要的盈利模式。

从电视台及其新媒体发展整体情况来看，要真正达到媒介融合，还需要创新盈利模式，探索出将阅读量转化成跨媒体营销收入的方式，同时要注重对原创内容的版权管理工作，探索付费阅读、内容增值产品等新的盈利模式。

四 地方媒体客户端：省级、县级齐发力

（一）河南省："大象新闻"客户端

"大象新闻"客户端是由河南广播电视台（以下简称"河南广电"）主办的省级新闻综合客户端平台，内容以新闻为主，涵盖广播、电视、图文、资讯、直播、评论等，立足本土，辐射中部，面向全国。客户端以广电融媒云为技术支撑，整合河南广电现有的音视频资源，打通直播频道、IPTV、有线电视、县级融媒体中心四大平台，全力打造以海量视频、移动直播、智能推送、多屏呈现为主要特色的跨媒体跨屏幕移动传播平台。重点打造的"大象号"邀请全省广电各频率频道、重点栏目、网络达人、优质内容生产者、政务部门和县级融媒体入驻，构建涵盖全省多层次的媒体矩阵。河南广电把"大象新闻"客户端作为实现大屏转小屏、移动优先的唯一抓手，在这一战略思路下，河南广电并没有强调与国内其他第三方网络平台的合作，"大象新闻"客户端的任务非常明确：做好河南广电唯一的手机端展现平台，用优质内容增强用户黏性，抢占市场份额，最终实现反哺传统媒体。

（二）黑龙江省："极光新闻"客户端

2020年5月22日，黑龙江省融媒体重点项目"极光新闻"客户端正式上线。上线以来，其凭借传播内容的精品化、媒介形象的人格化、网络问政的媒介化、媒体联动的本土化，不仅形成了黑龙江省各市县媒体联动和资源共享的生态格局，同时也依托自身优势打造了多元化内容

生产体系，增强了新闻竞争力，赢得了用户关注，真正成为"一网知天下"全内容客户端。以"向北方看极光"为理念，"极光新闻"客户端集"新闻＋政务＋服务"于一体，融合新闻资讯、政务服务、现场直播、网络问政、智能交互、社群互动等多种内容模式与互动体验，内容涵盖时政、民生、农业、旅游等多领域，依靠"内容驱动＋技术赋能＋场景匹配"整合黑龙江省优质 IP 资源，其中"我为家乡点个赞，跟着极光向北方"大型融媒体直播活动，用户观看量达 26.5 万次，网友评论 2000 余条，"极光新闻"客户端已经成为黑龙江省最具权威性和影响力的新闻平台。在用户互动上，"极光新闻"客户端以卡通人物"小光"为主体，建构了自身的虚拟媒介形象，推出了"小光"表情包、系列主题海报、各类专题栏目等，以拟人化"人设"与用户互动，不仅拉近了与用户的距离，也成功赢得了用户的关注。

（三）浙江长兴："掌心长兴"客户端

为拓展宣传思想舆论阵地，同时为加强政务信息资源整合共享，浙江长兴传媒集团研发了集"新闻＋政务＋服务"于一体的"掌心长兴"客户端。在新闻宣传上，"掌心长兴"客户端布局更加立体。一方面，借力权威媒体资源优势，"掌心长兴"客户端顺利完成与人民日报党媒平台的对接，正式入驻全国党媒公共平台，有效拓宽本地优质新闻被党媒及时抓取的渠道，让长兴主流好声音传得更广、主流舆论传得更响。另一方面，其牢牢围绕县委、县政府中心工作做好新闻宣传，多平台多形式发布长兴本地最新信息，加强了内容的即时性、可看性。此外，其通过开发用户反馈、发起话题等社交互动版块，采用线上线下"爆料＋曝光"的互动模式，逐步实现从渠道型媒体向平台型媒体的转变。在政务服务上，"掌心长兴"客户端聚焦群众关注的重点领域和热点事项，借力技术杠杆打破信息隔离，通过一站导引、一网通办和一端服务，变"最多跑一次"为"一次都不用跑"。目前，"掌心长兴"客户端已开通长兴政务通网上办事业务 200 余项，提供数字电视、水、电、气缴费等民生服务，真正实现"一站式"网上缴费。

（四）江苏江阴："最江阴"客户端

江苏省江阴市广播电视台（以下简称"江阴广电"）在融媒体建设中，采取因地制宜的策略，根据自身实际，先重点打造出"最江阴"微信公众号这一移动宣传阵地，坚守广电优势，发力垂直领域，在微信公众号粉丝数达到 55 万人，年创收 800 多万元之后，上线"最江阴"移动客户端，为市民及有需求的群体提供行政服务、公共服务、便民服务、公益服务、资讯服务等"五位一体"的信息咨询和事务办理服务。通过微信公众号为客户端引流，江阴广电又以客户端内容反哺微信公众号，建成新媒体矩阵，发挥出融媒体传播的强大效应。

在"最江阴"客户端建设中，全功能模块的设置是一个亮点。第一，行政服务版块。依托全省"互联网＋政务服务"的"一张网"，整合市级层面面向群众的各类行政服务，向广大市民及企业等对象提供方便、快捷、规范、透明的网上申报办理、咨询、查询等各类行政服务。第二，公共服务版块。整合原本分散的与广大市民及企业生产生活密切相关的公共服务，方便群众"一站式"获取相关信息，提高生产生活效率。第三，便民服务版块。在原来"12345"便民服务热线的基础上，拓展、新增了家政服务、保姆月嫂、清洗维修等 95 项与市民生活息息相关的家庭服务内容，实现了线上线下求助服务的联动。第四，公益服务版块。主要整合志愿者协会和群团组织的志愿服务，充分发挥公益组织在生活服务体系构建中的独特性和创新性，为全市公益志愿组织和个人提供信息流通平台，同时也满足市民的多样化需求。第五，资讯服务版块。主要整合了江阴广电、《江阴日报》等江阴本地主流媒体的日常新闻资讯和各入驻部门单位的政务要闻、民生信息，以及市民生活、文化、旅游等资讯，经由专业编辑的排版审核，发布到"最江阴"客户端上，为本地市民提供"一站式"资讯服务，为外地人了解江阴提供一个窗口，同时提高平台使用活性。

第四节　垂直类商业媒体平台融合案例

一　36氪：科技财经类商业媒体

（一）产品矩阵

1. 新商业媒体——36氪传媒

在自建渠道上，36氪网站及其 App 是其内容传播的主要阵地，也是 36氪积淀用户的核心窗口。此外，微信公众号也是 36氪进行内容分发，彰显其媒体属性的关键渠道。除"36氪"这一主体账号外，36氪还面向不同的商业话题形成了不同形式的内容产品，定位于不同的产业及用户层，包括 36氪 Pro，聚焦独家、深度、前瞻类商业内容；36氪华南，聚焦大湾区，辐射华南，以商业连接世界；Tech 星球，聚焦互联网前沿科技和新商业；36氪未来消费，关注零售、餐饮、电商等新消费产业。此外还有后浪研究所、超人测评、未来可栖等具有不同定位的、更加细分化的媒体品牌。

2. 联合办公空间——氪空间

氪空间是以联合办公为载体的企业服务平台，2016 年 1 月从 36氪母公司拆分出来独立运营。氪空间旨在为全球的创业者提供高性价比的极致办公体验和全方位的深度创业服务，倡导共享的价值理念和开放的社群氛围，被称作创新型孵化器。氪空间的推出也意味着 36氪在原先对接创业者和资本的基础上又衍生出孵化功能，构建起科技新媒体、线上投融资平台和孵化器三位一体架构。

3. 一级市场金融数据提供商——鲸准

2016 年，36氪推出融资服务平台 36氪创投助手，后将其升级为"鲸准"。2017 年 8 月，36氪对外发布"鲸准"品牌，"鲸准"提供包括独有的一级市场数据在内的综合金融数据，让金融机构和非金融机构可以更好地获悉和触达一级市场项目信息，帮助创业项目获得更有效的融资对接。此外，针对私募基金信息化程度低的现状，"鲸准"提供资管系统帮助机构实现更高效的投资管理。

（二）运营策略

1. 深耕垂类核心内容，创新内容管理策略

在内容传播策略层面，36氪秉持其细分化的平台定位，专注于科技及创业领域的资讯内容推介，并坚持其独家深度报道的核心优势，产出诸多既契合平台调性同时又具有行业影响力的专业性文章。此外，36氪的品牌化内容产品也帮助其深化传播聚焦度，强化内容垂直传播度，并转化为信息深度链接。

而在宏观经济承压前行和疫情的叠加冲击下，36氪积极探索内容供给模式，拓展服务边界，上线"36碳""暗涌""职场Bonus"等全新内容，针对"双碳"、投资机构及求职者视角进行更垂直的报道。此外，36氪也在短视频领域不断发力，紧扣热点信息实现短视频平台的私域流量转化。

2. 围绕场景布局内容，构建差异化渠道矩阵

在全新的大小屏联动、多渠道耦合的场景式传播时代，36氪围绕内容阅读的场景差异构建了具有一定区隔度的传播格局，形成了涵盖微信、微博、今日头条、B站、抖音等内容账号在内的多元传播触点。

3. 延展多维服务接洽，架构链接式生态社群

作为企业服务商，36氪致力于"为客户提供量身定制广告和营销解决方案以及其他企业增值服务"，并构筑起包括内容营销服务、投融资对接服务、IP活动和地方政企服务在内的由服务链接的新经济生态社群。

（三）盈利模式

1. 广告收入

广告收入是36氪最核心的收入来源，36氪以品宣为主流，持续打造创新服务形式。新上线的原创栏目《氪学品测》完成三星ZFold的宣传，并帮助松下、长安汽车、丰田、比亚迪、大力教育、科大讯飞等知名公司打造品牌概念或制作产品推广视频。

2.企业增值服务收入

企业增值服务是36氪作为一家致力于服务创业者及企业的科技平台的核心板块，企业增值服务收入也是36氪重要的营收来源，其服务客户包括新经济公司和传统公司，业务涵盖整合营销、线下活动、咨询等，并不断创新和调整其服务类型和模式。如在2022年第一季度，36氪与钉钉联合主办"企服春天"论坛，36氪深度参与论坛议程设置与内容策划，借助自身在企服赛道的认知和布局，帮助参会企服平台更好地了解行业最新动态及未来发展机会。

除商业性企业外，36氪还与众多政府机构达成合作，如南京市建邺区政府、工信部旗下的中国信通院及北京海外高层次人才协会旗下HICOOL商学院等，36氪在元宇宙、工业互联网等创新领域与上述机构开展资源整合，将产业链上下游企业与政府紧密联结，赋能产业升级。

36氪的企服点评平台作为公司近年来的重点创新孵化项目，借助其产品打造和生态运营方面的优势，已发展成为全国最大、最权威和最便捷的企业软件选评平台之一。

3.订阅服务收入

用户订阅指36氪的付费内容订阅，订阅服务提供给个人、投资机构、企业三类用户。其中，个人订阅服务即36氪每日商业精选，合作KOL的各种付费专栏等。投资机构订阅服务即V-club（投资机构俱乐部），投资机构订购年费服务后，就可以享受36氪提供的品牌展示、媒体报道、活动沙龙、项目推荐、榜单参评等各项服务。企业订阅服务即E-club，针对新经济企业，企业付年费后即可享受培训、咨询、活动等服务。此外，36氪也在不断拓展订阅服务的新模式，如在商学院培训系统构建、机构互动等形式上进行创新。

二　妈妈网：综合性母婴互联网平台

作为一家创始于2004年的母婴平台，妈妈网以BBS社区起家，经过多年的行业深耕，从最初的简单模式的妈妈论坛，渐次发展成为全国最大的母婴网络媒体矩阵和服务平台，以及行业领先的多维度母婴全媒体。

（一）媒体矩阵

1.妈妈网资讯门户网站

2004年，致力于为妈妈们提供交流分享空间的垂类社区平台"广州妈妈网"诞生，并在此后的几年间向全国覆盖，2008年实现全国32个城市分站点的全面布局，成为全国最大的城市亲子网站社群，由此也形成了全国平台上的综合性亲子网站——妈妈网，旨在"一站式"满足妈妈用户的孕育知识获取和交流需求。

2.妈妈网轻聊App

妈妈网轻聊App由妈妈网App更名而来，以期打造专属于妈妈们的交互社群和生活空间，鼓励妈妈们相互分享和推荐，同时开展更多面向的交流与讨论，并使妈妈之间形成相互慰藉、强化共鸣的社交羁绊。从妈妈网App到妈妈网轻聊App的转型升级，旨在定位"女性社区"、弱化"孕育"概念，让女性回归主体身份，卸下沉重的孕育及细琐的生活包袱。

3.妈妈网孕育App

妈妈网孕育App的前身是妈妈网旗下的孕育管家App，妈妈网孕育App聚焦专业孕育指导，与妈妈网轻聊App互补融通，打出服务于"妈妈生活的两个面"的旗号，致力于打造更具融合性的综合化母婴服务矩阵。

4.妈妈网旗下微信新媒体社群矩阵

矩阵主体账号为"妈妈网育儿"，此外还有"广州妈妈网""天津妈妈网""西安妈妈网""上海妈妈网"等面向同城用户的地域性账号矩阵。其中，"妈妈网育儿"的推送内容包括育儿知识、两性知识、母婴红黑榜、儿童疾病、生活常识、妈妈调查局等诸多板块，旨在成为"千万妈妈首选备孕、怀孕、育儿心得交流地"以及妈妈们"感情上的娘家、育儿上的帮手"。

5. 妈妈网联盟 32 城市站

妈妈网在 PC 端布局全国 32 个城市站点以及垂直资讯平台"mama.cn"，旨在发挥地形、邻近性地域优势，为用户提供本地交流平台以及专业的内容资讯，完善其"母婴生态圈"建设。

（二）运营策略

1. "内容 + 产品"，需求导向下持续动态迭代

作为深耕行业二十年的母婴平台，妈妈网拥有难以比拟的资源和内容体量，并充分借助其丰富的 KOL 优势和 UGC 社区实现多维的内容补足和更加活跃的内容创新。在 PGC 内容上，除传统的母婴知识分享外，妈妈网还推出了如"达人直播课"和"妈妈微课堂"等课堂，以期为妈妈们提供更加新颖和有营养的内容分享。

妈妈网孕育 App 始终保持产品更新迭代，率先推出针对细分化的用户需求的准爸版、备孕版以及独家"3D 动态宝宝"视频功能，在产品演进上不断推陈出新。同时，妈妈网孕育 App 不仅实现了个性化的精准内容推送，还率先提出"内容工具化"的概念，打造出多款知识型聚合宝典及实用小程序，实现孕育知识与用户疑难的高效适配。

2. 红人优势发酵，口碑传播培育用户黏性

妈妈网利用庞大的用户群优势，基于"妈妈圈"红人的微博、微信，进行跨平台自媒体资源整合，通过打造"百万红人"计划，为用户提供平台，培养达人妈妈成为自媒体人，形成"妈妈圈"独有的自媒体联盟。凭借消费者之间的口碑传播提升品牌美誉度，将朋友圈的原创内容依托关系链进行传播，让品牌与用户建立起更直观可靠的互动式沟通关系，为品牌培育出更强大的粉丝群体。

3. 线上线下联动，贴近更真实的社交氛围

当大部分从业者将重点聚焦于互联网平台时，妈妈网不仅完善新媒体传播矩阵，而且依旧重视线下的活动开展，在全国建立 32 个同城 O2O 站点，构建了同龄同城同圈群组，让妈妈网拥有了快速贴近用户、渗透本

地化生活服务的能力，同时打造出全国最大的母婴网络媒体矩阵。

这种线下活动的联动一方面可以帮助网络端进行线上导流，并且盘活线上资源，增强用户黏性；另一方面也能增强母婴社区的社交氛围，给用户带来更加真实的社交体验。

4.品牌持续赋能，生活情境下的场景化触达

2019年初，妈妈网邀请知名主持人谢娜担任品牌代言人，借助其极高的国民度提升品牌在消费者心中的可信度和情感共鸣，同时也使得"怀孕育儿就用妈妈网孕育"这一品牌宣言更加深入人心。此后，以谢娜为形象代言人的品牌广告渗透到线上线下的各个流量端口和现实情境，妈妈网的分众广告、新潮电梯广告以及CBD户外广告全面覆盖北上广深以及其他40余个核心城市主流人群，实现了日均高达千次的密集轮播和数百万个LED屏高强度持续曝光。

除硬性的广告铺展外，妈妈网还聚焦母婴人群日常的"追剧""追综"场景，将广告投放至腾讯、爱奇艺、优酷、芒果四大视频平台及省级卫视，锁定爆款剧集和芒果TV首档孕期明星真人秀——《新生日记》，实现品牌多重曝光和深度转化。

（三）盈利模式

1.品牌服务：贯穿用户媒介场景，配适全链路营销方案

依托其作为母婴行业领头羊的头部平台地位，妈妈网不仅沉淀了具有绝对优势的泛母婴品牌消费人群，而且还同时结合母婴消费路径和平台优势，帮助品牌提供具有完整链路的营销解决方案，实现平台自身的价值转化。

妈妈网通过工具化的内容体系，以妈妈的分阶购物计划为核心场景，设计了一套专业的潜客管理系统，该系统可以通过工具化的清单导航获取潜在消费者之前的偏好和趋势，帮助品牌精准搭建营销通路，进行新客福利部署。妈妈网作为360度的孕育服务工具，有丰富多维的消费场景，在解决用户备孕产过程中痛点问题的同时，可以帮助品牌实现"一站式"潜客获取和新客转化。

2. 垂类电商：亲子人群深度沉淀，细分精准化的供需配适

妈妈网从围绕单个用户生活场景出发，设置导购资讯栏目及平台内母婴品牌电商旗舰店，实现了传播即转化的营销效益。同时，妈妈网利用自身母婴垂直类的平台调性以及细分化的用户沉淀，帮助品牌完成对消费者的精准触达和高效转化，并借助独特的社区生态达到移动社交与移动电商相辅相成的效果。

2014年9月，妈妈网上线母婴用品特卖平台"小树熊"。用户主要通过移动端App"妈妈圈""怀孕管家"进入"小树熊"平台下单购买。采用移动端引入模式的主要目的是满足用户间实时互动分享、便利购物下单、即时获取信息和精准推送内容的需求，希望将"小树熊"打造成社交化、定制化的电商平台。

三 懂球帝：体育资讯+社区新媒体

定位于"为足球而生的"的懂球帝创始于2013年12月，以从移动端向球迷提供快速全面的足球新闻起家，并借助2014年世界杯的东风，在足球圈内打响自身的名号，渐次发展成为全球最大的中文足球垂直新媒体与社区。

（一）产品矩阵

1. 懂球帝App

懂球帝App上线之初仅扮演足球资讯和深度文章内容提供者的角色，内容包括与球球消息、评论相关的新闻类资讯和休闲类信息。2016年，懂球帝App上线"圈子"功能，从传统的资讯内容供给转向"内容＋社区"的全新产品生态，为球迷们搭建沟通和交互的趣缘社区平台，同时采用点赞、评论的激励方式，鼓励用户发表见解、参与讨论，提升用户参与度和群体认同。

2. 懂球帝海外版：ALL FOOTBALL

2016年，懂球帝开发上线包括英语版、法语版、西语版在内的懂球

帝海外版（ALL FOOTBALL），旨在面向更加广阔的海外足球粉丝市场，内容同样涵盖赛事直播、新闻、数据、社区，设计界面也沿用了经典的球场绿，契合懂球帝一贯的产品调性。ALL FOOTBALL 推出时，海外足球资讯市场正受制于高昂的版权费，用户更多囿于 PC 端浏览足球新闻，这一产品的推出恰好弥补了手机端的空白，所以其海外版在上线初期也曾获得不俗的反响。但目前，ALL FOOTBALL 的项目已经陷入停滞，不再做版本更迭，只保留一小部分运营人员继续维护。

3. 多平台"懂球帝"媒体账号

除 App 端的自建产品平台外，懂球帝也在微信公众号等多平台铺设自己的媒体账号，分享足坛资讯、球星轶闻和专业性的战术分析等，实现更广泛的内容分发。

（二）运营模式

1. 内容资讯：足坛信息深度解析

懂球帝 App 的产品首页按照模块来划分各种资讯类型，包括头条、深度、热门、懂球号、集锦等在内的十余种分类菜单，既有内容的广度，也有分析的深度与评论的延展度，由此来为用户提供多维度全方面的足球资讯服务。而在内容来源上，除了官方编辑生产的内容外，懂球帝还签约了诸多专职与兼职写手，共同进行 PGC 内容生产。此外，懂球帝 App 在应用中设置了"懂球号"，其功能与微信公众号相似，专供发表 UGC 信息，如前央视足球评论员王涛及其团队运营的"骚客"，在"懂球号"上定期发布创意解说视频等，同时还有很多足球官方俱乐部入驻"懂球号"，向忠实球迷宣传自己的俱乐部，由此进一步丰富整个平台的内容生产维度。

2. 趣缘社区：细分圈层凝聚用户

作为专注于体育领域特别是足球模块的垂类媒体，懂球帝 App 依托其趣缘优势，维系起独特的内容生态。在懂球帝 App 的社区板块中，懂球帝 App 进一步划分出更细的圈层，包括各球队及球星圈子、足彩圈子、足球游戏圈子、足球休闲话题圈子等，成为一个以兴趣为锚点的吸纳用户、鼓励社群交往的平台。

在社区生态维护上，懂球帝 App 的评论区和社区均设有明显的用户举报选项，可以对言语失当的账号及设备进行严格封禁，维系良性且纯粹的社区氛围。懂球帝的创始人陈聪在接受采访时也提到，"我们最希望的是社区自己发展出特点，然后我们去迎合与培育。目前来说，我们唯一一直主动强化的就是社区秩序的维护，这是社区发展的基础。在懂球帝，所有谩骂和人身攻击的用户都会被警告乃至封禁。以前我们是封禁账号，现在我们是设备永封"。

3. 布局直播：抢占赛事转播版权

2021 年，距离 2021 赛季中超联赛开幕还有 5 天时，懂球帝突然官宣获得未来 3 个赛季中超联赛每轮 4 场比赛的直播版权，这一破天荒之举也宣告着懂球帝正式杀入竞争激烈的体育版权市场。懂球帝的创始人陈聪表示，作为一款以足球为主的体育资讯类＋社区 App，能否拿下国内顶级联赛版权将对懂球帝的未来发展产生至关重要的影响，他直言"可以这样说，我们对于中超版权是觊觎已久，而并非一时心血来潮"。这一涉足赛事转播领域的初尝试，一是标志着懂球帝后续的内容及服务布局向着直播领域延展，二是对于平台而言，也是对赛事观看的视听体验与懂球帝的平台调性以及社区文化相结合的全新挑战。

（三）盈利模式

1. 广告营销

广告营销是懂球帝实现营收的主要渠道，其主要客户是各大品牌和足球游戏厂商。这些客户借助懂球帝所面向的极为细分和垂直化的足球人群，实现品牌的精准触达。懂球帝的硬广投放分为品牌广告直投、程序化广告（效果广告）售卖两个部分，其 App 端首页前 3 条广告位为其自留广告位，只供给品牌广告直投；其余位置进行程序化广告售卖，通过 Mintegral 等移动广告平台接入效果广告，包含原生图片、原生视频等形式。

2. 游戏联运

疫情期间，经济整体态势低迷，懂球帝自己开发的模拟经营类游戏《我是教练》成为公司收入来源的主力，最火爆时，游戏单日收入可以破万元。懂球帝依靠产品自身的内容优势，通过"名人堂"系列专栏文章，在游戏里推出传奇球星卡，如范尼、贝克汉姆等，实现对资深足球爱好者的深度吸纳。

3. 足球线上商城

懂球帝的线上商城包括在淘宝平台开设的官方店铺，售卖各大品牌以及"懂球帝"自有品牌的足球相关产品，同时也把线上商城的业务内嵌到自有的懂球帝 App 当中。但正如懂球帝的创始人陈聪所言，尽管"自有商品卖得还不错，但商城整体是不盈利的，我们做商城只是把它当作用户需求来满足。电商，或者自有品牌，不会成为懂球帝的盈利主方向"。

4. 多元化盈利产品

除广告、游戏、商城等主要的营收渠道外，懂球帝也在探索更加多元的合作方式和盈利产品，如与苏宁金融平台联手推出多元化的理财产品。懂球帝在预期年化4%的收益率基础上，通过比赛竞猜的方式增加收益，加息率随赛事进程浮动，猜对即可加息等，打造出场景化的理财服务，同时综合了传统的足球竞猜和新型的互联网金融理财。

此外，懂球帝还开通了网上订球票、体育旅游和订足球场地等服务，意图通过拓展多个盈利渠道增加平台的营收。

第五节　服务社区型平台融合案例

内容社区是 Web 2.0 环境下的一种网络信息资源创作与组织模式。近年来，随着互联网技术的发展与网民普及率的大幅提升，各大服务社区型平台不断寻求商机快速发展，以内容社区为导向的各大平台在用户的兴趣爱好、价值判断、年龄圈层等维度形成专属的社交圈子，通过用户在互联网上发表自己创作的图文或影视音频等低成本的内容生产形式，带动社区内的用户深度沉淀，不断增强各平台自身的用户黏性。

一 知识信息类平台

（一）知乎

以"有问题，就会有答案"为标语的知乎平台带给人的感觉就如同它的蓝色图标一样深邃，已经成为当下大家解决各类疑惑时的优先选项。作为国内营收规模和市场占有率最高的问答式社区，知乎的发展模式为各类平台提供了很好的经验借鉴。

作为一个问答式社区，用户创作是非常重要的，而知乎在构建创作者身份这个方面做了很多工作。创作者是一个多元身份的集合体，其兼具用户、专家、兴趣者、作家、读者等多重身份，理顺创作者的不同身份逻辑，对于平台的开发与构建具有重要意义。首先，知乎平台抓住用户表达与自我呈现的内在心理需要，通过算法等方式将不同的创作者归于不同的兴趣领域，再通过邀请或推送的方式让用户关注相关提问，这个时候作为"表演者"的创作者表现欲被激发，由此内容创作的数量获得保障；其次，平台深度挖掘创作者在该平台内创立的社交关系，在知乎平台中同样存在某一领域的 KOL 或者网红（比如"老师好我叫何同学"），当创作者形成一定的社交关系或者粉丝群体，其对自身的定位会逐步从"表演者"向"精致的表演者"转型，开始关注自身的形象和生产内容的质量；最后，平台站在用户思维角度帮助创作者不断扩大影响力，并帮助创作者实现变现与收益。知乎的整套发展模式将自身发展需求和用户需求紧密联系在一起，推动平台社区健康发展。

（二）豆瓣

豆瓣是国内平台社区里非常与众不同的一个案例，它没有遵循常规的商业发展模式，也没有一味追逐当下的时代潮流，它在用自己的"慢理念"为用户构建一个精神乌托邦似的存在，这也为其自身赢得了很多赞誉与掌声。

豆瓣平台以用户兴趣为核心理念，引导用户进行原创内容生产与交流，其涉及的领域包含经典著作、热门电影、流行音乐等，还以此划分出很多的豆瓣兴趣小组。创作者在豆瓣这个平台上会有很多别样的感受。首先，每个用户都被平等地赋予较大的主动权，每个用户个体都可以创建自己感兴趣的社区小组，并拥有管理的权力，这打破了用户大多是被管理者身份的传统，重新定义了用户和平台的关系。其次，以兴趣为主的传播链条构建得较为完整，以群体传播为主要模式的豆瓣小组既为平台"收割"同一领域的更多用户提供了保障，又为用户认识更多兴趣相投的朋友创造了可能。

二　社交媒体类平台

（一）微博

微博又称微型博客，早期模仿国外的社交软件 Twitter。在与网易微博、腾讯微博竞争数年之后，如今新浪微博在用户群体中占据统治地位。微博发展主要经历了以下几个阶段。第一阶段是用户下沉阶段，2014 年，微博将"内容领域下沉""用户结构下沉""头部用户下沉"作为三大主要任务，并通过多渠道收益拉动自媒体用户发展。第二阶段是建立视频生态阶段，2016 年，微博首先在 PC 端上线视频功能，将动画影像带入微博。第三阶段是开拓微博社交属性阶段，通过秒拍、直播等形式，吸引大量群体入驻，并增强群体之间的社交网络互动，从而增强用户黏性。近年来，微博不断通过全民热点、年轻潮流、公共讨论、全民公益等多个方面实现自身对用户群体的勾连，并成为年轻人非常喜爱的服务社区型平台。

（二）小红书

小红书平台作为众多服务社区型平台中的后起之秀，在短时间内实现了用户沉淀的奇迹。最开始，面对众多已经发展较为成熟的平台软件，小红书并没有太多竞争优势。面对重重困难，小红书试图找寻用户在各大平台都无法获得的感受——轻快的生活方式、实用的各项技能分享，这让小红书迅猛发展，截至 2024 年中每个月已有 3.2 亿人的活跃用户。

"让普通人帮助普通人成为可能"是小红书的社区价值属性，平台深耕用户生活属性，一开始在美妆、旅行、教育、亲子等多方面构建自己的内容社区，吸引大量女性用户群体进入，随后不断进行平台结构调整以吸引男性用户，小红书的男性用户占比从 2020 年的 17% 攀升至 2024 年的 33%，实现了用户群体的多元化。

三　服务社区型平台发展问题

众多服务社区型平台的发展一方面带动了互联网经济的发展，丰富了大众的精神文化生活；另一方面也给社会带来了威胁与挑战，具体体现在以下几个方面。

第一，垄断性增强不利于行业创新。尽管各平台在各自领域方向不断深耕、提升用户体验，但对于同一行业的长足发展来说，单一化不利于长期高质量发展。

第二，违法违规现象仍层出不穷。在平台百花齐放的同时，侵犯隐私权、著作权等现象大量出现，很多平台创作者为了商业利益不择手段，给互联网健康生态带来巨大挑战。

第三，标签化刻板印象加剧。大量平台通过算法向特定群体进行推送，这在某种程度上来说确实能够提高信息推送的准确性并实现用户黏性的提升，但也会固化社会对于一些群体的刻板印象，比如"做家务的妈妈""温和的女性""健身的男性"，不利于社会健康生态的形成。

第四，过度商业化亟待解决。大部分平台目前需要依靠各样的商业形式实现盈利，如果没有把握好商业化的度，会给用户带来较差的体验，长此以往会让整个服务社区型平台行业受到冲击。

第五，不良价值观、社会风气的传播。平台既成为兴趣交流的场所，也成为不良信息传播的途径，应该加强信息分级制度与审核处罚制度，避免拜金、虚荣等不良风气在平台盛行。

第六节　视频类媒体平台案例

一　短视频案例

2005 年，短视频在美国兴起，它以独特的形式迅速收获了一大批粉丝。随着信息技术的不断发展，2014 年中国正式进入 4G 时代，以移动网络为基础的短视频兴起与发展，并在短时间内成为家喻户晓的产品，像中国现阶段最火的抖音、快手等短视频 App 都是在此背景下应运而生的。截至 2021 年 6 月，我国短视频用户规模达到 8.88 亿人，较 2016 年末增长 6.98 亿人，占网民整体的 87.80%。[①]

（一）快手与抖音的对比

具体对比内容如表 2-1 所示。

表 2-1　快手与抖音的对比

	快手	抖音
定位	记录和分享大家生活的平台	新生代短视频音乐社区平台
Slogan	记录世界，记录你	记录美好生活
用户群体	三、四线城市及农村用户居多，集中在 25~34 岁	一、二线城市用户居多，集中在 19~24 岁
产品调性	接地气、生活化、社交属性强	新潮、个性化
内容分发	去中心化的、分散的、下沉的	中心化的算法推荐
内容方向	记录感强，注重社交和个体	观赏性强，注重有趣、美好、有创意的内容
盈利模式	依赖直播收入，凭借短视频流量导流和生活化的内容在直播界异军突起	依靠广告收入，凭借庞大的用户群和基于算法的流量分发系统实现流量变现

资料来源：作者自制。

[①] 《第 48 次〈中国互联网络发展状况统计报告〉》，中国互联网络信息中心网站，2021 年 9 月 15 日，https://www.cnnic.cn/n4/2022/0401/c88-1132.html，最后访问日期：2024 年 11 月 20 日。

（二）快手

GIF 快手于 2011 年 3 月问世，最初是用于制作和共享 GIF 照片的应用程序。2012 年 11 月，GIF 快手从纯粹的专用工具转向短视频娱乐，成为一个供用户记录和分享生活的服务平台，人们可以使用这个平台来分享与记录自己的生活。快手是国内比较早做短视频的公司之一，随着短视频行业的兴起，GIF 快手正式改名为快手，并且正式将服务范围改为短视频。截至 2020 年 3 月，快手的日活跃用户超过 3 亿人，月活跃用户超过 5 亿人。

1. 展现普惠与平民价值

快手是草根与"老铁"的舞台，其运营方式和推荐机制主张把主动权交给用户，用户互动性强。在操作步骤上，门槛低，便利性高，投递及时，拍摄愉快。就互动方式而言，交互成本非常低，一键关注、双击即时点赞等交互方式不仅具有较强的可执行性和个性化，而且以常用的"双击 666"营造出很接地气的氛围；就推荐算法而言，去中心化流量分发算法模式是快手区别于抖音的最大特点之一，一般来说，这样"平等"的流量分发逻辑，给了很多三、四线城市市场甚至乡村市场内容创作者机会，鼓励用户生产出更多的 UGC 内容，呈现出更强的互动性。此外，快手还有许多隐藏的功能，不仅简化了界面和操作，而且具有探索性和可玩性。

2. 让消失的市井回归新市井商业

对于快手的电商业务，快手的短视频和直播正在让消失的市井回归新市井商业。在快手 2021 磁力大会现场，快手科技高级副总裁、商业化负责人马宏彬阐述了关于快手"新市井商业"的概念并进行了深度的解读，"新市井"就是对"烟火气"的一种延续，亦是品牌加深用户心中感知的重要途径。"发现页"和"精选页"代表的公域形态，代表了用户漏斗的上层，对应的是市井中的"市集"；"关注页"和"主页"则代表了承接公域的私域形态，它是最接近交易的形态。在快手"新市井商业"中，线下的生意和生活场景将还原在快手生态中，一切都是令用户熟悉的，有市井中的"门不闭户"，也有"鸡犬相闻"。

这就形成了快手与其他平台最大的区别之一：内容不仅是内容，内容还与背后的人密切相关，每个类别最终都指向手机屏幕前的用户。快手在用户使用的时候，利用其算法可以基于人格属性的社会关系对用户进行分析，营造独特的"市井烟火气"，从而带来商业转型的高效率和长期的商业价值。快手公开的招股书显示，2020年1~6月快手电商的整体回购率达到60%。

（三）抖音与抖音火山版的对比

具体对比内容如表2-2所示。

表2-2　抖音与抖音火山版的对比

	抖音	抖音火山版
定位	新生代短视频音乐社区平台	15秒记录原创生活的短视频社区
Slogan	记录美好生活	更多朋友，更大世界
用户群体	一、二线城市的年轻人，以女性为主	三、四线城市的大龄人口及乡镇农村用户，以男性为主
内容生产	PGC+UGC；内容质量偏高	UGC；内容质量偏低
内容方向	热门的视频主要是美食、音乐弹唱，舞蹈、创意妙招教学、美妆、情感、生活	内容更加偏向于吸引中年男性的话题，比如女性、家庭、广场舞、搞笑

资料来源：作者自制。

1. 差异化打造多元文化集合地

抖音与抖音火山版都是字节跳动旗下的短视频平台，抖音主打年轻人的潮流内容，鼓励多元文化的碰撞，而抖音火山版有更多接地气的内容，目标用户定位在下沉市场。两个平台目标用户群体不同，但相同的是平台上的视频内容都丰富且多元。

抖音于2016年9月上线，是一个新生代短视频音乐社区平台。用户可以通过背景音乐选择、动作编排和特效加工，创作自己的短视频。抖音拥有强大的KOL和明星资源，同时高度重视产品运营，用户增长速度惊人，2018年6月，抖音宣布国内日活跃用户超过1.5亿人，全球月活跃用户超过5亿人；2020年1月，抖音宣布日活跃用户超过4亿人，此时距离产品上线还不到4年。

抖音火山版的前身是火山小视频，2016 年 4 月由字节跳动孵化上线。火山小视频定位于 15 秒记录原创生活的短视频社区，用户可以通过短视频获取内容、展示自我、获得粉丝、发现同好。火山小视频是字节跳动用以对标快手的一款产品，它的主流用户为三、四线城市的大龄人口及乡镇农村用户，与快手的部分核心用户高度一致。聚焦于下沉市场的火山小视频甚至将发布会办在了某农村。截至 2019 年 6 月，火山小视频的日活跃用户超过 4300 万人，月活跃用户达到 1.1 亿人。

2. 整合互补扩大内容生态圈

2020 年 1 月 8 日，火山小视频和抖音宣布品牌整合升级，火山小视频更名为抖音火山版，并启用全新图标。升级后，抖音火山版仍保持独立运营，内容将与抖音逐步实现互通。整合抖音和火山小视频部分内容，实现流量、福利、内容和服务四个方面融合升级，这是字节跳动打造以抖音为核心的短视频产品矩阵的重要一步。两个平台相比较，抖音会专门培养一些 IP、网红、KOL 等更专业化的 PGC 内容创造者，并鼓励他们生产更多高质量的视频以提高用户黏性，而抖音火山版更偏向于 UGC，内容更加接地气，这也符合其用户群体的特点。主打年轻酷炫的抖音和接地气的火山小视频合并，能够有效实现平台互补，打造更全面、更多元化、更成熟的内容生态圈，扩大内容版图，朝着用户全覆盖的方向前进。

二　中视频案例

2019 年，横扫全网的短视频平台因为短平快的特点和无限流的刷新模式招致许多批评的声音，于是短视频平台开始逐渐放开对于时长的限制，使 Vlog 等新视频形式风靡一时。借助这股风潮，中等长度的视频开始走向台前，悄然改变了整个视频内容消费的市场格局。2020 年，字节跳动旗下西瓜视频的总裁任利锋在三亚举办的西瓜视频创作者大会上首次提出了"中视频"的概念，他表示西瓜视频的定位是与短视频、长视频相区别的中视频赛道，并指出了中视频"1~30 分钟""PGC""横屏为主"的三大特征。

短视频的时长较短，所包含的信息非常有限，以感官刺激、即时满足的内容为主，很难呈现有深度的内容；长视频内容完整，但需要用户投入整块时间进行观看，难以满足用户碎片化消费的需求，且制作成本高昂；中视频则在短视频与长视频中间填补了空缺。一方面，中视频能够提供更丰富的信息，有更完整的内容叙事；另一方面，适中的时长能使用户利用碎片化时间进行观看，其制作成本相较长视频而言也更加低廉。

当下，中视频呈现的大多是泛知识类内容，除了财经、法律、医学、军事等领域的泛知识类内容外，还有电子产品的拆解、测试、制造以及穿搭、烹饪、旅行等"有用内容"。泛知识类内容受欢迎的背后，除了可以满足年轻人的求知欲望之外，可能还有来自经济压力的原因，"有用内容"除了可以武装年轻人的大脑，也可以真的带来实际的价值，如自己动手做美食、修水管，或者学习拍摄视频成为一个 UP 主。目前，国内主流的中视频平台包括哔哩哔哩（以下简称"B 站"）、西瓜视频等。

（一）哔哩哔哩与西瓜视频的对比

具体对比内容如表 2-3 所示。

表 2-3　哔哩哔哩与西瓜视频的对比

	哔哩哔哩	西瓜视频
定位	ACG 等娱乐领域原创及二创聚集地，年轻人的潮流文化娱乐社区	一款可以开眼界、长知识、分享见解、看电影电视的视频产品
Slogan	你感兴趣的视频都在 B 站	点亮对生活的好奇心
产品调性	年轻、热血、有活力	接地气
用户群体	24 岁以下的 Z 世代年轻用户群体（与 B 站的起家源于二次元、平台定位是年轻人的潮流文化娱乐社区以及破圈有关）	集中在 31~35 岁的青年用户（与西瓜视频的用户渠道来源是今日头条和抖音有关）
内容分发	以用户搜索为主	以智能推荐为主
盈利模式	收入主要依靠视频网站带动用户流量，通过移动游戏、直播打赏、广告及会员业务等手段实现流量变现	收入主要依靠广告的植入和定制，同时，以低价会员服务提供补充收入

资料来源：作者自制。

（二）哔哩哔哩

1. 平衡亚文化个性与破圈的需求

B站是以二次元亚文化为依托而兴起的文化传播交流平台，在二次元发展的同时，古风文化、汉服文化、同人文化等亚文化在B站上接连兴起，再加上它独有的创造性、共享性因而成为二次元爱好者的聚集地。因此，B站的原始生态是亚文化的、个性化的。

从2019年12月31日跨年夜开始，B站举办了多次跨年晚会，将主流文化和亚文化完美融合，吸引了更庞大的用户群体，成功使得B站不断突破原有圈层。但其背后也隐藏着深层次的矛盾：一方面，随着B站用户群体的不断扩大和资本市场的不断介入，在需求扩张和竞争需要双重因素的影响下，B站突破原有圈层，主动融合主流文化成为必需的选择；另一方面，B站原用户ACG亚文化群体不满于自己的舒适圈被打破，由于大量的丰富的内容涌入平台，受到主流文化冲击的B站原用户面临情绪上的撕裂。因此，B站"出圈"会打破二次元群体建立的表象平衡，造成心理失衡，B站"维持个性"会强化亚文化爱好者所回避的"合法性困境"——趣缘认同与主流文化认同之间的矛盾冲突，躲避正面应对的需要。

2. 泛知识区高速崛起

B站中视频的崛起，正是以2020年初"半佛仙人""罗翔说刑法"等知识区UP主在B站上快速吸粉走红为开端的。2020年，B站在科技分区的基础上上线了知识区，原本科技分区下属的科学科普、社科人文、野生技术协会等内容合并到知识区。这样的调整意味着B站对于视频类知识内容的重视，诚如B站CEO陈睿在十二周年演讲中表示，B站的正向内容价值观还包括内容的有用性，提升用户在观看内容之后的获得感。

2021年，"何同学"可以说是现象级的知识内容创作者，以"何同学"为代表，在1年多的时间里，知识类UP主的数量迅速增加，呈现出来的结果就是B站"百大UP主"中，知识类创作者的数量激增。2022年1月21日晚，B站举办"BILIBILI POWER UP 2021百大UP主盛典"，正式公布"百大 UP 主"的名单。其中，知识类 UP 主在"2021 百大 UP 主名单"中的占比远超 2020 年，直接翻了一番。

（三）西瓜视频

西瓜视频是字节跳动旗下的独立中视频 App。西瓜视频的雏形是今日头条的视频功能，后来被独立出来作为一个单独的 App 运行，于 2017 年中正式改名为"西瓜视频"。西瓜视频的内容以 PGC 短视频为主，大部分时长在 5 分钟左右，内容演绎较为完整，故事性强，用户群体主要为 31~35 岁的青年用户，消费水平较低。早期西瓜视频以短视频为主，但如今其在长视频和短视频领域均有布局。

1. 字节跳动的标签算法支持

背靠字节跳动，西瓜视频拥有强大的技术支撑，其拥有着别的视频平台所没有的算法支持。对于短视频以及中视频行业来说，在信息爆炸的时代，人精准搜索信息有时候并不是一件特别容易的事情，而西瓜视频可以通过人工智能技术，进行"信息找人"。其利用标签算法对用户进行深层次的刻画，并实现关联，这种标签算法，使得软件将内容精准地推送到每一位使用者手中。这一方式帮助西瓜视频在今后的发展道路上完成其他平台所不能及的布局，也可以让产品拥有更强的用户黏性以及提供更好的用户体验，增加用户的使用时长。

2. 用有温度的内容培养用户黏性

西瓜视频在发展过程中从对流量热点的追逐逐渐走向对内容的打磨，开始注重培养用户黏性。短视频发展更多的是基于流量逻辑，在某段时间内，创作者的流量可能很高，但一段时间后流量可能会下降，这是必然趋势。但对于中视频来说，创作者留下的作品会不断被拿出来消费，因此创作者可以通过中视频把内容做好，留下自己的作品，保持热度。

在西瓜视频生态中，有很多视频创作者通过认真传授知识和技能来吸引网民。比如，阿木爷爷用传统的榫卯木工技术为孙子制作玩具，在西瓜视频中获得了 200 多万名粉丝，然后，凭借木工技术成为 YouTube 上的热门创作者。在西瓜视频生态中成长的李永乐老师和厨师王刚也分别凭借其科普内容和烹饪教学，在全网赢得了大批粉丝。

此外，西瓜视频还推出了"时代观察者计划"，"时代观察者计划"中的纪录片作品包括对新兴职业的观察、对城市创业故事的呈现，以及对成功背后故事的挖掘。这些聚焦生活的纪录片内容，可以传达出西瓜视频纪录片"有温度的时代观察者"的定位和价值。2020年4月，西瓜视频宣布建立大型纪录片数据库和制定配套纪录片内容的战略。当然，西瓜视频的"野心"不止于此。它在纪录片领域的角色不仅仅是承接内容的媒介平台，更是内容的生产者。这些内容既满足了用户对视频消费的多重需求，又保证了信息的可靠性和准确性。

三　长视频案例

长视频一般指超过半个小时的视频，以影视剧为主。长视频主要是由专业公司拍摄、剪辑，经过二次创作艺术加工后的专业内容，创作时间较长，内容丰富，制作精良，观赏性和引人思考的深度都高于短视频，其版权的获得至关重要。长视频平台主要包括爱奇艺、腾讯视频等。

在碎片化的短视频面前，万物皆可成为素材，长视频的地位也受到一定冲击。如果我们相信"媒介即讯息"，那么短视频对人们欣赏方式、思考方式的改变都将是根本性的，两种截然不同的媒介形式不可能传达同样的思想。除了为现有内容维权，长视频平台更应去探索什么才是只有长视频才能提供的体验，什么才是不怕短视频搬运威胁、只有看了正片才能获得完整体验的内容。面对短视频的冲击，长视频参照电影业应对电视冲击的方法对定位进行了重新明确，区别于短视频的内容类型，爱奇艺等长视频平台开始推出高概念、强情节的内容，同时也与短视频合作，相辅相成，获得更大规模的关注和更高的变现价值。

过去十年，流媒体在国内国外都处于"烧钱"换增长、亏损不赚钱的境地，收入保持增长态势，却迟迟未实现盈利。从表面上看，这是行业高昂的内容成本导致的。前几年长视频平台出于规模扩张的需要，不断争夺版权，最终各平台内容成本支出均在百亿元以上。当时，在流量明星被过度追捧等内外因素影响下，很多版权剧的价格居高不下。在"头部效应"显著的内容行业，任何一个平台想要留在"牌桌"上，都必须把有潜质的内容买下来，才有机会出"爆款"。最终，坚持"内容为王"的爱奇艺在2022年首次实现了盈利。内容行业的盈利，归根结底是精品内容的盈利，这让长视频市场看到了希望，这也是爱奇艺提质增效追求盈利的开始，是资本市场重估中国长视频领域价值的开始。

（一）爱奇艺与腾讯视频的对比

具体对比内容如表2-4所示。

表2-4　爱奇艺与腾讯视频的对比

	爱奇艺	腾讯视频
定位	内容为王	打造泛娱乐生态体系
产品策略	垂直化精品矩阵	泛娱乐战略
盈利模式	靠自身生态圈盈利	连接腾讯泛娱乐生态体系中的内容与社交
推广策略	网络营销与线下营销相结合	利用腾讯生态优势让不同业务互相导流

资料来源：作者自制。

（二）爱奇艺

1. 坚持"内容为王"，深耕垂直赛道

在剧集领域，爱奇艺重视好故事的力量，加大对编剧的扶持力度，同时重点打造内容品牌，以长剧系列化、短剧剧场化的布局，深挖垂直类内容的品牌价值，更深地连接内容、平台、用户，引领国产剧集再进阶。爱奇艺"迷雾剧场"的成功给平台、制作方、广告主等合作方带来的高溢价效果，促使整个行业开始重视垂直赛道的品牌聚合价值。除了在"迷雾剧场"持续深耕，爱奇艺也设置了不同的精品短剧厂牌，比如聚焦爱情题材的"恋恋剧场"及主打喜剧内容的"小逗剧场"。长剧方面，爱奇艺将着眼于传承中华优秀传统文化，深挖中国深厚的人文地理历史资源，推出第一个长剧系列——华夏古城宇宙系列。根据马伯庸作品改编的《风起洛阳》《风起陇西》《两京十五日》，以及由吕行执导的《敦煌》，成为该系列的第一批作品。

2. 与抖音短视频合作开创新局面

2022 年 7 月 19 日，爱奇艺宣布与抖音集团达成合作，将围绕长视频内容的二次创作与推广等方面展开探索，依据合作，爱奇艺将向抖音集团授权其内容资产中拥有信息网络传播权及转授权的长视频内容，用于短视频创作。近年来，爱奇艺坚持的"长期主义"正在得到市场的认可，仅2022 年上半年就推出了《人世间》《心居》《警察荣誉》等全网爆款剧。如果这些剧集能通过短视频平台进一步传播、发酵、破圈，内容及商业价值必定会得到成倍放大。据了解，此次合作中，抖音还将实现跨端跳转，让用户在抖音看到二创的内容后可点击跳转到爱奇艺看正片，这无疑将对爱奇艺的新剧宣发、拉新促活及会员收入持续利好。

（三）腾讯视频

1. 重视优质影视版权

作为国内长视频平台的佼佼者，腾讯视频近些年来背靠着腾讯公司的庞大流量和雄厚实力，始终稳居行业的第一梯队，甚至当爱奇艺和优酷都陷入亏损泥潭中时，不缺资金的腾讯视频还在重金购入大量影视作品独家版权。得益于连年的"买买买"策略，腾讯视频在业内的版权数量始终处在领先位置。据公开资料梳理，2022 年在剧集互联网版权上，腾讯视频版权覆盖率超过 50%；在票房过亿元的国产电影互联网版权中，腾讯视频版权覆盖率达 82%，为行业最高。但在目前的互联网大环境下，资源过度集中也并非好事，尤其腾讯视频与捷成强强联合，难免会面临涉嫌行业垄断的质疑。

2. 打造泛娱乐生态连接

腾讯视频所做的绝不只是解决影视作品上游版权的问题，这只是腾讯泛娱乐产业链中小小的一环。腾讯重视生态，重视连接，希望通过泛娱乐生态丰富互联网用户的生活，即围绕明星、IP，打造游戏、文学、动漫、影视泛娱乐内容矩阵。腾讯视频整合整个腾讯系的资源，在短视频、小说、游戏等方面发力，在视频平台上搭建相关内容的入口，经过数年的精心打造和战略布局，形成了很好的生态环境。目前，腾讯泛娱乐生态已经形成几大板块：游戏——全球最大的游戏发行平台；文学——中国最领先的网络小说阅读平台；动漫——中国最大的正版动漫原创平台；影视——国内领先的视频播放平台。在影视内容制作方面，腾讯影业、企鹅影视源源不断地锻造优质作品。腾讯在各个细分板块取得了相对领先的成绩，泛娱乐生态版图不断扩张，初步构建了一个开放、协同、共融共生的泛娱乐内容新生态。

第三章　公众的媒介信息获取

以手机为中心的移动媒介环境打破了大众传播时代的信息传受逻辑，给人们获取信息和资讯的方式带来了革命性的变化，而全媒体时代带来的是信息获取渠道的多样化、信息平台的丰富化、信息类型的复杂化和受众信息获取的分群化。

鉴于媒介在传递信息方面所承担的重要的社会职能，以及信息获取这一行为对个体接入社会及其相关响应的重要性，本章将基于笔者带领团队所开展的"2020年手机人——移动互联网全景大调研"相关数据，从媒介渠道和内容、公众对信息呈现形式的偏好及公众对不同类型信息的偏好与信任三个维度，对全媒体时代人们的媒介使用、信息获取行为进行研究，探究当前人们获取信息时的选择偏好和习惯，寻找不同人群在其中展现出的差异，并结合对媒介信任和信息类别的考察，力图展现出全面的全媒体时代公众信息获取图景。

第一节　媒介渠道和内容

"万物皆媒、万物可媒"是全媒体社会的一大特征，因而对信息获取的考察离不开对媒介渠道和内容的探索，研究媒介接触和使用也不应局限于关注公众使用何种媒介，更应关注其如何使用媒介。

一　媒介终端使用类型和使用情况

有关公众对各类媒介终端的持有率的数据显示，手机作为移动互联网时代最重要的信息搜集、社交和生产力工具，在被访者中的持有率达到100%；无纸化办公的普及推动笔记本电脑的持有率高达64.5%；智能电视（能联网）承接了传统电视在大众传播时代的重要地位和符号性，在被访者中的持有率也超过半数（56.2%）；作为智媒体时代重要代表的智能音箱和智能穿戴设备也进入公众日常生活，二者持有率总计接近二成（18.6%）。总体来看，在媒介终端的持有率上，手机仍占据主导地位，其他多种终端形式蓬勃发展、互相补充（见图3-1）。

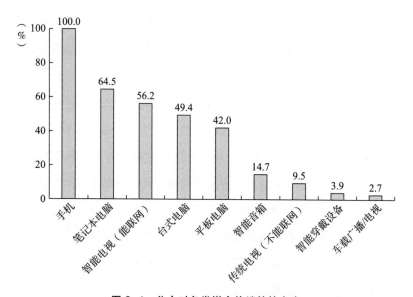

图3-1 公众对各类媒介终端的持有率

资料来源："2020年手机人——移动互联网全景大调研"数据库。

社交媒体的变化不只体现在设备的多样性上，更体现在公众的时间分配上。当前，手机成为"霸占时间"的最强有力的武器，公众在手机上所花费的时间既可直观反映出大众对手机的高注意力投入，也可反映出手机带来的巨大影响。被访者中超过半数（50.6%）的人每天在手机上花费时间在3小时及以上，每天使用3~5小时手机的人在被访者中占比最高，为26.1%。还有近一成的被访者表示每天在手机上花费时间为8小时及以上，成为日常生活与手机完全捆绑的"手机人"；此外，仅有8.7%的人每天在手机上花费时间在 1 小时以内（见图 3-2）。

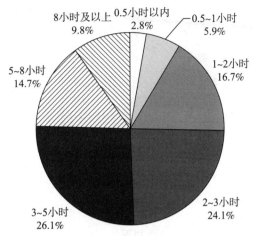

图 3-2 每天在手机上花费不同时间的人数比例

终端持有率排第二的笔记本电脑和作为大众传播媒介代表的电视仍有不容忽视的作用。对每天在笔记本电脑、电视上花费不同时间的人数比例进行分析，我们发现两种媒介都有约三成的被访者表示没有使用该终端；每天花费时间在 3 小时及以上的人分别只占 15.1%（笔记本电脑）和 2.8%（电视），明显低于手机人数的占比（50.6%）；31.1% 的人表示笔记本电脑的每天花费时间为 1~3 小时，而 37.5% 的人每天花费在电视上的时间为 0.5~2 小时（见图 3-3）。

在被询问"获取新信息的首选媒介渠道"这一问题时，公众也对手机展示出了极大的偏好，具体数据见表 3-1。90.2% 的被访者选取手机作为自己获取新信息的首选媒介渠道，排在之后两位的笔记本电脑和台式电脑的占比分别为 3.3% 和 2.1%。尽管电脑这一电子设备在人群中也有较高的持有率，但基本只作为信息的辅助获取工具，并非第一选择。选取纸质书籍和报纸/杂志作为获取新信息的首选媒介渠道的被访者的占比总计仅为 1.0%，这初步反映出纸媒已经基本退出公众日常的信息获取渠道行列。

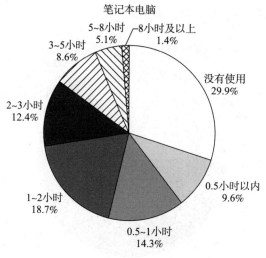

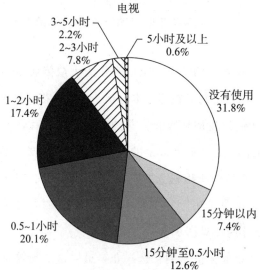

图 3-3　每天在笔记本电脑、电视上花费不同时间的人数比例

资料来源："2020 年手机人——移动互联网全景大调研"数据库。

表 3-1　获取新信息的首选媒介渠道比例（前八位）

单位：%

渠道	手机	笔记本电脑	台式电脑	智能电视（能联网）	平板电脑	纸质书籍	报纸／杂志	传统电视（不能联网）
占比	90.2	3.3	2.1	1.5	1.2	0.5	0.5	0.4

资料来源："2020 年手机人——移动互联网全景大调研"数据库。

二 公众的媒介渠道选择与信任

基于手机这一媒介在公众获取信息时所体现出的主导性地位，本书对公众的手机使用行为进行进一步研究，发现公众在手机上的网络信息获取方式也存在较大的差异。值得关注的是，公众对今日头条的偏好显著高于其他聚合类媒体平台，其使用的推荐算法和精准传播等智能技术在促进公众信息获取上也展现出独特优势。同时，微信作为当前国内最具影响力、使用者最广泛的社交平台，在公众的信息获取上也作用显著，由于微信功能覆盖范围较广，一个软件中不同的功能使用情况有极大差别，所以在研究中将微信的子功能作为细分选项进行分析，其中使用微信朋友圈和微信群作为信息获取方式的被访者占比分别为31%和21%，体现出熟人社交和人际传播在全媒体社会依旧占有重要的地位；使用浏览器和百度App作为信息获取方式的被访者分别占比22%和21%，这表明公众在获取新信息时也体现出一定的能动性，并非全然被动地接收信息（见图3-4）。

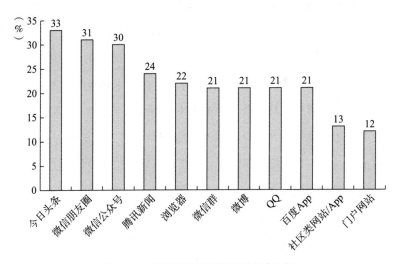

图3-4 不同网络信息获取方式的比例

资料来源："2020年手机人——移动互联网全景大调研"数据库。

在信息获取方式的选择上，不同性别的被访者也体现出了不同的媒介平台偏好。在今日头条和微博的使用上更能直观体现出这种差异，36%的男性更愿意选择今日头条作为自己获取新信息的方式，女性中这一比例为 28%，较前者低了 8 个百分点；而 25% 的女性表示会使用微博作为信息获取方式，有同样习惯的男性占比为 17%（见图 3-5）。

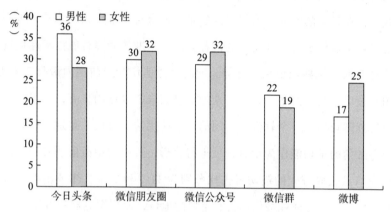

图 3-5　不同性别网络信息获取方式的比例

资料来源："2020 年手机人——移动互联网全景大调研"数据库。

受教育程度也会影响大众网络信息获取方式的选择，其中受教育程度越高的人群越喜欢通过微信公众号获取信息，本科、硕士及以上的高学历群体通过该方式获取信息的比例高于大专、高中及以下的低学历群体。除微信朋友圈、微信公众号外，QQ 和微博成为较受本科生欢迎的信息获取方式，而使用微博获取网络信息的群体中高中及以下的低学历群体占比较低。同时，可以发现虽然 QQ 在受教育程度为本科的人群中十分受欢迎，但是硕士及以上的高学历群体通过 QQ 获取信息的比例较低（见图 3-6）。

不同人群信息获取方式的选择差异导致他们接收的信息框架、新闻内容可能存在差异，这就可能导致认知沟，因此面对不同群体进行有针对性的传播，弥合差异，是全媒体时代媒体和互联网平台需要考虑的问题。首先，人们面对不同类型媒介传播的信息内容时，会根据媒介平台本身性质和特点形成一个基本判断，通常情况下，人们会更愿意相信主流媒体平台传播的内容。在研究中，我们将媒介内容分为浏览器、微信朋友圈、传统媒体、官方网络媒体平台、非官方媒体、自媒体、短视频 App、社区网站，

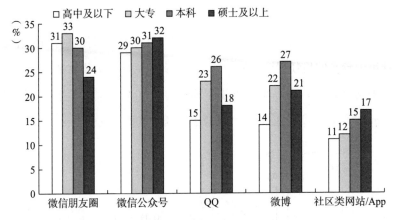

图 3-6　不同受教育程度网络信息获取方式的比例

资料来源："2020 年手机人——移动互联网全景大调研"数据库。

同时将公众对媒介内容的信任程度划分为 5 个等级，1 分为不信任，从低到高，信任程度依次上升，5 分为信任，公众对不同媒介内容的信任程度见图 3-7。总的来说，公众对官方网络媒体平台的信任程度最高，平均分达到了 4.26 分；对传统媒体也较为信赖，平均分为 4.06 分；尽管微信朋友圈是相对受欢迎的信息获取方式，但公众对其信任程度较低（3.21分）；公众最不信任的媒介内容是短视频 App，平均分仅为 3.19 分。

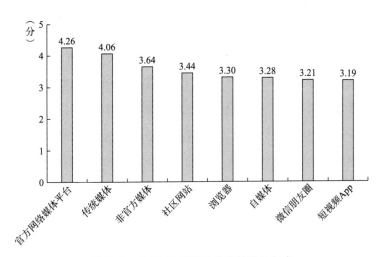

图 3-7　公众对不同媒介内容的信任程度

资料来源："2020 年手机人——移动互联网全景大调研"数据库。

在研究中，学生是一个非常重要的变量，在对学生与非学生群体进行分析时，我们可以发现虽然两个群体都对官方网络媒体平台和传统媒体表现出了较高的信任程度，但是学生群体普遍对非官方媒体的内容更不信任，平均分为 3.37 分，低于非学生群体的 3.71 分，同时学生群体对短视频 App 的信任程度为 3.00 分，也处于较低的水平（见图 3-8）。

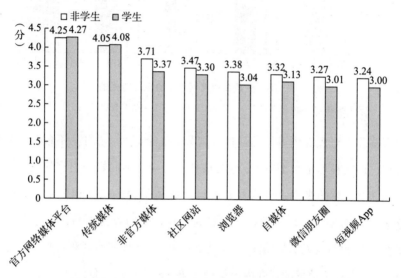

图3-8 学生与非学生群体对不同媒介内容的信任程度

资料来源："2020 年手机人——移动互联网全景大调研"数据库。

从不同年龄群体来看，15~19 岁的青少年、20~29 岁的青年群体对除了传统媒体和官方网络媒体平台以外的其他媒介内容的信任程度都明显低于其他年龄群体，其中只有 20~29 岁青年群体对社区网站的信任程度略高于 45~65 岁群体；30~44 岁的中青年群体则对各类媒介内容均体现了相对较高的信任程度，尤其是除了传统媒体和官方网络媒体平台之外，对非官方媒体的信任程度较高，平均分为 3.81 分，高于其他年龄群体（见表 3-2）。

表 3-2　不同年龄群体对不同媒介内容的信任程度

单位：分

年龄	传统媒体	官方网络媒体平台	非官方媒体	自媒体	微信朋友圈	短视频App	浏览器	社区网站
15~19 岁	4.10	4.28	3.48	3.17	3.01	3.04	3.10	3.37
20~29 岁	4.01	4.27	3.53	3.25	3.18	3.12	3.18	3.40
30~44 岁	4.09	4.29	3.81	3.35	3.32	3.29	3.47	3.53
45~65 岁	4.06	4.13	3.65	3.29	3.24	3.20	3.40	3.39

资料来源："2020 年手机人——移动互联网全景大调研"数据库。

三　手机与新闻资讯获取偏好

由于手机这一媒介终端在信息获取方式中占据主导性地位，我们还对公众在手机上获取新闻资讯、接收信息的行为进行进一步研究。我们将手机上获取新闻资讯的方式分为门户网站（新浪、搜狐等）、搜索引擎（百度、谷歌等）、新闻客户端/网站（网易新闻、ZAKER 新闻等）、社交工具（微博、微信等）、视频网站（优酷、爱奇艺等）、知识共享社区（知乎、在行一点等）、短视频平台和直播平台八大类，探究公众在这方面的习惯与偏好。

总的来看，由图 3-9 公众在手机上获取新闻资讯的方式占比可知，从手机上获取新闻资讯已经是普遍行为，只有 9% 的公众不在手机上看新闻。社交工具是公众在手机上获取新闻资讯最主要的方式，超过半数（53%）的公众在微博、微信等社交工具上获取新闻资讯；新闻客户端/网站和搜索引擎作为信息最聚合的平台，均有 42% 的公众将其作为获取新闻资讯的方式。在新媒体时代，短视频和长视频也成为传递信息的便利方式，有大量的公众通过短视频平台和视频网站这两大方式获取新闻资讯（36% 和 35%），关于信息形态对传播的影响也将在下一章节展开讨论。

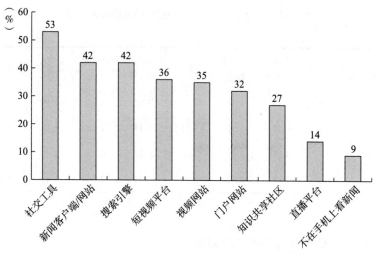

图 3-9 公众在手机上获取新闻资讯的方式占比

资料来源："2020年手机人——移动互联网全景大调研"数据库。

从不同年龄群体来看，不同年龄群体的公众在手机上获取新闻资讯时，会展现出差异较大的行为特征。社交工具是15~19岁的青少年群体最青睐的手机信息获取方式，使用这一方式获取新闻资讯的占比为67.0%。30~44岁的中青年群体则偏好从新闻客户端/网站上获取新闻资讯，占比为54.0%，显著高于其他群体。45~65岁的中老年群体在获取新闻资讯上的偏好则较为均衡分散，搜索引擎、社交工具和新闻客户端/网站均有超过三成的人选择。20~29岁年轻群体喜欢使用社交工具等互动性较强的产品，新闻资讯的自发搜索意识也比较强（见表3-3）。

表 3-3 不同年龄群体在手机上获取新闻资讯的方式占比

单位：%

年龄	门户网站	搜索引擎	新闻客户端/网站	社交工具	视频网站	知识共享社区	短视频平台
15~19 岁	21.0	44.0	26.0	67.0	34.0	34.0	37.0
20~29 岁	33.0	44.5	39.5	55.5	36.5	29.5	38.5
30~44 岁	38.0	44.7	54.0	52.3	39.7	26.7	38.3
45~65 岁	25.0	32.0	35.0	36.5	24.5	19.0	25.0

资料来源："2020年手机人——移动互联网全景大调研"数据库。

在探究公众最常使用的手机新闻客户端这一问题时，我们对当前相对常见和有影响力的38款手机新闻客户端进行分析，发现公众在新闻来源的选取上呈现"一枝独秀，百朵齐放"的特点。在获取新闻资讯时，使用率较高、较受欢迎的6款手机新闻客户端分别是今日头条、百度App、腾讯新闻客户端、人民日报、央视新闻、新浪新闻客户端，其他新闻客户端的使用率从0.1%到5.0%不等，分布广泛。

通过图3-10，我们可以看到今日头条在公众中的使用率显著高于其他新闻客户端，会将今日头条作为手机获取新闻资讯方式的人群占公众的27.8%，紧随其后的是百度App和腾讯新闻客户端，占比分别为11.8%和9.8%。

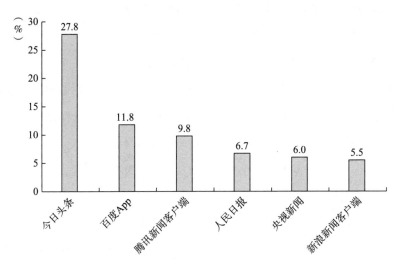

图3-10　公众获取新闻资讯最常使用的手机新闻客户端比例

资料来源："2020年手机人——移动互联网全景大调研"数据库。

值得关注的是，在加入"是否为学生"这一变量后，尽管人民日报和央视新闻这两个官方网络媒体平台在公众中的使用率均在6.0%左右，不占据主导地位，但在学生群体中，则受到了较大的欢迎。从图3-11可以看到学生群体使用人民日报作为获取新闻资讯的方式的比例为15.3%，显著高于非学生群体的5.3%；学生群体使用央视新闻作为获取新闻资讯的方式的比例为 10.2%，接近非学生群体的 2 倍；而今日头条在学生群体中的受欢迎程度则不如在非学生群体中。

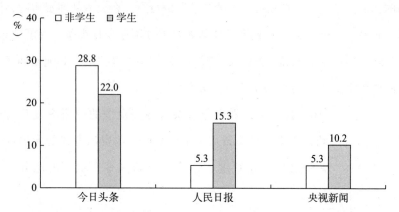

图 3-11　获取新闻资讯时学生与非学生群体中部分新闻客户端的使用比例

资料来源："2020 年手机人——移动互联网全景大调研"数据库。

接下来，我们对"为什么最常使用某一新闻客户端"这一问题展开分析。从受众角度出发，探究公众在选择使用某一新闻客户端获取手机新闻资讯时的影响因素和考虑的问题，图 3-12 呈现出公众选择使用某一新闻客户端的前 9 个理由。总体而言，新闻内容本身的质量依旧是公众最关注的要点，新闻内容真实、准确、更新及时、精致有深度是公众较在意的因素，同时把握新闻特色性和趣味性、娱乐性等也能够在一定程度上提高公众选择该新闻客户端的可能性。此外，把"图片、视频丰富"作为自己选择使用该新闻客户端原因的人群占 24%，这也体现出信息的表现形式对公众的影响。除了新闻本身，新闻平台也是公众选择的考虑因素，如功能丰富、新闻板块全面等。

从公众每天浏览手机新闻资讯的频率来看，36.9% 的人群每天浏览 1~2 次，33.5% 的人群每天浏览 3~5 次（见图 3-13）。从公众每次浏览手机新闻资讯花费时间比例来看（见图 3-14），超半数人群（50.6%）的每次浏览时间在 10~20 分钟，仅不到一成的人群每次浏览时间超过 0.5 小时。结合两个图中的数据，可以分析出手机新闻资讯的获取呈现频率高、时间短的碎片化趋势。

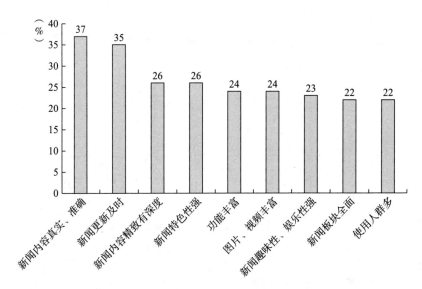

图 3-12　影响公众对新闻客户端选择的因素

资料来源："2020 年手机人——移动互联网全景大调研"数据库。

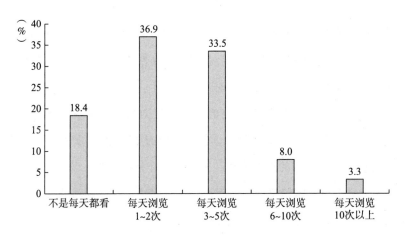

图 3-13　公众每天浏览手机新闻资讯频率

资料来源："2020 年手机人——移动互联网全景大调研"数据库。

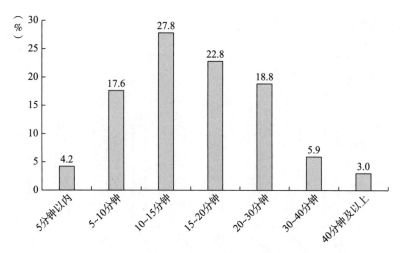

图 3-14　公众每次浏览手机新闻资讯花费时间比例

资料来源："2020 年手机人——移动互联网全景大调研"数据库。

对公众经常浏览的新闻资讯类型进行研究（见图 3-15），我们可以发现公众经常浏览的 8 种新闻资讯类型分别是社会新闻、热点 / 头条新闻、时事新闻、娱乐新闻、国际新闻、疫情数据、本地新闻和电影新闻。其中社会新闻受到最多人的关注，42% 的公众经常浏览此类新闻。

不同性别的人群在浏览新闻资讯类型上也有所差别（见图 3-16），总的来说，除了各群体都关注的社会新闻外，女性更喜欢浏览娱乐新闻，男性则对科技、军事、体育新闻表现出更多关注。

公众对手机新闻阅读有一定的习惯。从浏览的时间场景来说，47% 的公众表示会利用碎片化时间阅读新闻，只有 19% 的公众表示会每天固定时间阅读。从内容的选取来说，公众倾向于通过标题、图片选择内容，以这种方式进行所需信息的快速筛选，讨论度高、互动性强的新闻比较容易吸引公众眼球。从阅读习惯来说，37% 的公众会采取选择性、跳跃性阅读方式来获取新闻资讯，16% 的公众会逐字逐句深度阅读，更有 33% 的公众会持续关注某一事件，24% 的公众会阅读同类事件的专题（见图 3-17）。

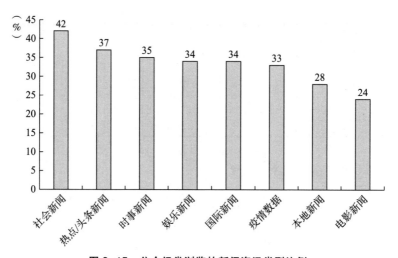

图 3-15　公众经常浏览的新闻资讯类型比例

资料来源："2020 年手机人——移动互联网全景大调研"数据库。

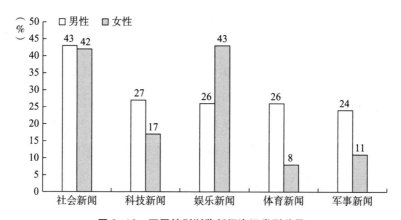

图 3-16　不同性别浏览新闻资讯类型差异

资料来源："2020 年手机人——移动互联网全景大调研"数据库。

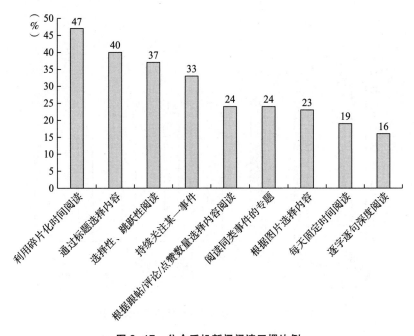

图 3-17　公众手机新闻阅读习惯比例

资料来源："2020 年手机人——移动互联网全景大调研"数据库。

第二节　公众对信息呈现形式的偏好

人们对世界的感知和理解需要借助于感官的体验，在信息获取上，文字、图片、音乐、视频等不同信息的呈现形式通过不同叙事风格帮助人们认识世界、了解世界、感受世界。埃里克·麦克卢汉和弗兰克·秦格龙认为，"如果说 17 世纪从一种视觉和造型的文化进入一种抽象的文字文化的话，今天我们就可以说，我们似乎正在从一种抽象的书籍文化进入一种高度感性、造型和画像似的文化"。[①] 随着移动互联网信息技术的高速发展，截至 2022 年 6 月，我国网民规模达 10.51 亿人，互联网普及率达 74.4%，网络视频（含短视频）用户规模达 9.95 亿人，占网民整

① 〔加〕埃里克·麦克卢汉、弗兰克·秦格龙编《麦克卢汉精粹》，何道宽译，南京大学出版社，2000，第 459 页。

体的94.6%，其中短视频用户占网民整体的91.5%。^①毫不夸张地说，图像叙事已然深度融入人们的日常生活。从民间文化而来的短视频，缩短了媒介与公众的距离，其无论从信息制作还是信息接收上都带着平权化的特征。对于不擅长文字表达的人群，视频是一种门槛相对较低的自我展现形式，其以秒为单位的呈现，极大缓解了观看者日常休闲时间不足与娱乐社交需求凸显的矛盾。短视频所具有的传播主体多元化、制作步骤便捷化、获取方式简单化的特点，使其全面嵌入当代人碎片化的信息生活，也使其缓解现代人的工作压力和信息焦虑。

短视频兴起，抽象文化却并未式微。随着移动设备的改善，信息生产技术不断发展，信息不再以单一的感官形式进行呈现，而是将文字、图片、视频、音乐等以更和谐的方式进行拼贴组合，进行更为全面感性的艺术加工。比如在以视频为主体的一段短视频中，其不仅可以有动态图像，图像上亦能有字幕或醒目的艺术字体进行解说，同时还能在视频主体上用或静或动的表情包图片进一步阐释视频内容、添加信息制作者观点。视频中也不仅可以有视频的原声，还可以添加背景音乐，从而传达更为饱满的情绪。又如在以文字为主体的一篇公众号推文中，图文并茂是其重要表现形式，同时也可以插入视频、音乐等，使受众根据自己的情况自行选择喜爱的观看形式，如需快速浏览则翻阅图文，如需静静品味可细读文字。

在一个势不可当的视听文化环境中，信息的叙事形式归根结底仍在"以人为本"的基础上进行发展。曾有研究指出，当文字和图片同时出现在平面广告中时，被试者的眼睛会很快地关注文字内容，然后才关注广告的图片信息。^②可见在视听文化与抽象文化的碰撞与结合中，人们对文字、视频、图片、音乐的喜好并不是一种非此即彼的单一模式，本节需要

① 《第50次〈中国互联网络发展状况统计报告〉》，中国互联网络信息中心网站，2022年8月31日，http://www3.cnnic.cn/n4/2022/0914/c88-10226.html，最后访问日期：2023年1月12日。
② Rayner, K., Rotello, C. M., Stewart, A. J., Keir, J., & Duffy, S. A., "Integrating Text and Pictorial Information: Eye Movements When Looking at Print Advertisements," *Journal of Experimental Psychology: Applied*, Vol. 7, No. 3 (2001), pp. 219-226.

对不同群体获取信息形式的差异化需求进行探索，了解人们获取不同信息呈现形式的频率及对不同信息呈现形式组合的偏好，挖掘人们日常获取信息的习惯与特点，以更好地满足不同群体的多元化信息需求，促进信息高效传达与接收，提高信息触达率。

一 公众日常获取的信息呈现形式

根据 CNNIC 发布的第 50 次《中国互联网络发展状况统计报告》，截至 2022 年 6 月，我国网民使用手机上网的比例达 99.6%，[①] 可见手机仍是公众"触网"的最主要设备，故本部分主要对人们在日常生活场景中通过手机网络获取不同信息呈现形式进行考察。在问卷中将频率细化为"从不、偶尔、一般、经常、总是"五个类别。其中"经常"与"总是"归为高频，"从不"与"偶尔"归为低频。本部分把人们获取的信息呈现形式分为"文字""图片／动图""音频／音乐""视频"四大类别，由于现代社会碎片化的信息获取习惯，时间成为衡量信息呈现形式的重要维度，因此将文字类信息呈现形式细分为"短消息"与"长文章"，视频类信息呈现形式细分为"短视频"与"视频节目"，以此更为细致地考察人们在日常生活中对不同信息呈现形式的获取频率。

如表 3-4 所示，公众经常获取的信息呈现形式为短视频（45.9%），视频节目（45.2%）紧随其后，此外音频／音乐（41.3%）与图片／动图（40.0%）在经常获取的信息呈现形式的占比中也均超过四成，而与其他信息呈现形式相比，短消息与长文章的获取频率更多表现为低频，长文章是人们日常生活中获取频率较低的信息呈现形式。由上述数据可知，整体来说，在不同信息呈现形式的获取频率上，公众更高频获取视频类信息呈现形式，低频获取文字类信息呈现形式，在时间上则是短视频高频获取占比高于视频节目，短消息高频获取占比高于长文章。

---

① 《第 50 次〈中国互联网络发展状况统计报告〉》，中国互联网络信息中心网站，2022 年 8 月 31 日，http://www3.cnnic.cn/n4/2022/0914/c88-10226.html，最后访问日期：2023 年 1 月 12 日。

表 3-4　公众日常获取不同信息呈现形式频率占比

单位：%

频率	短视频	视频节目	音频/音乐	图片/动图	短消息	长文章
从不	1.7	1.4	2.9	2.0	2.7	2.7
偶尔	9.7	9.6	12.1	11.4	15.3	20.3
一般	19.8	28.2	27.7	33.8	30.8	39.3
经常	45.9	45.2	41.3	40.0	38.3	30.1
总是	23.0	15.4	16.0	12.9	13.0	7.5

资料来源："2020 年手机人——移动互联网全景大调研"数据库。

　　不同性别群体对不同信息呈现形式的高频获取情况如图 3-18 所示，女性日常高频获取各种信息呈现形式的占比均高于男性，在视频类和文字类信息呈现形式的高频获取情况上和男性的差异不大，而获取音频/音乐信息呈现形式和图片/动图信息呈现形式的女性占比高出男性较多，可见在视听分离的非视频信息呈现形式获取上，女性与生俱来的充沛情感使她们更倾向获取视觉类和听觉类直观的感性表达，即使这类信息表达以单一的形式呈现，她们也乐于花时间获取此类信息。

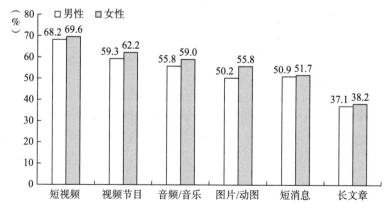

图 3-18　不同性别群体日常高频获取不同信息呈现形式频率情况

资料来源："2020 年手机人——移动互联网全景大调研"数据库。

　　在不同年龄群体中，对短视频获取最频繁的是 30~34 岁人群（73.4%），他们既面临工作的压力也面临家庭的压力，要结婚或是生育子女，生活压力较大，而短视频以其短小精悍的形式填充到他们忙碌生活的"缝隙"之中，极大满足了他们的娱乐化需求，缓解了他们的疲惫与焦虑。同时，这部分人群在短消息（57.3%）和长文章（44.1%）的文字类信息高频获取的占比上也高于其他年龄群体。他们在互联网还未广泛普及前接受了义务教育，养成了阅读文字的习惯，书籍曾伴随他们的童年，是他们最爱不释手的媒介之一，因此，阅读文字的习惯仍然根植在他们的生活之中，其对文字的热爱与依赖也会相对高于其他年龄群体。25~29 岁年龄群体则相对于其他年龄群体更高频获取视频节目信息，其相对于部分年龄群体有着更多的日常休闲时间（如有更宽松的时间进行户外活动），也有更为紧迫的日常娱乐需求，"煲剧"、追综艺、看直播刚好满足这个年龄群体的需要。同时，25~29 岁年龄群体对于图片 / 动图信息的高频获取的占比（57.4%）也更高，初入职场的他们会更多担心词不达意而较高频率地使用表情包等图片 / 动图作为补充，这使得图片 / 动图成为他们的日常高频获取信息呈现形式之一（见表 3-5）。

表 3-5　不同年龄群体日常高频获取不同信息呈现形式占比

单位：%

年龄	短视频	视频节目	音频 / 音乐	图片 / 动图	短消息	长文章
总计	68.9	60.7	57.4	52.9	51.3	37.6
15~19 岁	70.5	59.5	64.5	54.3	45.2	32.9
20~24 岁	68.1	63.0	61.9	56.6	48.2	34.3
25~29 岁	71.2	66.5	62.3	57.4	55.4	40.3
30~34 岁	73.4	63.1	59.4	54.1	57.3	44.1
35~39 岁	71.2	62.7	53.7	50.7	53.5	36.0
40~44 岁	67.9	55.6	51.6	48.4	48.8	43.7
45~49 岁	63.7	53.5	47.4	47.4	47.9	40.0
50~65 岁	57.0	50.0	42.2	44.3	53.5	33.5

资料来源："2020 年手机人——移动互联网全景大调研"数据库。

在不同学历的群体中，硕士及以上学历群体相较于其他学历群体对短视频信息的高频获取占比（66.7%）相对较低，但其对除短视频以外的信息呈现形式的高频获取占比都高于其他学历群体。对于硕士及以上学历群体而言，其长期受到专业化学习环境的熏陶，故对信息的专业化呈现也存在一定要求，而短视频源于民间文化，在兴起的初期虽然加强了公众的参与感，却也存在着内容质量参差不齐的问题，对于有一定信息素养的高知群体而言，其对信息的识别获取有自己的思考和判断，较强的信息自主性使其对短视频信息的高频获取占比低于其他学历群体（见表 3-6）。

表 3-6　不同学历群体日常高频获取不同信息呈现形式占比

单位：%

学历	短视频	视频节目	音频／音乐	图片／动图	短消息	长文章
总计	68.9	60.7	57.4	52.9	51.3	37.6
高中及以下	68.8	60.4	55.5	49.3	50.2	38.5
大专	67.2	57.3	55.9	53.5	47.4	36.3
本科	70.5	62.7	59.1	54.5	53.5	36.5
硕士及以上	66.7	66.0	64.7	63.3	62.7	46.7

资料来源："2020 年手机人——移动互联网全景大调研"数据库。

针对不同婚姻状况群体，在"短视频""视频节目""图片／动图"信息呈现形式高频获取上，已婚群体与未婚群体差异较小，但在音频／音乐信息与文字类信息呈现形式上，未婚群体更倾向高频获取"音频／音乐"（61.8%）信息，而已婚群体更倾向高频获取文字类信息，如短消息（54.2%）和长文章（40.7%）。相比较而言，音乐更加感性化，文字更具理性特征，可见未婚群体倾向以感性信息填充生活，而对步入婚姻、组建家庭的已婚群体而言，其更愿意将日常时间用于理性信息的接收和处理（见图 3-19）。

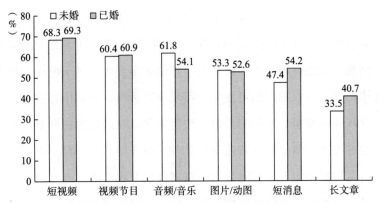

图 3-19　不同婚姻状况群体日常高频获取不同信息呈现形式占比

资料来源："2020 年手机人——移动互联网全景大调研"数据库。

在图 3-20 中，我们可以发现在不同线级城市的人群中，对于不同信息呈现形式的高频获取略有差异，但在短视频信息高频获取上，各线级城市人群差异最小，高频获取占比均在七成左右，四线及以下城市在短视频信息获取上表现尤为突出，这既得益于政策上的乡村振兴战略，也得益于技术上各应用平台的广泛普及，使短视频的表达门槛大大降低，乡镇和农村的群众可以使用短视频记录自己原生态的生活。随着"土味"视频走红，其他线级城市有了更加生动了解基层县城生活面貌的机会，短视频进一步加强了城乡的沟通。由此可见，短视频"以人为本"的文化基因使其传播更加迅速、普及率更高，成为各线级城市人群日常高频获取中差异最小的信息呈现形式。

在不同地区中，西南地区人群在短视频、视频节目、音频／音乐、图片／动图等信息日常高频获取中的占比最高，分别为 74.9%、66.1%、60.2%、56.1%。西南地区令人耳熟能详的城市包括成都、重庆、贵阳、昆明等，这些城市均是以美食、旅游、时尚等著称的宜人宜居之城，相对安逸与休闲的生活环境，使西南地区人群对视听形式的媒介信息获取热情更高，其使用视频、音乐、图片记录生活的热情也更高（见表3-7）。

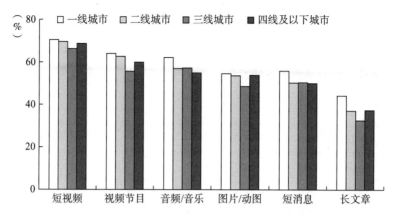

图 3-20　不同线级城市人群日常高频获取不同信息呈现形式占比

资料来源："2020 年手机人——移动互联网全景大调研"数据库。

表 3-7　不同地区人群日常高频使用不同信息呈现形式占比

单位：%

地区	短视频	视频节目	音频 / 音乐	图片 / 动图	短消息	长文章
总计	68.9	60.7	57.4	52.9	51.3	37.6
华南	69.6	62.2	59.6	55.3	51.2	37.3
华东	70.0	61.8	55.2	52.6	52.1	38.5
华北	69.7	61.0	58.5	50.8	50.0	39.4
东北	65.2	54.5	58.5	55.3	51.9	40.4
西北	66.9	58.0	56.5	53.9	55.5	35.3
西南	74.9	66.1	60.2	56.1	53.6	39.2
华中	65.3	60.2	53.5	46.5	45.8	32.6

资料来源："2020 年手机人——移动互联网全景大调研"数据库。

　　在信息呈现组合方式上，公众虽然频繁获取视频信息，但更希望信息以多元组合形式进行呈现。44.5% 的人群更易接受视频文字相结合的呈现形式（见图 3-21）。国外的研究发现，当视频内容没有字幕时，观看者会更加注意画面中的人物面孔，但增加字幕后，观看者则把注意力更多地分配到了字幕上，甚至观看字幕的时间占总观看时间的 84%，观看视频画面的时间仅占 14%。[1] 可见，视频与文字相辅相成，图像叙事虽然深受人们的喜爱，但文字作为一种共识性的编码，更能帮助人们解读复杂画面故事，增强人们对视频中不同音色、口音等的适应力，从而从侧面加强图像的叙事效果。

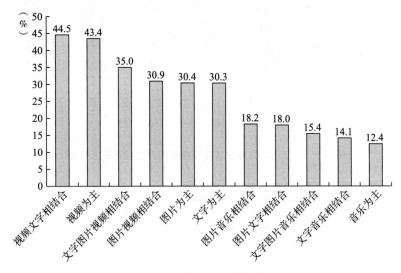

图 3-21 公众更易接受的信息呈现组合方式占比

资料来源："2020 年手机人——移动互联网全景大调研"数据库。

整体而言，公众在信息呈现形式获取的日常频率上，频率最高的是视频类信息，较低的是文字类信息，公众普遍接受视频文字相结合的信息呈现组合方式。不同群体对于不同信息呈现形式的获取频率各有不同。在视听分离的非视频信息获取上，女性较男性更多接触音频/音乐信息以及图片/动图信息呈现形式。需要兼顾工作与家庭的 30~34 岁年龄群体常在繁忙的生活中观看短视频，同时，相较于其他年龄群体，浏览文字类信息也是其生活习惯之一；初入职场的 25~29 岁年龄群体爱看视频节目减压，也常以图片/动图信息活跃生活气氛；硕士及以上学历群体对于短视频信

---

[1] Jensema, C. J., Sharkawy, E. S., Danturthi, R. S., Burch, R., & Hsu, D. "Eye Movement Patterns of Captioned Television Viewers," *American Annals of the Deaf*, Vol. 145, No. 3 (2000), pp. 275–285.

息的日常获取率较低，但对除短视频外的其他信息获取率均较高。短视频的平民化基因使其成为各线级城市人群日常获取率差异最小的信息呈现形式。西南地区人群是获取短视频、视频节目、音频／音乐、图片／动图信息的主力军。可见，视频时代全面到来，公众的日常生活充斥着或长或短的视频信息，但不同群体也有自己对不同信息呈现形式的喜好。

二 公众日常观看视频的习惯与偏好

现代生活的快节奏与人们对信息接收的完整性需求相矛盾，而时间就如同海绵之水，能以各种方式方法巧妙承载信息，缓解矛盾。如图 3-22 所示，公众日常观看视频超过原速（1.0 倍速）的占比已达到 43.6%，通过倍速压缩观看视频的时间是解决上述矛盾的方法之一，精简视频本身内容，以秒为单位呈现信息的短视频则是另一种更为普遍的方法。总体来说，公众观看短视频和视频节目已经成为日常信息获取最主要的方式，但不同类型的群体对视频信息获取的需求、频率、时段、场景、内容、形式等存在微妙异同。为更好地探索公众日常对短视频和视频节目高频观看的原因，本部分将进一步分析公众观看视频类节目的习惯和偏好。

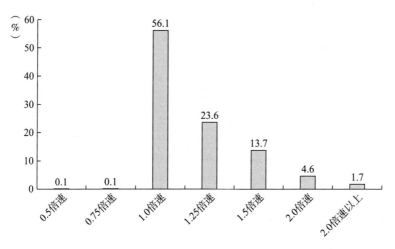

图 3-22 公众日常观看视频习惯的倍速占比

资料来源："2020 年手机人——移动互联网全景大调研"数据库。

1. 短视频观看行为

图 3-23 为公众观看短视频的平台占比，近六成的公众观看短视频会选择短视频网站/App（59.3%），超过四成的公众会选择视频网站/App 观看短视频（41.8%），近三成的公众会选择社交平台观看短视频（29.6%），同时购物类网站/App（24.9%）以及新闻客户端（22.6%）也在人们观看短视频的前五名平台之中。可以看出，为迎合公众的触媒习惯，各平台积极拥抱短视频时代，短视频活跃在不同类型的各大平台，但公众对短视频的接触以短视频网站/App 和视频网站/App 平台为主，这表明公众对短视频的需求是主动的，而不是被动的信息植入。这意味着当出现公众以社交需求为主进入社交平台或以购物需求为主进入购物类网站/App 时，这些平台仍应保留自身的重要特性，满足公众选择该平台的首要需求。

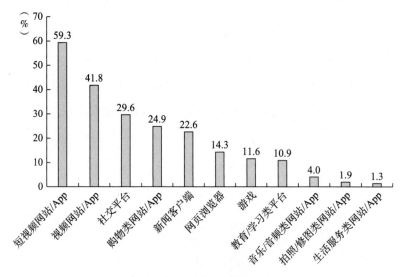

图 3-23 公众观看短视频的平台占比

资料来源："2020 年手机人——移动互联网全景大调研"数据库。

为了更好地了解公众为何会主动选择垂直类平台进行短视频观看，就必须了解公众主动观看短视频的原因。在图 3-24 中，可以看出公众主动观看短视频的原因排名前三的分别是"缓解无聊，打发时间"（38.4%）、

"娱乐，增加生活的趣味"（38.0%）、"发现有趣的内容"（35.3%），这三个原因与增加生活的趣味性有关。总结这三个原因可以发现，人们主动观看短视频，主要是基于不知道该做什么的生活状态，但他们又希望利用时间增加生活的趣味性，发现有趣的内容。与所想象的无所事事的状态不同，人们观看短视频缓解无聊并不是在完全清闲的状态下进行的，所打发的时间也不是可以规划各种娱乐活动的长时间段，相反这种缓解无聊的方式是基于时间碎片化而无法安排具体活动的暂时性消遣。可以看出，短视频是在当代生活忙碌状态与娱乐需求的矛盾中应运而生的，在公众需求上，它并不是无所不能的叙事方式，人们主动观看短视频主要是为了在忙碌中寻找乐趣。

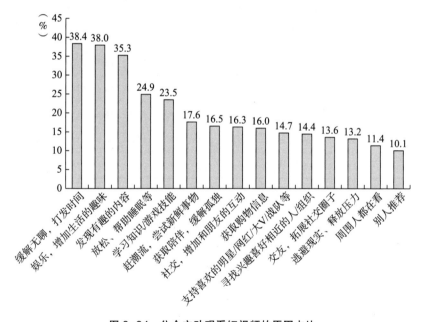

图 3-24　公众主动观看短视频的原因占比

资料来源："2020 年手机人——移动互联网全景大调研"数据库。

不同学历群体观看短视频的主要原因占比各有不同，如表 3-8 所示，大专学历群体观看短视频主要是为了"缓解无聊，打发时间"，其占比超过四成，为 40.3%。本科学历群体观看短视频主要是为了"娱乐，增加生活的趣味"，其占比超过四成，为 40.6%。但硕士及以上学历群体因"缓解无聊，打发时间"而观看短视频的占比较低（31.7%），相反其在"学习知识 / 游戏技能"（31.7%）、"赶潮流，尝试新鲜事物"（27.3%）、"获取陪伴，缓解孤独"（26.6%）、"支持喜欢的明星 / 网红 / 大 V/ 战队等"（20.1%）方面的占比高于其他学历群体。可见硕士及以上学历群体观看短视频的原因更为多元，除娱乐外，以短视频进行叙事的如学习或追星等其他内容更易受到高知人群青睐。

表 3-8　不同学历群体观看短视频的主要原因占比

单位：%

学历	缓解无聊，打发时间	娱乐，增加生活的趣味	发现有趣的内容	放松、帮助睡眠等	学习知识 / 游戏技能	赶潮流，尝试新鲜事物	获取陪伴，缓解孤独	社交，增加和朋友的互动	获取购物信息	支持喜欢的明星 / 网红 / 大 V/ 战队等
总计	38.4	38.0	35.3	24.9	23.5	17.6	16.5	16.3	16.0	14.7
高中及以下	37.3	35.9	37.0	25.1	22.3	16.7	15.3	15.4	16.9	13.5
大专	40.3	37.8	33.1	24.2	21.3	19.6	16.0	16.8	15.8	14.9
本科	39.1	40.6	35.0	25.2	25.0	15.7	16.8	16.9	15.2	15.1
硕士及以上	31.7	34.5	36.0	25.2	31.7	27.3	26.6	15.8	16.5	20.1

资料来源："2020 年手机人——移动互联网全景大调研"数据库。

在公众观看短视频的考虑因素中，排名靠前的考虑因素均与内容相关，可见短视频内容是影响用户观看短视频的关键。其中"内容质量高"排名第一（37.7%），"内容轻松搞笑"紧随其后（37.0%），"内容有创意"排名第三（32.3%）。有质量、有趣味、有创意是公众观看短视频的主要考虑因素，这些考虑因素也主要是基于公众的娱乐需求（见图 3-25）。

在不同学历群体中，硕士及以上学历群体认为短视频应当内容质量高（41.0%），且应该内容丰富（36.7%），有创意（33.8%），更加生活化，接地气（30.2%）。硕士及以上学历群体在"主角颜值高"这一考虑因素上的占比也高于其他学历群体，这与上述硕士及以上学历群体观看短视频是为了"支持喜欢的明星／网红／大 V／战队等"相吻合（见表3-9）。

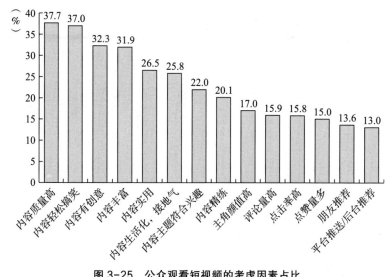

图 3-25　公众观看短视频的考虑因素占比

资料来源："2020 年手机人——移动互联网全景大调研"数据库。

表 3-9　不同学历群体观看短视频的主要考虑因素占比

单位：%

学历	内容质量高	内容轻松搞笑	内容有创意	内容丰富	内容实用	内容生活化，接地气	内容主题符合兴趣	内容精练	主角颜值高
总计	37.7	37.0	32.3	31.9	26.5	25.8	22.0	20.1	17.0
高中及以下	37.9	35.9	31.1	30.5	28.1	26.5	18.8	20.3	17.2
大专	35.3	40.0	32.2	29.7	27.5	26.4	21.3	20.4	17.3
本科	38.6	36.9	33.2	34.2	23.9	23.9	25.4	20.1	15.7
硕士及以上	41.0	30.9	33.8	36.7	28.8	30.2	23.0	18.0	23.0

资料来源："2020 年手机人——移动互联网全景大调研"数据库。

在不同婚姻状况的人群中，未婚群体基于娱乐需求，喜欢观看内容轻松搞笑（40.0%）、有创意（34.5%）、主题符合兴趣（26.7%）、主角颜值高（18.7%）的短视频，而已婚群体基于实用需求，更看重内容丰富（33.5%）、生活化（27.7%）、实用（27.5%）等因素（见图3-26）。可以看出，步入婚姻的群体，在经营家庭时会遇到更为实际的生活问题，因此他们更倾向通过短视频观看烹饪、育儿、家装等更为日常也更为实用的内容。

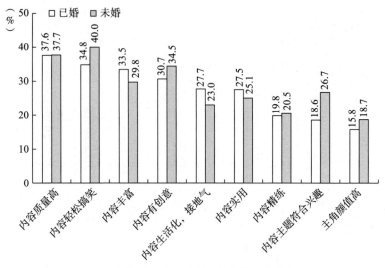

图 3-26　不同婚姻状况人群观看短视频的主要考虑因素占比

资料来源："2020 年手机人——移动互联网全景大调研"数据库。

在公众观看的短视频内容类型中，排名第一的是"幽默搞笑"类（30.9%），"美食"紧随其后（29.7%），二者占比均在三成左右。除此以外，排名靠前的还有"综艺节目"（22.9%）、"电影"（22.0%）、"电视剧"（21.6%）等这些本是长视频内容的节目（见图 3-27）。当前有大量短视频将综艺节目、电影、电视剧中的亮点片段摘取出来进行加工和解说，或者对电影、电视剧情节进行精简来讲述故事梗概，这可以让人们在短时间内了解长视频内容中最精彩的部分，把握故事线和发展脉络，因此这类短视频也深受公众喜爱。

不同性别人群在短视频的内容类型偏好上表现出较大差异，与女性相比男性更偏好新闻热点（21.4%）、知识科普（18.9%）、游戏电竞（14.9%）等内容；女性更偏好美食（34.6%）、综艺节目（27.0%）、电视剧（24.3%）、美妆时尚（24.0%）、明星娱乐/八卦（16.7%）、萌宠（13.8%）等内容（见图 3-28）。可见，不同性别人群也将现实生活中的喜好迁移到了短视频内容领域。

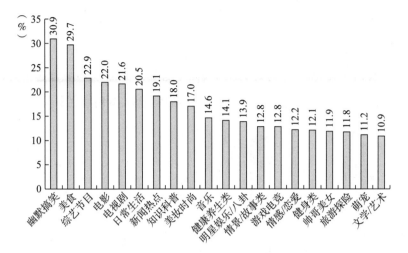

图 3-27　公众观看的短视频内容类型占比

资料来源："2020 年手机人——移动互联网全景大调研"数据库。

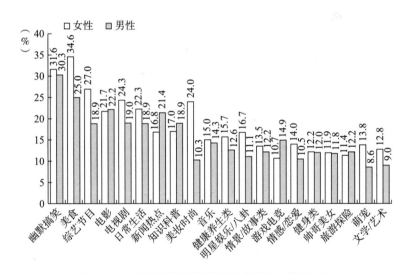

图 3-28　不同性别人群观看的短视频内容类型占比

资料来源："2020 年手机人——移动互联网全景大调研"数据库。

　　在公众观看短视频的日常频率占比中，每周至少观看 1 次短视频的公众占比高达 97.6%，超过五成的公众每天至少观看 1 次短视频（53.9%），其中每天观看 1~4 次短视频的占比接近四成（38.0%），而每天观看 5 次及以上短视频的占比达到 15.9%（见图 3-29）。可见观看短视频已经成为人们日常生活习惯之一。在公众观看短视频的场景中，大家更喜欢在无聊时／闲暇时（50.7%）、睡觉前（39.9%）、乘坐交通工具时（23.9%）、等人／等车／等位时（23.8%）等场景观看短视频（见图3-30）。短视频渗透在人们生活的各个场景之中，尤其渗透在各个生活场景切换的衔接之中。

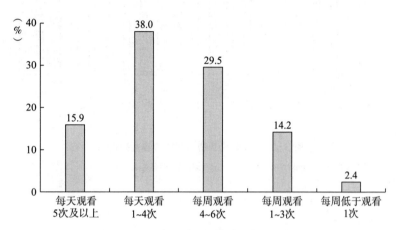

图 3-29　公众观看短视频的日常频率占比

资料来源："2020年手机人——移动互联网全景大调研"数据库。

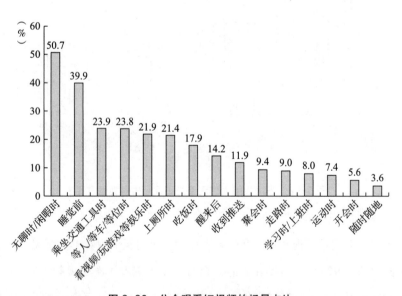

图 3-30　公众观看短视频的场景占比

资料来源："2020年手机人——移动互联网全景大调研"数据库。

在公众认为短视频为社会生活带来的意义中，超过四成的公众认为短视频有娱乐性，使生活变得有趣（43.7%），接近三成的公众认为短视频使人们可以表达自己，给予每个人被看见的机会（27.9%），同时短视频也有利于增加学习趣味性（26.5%）、传递正能量（25.9%）、普及知识（25.6%）等（见图3-31）。整体而言，短视频的主要作用是娱乐、展现自我，也会增加学习知识技能的趣味性、传播特色文化、弘扬正能量。

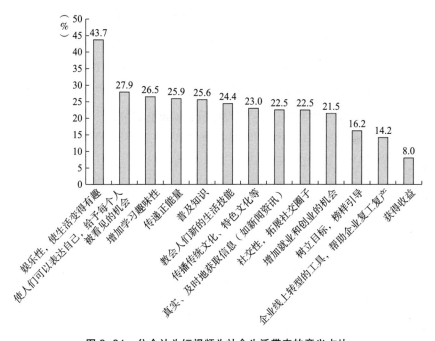

图3-31　公众认为短视频为社会生活带来的意义占比

资料来源："2020年手机人——移动互联网全景大调研"数据库。

2. 直播观看行为

随着互联网新经济业态的多元化发展，在视频节目类型的信息呈现形式中，直播亦满足了公众随时随地随看的信息获取需求。截至2022年6月，我国网络直播用户规模达7.16亿人，占网民整体的68.1%。[①]不同

---

① 《第50次〈中国互联网络发展状况统计报告〉》，中国互联网络信息中心网站，2022年8月31日，http://www3.cnnic.cn/n4/2022/0914/c88-10226.html，最后访问日期：2023年1月12日。

于单方面的信息接收，直播以实时互动的高社交属性使观看者及时得到信息反馈，打造了更沉浸式的观看体验，将单一的信息呈现形式外延。因此，在了解公众偏好的信息呈现形式中，直播也是需要重点研究的信息呈现形式之一。

根据公众观看直播的平台占比情况，公众观看直播的平台主要集中于短视频网站/App（56.8%）、视频网站/App（42.0%）、购物类网站/App（34.7%）。值得关注的是，在垂直类平台观看直播的公众仅占14.5%（见图3-32）。通过分析可以得知，公众观看直播与观看短视频都是基于消遣时娱乐化需求，因此短视频网站/App能强势进入直播市场，让用户在一种平台上获得多种娱乐化体验，同时"电商+直播"的营销模式更是直接推动了购物类网站/App的直播观看需求的形成。

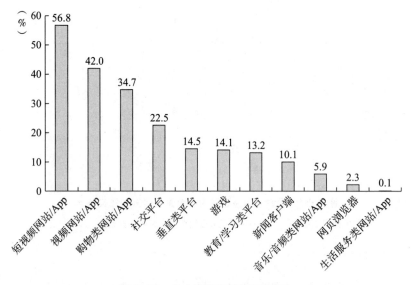

图 3-32　公众观看直播的平台占比

资料来源："2020年手机人——移动互联网全景大调研"数据库。

在不同性别人群观看直播的平台占比中，女性在视频网站/App（47.1%）和购物类网站/App（38.0%）观看直播的比例大大高于男性，男性则在垂直类平台（19.1%）观看直播的比例高于女性（见图3-33）。

垂直类平台多是游戏竞技类直播，更受男性喜爱。可见女性与男性的现实爱好依然会迁移到直播的观看行为中。

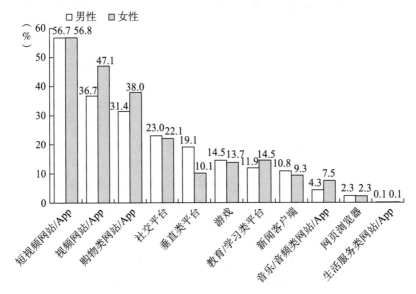

图 3-33　不同性别人群观看直播的平台占比

资料来源："2020 年手机人——移动互联网全景大调研"数据库。

在公众观看直播的原因中，前三项原因与公众观看短视频原因相同，都是"娱乐，增加生活的趣味"（38.0%）、"缓解无聊，打发时间"（36.1%）、"发现有趣的内容"（35.3%），正因为娱乐、趣味和内容是公众观看直播和短视频共有的三大原因，短视频平台才衍生出直播功能，让公众不用切换平台直接在同一个平台上观看，一举多得。但在观看短视频的原因中"缓解无聊，打发时间"排名第一，而观看直播的原因中"娱乐，增加生活的趣味"排名第一，说明公众观看直播的目的性较短视频更强，垂直类平台仍有自身独特的优势（见图 3-34）。

在不同性别人群观看直播的原因中，女性观看直播的原因主要是基于娱乐需求，如"娱乐，增加生活的趣味"（41.4%）、"发现有趣的内容"（37.5%）、"缓解无聊、打发时间"（36.7%），还有购物需求，如"获取购物信息"（31.9%）。男性观看直播的原因除了娱乐需求外，还有

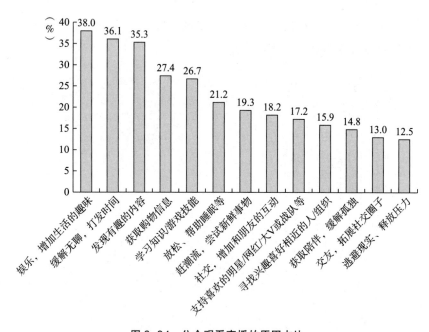

图3-34　公众观看直播的原因占比

资料来源："2020年手机人——移动互联网全景大调研"数据库。

学习需求，如"学习知识/游戏技能"（27.2%）；社交需求，如"社交，增加和朋友的互动"（19.7%）、"寻找兴趣喜好相近的人/组织"（16.2%）、"交友，拓展社交圈子"（14.7%）；减压需求，如"放松、帮助睡眠等"（22.4%）、"逃避现实、释放压力"（13.0%）。具体数据如图3-35所示。

　　在公众观看直播的内容中，超过四成的公众主要观看的直播内容是美食类节目（46.1%），观看游戏（30.8%）和才艺展示（30.0%）的人群占比均约为三成，观看"种草"类卖货直播的占比达27.9%，脱口秀/段子直播（26.7%）也是观看的热门类别之一（见图3-36）。可见公众观看的直播内容比较多元，美食类观看最多，同时，游戏、才艺展示等传统直播要素也不甘落后，脱口秀/段子等直播节目更是后起之秀。总体而言，相较于在短视频中寻找乐趣，观看直播更具类别性、倾向性和目的性。

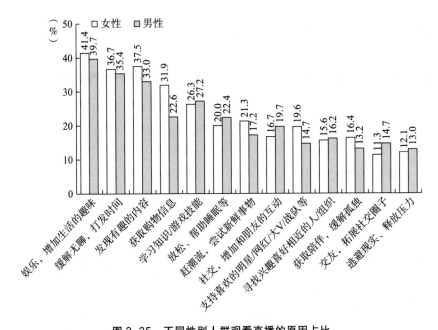

图 3-35　不同性别人群观看直播的原因占比

资料来源："2020 年手机人——移动互联网全景大调研"数据库。

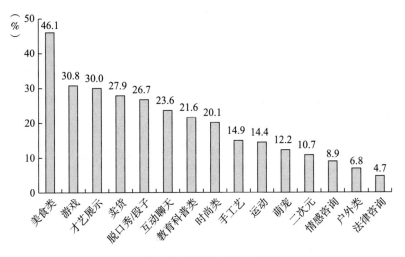

图 3-36　公众观看直播的内容占比

资料来源："2020 年手机人——移动互联网全景大调研"数据库。

在不同性别人群观看直播的内容中，女性相比男性更爱观看美食类（50.1%）、卖货（33.8%）、时尚类（23.6%）、手工艺（17.4%）、萌宠（13.8%）等直播内容，男性相比女性更爱观看游戏（37.0%）、才艺展示（31.7%）、运动（15.6%）、户外类（9.0%）等直播内容（见图3-37）。

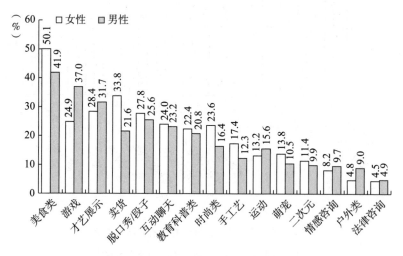

图3-37 不同性别人群观看直播的内容占比

资料来源："2020年手机人——移动互联网全景大调研"数据库。

在公众观看直播时的互动行为中，互动方式多样，但公众观看直播时的互动行为仍以点赞为主（44.0%），然后为发弹幕（32.5%），关注主播排名第三（30.9%），不互动的仅占不到两成（19.5%）。具体数据如图3-38所示。整体而言，公众观看直播时的互动行为与观看其他录制视频节目时的行为相似，但直播反馈更有时效性，主播能实时接收观看者的信息，及时作出回应和调整，直播间的氛围也不同于其他录制类视频节目的氛围。

在不同性别人群观看直播时的互动行为中，女性喜欢人际传播性的互动分享与交流，如转发/分享（24.4%）、与其他粉丝交流（14.6%）；男性喜欢个人沉浸式观看直播，如参与游戏（16.4%）。在奖励机制上，女性在点赞等精神性质的奖励中占比更高（46.8%），男性在打赏等物质性质的奖励中占比更高（16.6%）。具体数据如图3-39所示。

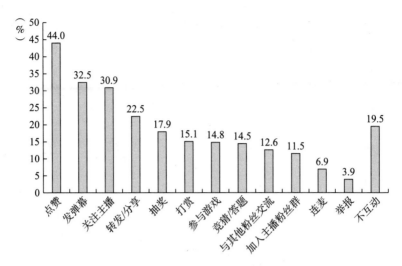

图 3-38　公众观看直播时的互动行为占比

资料来源："2020 年手机人——移动互联网全景大调研"数据库。

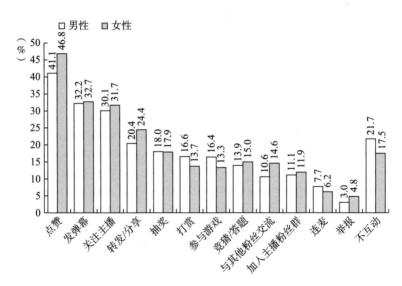

图 3-39　不同性别人群观看直播时的互动行为占比

资料来源："2020 年手机人——移动互联网全景大调研"数据库。

在公众观看直播的日常频率和场景上，超过六成公众每周至少观看
1 次直播（61.5%），其中每周观看 1~3 次直播的公众占比高达 37.4%。
超过五成的公众在无聊时 / 闲暇时看直播（51.9%），然后是睡觉前看直

播（42.8%），看视频/玩游戏等娱乐时也是公众观看直播的重要场景（21.4%）。除此以外，观看直播的场景整体与公众观看短视频的场景相似，都易在生活场景切换时进行（见图3-40、图3-41）。

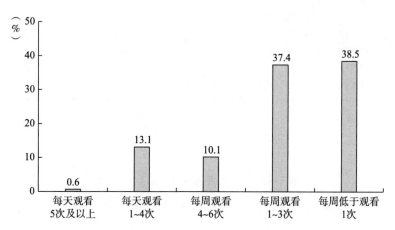

图 3-40　公众观看直播的日常频率占比

资料来源："2020年手机人——移动互联网全景大调研"数据库。

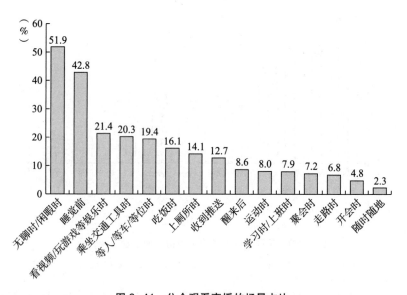

图 3-41　公众观看直播的场景占比

资料来源："2020年手机人——移动互联网全景大调研"数据库。

"电商+直播"的新型带货模式前身为电视广告中的电话预订模式，

随着数字经济的发展，直播带货促使广告脱离了对其他信息的依附，自成主体。在碎片化信息时代，传统信息主体不断精简浓缩，而直播带货让广告获得了全新营销方式，曾经以秒为单位播放的广告，现在可以在长时间段内进行直播卖货。如图 3-42 所示，没听说过直播带货的人群仅占比7.7%，而购买过的人群超过三成。人们对于直播带货多为正向评价，图3-43 为用户对直播带货模式认可度的打分，在认可度为 5 分的情况下，用户认为"直播带货助力社会经济的发展"得分最高（3.90 分），其后依次为"直播带货门槛低，增加了就业和创业的机会"（3.86 分）、"直接带货加强了商家和顾客之间的互动，有趣味"（3.83 分）、"直播带货给消费者带来新型的购物体验，吸引人"（3.83 分）。在直播带货的评价中，用户整体评分较高，这得益于平台和机构的监管，它们为消费者营造了健康的消费环境。

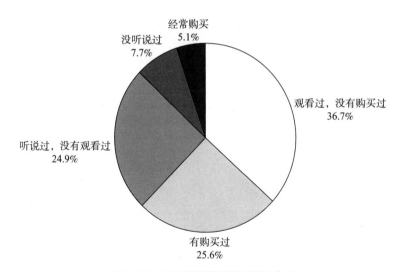

图 3-42 关于直播带货使用情况占比

资料来源："2020 年手机人——移动互联网全景大调研"数据库。

短视频和直播是新兴的视频类信息呈现形式，本节主要通过短视频和直播来分析不同群体日常观看视频的习惯与偏好。总体来看，人们会为了消磨在日常生活场景切换的衔接处产生的碎片化时间，为了娱乐、增加趣味选择获取短视频或直播类信息。男性和女性在获取视频类信息的需求上有着较为明显的差异，会将日常中彼此不同的喜好元素迁移到视频类信息之中，女性对娱乐、美食、美妆、时尚、萌宠、追星等内容更为喜爱，男性则更偏爱游戏、运动等内容。在不同年龄群体中，年轻群体娱乐需求更强，而成熟群体对实用性要求较高。就直播与短视频的差异而言，用户观看直播较观看短视频有更强的倾向性和目的性，短视频是视频的广告化，直播带货是广告的视频化。公众不愿意花过多时间获取信息，但获取购物信息是例外，可见公众对于信息的获取，一方面受到碎片化信息时代的快节奏影响，另一方面却也深陷在时代的消费主义之中。

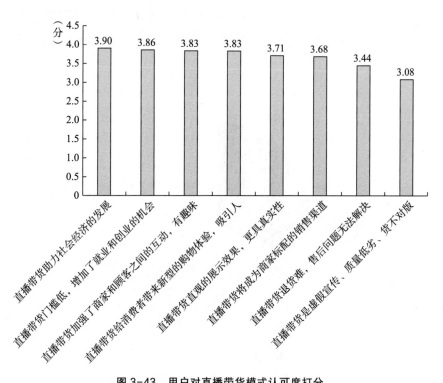

图 3-43　用户对直播带货模式认可度打分

资料来源："2020 年手机人——移动互联网全景大调研"数据库。

第三节　公众对不同类型信息的偏好与信任

在纷繁复杂的社会中，每分每秒都有新事物在产生，也有新事物在变化，互联网技术和移动设备的飞速发展给信息爆炸式呈现提供了窗口，让意见自由的市场有了深耕的可能。在传统媒体的语境中，一篇新闻的诞生需要经过重重审核，但在新媒体语境下，新闻的时效性得到极大程度的展现，把关人的作用消解，多元的声音、个性化的观点丰富着新闻的内容。网络对公共生活的强势介入，给予了非主流叙事同主流叙事并驾齐驱的机会。不同类型的热点事件演绎着不同的社会矛盾，公众对热点事件的关注说明公众渴望真相、追求真理。在广阔的信息社会中，媒体对各类热点事件的报道是以内容为王，还是以快制胜，有待进一步分析，但毋庸置疑的是公众对热点事件信息的选择，既出于个体的偏好，也源于对其信息源的信任。

因此，本节既会研究公众对不同类型热点事件的关注度，即了解公众对不同类型信息的偏好，也会研究公众选择何种平台了解不同类型热点事件，即了解公众获取不同类型信息的媒介信任，再进一步细分到不同群体来了解他们对不同类型信息的偏好与信任，以帮助信息更好地生产、营造更为丰富多元的信息环境、满足深层次的大众需求。

一　公众对不同类型信息的偏好

研究公众对不同类型信息的偏好，主要是基于公众对社会热点事件的关注度，这是因为社会热点事件更能引起公众的情绪、提高公众的代入感和参与度、带来一定的社会影响力。如图 3-44 所示，公众最为关注的社会热点事件是国际事件（36.4%），说明近年来，公众在全球化的影响下，不仅仅是在了解家事国事，更是在了解天下事。此外，公众还关心突发自然灾害（35.2%）、重大安全事故（34.7%），对这几类事件的关心展现了公众的同理心和共情力，同时也说明了公众会跟进安全类事件的应急处置、后续处理等措施，这种关注会给相关部门带来防患于未然的思考与改进。此外，超过三成的公众关注的社会热点事件还有民生事件（33.2%）、政治事件（31.3%），这几类事件的关注一定程度上反映了公众对参与社会治理的热情。

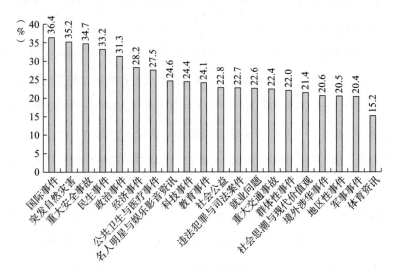

图 3-44　公众关注的社会热点事件占比

资料来源："2020 年手机人——移动互联网全景大调研"数据库。

　　在不同性别人群关注的社会热点事件中，男性相比女性更加关注国际事件（40.3%）、重大安全事故（36.3%）、政治事件（34.4%）、科技事件（29.9%）、军事事件（26.5%）等；女性相比男性更加关注民生事件（36.3%）、公共卫生与医疗事件（30.2%）、教育事件（28.3%）、就业问题（25.4%）、名人明星与娱乐影音资讯（31.3%）等。可见，男性更加关注政治类的大事件，而女性更加聚焦民生类的切身问题（见图 3-45）。

　　在学生与非学生群体关注的社会热点事件中，学生群体相比非学生群体更加关心名人明星与娱乐影音资讯（32.1%）、违法犯罪与司法案件（30.7%）、公共卫生与医疗事件（30.2%）、科技事件（27.8%）、教育事件（26.9%）、就业问题（26.9%）、社会思潮与现代价值观（25.9%）等，非学生群体相比学生群体更加关心国际事件（37.1%）、民生事件（34.7%）、政治事件（33.0%）、经济事件（32.2%）、体育资讯（16.6%）等。可见学生群体所关心的社会热点事件多与自身所学知识和自身处境相关，但也存在一定的娱乐化倾向（见图 3-46）。

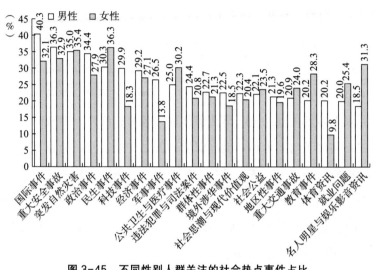

图 3-45　不同性别人群关注的社会热点事件占比

资料来源："2020 年手机人——移动互联网全景大调研"数据库。

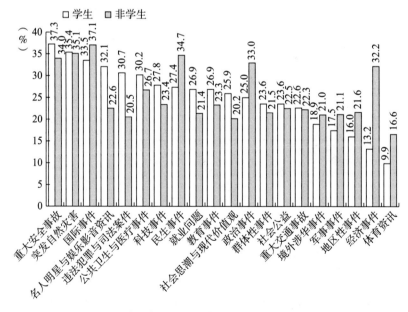

图 3-46　学生与非学生群体关注的社会热点事件占比

资料来源："2020 年手机人——移动互联网全景大调研"数据库。

社会热点事件的呈现往往伴随着对社会热点事件的思考与解读，媒体对社会热点事件的报道，一方面可以帮助公众理解事件，另一方面也可能存在主观色彩。对社会热点事件的思考与解读提高了社会热点事件的传播效力，媒体在舆论导向中的地位和作用日益凸显。公众在接收社会热点事件信息时，对社会热点事件的看法会受自身倾向关注的信息的影响。如图 3-47 所示，接近六成的公众更希望通过网络了解社会热点事件的媒体评论与观点解读（58.2%），认为媒体机构较为权威性、专业性的解读能帮助他们拓展了解事件的广度和深度，但也有超过四成的公众希望了解纯新闻事件（46.2%），不受其他评论的干扰，还有同样超过四成的公众喜欢关注网民跟帖评论的内容（45.0%），以了解其他大众的想法，另有 39.4% 的公众希望了解自主跟进搜集到的信息，仅有 16.2% 的公众关注大 V/ 领域内专业人士的解读。

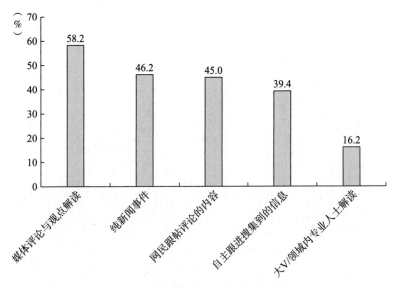

图 3-47　公众通过网络了解社会热点事件时所关注的信息

资料来源："2020 年手机人——移动互联网全景大调研"数据库。

在不同性别人群通过网络了解社会热点事件所关注的信息中，相比男性，女性更倾向关注自主跟进搜集到的信息（41.5%）等，而男性更倾向关注纯新闻事件（48.4%）等。说明男性较女性更倾向关注描述性较少的新闻事件本身，女性较男性更倾向以周期性态度跟进社会热点事件的过程（见图3-48）。

在不同学历群体中，硕士及以上的学历群体在通过网络了解社会热点事件时更加关注专业的评论与观点解读，无论是来自个人还是机构的，这类群体更在乎专业的内容，如媒体评论与观点解读（64.0%）、大V/领域内专业人士解读（26.0%）。大专及以下的学历群体则更倾向了解纯新闻事件，同时也倾向关注网民跟帖评论的内容等更加亲民、更加自由呈现的大众心声的信息（见表3-10）。

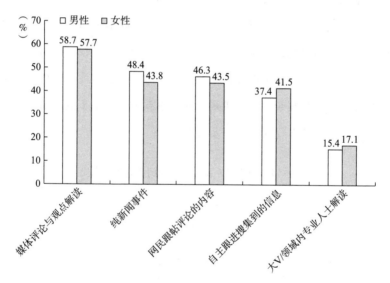

图3-48　不同性别人群通过网络了解社会热点事件时关注的信息占比

资料来源："2020年手机人——移动互联网全景大调研"数据库。

表3-10　不同学历群体通过网络了解社会热点事件时关注的信息占比

单位：%

学历	媒体评论与观点解读	纯新闻事件	网民跟帖评论的内容	自主跟进搜集到的信息	大V/领域内专业人士解读
总计	58.2	46.2	45.0	39.4	16.2
高中及以下	56.3	49.1	46.3	38.3	15.1

学历	媒体评论与观点解读	纯新闻事件	网民跟帖评论的内容	自主跟进搜集到的信息	大 V/领域内专业人士解读
大专	57.4	48.6	45.8	40.6	15.9
本科	60.0	41.4	44.0	40.6	16.0
硕士及以上	64.0	46.0	38.0	32.0	26.0

资料来源："2020 年手机人——移动互联网全景大调研"数据库。

二 公众获取不同类型信息的媒介信任

信息来源是影响媒介可信度的重要因素。在表 3-11、表 3-12 中，公众对不同新闻类型，或对同一新闻事件的不同报道及深入了解的信任主要源自人民网、人民日报客户端/公众号等官方网络媒体平台。可见在人人皆是自媒体的时代，大家有了更平等的话语权、表达权，看似多元的声音却有极大可能削弱甚至淹没公众对主流官方媒体的关注度。更加自由的表达会使信息内容冗杂、真假难辨、质量参差不齐，基于这种情况，公众对官方媒体的信任度反而会进一步提升。

表 3-11 公众对不同新闻类型的媒介信任占比

单位：%

新闻类型	人民网、人民日报客户端/公众号等官方网络媒体平台	《人民日报》、中央电视台等中央级媒体	电视、广播、报纸等传统媒介	今日头条、腾讯新闻等非官方媒体	浙江卫视、山东卫视等省级媒体	微博大V、微信公众号等自媒体	澎湃新闻、财新等商业媒体	普通网友爆料
政治新闻	69.5	62.1	56.6	28.3	14.0	8.2	6.2	1.5
经济、法治、科技等专业性新闻	65.7	58.5	50.3	29.7	14.8	8.8	14.7	1.7
社会新闻	60.0	54.0	46.2	40.8	18.2	12.7	11.4	3.7
生活信息	45.4	40.4	42.7	44.6	20.8	25.9	13.5	10.9

资料来源："2020 年手机人——移动互联网全景大调研"数据库。

表 3-12 公众对同一新闻事件的媒介信任占比

单位：%

	人民网、人民日报客户端/公众号等官方网络媒体平台	《人民日报》、中央电视台等中央级媒体	电视、广播、报纸等传统媒介	今日头条、腾讯新闻等非官方媒体	浙江卫视、山东卫视等省级媒体	微博大V、微信公众号等自媒体	澎湃新闻、财新等商业媒体	普通网友爆料
对同一事件的不同报道	53.8	52.1	32.7	18.8	7.3	4.7	4.1	2.7
对同一新闻事件的深入了解	50.4	45.5	27.3	23.2	8.5	10.5	6.4	4.1

资料来源："2020年手机人——移动互联网全景大调研"数据库。

公众关注社会热点事件进展时选择的渠道如图 3-49 所示。超过三成的公众选择新浪、腾讯、搜狐、百度等商业门户资讯网站（34.4%）关注社会热点事件，然后是选择抖音、快手等短视频社交平台（12.6%）关注社会热点事件，其余各渠道占比均不到一成。可见在社会热点事件这类阐释社会矛盾的信息的获取上，公众更偏向选择专业的资讯网站，这在一定程度上体现了公众对于新闻内容专业化的需求和信任。

总体而言，公众最为关注的社会热点事件为国际事件、突发自然灾害、重大安全事故、民生事件、政治事件，体现了公众对参与社会治理的热情。在不同群体中，男性更加关注政治类的大事件，而女性更加聚焦民生类的切身问题，学生群体更加关心与自身所学知识或处境相关的社会热点信息。对于了解社会热点事件时关注的信息，公众更爱了解媒体评论与观点解读，其中硕士及以上学历群体更倾向关注专业化的评论与解读。对于关注社会热点事件进展时选择的渠道，公众更倾向在专业的商业门户资讯网站了解情况，无论是对不同新闻类型还是对同一新闻事件的不同报道及深入了解，公众都更信赖官方媒体。可见公众对不同类型信息均有偏好，但在信任度上，公众更信任官方媒体和商业门户资讯网站所生产的信息。在全媒体时代，技术日新月异，内容为王却是恒久不变的主旋律。

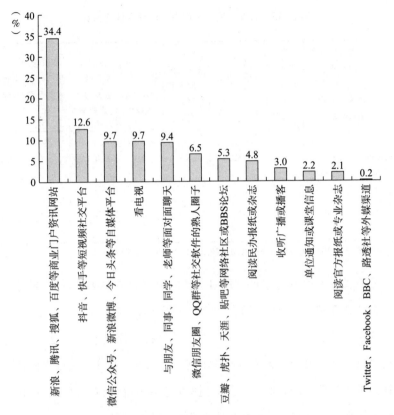

图 3-49　公众关注社会热点事件进展时选择的渠道占比

资料来源："2020 年手机人——移动互联网全景大调研"数据库。

第四章　主流媒体公信力的现状与重构

　　作为社会主义事业的重要组成部分，主流媒体在传播信息、引导舆论、塑造社会共识等方面具有重要作用。然而，在当今媒介融合的时代背景下，主流媒体的公信力面临着前所未有的严峻挑战。随着信息技术的迅猛发展和媒体格局的不断多元化，公信力的重构成为摆在我们面前的重要课题。首先，本章剖析当前舆论生态的特点，对舆论生态相关概念进行辨析与界定，为理解主流媒体公信力的现状提供必要的背景和前提。其次，本章将探讨主流媒体公信力的现状与困境，进一步认识公信力建设的迫切性和复杂性。再次，在深入探究中，本章使用质化和量化的复合方法，分析影响媒体公信力的多层次因素，从受众的主观感知、媒体的客观属性，到媒介融合对主流媒体公信力的冲击等维度，找寻不同因素对公信力产生的影响和互动关系，为重构公信力的策略提供理论依据。最后，本章将提出主流媒体公信力的提升路径，从媒体、平台和公众三个方面入手，阐述媒体在担起"喉舌"之责、坚持与时俱进方面的作用，平台在加强舆论监督和加大管理力度方面的责任，以及公众在提升数字素养方面的重要性。本章的研究旨在更好地理解主流媒体公信力的现状与重构，为提升主流媒体的影响力和公信力提供深入思考和实践指引。

第一节　当前舆论生态特点

一　舆论生态相关概念的辨析与界定

舆论是公众关于现实社会以及社会的各种现象、问题所表达的信念、态度、意见和情绪表现的总和，对社会发展及有关事态的发展产生影响，其中混杂着理智和非理智的成分。[①] 提起舆论，很多人首先会想到"舆论场"的概念，比如，当前在我国就存在着政府的官方舆论场、媒体的专业舆论场、公众的民间舆论场三方舆论场的博弈。

相比于"舆论场"，"舆论生态"是更加宏大的概念。目前我国主要的舆论生态场域集中在互联网中。网络舆论生态的基本属性与发展规律受到整个网络生态系统的影响并反作用于网络生态系统本身。有学者研究指出，网络舆论生态是网络生态的子集之一；是网络舆论各构成要素之间，舆论之间，舆论与内、外部环境之间关联互动而达到的一种结构状态；是由网络舆论外部环境与内部环境双重影响，网络舆论法律规范约束，网络舆论主体（政府、媒介、公众）共同参与、相互制约、协同发展演化而成的人造社会生态系统。[②] 网络舆论生态系统是由环境因子（监管力度、平台技术水平等）、主体因子（主体身份、主体动机、主体能力等）、信息因子（信息内容、信息情绪属性、信息热度等）三大要素互相影响而形成的，每一个要素的波动都可能导致整个网络舆论生态系统失衡。

媒介环境的变化会引起整个舆论生态的连锁反应。在当前媒介融合的大趋势下，我国的舆论生态不可避免地产生了诸多变化，也呈现出与大众传媒时代截然不同的特点。随着媒介融合的深入，信息的传播速度进一步加快，信息的传播效果进一步增强，舆论主体更加多元，舆论信息更加

[①]　陈力丹:《舆论学：舆论导向研究》，中国广播电视出版社，1999，第11页。

[②]　刘泾:《网络舆论生态视域中的谣言治理研究》，《情报科学》2014年第5期，第42~46页。

复杂多变。[①]一方面，越来越复杂的舆论生态体系给舆情引导工作带来了不小的困难和挑战；另一方面，技术的进步和全媒体传播体系的建立也为舆论引导工作提供了崭新的机遇和宝贵的窗口。

二　当前舆论生态特点

（一）舆论监管环境复杂

媒介深度融合的当下，舆论监管环境愈加复杂，这给舆论引导工作带来了新的挑战。

首先，舆情从滋生到爆发的时间往往非常短暂。新媒体作为一种自发性的意见表达形式，能在极短的时间内将大量的信息传播出去，形成强势的舆论。技术的进步、把关过程的简化、信息源的扩大化使有关事件的各方面信息在极短的时间内席卷网络，充斥人们的眼球，满足人们的"知情"和"表达"诉求。由于全媒体时代人人都是自媒体，人人都有"麦克风"，网络空间随即成为信息集散地、事件讨论地和舆情放大器。一旦事件发生，大量信息以裂变式的速度在微博、微信等社交平台传播，再加上大数据和算法的推动作用，人们接收信息的速度又上了一个台阶。于是，在短时间内，网络舆情迅即生成，爆炸性的信息在网络空间中快速发酵，再被进一步加工、解读、扩散后，舆情到了一发不可收拾的地步。因此，在全媒体时代，舆论监管一定要做到一个"快"字。要"见之于未萌，识之于未发，防患于未然"。主流媒体在主动设置议程时，要把握好时机，对突发新闻事件可能产生的舆论走势迅速形成判断，在事件发酵前期及时做出反应，甚至要在事件发生之前就做好充足的预案，这样才能更好地把握舆论扩散的重要时间点，主动出击，做好舆论的引导工作。

在疫情发生时期，主流媒体发挥了权威内容轻量化、碎片化优势，成功建构了全媒体、全天候、全方位的立体报道格局。在此格局下，用户

---

① 蔡雯：《媒介融合发展与新闻资源开发》，《西南民族大学学报》（人文社科版）2006 年第 7 期，第126~129 页。

可以通过"不间断"的信息流，获得实时滚动消息和社交"陪伴感"，从而满足防疫信息需求。此外，主流媒体还紧抓节点传播，移动优先直击现场，保证信息的及时性；机构媒体、社交媒体、自媒体的专业意见领袖与钟南山院士、张文宏教授等权威专家相互补充，占据舆论场的核心地位，给公众带来深入浅出的解释，保证传播内容的专业性。除此之外，微信"看一看"精选置顶文章，实时发布公共卫生数据，更新热点话题，进行热点回应和谣言科普。这种动态的、及时的信息传播框架的搭建，有利于正确引导舆论，防止虚假信息、煽动性信息的滋生。当然，并不是每一个突发事件的舆情应对策略都是越快越好，"快"代表着掌握先机、把握主动，但如果把握不好时机和节奏，快速回应可能无法达到很好的效果。比如一些情形还暂不明朗的问题，就需要适时缓一缓，等各方都调查清楚事情的来龙去脉之后，再做出完整、诚恳的回应，如此更能让大众接受和信服。

其次，舆情事件的风险指数提高，舆论监管的难度攀升。概括而言，全媒体时代，由于大数据和核心算法的推荐扩散作用以及信息总量的爆炸，越来越多的虚假信息和谣言吸引着人们的眼球，特别是那些情绪化的煽动性言论，更容易改变舆情的走势，让公众陷入非理性的认知深渊。一旦事态发展到集体狂热的地步，主流媒体公信力就会受到进一步干扰，从而形成"越说越不信"的怪局，即任何事实都没有说服力，人们只相信自己愿意相信的偏见和观点。在此情况下，舆论监管工作必须把握好"堵"和"疏"两者的分寸。目前，很多主流媒体在舆情事件发生时会采取"堵"的策略，殊不知这样的行为往往会引起群众的反感，公众会转而通过其他渠道和形式获取和传播消息，这对主流媒体公信力是更严重的损害。此外，主流媒体关闭与网民互动的渠道，更会滋生流言和谣言，让突发事件的真相更加难以辨别。互联网时代，"堵"的策略并不是一种明智的选择，其结果往往会适得其反。实践证明，在事件发生时，媒体应该采取的策略是积极疏导，将那些已经形成一定影响力的正面舆论纳入政府主张的主流舆论场中，而将那些消极负面的舆论慢慢淡化或进行有力反驳，使公众逐渐恢复对主流媒体的信任。此外，在与网民进行互动时，要学习互联网时代的沟通方式，真诚、坦诚地与网民对话，避免重复式的无聊说教，这样既能达到良好的互动和传播效果，也能让主流媒体在对整体舆论场的把控中赢得主动和优势。

最后，国际舆论战已然打响，整体形势严峻。在网络舆论战方面，我们的主流媒体目前并不占据特别大的优势。以美国为首的资本主义国家长期对我国发动隐蔽的舆论攻势，这一攻势具有高频次、高强度和高技术手段的特点。[①] 近年来，很多舆情事件中可以发现境外势力参与的影子。虽然美国对华舆论战已经形成了多部门联动的完整战略体系，但我国相关部门和媒体也一直在进行有力反击。值得欣慰的是，目前很多民众有警惕意识。种种事件表明，我国的网民已不再是一击必中的"靶子"，而是具有清醒独立人格的爱国大军。在国家层面，我国也在积极建设宣传部门的联动机制，发挥人工智能、大数据等技术方面的优势，对国际涉华舆情进行及时有效的监测，并积极主动做出回应。此外，在顶层设计上，国家亦十分重视弘扬中华优秀传统文化及建设软实力，鼓励培养国际传播的顶尖人才，在树立良好的国际形象和进行文化输出方面做出了应有的努力。未来的形势会愈加复杂，在舆论监管方面，一定要敏锐地洞察国际方面的变化，培养民众的警觉意识、风险意识与安全意识，提高我国在国际上的话语权，争取在竞争日益激烈的国际舆论场中占得先机、赢得主动。

1.舆论主体多元

网络舆论主体，即参与舆论的各方，的主要特点在于，网络舆论生产者同时也是网络舆论的消费者和传播者。在网络舆论的形成过程中，网络舆论主体之间相互影响、相互博弈，最终形成宏观的网络舆论。[②] 有学

---

① 原玥:《美国对华舆论战及我国的应对策略》,《国际关系研究》2021 年第 2 期，第 134~154、159 页。

② 刘泾:《网络舆论生态视域中的谣言治理研究》,《情报科学》2014 年第 5 期，第 42~46 页。

者认为，网络舆论主体是整个系统中最为活跃、唯一智能的因子，它在流经环境因子和规则因子的舆论能的作用下，生产、消费、传播、分解（引导）着网络舆论，由于"沉默大多数"的主体意识被网络信息技术的交互主体性唤醒，网络舆论主体已进化为"多重"角色的复合体。[①]也有学者指出，由于社会转型和技术环境的变化，现在网络舆论主体已经转移到"中间阶层"，[②]具体表现为：现在网民关注的主要舆论议题由从前的反腐吏治转向公共治理；网民表达的方式也逐渐趋于理性，情绪化发言的比重逐渐降低；一些在专业领域受到认可的专家成为互联网新一代的意见领袖，引导舆论的意见从情绪化逐渐转变为专业化。这是一些可喜的变化。互联网推广初期，曾有学者注意到网络舆论主体的"群体极化"倾向，认为网络的出现给多方主体提供了对话的平台，也给多种意见提供了发声的场所，但网民一般只倾向于与自己有一致意见的人对话，倾向浏览相同意见汇聚的网站，这会导致拥有相同意见的人聚在一起，而不同意见之间的争锋愈加激烈，群体有了非理性和易激动的特点，这就会催生群体极化现象。[③]互联网发展到今日，群体极化现象依然存在并且十分突出。有学者曾论述算法导致的信息茧房效应，认为算法推荐系统使人们接收到的信息具有强烈的同质性，从而也会强化人们原本的意见，使人们的观点愈发极端。[④]这也给舆情监管工作带来了不小的困难。

2. "两个舆论场"的博弈

提到舆论主体，就不得不提舆论场，因为舆论生态是舆论主体与环境互动的结果，而不同舆论场由不同舆论主体组成，反过来又作用于其中的舆论主体。目前我们生活在"两个舆论场"中，一个是官方主流舆论

---

① 徐建军、管秀雪：《论网络空间舆论生态系统的动力机制与优化策略》，《云南民族大学学报》（哲学社会科学版）2018 年第 5 期，第 42~48 页。

② 单凌：《中间阶层的觉醒：中国舆论场新生态》，《新闻大学》2017 年第 3 期，第 15~20、146~147 页。

③ 郭光华：《论网络舆论主体的"群体极化"倾向》，《湖南师范大学社会科学学报》2004 年第 6 期，第 110~113 页。

④ 彭兰：《导致信息茧房的多重因素及"破茧"路径》，《新闻界》2020 年第 1 期，第 30~38、73 页。

场，另一个则是自媒体组成的民间舆论场。[①]"两个舆论场"互相影响和牵制，决定着舆论的走势。

"两个舆论场"主导舆论生态是由多方面原因造成的。社会转型、传播手段迭代以及制度原因是学者论述较为深入的几个背景因素。比如，有学者认为，我国的制度原因决定了"两个舆论场"并存的特色，我国不仅有官方媒体，传递着官方的政策和舆论导向；也有大量的市场化媒体（如微博、微信、豆瓣等），这些媒体上的大部分言论，是民众或商业集体自发产生的，这就形成了民间舆论场。[②]总之，社会环境和媒介环境的共同作用导致了"两个舆论场"共生共存的局面。

官方舆论场和民间舆论场的特征随着时代变迁而变化，各自的地位和力量也有所改变。时代不同，舆论生态格局不同，占上风的舆论场也不同。改革开放之前，官方舆论场占绝对主导地位；改革开放之后，随着市场化媒体的兴起以及传播手段的多元化，民间舆论场一度占了上风。特别是在网络突发事件面前，民间舆论场在时效性、信息的多元性上都更胜一筹，形成了一股"自下而上"冲击官方舆论场甚至引导政策改革的力量。[③]在互联网崛起后，民间舆论场通过网络空间迅速发展，甚至形成舆论"悬河"；而与之相反的，官方舆论场影响力下降，主场优势面临挑战。

舆论场的"去中心化"趋势给主流媒体既带来了挑战也提供了机遇。一方面，自媒体"自下而上"影响舆论走势，加大了舆情监管的难度，也提高了虚假新闻、煽动性言论的出现频率，给整体舆情走势带来很大的不确定性；另一方面，官方舆论场和民间舆论场之间的界限并不在于技术层面，如果技术利用得当，新媒体也能变成有效快速处理突发舆论事件的有力工具，因为新媒体在信息的时效性、传播力方面有不可忽视的优势，所

① 童兵：《官方民间舆论场异同剖析》，《人民论坛》2012 年第 13 期，第 34~36 页。
② 童兵：《官方民间舆论场异同剖析》，《人民论坛》2012 年第 13 期，第 34~36 页。
③ 文新良：《"两个舆论场"的融合路径探析》，《新闻界》2018 年第 7 期，第 82~86 页。

以主流媒体也可以学习自媒体的技术融合，通过全媒体传播体系的建设，将舆论引导工作的主动权掌握在自己手里。

在重大舆情危机面前，全媒体诚然有信息过载等问题，但坚持传播定力、正确加以规制后，同样也可以营造良好的信息传播环境，发挥媒介的情绪疏导功能，切实满足用户实际需求。因此，官方舆论场如果能有效借助全媒体的技术手段，在舆论引导方面就能占据主动，工作也能更好地开展。同时，由于主流媒体在信息把关上更加严谨，滋生虚假信息和谣言的土壤并不肥沃，也能更好地规范整体舆论走势，避免舆论表达过热产生风险和危机。

3.舆论信息多变

除了舆论监管环境的复杂化和舆论主体的多元化趋势外，舆论所涉及的议题和信息也更加多变，舆论格局具有去中心化、去组织化和扁平化的特点。由于技术的进步，新媒体成为广大群众表诉心声的重要阵地，微博、微信等平台成为舆情发酵的主要场域，舆论主体也从社会精英过渡到了普通民众，大家关心的社会议题复杂多元，从政治治理到民生问题都有所涉猎。在很多重大的舆情事件当中，舆论信息的内容繁杂，信息被浏览、转发、再生产的热度相当大。总的来说，重大舆情事件中的舆论信息内容大致有以下几个特点。

首先，社会议题更加多元。由于互联网进入门槛低，发表意见的成本更低，任何事件都可能在互联网上引起共鸣，引爆舆论。从前，网民较为关注的议题集中在外交、军事、社会治理等"国家大事"上，如今，网民在表达各类诉求与意愿的同时，更容易在新媒体构成的舆论场中寻找共鸣。很多个人的诉求和表达一旦在群体中引起回应和扩散，就可能会将偶然性、局部性和地区性的个例转化为公共问题，从而造成公共危机，甚至会引发"群体暴力"，导致一些个别现象和案例引起网友对于整个社会体制和发展的讨论和怀疑，使问题的严重程度升级，舆情风险极高。如个别地区的寻衅滋事、家庭纠纷等社会事件经网络发酵，很有可能引起舆情，甚至对国家公信力、主流媒体公信力造成恶劣的负面影响。此外，互联网给拥有相同兴趣的群体提供了自由交流的平台，这些基于趣缘文化会聚而成的群体，往往拥有共同的价值观和精神寄托，也会有强烈排他性的圈层化议题，这些议题不容易得到其他群体的认可和共识，所以舆论往往在群体内部发酵，从而导致"群内同质化，群外异质化"的网络"巴尔干化"。

其次，真假信息纠缠难辨，情绪化、极端化因子更容易引爆全局。"后真相"时代下，虚拟与现实之间界限模糊，真相与谎言之间亦难以分辨。什么是真、什么是假的判断标准变得十分复杂。一些自媒体为了追求流量、吸引眼球，不惜给新闻加上耸人听闻的标题和关键词，甚至运用修辞的手法，攻击人们的心理弱点，抛开逻辑和事实不谈，大讲特讲一些情绪性的、煽动性的话语，逐渐模糊人们的关注点，在吸引人们注意力的同时引导网民进入情感的深渊，从而制造舆论，达到自己的目的。很多网民掉入了"情感在前，真相在后"的怪圈，面对那些诉诸"泪点""痛点""痒点"的消息和言论毫无招架之力，往往信以为真并助力其传播，进而导致互联网舆论环境更加嘈杂。此外，当前我国处在社会转型时期，在经济高质量发展的同时，社会矛盾也日益尖锐，网民的焦虑情绪普遍存在。这些都加速了舆论热点的爆发，特别是有关体制性和结构性的问题，更容易引起全社会的关注和参与，还有一些衣食住行方面的民生问题，一旦被有心之人加上煽动性的话题，就很容易引起舆论热潮甚至社会危机。这些都是舆论监管工作必须警惕的。

（二）当前舆论环境带来的挑战

网络舆论生态系统是社会稳定的安全阀、公众情绪的晴雨表，也是非理性信息、虚假信息、消极信息的集散地。这一系统的平衡，一方面需要依靠系统本身的"自净化"功能，提高调节反馈能力，不断地自我完善，激发生态潜能；另一方面需要系统外部力量的引导和维护。首先，要加强法律规制。很多问题源于互联网准入门槛较低、匿名性较强，如果能利用法律武器规范上网问题，加大追踪和监管力度，那么就能大大降低侵害他人权利和扰乱网络环境现象出现的频率。其次，要明确平台的监管权限与责任。例如，国家网信办在 2016 年就曾发布《互联网直播服务管理规定》，明确直播平台对规范直播内容是责无旁贷的。最后，要继续坚定不移地推动媒介融合，构建全媒体的生态体系。如今，以新华社、中央广播电视总台为代表的几家大型媒体集团已经在媒介融合上做出了一些可喜的成绩，也为县级融媒体建设和其他主流媒体的深度融合做出了表率。主流媒体必须利用好新媒体这把"剑"，守住其在舆论场上的引领地位，并不断与时俱进，开辟新的舆论阵地，培养优秀传播人才，不断加强主流媒体公信力和传播力建设。

总体来说，我国舆论环境复杂，监管难度上升；舆论主体多元，各方声音汇聚在互联网这个大平台和场域之中，官方舆论场和民间舆论场之间的博弈仍在继续；舆论信息多变，议题涉及百姓生活的方方面面，小问题也可能引起巨大的舆情风险。但风险往往伴随着机遇，面对复杂多变的舆论环境，全媒体在坚持正向传播、引导积极舆论、助力和谐社会上大有可为。这也是主流媒体未来可以努力的方向。面对新环境下的新挑战，主流媒体需要因势利导、主动出击。只要善于利用，全媒体将是党和国家提升舆论宣传工作效率、抵御西方意识形态渗透的重要武器。

第二节　主流媒体公信力现状与困境

20 世纪 30 年代，明尼苏达大学的查恩利教授对报纸新闻报道的准确性展开实证研究，开创了新闻报道可信度研究的先河。20 世纪 50 年代，霍夫兰等对信息来源可信度和其对媒体说服效果的影响进行实验，至此，媒介信任的概念与大众传媒的公信力问题正式进入学界视野。[1]在此后的历程中，随着社会格局与传播形态的变化，媒体公信力的内涵和

---

[1]　Gaziano, C., & McGrath, K. , "Measuring the Concept of Credibility," *Journalism Quarterly*, Vol. 63, No. 3 (1986), pp. 451-462.

研究重心不断演变。喻国明教授结合中国媒体环境提出，所谓媒介公信力是指媒体在与公众相互作用的过程中获得公众信任的能力，即新闻媒体通过源源不断地向公众输送真实、可信、专业性强的内容和产品，从而在公众心目中建立的认可度和信赖度。①也有学者认为媒体公信力是公众对媒体的信任及其强度的集合体现，②是对媒体的内部品质和外在形象的综合感知，③也是媒体的群众基础。④从这一角度看，媒体公信力不仅仅是媒介的一种固有属性，更是一种建立在媒介与受众间的关系与社会认同。它通过大众的社会体验所形成，是公众对媒介在履行其作为一种具有特定使命的社会公共产品所应承担的社会职能时展现出的可信程度的感知和评价。⑤

目前，西方学术界广泛认可的媒体公信力评价指标体系是由菲利普·梅耶提出的，他认为评价媒体的公信力水平，应当从五个维度进行测量，即公平（fairness）、公正（unbiased）、完整（telling the whole story）、准确（accuracy）、可信赖（trustworthiness）。⑥廖圣清等学者在《中国大陆大众传媒公信力的实证研究》中依据梅耶提出的测量维度并结合国内媒体环境，提出了报道和评论客观公正、报道真实准确、信息量大、揭露坏人坏事有力、反映群众意见充分的媒体公信力评估指标，并重点强调了代表新闻完整性的"揭露坏人坏事有力"和"反映群众意见充

① 喻国明：《大众媒介公信力理论初探（上）——兼论我国大众媒介公信力的现状与问题》，《新闻与写作》2005 年第 1 期，第 3 页。
② 强月新、刘莲莲：《对主流媒体传播力公信力影响力关系的思考》，《新闻战线》2015 年第 5 期，第 46~47 页。
③ 张洪忠：《"刻度"和"阀门"：公信力对不同类型媒体受众市场的影响》，《新闻记者》2005 年第 12 期，第 45~46 页。
④ 沈正赋：《论新闻舆论"四力"发展的动力建构》，《现代传播（中国传媒大学学报）》2022 年第 1 期，第 10 页。
⑤ 沈正赋：《新媒体时代新闻舆论传播力、引导力、影响力和公信力的重构》，《现代传播（中国传媒大学学报）》2016 年第 5 期，第 1~7 页。
⑥ Meyer, P., "Defining and Measuring Credibility of Newspapers: Developing an Index," *Journalism Quarterly*, Fall (1988), pp. 567-588.

分"。①除了多维度的量表测量之外，公信力还可区分为相对公信力与绝对公信力。其中相对公信力的测量是由 Roper 在 1959 年提出的，要求受访者针对同一条新闻在多个传媒渠道中选择一个最信任的，最后对不同媒体的选择率进行比较，相对公信力是一种竞争性的指标。卡特和格林伯格提出绝对公信力的测量，要求受访者给各类媒介的信任程度打分得出一种针对单一媒体的印象性指标。②同一媒体的绝对公信力和相对公信力有所差别，是因为受到其他传媒形态和社会环境形成的整体信任水平的影响。李京将信任类型分为基于认知的信任、基于情感的信任、基于制度的信任三个类别。③受众对不同媒体的信任可能来自不同的感知偏向。因此，在对媒体公信力进行研究时，也需将受众自身的认知、情感和立场纳入考量。

在国内过往政治环境与观念的影响下，主流媒体被视作政府的"喉舌"，也是社会认知和社会舆论的引领者和主要传播者。但在全媒体时代和媒介融合的背景下，传统主流媒体的传播力和影响力受到影响，其原有作用的发挥和对舆论的领导地位随着媒介形式的革新和互联网与舆论环境的变化而发生改变，传统主流媒体的话语权和公信力面临挑战。因此，本节将结合上述公信力内涵与测量维度，对中国主流媒体公信力的现状与面临的困境展开研究。

一 主流媒体公信力现状

媒体公信力是一种建立在媒介与受众间的社会感知和信任，本小节将从代表主流媒体相对公信力的媒介渠道与接触、基于受众感知与特征的

---

① 廖圣清、李晓静、张国良：《中国大陆大众传媒公信力的实证研究》，《新闻大学》2005 年第 1 期，第 19~27 页。

② Carter, R. F., & Greenberg, B. S., "Newspapers or Television: Which Do You Believe?" *Journalism Quarterly*, Vol. 42, No. 1 (1965), pp. 29-34.

③ 李京：《媒体公信力：历史根基、理论渊源与现实逻辑》，《编辑之友》2018 年第 5 期，第 55~60 页。

用户视角、包含互联网形态和社会结构的传播环境三个角度对主流媒体公信力的现状进行论述。

（一）媒介渠道、接触与主流媒体公信力

1. 受众对我国主流媒体的信任度普遍较高

根据皮尤研究中心对美国媒介信赖的系列研究、EBU（欧洲广播联盟）的相关报告和牛津大学路透社新闻研究所发布的《2021年数字新闻报告》，西方主要国家的主流媒体公信力均呈现下降的趋势，受众对媒体的选择性报道和扭曲事实提出质疑并产生不信任情绪，愈发倾向于从社交媒体获得所需的信息。与此同时，中国民众对主流媒体的信任程度普遍高于西方主要国家。有学者在对社交媒体时代中美两国的传统媒体公信力进行比较后，认为在政府信任和威权人格特质的影响下，中国民众对官方媒体的信任显著较高。[1] 在北京大学刘德寰教授团队开展的"2020年手机人——移动互联网全景大调研"的结果中，公众对人民网、人民日报客户端/公众号等官方网络媒体平台等主流媒体的信任显著高于微博大V、微信公众号等自媒体和今日头条、腾讯新闻等非官方媒体，尤其在"新闻报道真实准确，不含虚假、猜测、虚构、有误的成分""新闻报道全面完整，不回避/瞒报/漏报重要的新闻事件与事实""关注老百姓的切实利益，充分反映群众意见""揭露坏人坏事有力""具有良好的监督功能"这五个涉及新闻真实性、公平性和民意反映的指标中，主流媒体都取得了较高的评分，体现了我国主流媒体的公信力处于相对较高的水平。此外，研究结果也显示主流媒体是民众日常获取信息的首选。[2]

2. 主流媒体存在"规定动作"下内容完整度和丰富性的不足

尽管主流媒体总体拥有较高的信任程度，但在"信息量大，内容丰富"这一指标上，评分低于今日头条、腾讯新闻等非官方媒体。主流媒体

---

① 斗维红、任吴炯、张一潇：《社会转型中的传播与信任——第六届中国传媒公信力论坛会议综述》，《国际新闻界》2021年第5期，第172~176页。

② 孟艳芳、刘德寰、李易蓉：《媒体深度融合背景下主流媒体公信力现状研究》，《新闻论坛》2022年第1期，第35~38页。

由于其特殊性，报道内容受到政府和相关行政部门的约束较大，其往往需要以规定的深度和角度进行报道，也因此会出现无法满足受众对事物全貌的认知、对重大事件连续性追踪报道的需求，可能会被受众认为其报道完整度不足、有所保留或有所偏向，而受众会在主流媒体报道的主基调上关注自媒体并寻求更多的事件细节，以实现对"全面真相"的探寻。

3. 不同新闻类型所取得的信任程度不同

在"2020年手机人——移动互联网全景大调研"中，孟艳芳等将新闻分为"政治新闻""经济、法治、科技等专业性新闻""社会新闻""生活信息"这四类，并发现对于新闻类信息，民众更信任主流媒体，但对于生活信息，自媒体和非官方媒体则得到了更高的信任程度。[①] 对于如台海局势、中美贸易争端等涉及外交或较能激发受众情绪并强调政治立场和集体主义宏大叙事的新闻类型的报道，主流媒体鲜有民众质疑。对于其他离自己生活较远或不能引起较大共情的社会新闻的报道，主流媒体的被信任度也较高。但对于与受众自身生活较为相关的话题，地方媒体和自媒体因其在新闻事件中的在场感和展现出的社会关怀与亲近感，更容易博得受众好感。主流媒体则可能因信息披露程度有限或多种原因导致的缺位而公信力下降。

（二）用户与主流媒体公信力

1. 受众人口学变量、心理变量与意识形态影响对媒体公信力的感知

受众对主流媒体公信力的感知显著受到自身特征的影响，如人格特征、生活经验、意识形态和基础性政治态度。从人口学变量的角度来说，年轻、受教育程度低、城市级别较低的受众更容易受到媒体框架的影响，性别、收入、互联网使用情况等因素也会影响受众对主流媒体的信任程度。从心理变量来说，受众接收信息时的不同情感态度也会导致不同的信任程度，如受众处于紧张、焦虑的状态下，则容易产生对媒体的不信任，

---

① 孟艳芳、刘德寰、李易蓉：《媒体深度融合背景下主流媒体公信力现状研究》，《新闻论坛》2022年第1期，第35~38页。

并抗拒以往行之有效的温情化和强调"正能量"的报道。此外，马得勇和陆屹洲还提出了威权人格等面对社会信息时的心理人格特征，并提出高威权人格的受众更信赖主流媒体。[①]从受众的意识形态来说，当前社会价值观多元，受众也因此产生对媒介的选择性接触，群体圈层化加剧，社会黏性降低，普泛的大众传播不再适用。主流媒体宣传容易与个人的信念产生较大矛盾，导致受众对信息产生消极回应乃至进行对立解读，主流媒体难以得到更广大群体的信赖，并可能会引起不信任的蔓延。因此，当前主流媒体的公信力还受到受众意识形态与受众圈层的影响。

2."后真相"时代的用户话语权与舆论特征

韩宏伟认为，互联网时代的勃兴与公民社会的崛起引起了民间"草根力量"参与社会治理的热情和责任感，这种公共话语领域的变革也加剧了民众与政府之间的话语权竞争。[②]当前新闻传播出现自媒体引导舆论，舆论倒逼媒体跟进的情况。受众不再是被动的，而是可以通过发声与造势向主流媒体提出对新闻的要求与质疑，并根据找到的疑点与漏洞来进行话语权的争夺。议程设置的权力不再只掌握在主流媒体手中。然而，细节和真相的缺失导致舆论的"站队"与"反转"，快速的传播导致舆论演变成一场无关真相的狂欢。而在"后真相"时代，成见在前、事实在后，话语在前、真相在后。[③]新闻专业主义正在被不断消解，是否真实和完善不再是媒体公信力评价的唯一指标。

（三）传播环境与主流媒体公信力

1.全媒体时代的传播格局变化带来公信力下降的趋势

当前传播格局下，信息形态与传播渠道的多样化加剧了信息的不可

---

① 马得勇、陆屹洲：《复杂舆论议题中的媒体框架效应——以中美贸易争端为案例的实验研究》，《国际新闻界》2020年第5期，第99~120页。

② 韩宏伟：《超越"塔西佗陷阱"：政府公信力的困境与救赎》，《湖北社会科学》2015年第7期，第29~34页。

③ 管顺生：《"后真相"时代主流媒体公信力提升路径探析》，《新闻传播》2020年第10期，第42~44页。

控性；而传受双方的高互动性和传播者的多元化提高了信息的易变性。网络化、数字化、分众化等趋势促进了信息的分层与圈层的形成，短平快和碎片化突出的传播特征导致了主流媒体的严肃性被解构。自媒体等新的传播主体为受众填补了信息空白，提供了新的事件角度，也给主流媒体带来了挑战。尽管当前受众对主流媒体的信任程度较高，但主流媒体的公信力依旧难免面临下降趋势。

2. 社会信任体系与媒体公信力互相影响

由于我国舆论生态体系与媒体定位的特点，社会信任体系与媒体公信力相辅相成、互相影响。其中制度信任对主流媒体公信力产生正向影响，有学者认为近年来官媒公信力大幅提升且得到民众的高度信任和追捧，基本可归因于政治环境和舆论环境的改变——代表官方政治立场的主流媒体在各类媒介事件中逐渐被赋予了权威性，而非其专业水平的提升。然而，当前社会面临综合性的多重问题，这使得社会信任下降并进一步影响媒体公信力。主流媒体公信力的下降可能会导致民众对政府失去信任，对社会失去信心，从而影响社会的整合。对主流媒体公信力的研究和理解不能脱离社会环境，同时也要考虑社会环境和文化的多样化与复杂化所导致的民众对不同媒体的信任趋势。

3. 媒体公信力判断维度发生变化

过去的新闻专业主义与媒体公信力的评价标准强调事实的绝对客观与价值的绝对中立。但在当前的传播环境下，新闻的报道已经无法脱离特定社会和文化环境中的特定情境，播报的视角和内容的限度被赋予了某种意识形态的特征，追求绝对中立可能会使其陷入精英主义的傲慢和脱离群众的指责中，有悖于其服务公共的宗旨。媒体一旦失去信任基础，再客观的报道也难免被质疑。牛津大学路透社新闻研究所《2021年数字新闻报告》提出，媒体公信力的影响因素除了新闻真实、透明、包容等维度外，还有"同所在的社区有共同使命和追求"，这体现了共情和信任是公共性的基础。此外，过去专家、学者等报道中的"权威代表"和"信任象征"

也在遭受质疑。群众对媒体的信任不再单纯来自新闻内容本身，而是扩展到了对信息需求和情感需求的双重满足之中。

二　主流媒体公信力困境

由于主流媒体在报道的选题和发布形式等方面均受到政府相关部门的管控与约束，用户的信任感知也与当前社会环境和文化息息相关，因此本部分将从媒体、政府、社会与用户四个角度出发，阐述我国主流媒体在当前环境下所面临的困境及其出现的原因。

（一）主流媒体自身的公信力矛盾

1. 公意、众意与定位矛盾

主流媒体最初作为政治宣传的载体，是完全受政府控制的组织性传播工具。随着社会的现代化和媒体的市场化，主流媒体变为承担公共服务职能的大众传播媒体。多样化的角色和功能也给主流媒体的公信力带来考验。从角色上来说，主流媒体既是党和政府的"喉舌"，同时也是舆论的反映、公众的代表。尽管理论上公意就代表人民群众的利益，政府的目标与公众的利益一致，且新闻舆论工作也强调党性与人民性的统一，但现代社会学与政治学理念认为政府所追求的是社会整体的合理性和稳定性，而带有诉求的公众一定涵括在社会的集体概念之中。一旦公众利益诉求与政府的整体目标产生矛盾，主流媒体报道的内容就会直面冲突。若完全站在舆论管控立场，主流媒体对新闻进行选择性报道、瞒报或者在受到广泛关注的重大社会事件中缺位等，那么就回避了其应有的公共服务的舆论监督功能。主流媒体的自我过滤会强化公众对新闻报道"报喜不报忧"的印象，影响公众对媒体客观公正的评价，同时迫使无法从官方渠道获取真相的公众寻求自媒体消息乃至"小道消息"，进而导致谣言的产生和不满情绪的堆积，这不利于公共危机的有效治理。主流媒体如何平衡党的"喉舌"与公众代表人两个角色，如何在引导舆论、凝聚核心共识的同时坚守新闻专业主义、实现监督功能、维护公众利益，将直接影响主流媒体的信用基础处在什么水平。

2. 一元、多元与舆论引导

一元指主流意识形态和核心价值观，它是舆论宣传的主阵地、信息传播的权威。多元指社会新兴的思想潮流和多样的价值观，反映了多种群体的诉求和社会变迁。当前主流媒体在维护正向内容、进行正向舆论引导时，应避免三类问题：一是"脸谱化"，即在宣扬先进典型时，新闻报道刻意塑造完美形象，过度拔高或强调个体苦难，易造成宣传深度不够，难以引发观众共鸣的情况；二是"官方化"，即新闻报道仅从政府等官方主体的视角出发，对多元的民间话语采纳不足；三是"迎合化"，即新闻报道在对小众文化或网络模因进行收编的过程中因判断力不足和政治站位不高而导致"水土不服"。当今，受众的媒介素养不断提高、自我意识不断提升，单一类型的宣传教育和舆论引导难以达到预期效果，反而可能强化受众的对立情绪、降低主流媒体公信力。

3. 利益、责任与市场化

主流媒体除了是党的"喉舌"与公众代表人之外，还是独立的市场行为主体，其行为受到经济利益的驱动。在各类新媒体与自媒体盛行、市场竞争激烈的当下，部分主流媒体为追求更好的传播效果和更多的经济利益，出现了违背新闻道德以博取观众眼球的现象，如猎奇、蹭热点或者编造不实新闻、裁剪事实真相以煽动仇恨情绪、极端民族主义等。这些虚假新闻与反转新闻扰乱了传播环境，违背了主流媒体的社会公众属性，使媒体形象和媒体公信力遭到冲击。另外，由于浏览量、关注度、转评量等媒介传播指标与新闻从业者的工作绩效息息相关，新闻从业者因客观因素在新闻报道上受到限制，难以产生严肃和有价值的新闻，这些都导致媒体市场"劣币驱逐良币"。

4. 专业、技能与事实核查

在多元传播格局和"后真相"时代下，受众对媒体的信源与报道素养提出了更高的要求，他们不仅追求信息的真实，还追求其全面、深度、客观且贴合大众。比如从信息的采编来说，受众会考虑信源是否权威可靠，过程是否经过了记者实地的调查，撰写是否客观真实等。在当前的新闻实践中，为了抢得首发权或关注度，有些媒体未经调查核实就发布道听途说的新闻，因此随着事实的披露，新闻真相与舆论发生反转的情况屡见不鲜，甚至还会造成对无辜者的网络暴力或产生其他严重的社会后果。此外，记者自身带有的刻板印象和偏向可能会导致报道的错误导向，因思维定式而导致提问、采访过程中存在指向性和诱导性，这会致使新闻失实。这些都使得媒体的公信力下降。如何提升全媒体时代新闻从业者的专业素养和职业道德、优化人员结构和管理模式、协调快报道模式下新闻时效性与准确性的关系是主流媒体所面临的难题。

5.舆情、反馈与补救缺位

主流媒体在舆情应对中容易面临难以灵活、高效、及时响应公众的新闻诉求，信任度下降后弥补困难等问题。若是机械地发布官方信息，难以回应社会质疑，不快速对其进行正向回应和引导，任由质疑发酵，反而会导致公众情绪缺乏出口。个别地方主流媒体在应对突发舆情时，会通过精选评论、屏蔽热搜词条等方式进行网络把关，这容易使网民的社会关切面临"一刀切"局面，反而给谣言的肆意传播提供了空间，久而久之，地方主流媒体或融媒体平台代表的官方立场容易被错误地上升到更高的省级或国家级，给国家主流媒体公信力带来损害。

（二）政府与主流媒体公信力矛盾

1.家长主义和严苛舆论管控消耗公信力

主流媒体的公信力问题还源于政府与媒体的关系、政府与舆论的关系不够现代化与完善。个别地区主流媒体对当地的负面新闻报道应对态度不够积极、端正，甚至将其视为"找茬"和恶意中伤，通过阻碍记者采访、要求删帖等方式对媒体监督权的实践实施阻碍，或者将群众的合理质疑当作亟须遏制的"负面"事件，采用"封、堵、防"的方式对待民意与诉求，这种面对媒体与公众舆论时的"大家长"做派会给媒体公信力带来严重的损害。有学者提出，作为一种政治认同、公共信任与社会软权力，政府公信力的本质并未完全嵌入公权力的运作之中。而政府公信力与主流媒体公信力可谓"休戚与共"。舆论管控、政治宣传虽然在一定程度上增加了社会的共同认同和促进了意识凝聚，有利于治理的暂时稳定，但会让公众对政府和主流媒体产生失望情绪，认为它们隐瞒真相、封锁舆论。类似的失望与怀疑不断叠加，可能会将公信力消耗殆尽，产生"塔西佗陷阱"，以至于主流媒体的真实报道也难以得到公众信赖。

2. 制度规范缺失导致行政执法依据不坚实

我国已制定和实施《互联网新闻信息服务管理规定》《网络安全法》等相关法律法规，并对互联网新闻信息服务的运行、监督和义务提出规范。然而，关于媒体权力和记者权益的阐述还有待明晰，新闻从业者的自身利益和执业权力仍未得到充分保障。反过来，媒体报道的秩序约束仍处在灰色状态，新闻能否报道、怎么报道，舆论是否遏制，如何管控不良舆论和失实报道等，这一系列问题的制度规范和边界限制若不进一步完善，容易形成媒体和被报道方之间的不良博弈，不利于维护新闻媒体的采编、传播秩序，损害主流媒体公信力。

（三）社会环境与主流媒体公信力

1. 多维传播格局导致主流媒体地位下降

在多元传播格局和信息技术的不断进化与迭代下，大众传播在传播主体、传播渠道、传播方式上发生了巨大的变革。首先是传播的分众化趋势，公众可以主动或被动地接触各类媒介，从不同传播主体得到信息。这导致公众对单一媒介的专注度和依赖度大大降低，使原先处于媒体领导地位的主流媒体的引导力和话语权优势不再，给舆论生态带来多重不确定性，加大了维系公信力的难度。其次是碎片化传播趋势导致各类信息纷繁复杂，自媒体和网民发布的信息往往与传统媒体的叙事逻辑有所差异，且大量冗杂的信息将重要新闻隐藏在信息洪流中，形成了舆论的多重导向或让事实报道产生了偏向性。

2. 突发事件增多带来公信力考验

突发事件包括重大社会事件和重大灾害事件。在移动互联网时代，新媒体的崛起让更多事件无法被隐瞒且快速地进入公共视野，这些事件往往与公众的切身利益息息相关，拥有较大的关注度和社会影响力。面对突发事件和具有社会影响力的恶性事件，当前主流媒体并未形成有效的规范来给公众提供一个及时了解社会真相的传播渠道，也未把握住新闻服务与舆论引导之间的平衡。

（四）用户与主流媒体公信力

随着用户多样性的增加和因用户自身特征而形成的不同媒介接触和使用习惯，包括主流媒体在内的传统大众传播正面临冲击，采用同一套话语体系和叙事逻辑去进行新闻报道和宣传难以被更广大的公众所接受。在信息传播中，公众的信息需求并非全方位的，而是更看重自己的需要和自身的愉悦，由此产生了媒介的选择性接触，也架空了媒介的公信力。此外，用户追求行为与心理上的"共鸣"这一特征会导致同一圈层的信息互动与相同观点的叠加，使得具有偏向性的新闻在网络上聚集或被放大，产生不够理性的主导观点或片面的舆论形态，对主流媒体的传播产生冲击。

第三节　影响媒体公信力的因素分析

长期以来，国内外学者对影响媒体公信力的因素进行了实证研究。国外的媒体公信力的研究可以追溯到 20 世纪 60 年代，[1] 我国的相关研究直到 20 世纪 90 年代才逐渐展开。此外，早期关于中国媒体公信力的文献主要集中在理论研究上，[2] 或是针对西方已有的研究结果进行梳理，[3] 有

---

[1]　Westley, B., & Severin, W., "Some Correlates of Media Credibility," *Journalism Quarterly*, Vol. 41 (1964), pp. 325-335.

[2]　黄晓芳：《公信力与媒介的权威性》，《电视研究》1999 年第 11 期，第 22~24 页。

[3]　廖圣清、李晓静、张国良：《中国大陆大众传媒公信力的实证研究》，《新闻大学》2005 年第 1 期，第 19~27 页。

关全国层面主流媒体的实证研究较少。

媒体公信力的影响因素研究是基于媒体公信力的两个内涵——受众的主观感知和媒体的客观属性展开的。

一 受众的主观感知的影响

从受众的主观感知视角展开研究，影响媒体公信力的因素随着理论架构的扩展而增多，并且随着认知心理学的发展，学者们逐渐开始研究与受众认知过程相关的其他变量。因此，从这一角度分析，媒体公信力的影响因素主要包括：与受众相关的人口学变量；与受众相关的媒介使用变量；与受众相关的认知变量。

（一）人口学变量与媒体公信力

学者们早期聚焦于受众的人口学变量，主要包括年龄、性别、受教育程度、种族、居住地区、个人收入、职业、家庭社会经济地位等。[1]总体来说，在不同的研究背景下，以上因素对媒体公信力的影响存在差异，这种差异可能是由于样本选择、测量方法有所区别因此结果不尽相同。相对来说，有较多研究发现女性对主流媒体公信力的评价高于男性，受教育程度较低的群体对主流媒体公信力的评价高于受教育程度较高的群体，年龄较小的群体对主流媒体公信力的评价高于年龄较大的群体。[2]强月新、徐迪通过对主流媒体进行分类，在人口学变量上得出更为精准的结论，男性对主流纸媒（《人民日报》）公信力的评价高于女性，女性对主流视听类媒体（CCTV、中央人民广播电台）公信力的评价高于男性。[3]

---

[1] Reagan, J., & Zenaty, J., "Local News Credibility: Newspapers vs. TV Revisited," *Journalism Quarterly*, Vol. 56, No. 1 (1979), pp. 168-172.

[2] Bucy, E. P., "Media Credibility Reconsidered: Synergy Effects between On-Air and Online News," *Journalism & Mass Communication Quarterly*, Vol. 80 (2003), pp. 247-264.

[3] 强月新、徐迪：《我国主流媒体的公信力现状考察——基于 2015 年问卷调查的实证研究》，《新闻记者》2016 年第 8 期，第 50~58 页。

（二）媒介使用变量与媒体公信力

媒介使用指受众在日常生活中接触、使用媒介的情况，通常以用户使用各媒介的频率来衡量。媒介依赖理论指出媒介在特定的社会结构中满足了特定受众的需求，受众对媒介的使用决定了媒介的影响力，即受众在日常生活中越依赖某种特定媒介，该媒介对其的影响力就越大。[1]媒介依赖程度对媒体公信力的评价产生直接的影响，大多数研究结论为受众在日常生活中使用某种媒体的频率越高，越认为该媒体的公信力高。[2]茨法提通过电话调查和在线调查的方式，探讨了主流媒体公信力的评价与网络新闻接触之间可能存在的关联，研究结论表明用户接触主流媒体的频率越高，对主流媒体公信力的评价越高，但用户与网络新闻的接触可能和用户产生的媒体怀疑相关，网络新闻接触与用户对主流媒体公信力的评价呈现负相关。[3]张蓓通过"网民社会意识调查"数据进行回归分析得出，用户对传统媒体、互联网门户网站的使用显著提升了其对主流媒体公信力的评价，用户对自媒体平台（微信公众号、微博等）、网络论坛或国外社交平台的使用在一定程度上提升了非主流媒体的公信力。[4]对比国内外研究我们可以发现，用户对媒体的使用以及对媒体公信力的认知有所不同。国内用户更加信任官方性质的主流媒体，欧美用户则更加信任市场化媒体。

（三）认知变量与媒体公信力

随着认知心理学理论的发展，学者们认为对媒体公信力的评价不仅取决于其本身的客观属性，还取决于人们的感知。受众对媒体公信力的评价一方面与自身价值观有关，例如社会信任感、生活幸福度、社会归属感等；另一方面还与意识形态有关，例如政治意识形态、对政府的信任、媒

---

①　〔美〕梅尔文·德弗勒、桑德拉·鲍尔—洛基奇：《大众传播学诸论》，新华出版社，1990，第5页。

②　Greenberg, B. S. ,"Media Use and Believability: Some Multiple Correlates," *Journalism Quarterly*, Vol. 43 (1966), pp. 29-34.

③　Tsfati, Yariv, "Online News Exposure and Trust in the Mainstream Media: Exploring Possible Associations," *American Behavioral Scientist*, Vol. 54, No. 1 (2010), pp. 22-42.

④　张蓓：《媒介融合环境下媒体公信力的影响因素分析》，《学海》2021年第6期，第114~120页。

体依赖和媒体曝光。[1] 社会认知理论认为大众传媒的社会建构功能与受众的认知存在显著的相关性，但是受众的行为并不完全受某单一方面因素的影响。受众所处的特定的社会环境、人际交往关系以及对自身境遇的反思也足以影响其社会体验，并塑造其对大众传媒的看法。

韦斯特利和塞韦林发现人们对媒体公信力的评价一部分由受众的某些人口统计学变量（年龄、性别和受教育程度）决定，另一部分则由受众的主观认知决定。[2] 因此，客观评判与受众的认知变量影响研究并不相互排斥，因为主观感知部分也依赖于人们对客观属性的评价。虽然我们可以分析和研究有助于提高媒体公信力的众多属性，但最终的问题是人们对主流媒体公信力的评价如何。本质上，媒体公信力的问题必须通过衡量观众的整体感知来回答。[3] 鉴于人口的多样性，往往需要同时纳入人口学特征进行分析，因为这可以体现出不同人群对不同类型的媒体的看法，例如居住在不同地方的人或持有不同政治偏好的人对不同类型的媒体的看法不同。[4] 在前互联网时代进行的早期调查表明，对媒体公信力的评价主要受媒体素养和人口学因素的影响，例如年龄、性别、受教育程度和媒体使用频率。[5]

自数字媒体出现以来，对这一主题的研究表明，公众对媒体公信力

---

[1] Golan, G. J., "New Perspectives on Media Credibility Research," *American Behavioral Scientist*, Vol. 54, No. 1 (2010), pp. 3–7.

[2] Westley, B., & Severin, W. , "Some Correlates of Media Credibility," *Journalism Quarterly*, Vol. 41 (1964), pp. 325–335.

[3] Wanta, W., & Hu, Y. W., "The Effects of Credibility, Reliance, and Exposure on Media Agenda-setting: A Path Analysis Model," *Journalism Quarterly*, Vol. 71(1994), pp. 90–98.

[4] Becker, L. B., Cobbey, R. E., & Sobowale, I. A., "Public Support for the Press," *Journalism Quarterly*, Vol. 55 (1978), pp. 421–430.

[5] Mulder, R., "A Log-linear Analysis of Media Credibility," *Journalism Quarterly*, Vol. 58, No. 4 (1981), pp. 635–638; Robinson, M. J., & Kohut, A., "Believability and the Press," *Public Opinion Quarterly*, Vol. 52, No. 2 (1988), pp. 174–189; Bucy, E. P. ,"Media Credibility Reconsidered: Synergy Effects between On-air and Online News," *Journalism & Mass Communication Quarterly*, Vol. 80, No. 2 (2003), pp. 247–264.

的评价取决于人际讨论等因素，例如媒体曝光①、政治意识形态和党派偏见②以及宗教倾向③。人们倾向于关注他们信任的媒体平台，并消费与其倾向一致的媒体内容，同时避免接触他们不信任的媒体，这肯定了选择性曝光的原则。李发现支持不同的政治意识形态与受众对媒体公信力的评价有关，保守派对媒体的信任程度低于自由派。霍普曼等人研究了大众传媒使用对媒体公信力的影响，揭示了使用特定媒体类型会导致大众对相应媒体产生更多信任，证实了早期关于媒体曝光对大众传媒公信力影响研究的结果。④

　　比较国内外现有文献我们可以发现，我国受众在意识形态、曝光度和媒体依赖方面与西方受众有很多不同。我国受众比西方受众更依赖政府媒体，受众对主流媒体公信力的评价更多承载着对媒介政治身份较高信任度的诉求，一方面希望主流媒体能够严格秉持新闻专业主义的操守，另一方面也希望其能自觉履行舆论监督的职责。政府或官方部门往往是主流媒体信息的主要来源渠道，我国的主流媒体与政府有更强的相关性。因此受众对政府的态度在很大程度上影响了其对主流媒体公信力的评价。施从美、江亚洲构建了以政府信任为中介变量、以媒介使用为自变量、以主流媒体公信力为因变量的中介效应模型，通过该模型研究发现，对于传统媒体而言，政府层级越高，政府信任的中介效应越明显；对于新媒体而言，

① Kiousis, S., "Public Trust or Mistrust? Perceptions of Media Credibility in the Information Age," *Mass Communication and Society*, Vol. 4, No. 4 (2001), pp. 381–403；Tsfati, Y., & Cappella, J. N., "Do People Watch What They Do not Trust?: Exploring the Association between News Media Skepticism and Exposure," *Communication Research*, Vol. 30, No. 5 (2003), pp. 504–529.

② Lee, T. T., "Why They Don't Trust the Media: An Examination of Factors Predicting Trust," *American Behavioral Scientist*, Vol. 54, No. 1 (2010), pp. 8–21.

③ Golan, G. J., & Day, A. A., "In God We Trust: Religiosity as a Predictor of Perceptions of Media Trust, Factuality, and Privacy Invasion," *American Behavioral Scientist*, Vol. 54, No. 2 (2010), pp. 120–136.

④ Hopmann, N., Shehata, A., & Strömbäck, J., "Contagious Media Effects: How Media Use and Exposure to Game-framed News Influence Media Trust," *Mass Communication and Society*, Vol. 18, No. 6 (2015), pp. 776–798.

则是基层和地方政府信任发挥完全中介效应。[①] 王丽娜、马得勇验证了用户的意识形态也是影响主流媒体公信力的重要因素之一。[②] 综上所述,政治信任可能是影响受众对主流媒体公信力评价的重要因素之一。

此外,随着媒体机构的多元化和新闻媒体的激增,过去十年我国社交媒体蓬勃发展,受众从未像现在这样面临众多媒体平台和媒体内容的选择,这使得人们开始普遍怀疑媒体平台及其信息的真实性。与此同时,全球范围内媒体公信力的评价都呈现下降的趋势。学界在公信力方面的研究从主流媒体正在转向社交媒体,以更多地了解公众如何接受和感知媒体。根据国内外的研究我们可以发现,由于学界对"媒体公信力"的内涵界定存在差异,"媒体公信力"作为变量的操作化也存在不一致之处,其中许多学者将媒体信任概念转化为受众对媒体平台的信心和依赖,[③] 还有一部分学者对媒体公信力的研究则侧重于受众对媒体报道准确性的感知。[④]

正如靳一所言,由于西方研究中"公信力"的概念一直存在模糊,学者们常使用不同的概念标签对其进行测度,主要包括 credibility、believability 等。由于国内研究中存在概念理解的偏差和使用的不规范,媒体公信力和媒体可信度之间的概念常被随意混用,这一直是此研究领域的局限性,进一步导致方法学上的不准确。[⑤] 尽管这两个概念有一些潜在重叠,但对媒体公信力的评价和对媒体可信度的感知在概念上是不同的。赫尔米勒和特里林认为,公信力研究依赖于媒体的社会功能,而可

[①] 施从美、江亚洲:《政治传播中媒介使用对主流媒体公信力的影响——以政府信任为中介的研究》,《江海学刊》2017 年第 5 期,第 117~124 页。

[②] 王丽娜、马得勇:《新媒体时代媒体的可信度分析——以中国网民为对象的实证研究》,《武汉大学学报》(人文科学版) 2016 年第 1 期,第 88~99 页。

[③] Williams, A., "Trust or Bust?: Questioning the Relationship between Media Trust and News Attention," *Journal of Broadcasting & Electronic Media*, Vol. 56, No. 1 (2012), pp. 116–131.

[④] Kiousis, S., "Public Trust or Mistrust? Perceptions of Media Credibility in the Information Age," *Mass Communication and Society*, Vol. 4, No. 4 (2001), pp. 381–403.

[⑤] 靳一:《大众媒介公信力测评研究》,人民出版社,2006,第 18 页。

信度研究更多依赖于人际因素。[①] 郭中实进行了进一步解释，认为这两个概念之间的语义区别非常明显，因此混用可能会扭曲媒体性能评估的测量结果。[②]

二　媒体的客观属性的影响

对媒体的客观属性展开研究，是将媒体公信力的内涵界定为受众对媒体客观上的社会期待。这在国外起源于媒体可信度研究，学者将这类研究重点放在媒体的客观属性和消息属性上，包括媒体特征、消息属性（如来源专业知识和可信度）以及事实准确性。[③] 在霍夫兰等人的研究中，参与者被要求阅读根据可信度不同的来源撰写的四个主题，该研究表明，消息来源的可信度对参与者看待信息的公平性和问题的合理性有显著影响。[④] 前人的研究结果，激发了随后关于媒体可信度的许多研究。大部分的媒体可信度研究集中在媒体的客观属性上，例如来源可信度[⑤]、媒体人员的能力和客观性[⑥]、媒体的特征（视觉、文本和交互）[⑦] 和信息的准确性和公平性[⑧]。在我国早期的研究中，靳一将媒体可信度研究进行了本土化，通过构

---

① Hellmueller, L., & Trilling, D., "The Credibility of Credibility Measures: A Meta-analysis in Leading Communication Journals 1951 to 2011," Paper Presentation in WAPOR 65th Annual Conference, Hong Kong (2012).

② 郭中实：《受众心目中的传媒公信力：研究评析》，《传播与社会学刊》2018 年第 46 期，第 121~152 页。

③ Metzger, M. J., Flanagin, A. J., Eyal, K., Lemus, D. R., & McCann, R., "Credibility in the 21st Century: Integrating Perspectives on Source, Message, and Media Credibility in the Contemporary Media Environment," *Communication Yearbook*, Vol. 27 (2003), pp. 293–335.

④ Hovland, C. I., Lumsdaine, A. A., & Sheffield, F. D., *Experiments on Mass Communication: Studies in Social Psychology in World War II* (New Haven, CT: Yale University Press, 1949).

⑤ Hovland, C. I., & Weiss, W., "The Influence of Source Credibility on Communication Effectiveness," *Public Opinion Quarterly*, Vol. 15, No. 4 (1951), pp. 635–650.

⑥ Whitehead, J. L. Jr., "Factors of Source Credibility," *Quarterly Journal of Speech*, Vol. 54, No. 1 (1968), pp. 59–63.

⑦ Gaziano, C., & McGrath, K., "Measuring the Concept of Credibility," *Journalism Quarterly*, Vol. 63, No. 3 (1986), pp. 451–462.

⑧ Berlo, D. K., Lemert, J. B., & Mertz, R. J., "Dimensions for Evaluating the Acceptability of Message Sources," *Public Opinion Quarterly*, Vol. 33, No. 4 (1969), pp. 563–576.

建"媒介期待量表"在全国 28 个城市进行大规模的社会调查，调查结果显示，相较于国外受众，我国受众对主流媒体深切的期待首先是媒体对民众的"社会关怀"，其次才是主流媒体应当具备的"专业素养"，包括新闻专业素养、媒介操守、新闻技巧等。[1]这说明了在中国特色社会主义背景下，受众将主流媒体视为反映人民真实诉求的渠道，主流媒体如果能够做到时刻以人民的利益为先，在受众视角就具备了较高的媒体公信力。随着互联网时代的到来，本书将互联网信息传播、监督、把关效果的评价纳入媒体公信力评价指标体系。[2]

在研究问题上，本书突破了以往"信了才用"还是"用了才信"这种"先有鸡还是先有蛋"的双向逻辑怪圈，在题目设置中加入时间逻辑，探究用户在已经大致知悉新闻事件的背景下，第二次深度了解该事件时会进行何种选择，本书将态度倾向与媒介选择行为进行分离，在整个动态机制的层面辨析哪些用户群体对媒体会越用越信任或越用越不信任，构建立体图景，从潜在的逻辑中反思从媒介信任到媒介选择的演化路径，这有利于媒体真正调整策略，并最终落脚于用户实际。

在变量方面，本书充分选取了多重社会维度，以求拥有较高的社会解释力。首先，对媒介变量进行拆分，使用传统官方媒体、专业化商业媒体、自媒体的三分法，突破"传统媒体–新媒体""官方–民间"的二元对立。当下，这些二元对立范式已缺乏适用性，变得不再符合用户日常媒介选择的实际情况。例如，人民日报的微信公众号、央视新闻的微博账号，很难用传统媒体或新媒体这样简单的形态来划分场域的界限。本部分以传统官方媒体的公信力为考察重点，因而传统官方媒体包含了"电视、广播、报纸等传统媒介""人民网、人民日报客户端/公众号等官方网络媒体平台""今日头条、腾讯新闻等非官方媒体""《人民日报》、中央电

---

① 靳一：《中国大众媒介公信力影响因素分析》，《国际新闻界》2006 年第 9 期，第 57~61 页。
② 沈菲、张志安：《媒介公信力再探：公信力评价个人层面效果分析》，《新闻大学》2012 年第 6 期，第 31~41 页。

视台等中央级媒体""浙江卫视、山东卫视等省级媒体"等问卷选项。这一变量的划分方法贯穿于因变量和自变量的不同部分，选择其中任意一项的计为1，否则计为0。

其次，本书将媒介内容类型划分为四类，用以克服传统媒介新闻研究中"重渠道、轻内容"的不足，分别为"政治新闻""行业新闻（经济、法治、科技等专业性新闻）""社会新闻""生活信息"。媒介评价包括三个维度的李克特五级量表，"真实客观"代表"新闻报道真实准确，不含虚假、猜测、虚构、有误的成分""新闻报道全面完整，不回避/瞒报/漏报重要的新闻事件与事实"；"内容丰富"代表"信息量大，内容丰富"；"社会效能"代表"关注老百姓切实利益，充分反映群众意见""揭露坏人坏事有力""具有良好的监督功能"。

再次，模型中设置了一个"冲突情境"，以切合"后真相"时代媒介图景的常态，用以展现在新闻报道出现争议之时用户对不同场景的信赖程度。"同一事件获取渠道广度"对应的则是"对于同一个新闻事件，我会在不同的媒体上浏览相关信息"的李克特五级量表，1分为"非常不符合"，5分为"非常符合"。

最后，对人口统计学变量进行深描式 Logistic 回归建模。借鉴人类学的洞察视角，对人口统计学变量进行代数化的复杂交互。实现多层多元回归，不仅能立体地描绘结构整体的分布趋势，还能对不同维度间的组合及相互影响的关联进行深入与细化，使数据线上的每一个点都更精确地反映出真实的用户特点，并能够从方法论层面克服因变量间共线性问题而导致的模型解释效力的不足。此处的人口统计学变量包括传统官方媒体的用户结构中的年龄、性别等先赋性变量与受教育程度、收入水平、不同时期所处城市线级、是否为体制内工作与婚否等特定条件以及自致性变量，分析个体在选择媒介时形成的惯性路径与影响因素，探讨社会结构的不同要素如何交互作用并形成差异化趋势。

本次调查于 2021 年 7 月在全国范围内进行[①]，覆盖我国各大城市及县级大部分地区的互联网用户，依据中国互联网络信息中心公布的中国网民结构，采取等比例配额方式进行性别、年龄等配额抽样，通过可访问样本库（Access Panel）进行取样，共获得样本 3000 份，其中有效样本 2982 份（见表 4-1）。年龄分布在 15~65 岁（均值为 31.55 岁），其中女性 1442 人（48.1%），男性 1558 人（51.9%）。描述性统计结果显示，"深度了解新闻事件时选择传统官方媒体"的用户为 2520 人，占比约 84.5%，未选择的为 462 人，可见传统官方媒体社会公信力之高。其中，同一事件获取渠道广度较低的用户更偏好传统官方媒体，甚至将其作为唯一选项。

表 4-1　用户对三类媒介选择情况的描述性统计

	自媒体	传统官方媒体	专业化商业媒体
选择该项（1）	388	2520	831
未选择该项（0）	2594	462	2151
总计	2982	2982	2982

资料来源："2021 年手机人——移动互联网全景大调研"数据库。

通过回归模型的相关系数（见表 4-2），我们可以判断出以下几点。越是认为传统官方媒体内容丰富、自媒体真实客观但不具备良好的社会效能的用户，越会显著地倾向于深度了解新闻事件时选择传统官方媒体。深度了解新闻事件时选择传统官方媒体的用户不仅在政治新闻、行业新闻和社会新闻中普遍、显度且唯一地信任传统官方媒体，而且在生活信息中不信任专业化商业媒体和自媒体。遇到内容冲突时，他们普遍信赖传统官方媒体，然后是专业化商业媒体，对自媒体则不置可否。对不同媒体的性质和评价的客体性描述，展现出深度了解新闻事件时选择传统官方媒体的用户具有较强的排他性，在媒体内容冲突时仍保持对自我选择这种主观判断

---

① 刘德寰、巩固：《多维信任结构的用户面貌——基于三元媒介选择的逻辑演绎》，《新闻记者》2023 年第 7 期，第 32~44 页。

的一致性。传统官方媒体仍然是绝大多数用户选择的最终归宿，它是媒介社会托底的底盘，在构建社会事实的过程中发挥着关键性的作用。然而，反过来看，如果用户只关注传统官方媒体，那么他们有可能缺乏探索自主性和媒介经验。

表 4-2　深度了解新闻事件时选择传统官方媒体的 Logistic 回归模型

深度了解新闻事件时选择传统官方媒体（是 =1，否 =0）		
变量名称	非标准化系数（B）	显著性（Sig.）
媒介变量		
同一事件获取渠道广度	−0.249**	0.003
传统官方媒体 – 真实客观	0.130	0.312
传统官方媒体 – 内容丰富	0.245*	0.016
传统官方媒体 – 社会效能	0.291	0.057
专业化商业媒体 – 真实客观	−0.017	0.879
专业化商业媒体 – 内容丰富	−0.075	0.367
专业化商业媒体 – 社会效能	−0.051	0.685
自媒体 – 真实客观	0.267**	0.006
自媒体 – 内容丰富	−0.093	0.233
自媒体 – 社会效能	−0.295**	0.010
政治新闻信任 – 传统官方媒体	0.874**	0.001
政治新闻信任 – 专业化商业媒体	0.182	0.256
政治新闻信任 – 自媒体	−0.284	0.187
行业新闻信任 – 传统官方媒体	0.639**	0.008
行业新闻信任 – 专业化商业媒体	−0.190	0.192
行业新闻信任 – 自媒体	−0.058	0.782
社会新闻信任 – 传统官方媒体	1.023***	0.000
社会新闻信任 – 专业化商业媒体	−0.101	0.492
社会新闻信任 – 自媒体	−0.060	0.735

续表

深度了解新闻事件时选择传统官方媒体（是 =1，否 =0）		
变量名称	非标准化系数（B）	显著性（Sig.）
生活信息信任 – 传统官方媒体	0.159	0.385
生活信息信任 – 专业化商业媒体	−0.395**	0.004
生活信息信任 – 自媒体	−0.824***	0.000
不同报道信赖传统官方媒体	2.019***	0.000
不同报道信赖专业化商业媒体	0.548**	0.002
不同报道信赖自媒体	0.362	0.135
人口统计学变量		
年龄段的平方	−0.037*	0.034
受教育程度	−0.762	0.233
受教育程度的平方	0.168	0.254
年龄段的平方 × 受教育程度	0.042*	0.038
年龄段的平方 × 受教育程度的平方	−0.011*	0.034
个人月收入	0.153	0.039
城市线级	0.165	0.013
体制内 × 个人月收入 × 城市线级	−0.047*	0.027
男性	−0.170	0.170
学生	−0.197	0.573
体制内	0.553	0.076
少年居住地	−0.058	0.361
独生子女	−0.115	0.386
已婚	−0.409*	0.038
管理层	0.138	0.616
常量	−2.113*	0.021
−2 对数似然：1888.765		

续表

深度了解新闻事件时选择传统官方媒体（是 =1，否 =0）		
变量名称	非标准化系数（B）	显著性（Sig.）
霍斯默 - 莱梅肖拟合优度检验：0.266		
内戈尔科 R² ：0.354		

注：有效样本数为 2982；显著性水平为 * p < 0.05、** p < 0.01、*** p < 0.001；霍斯默 - 莱梅肖拟合优度检验显著性水平大于 0.05，说明模型拟合效果良好。

资料来源："2021 年手机人——移动互联网全景大调研"数据库。

如图 4-1 所示，对人口统计学模型进行可视化建构后我们发现，除了硕士及以上学历的人群，其余所有群体的内部差异并不大，深度选择传统官方媒体的概率均在 90% 左右（同等情况中选择自媒体的概率为 0%~15%，专业化商业媒体为 0%~45%，这两类媒体不是此处探讨的重点，仅作为比较基准，故图形略去），而且年龄之间的差异也几乎可以忽略不计。然而，在硕士及以上学历的人群中，年龄越大，深度选择传统官方媒体的概率相对越低（但仍高于自媒体，约与专业化商业媒体相当）。若用一句话总结，即年长的高知用户对传统官方媒体的信任要弱于其他用户。

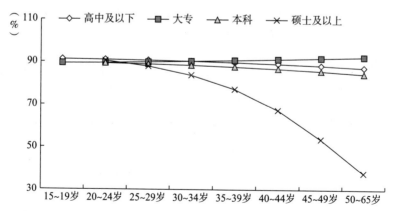

图 4-1 不同年龄段和受教育程度的用户深度选择传统官方媒体的概率

资料来源："2021 年手机人——移动互联网全景大调研"数据库。

　　另一个差异明显的人口统计学变量则是工作性质。如图 4-2 所示，在体制内人群中，用户分布曲线出现了交叉。在对异常值（如"无收入"）等数据进行整理后，我们发现，以个人月收入 4000 元为分界线，在体制内低收入者当中，城市线级靠后的用户深度选择传统官方媒体的概率更高；在体制内高收入者当中，城市线级靠前的用户深度选择传统官方媒体的概率更高，而且不同城市线级用户深度选择传统官方媒体的概率之间的差距随着个人月收入的增加而不断扩大。

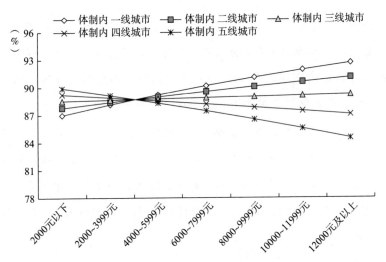

图 4-2　体制内不同月收入和城市线级的用户深度选择传统官方媒体的概率

资料来源："2021 年手机人——移动互联网全景大调研"数据库。

　　然而，在体制外人群中，深度选择传统官方媒体的概率与个人月收入呈正相关，而与城市线级呈负相关，即体制外人群个人月收入越高，深度选择传统官方媒体的概率就越大；城市线级越靠后，深度选择传统官方媒体的概率越大。不同城市线级人群深度选择传统官方媒体的差距随着个人月收入的递增而不断缩小，这与体制内人群呈现截然相反的分布态势（见图 4-3）。

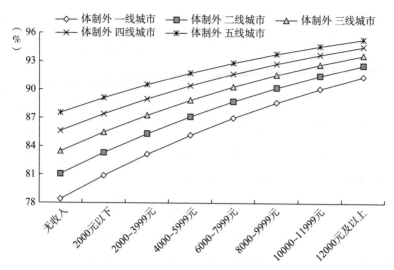

图 4-3 体制外不同月收入和城市线级的用户深度选择传统官方媒体的概率

资料来源:"2021 年手机人——移动互联网全景大调研"数据库。

三 媒介融合对主流媒体公信力的冲击

随着媒介融合的深入,各类媒体的边界日益模糊,同一信源可以在不同的平台发布不同形式的内容,因此,受众的信息获取渠道选择非常多。对不同的信息发布平台和媒体,受众会有不同的信任感知;对不同的信息内容,受众会根据信任程度做出不同的信息获取渠道选择和媒体选择;对于不同的信息形式,受众可以有不同的接受程度。在不同的平台可以获得同一信源发布的内容。自党的十八大召开以来,党中央多次对传播力、引导力、影响力和公信力"四力"建设提出明确要求,党的十九大报告指出,"高度重视传播手段建设和创新,提高新闻舆论传播力、引导力、影响力、公信力"。[①]主流媒体作为在时代发展重大问题上能够影响社会主流人群的媒体[②],应当在媒介融合的推动下努力提高"四力",达到"1+1>2"的效果。

在媒体化时代,美国主流媒体公信力持续下降。2005 年,皮尤研究

---

① 习近平:《决胜全面建成小康社会 夺取新时代中国特色社会主义伟大胜利——在中国共产党第十九次全国代表大会上的报告》,人民出版社,2017,第 42 页。

② 喻国明:《媒体融合:要"下一盘很大的棋"》,《新闻界》2020 年第 9 期,第 12~14、94 页。

中心的报告显示，1984~2005 年，美国的日报的公信力下降了 30 个百分点（从 84% 下降到 54%），地方电视台的公信力下降了 23 个百分点（从 85% 下降到 62%），全国电视网的公信力也下降了 23 个百分点（从 87% 下降到 64%）。[①] 在当时主流媒体公信力亟须回升的情况下，西方大量有关如何提升主流媒体公信力的研究就此展开。一开始学者们注重的是文本信息的准确性与真实性，更多是在关注还原事实和文字表达的语法语义。后来又转向研究新闻工作者自身的素质与用户的接受程度。在网络媒体得到普及后，互联网在新闻工作中的使用增多，社交媒体进入新闻编辑室，成为新闻工作者最重要的新技术工具，无论是信息收集、新闻制作和传播，还是与公众的沟通和互动都离不开它。盖洛普曾调查发现在 2016 年美国大选期间只有 32% 的人愿意信任主流媒体；皮尤研究中心的数据略超前者的一半，只有 18% 的人愿意信任主流媒体，而且 87% 的"保守派"民众认为大众传媒对事实进行了扭曲；美国新闻学会的研究数据更低，仅 6% 的人仍然愿意相信新闻界。根据 EBU 的报告，欧盟国家的主流媒体信任度也好不了多少，基本上在 50% 以下。牛津大学路透社新闻研究所发布的《2021 年数字新闻报告》显示，美国作为为数不多的 2021 年主流媒体信任度不升反降的国家，只有 29% 的受调查民众表示信任主流媒体，同时越来越多的人开始通过社交媒体获取新闻。美国媒体行业的现状可以概括为：大量基层民众宁可相信未经核查的、毫无专业性可言的信息渠道，也不愿意相信那些受过高等教育和专业训练、以健全的行业规范来实践媒体人权利的职业媒体人。[②] 媒介融合时代下西方主流媒体的公信力在社交媒体的普及下非但没有得到回升，反而越来越低，它们面临的信任危机给中国媒体人带来了警示。

在中国，有关主流媒体公信力的系统研究始于 2003 年"非典"引发

---

① 沈荟、金璐：《西方传媒公信力的研究视域》，《上海大学学报》（社会科学版）2008 年第 4 期，第 83~89 页。

② 王维佳：《媒体建制派的失败：理解西方主流新闻界的信任危机》，《现代传播（中国传媒大学学报）》2017 年第 5 期，第 36~41 页。

的信任危机。[①]后来有关研究越来越多，但主流媒体公信力影响因素研究更多的是在探讨新闻可信度，反思假新闻现象，提倡"媒介信用论"，[②]研究中与媒介形式有关的也仅仅局限在报纸、广播、电视等大众传媒上。随着新型传播媒介的高速发展，关于新型网络媒体也只有简单的介绍和研究，而且很多研究将传统媒体与新型网络媒体放在对立面进行对比，从而得出结论。[③]在媒介融合背景下，传统主流媒体的社会认知和社会舆论的"压舱石""定盘星"作用在很大程度上被解构，[④]新型网络媒体带来的"媒介赋权"，以及文字向图片、视频转变的基础表达形式的改革，使得传统主流媒体的话语权面临巨大挑战。

主流媒体的信息发布渠道从传统媒体转向新型网络媒体已成为不可逆转的趋势。参与媒体竞争的除了各类主流媒体以外，还有社交媒体崛起后"人人都是传播者"中的广大用户。不同信息获取媒介的选择对主流媒体公信力的影响、其他类型媒体（如自媒体、商业媒体、社交媒体）的内容发布对主流媒体公信力的影响、不同类型新闻的发布渠道选择以及内容形式选择情况都是本书尚待考察的问题。

四 丰富的信息获取方式带来的影响

（一）来源公信力与媒体公信力

对于公信力的研究，国外学者将其分为来源公信力（source credibility）和媒体公信力（media credibility）两个部分。[⑤]其中来源公信力的测量主要从信源和信息内容两方面展开，目的是探究传播方影响公信力的要

---

① 詹骞、周莉、吴梦:《我国社交媒体公信力测评量表设计研究》,《当代传播》2018 年第 6 期, 第 41~44 页。

② 江作苏、梁锋:《媒介公信力研究概述》,《新闻战线》2009 年第 12 期, 第 53~55 页。

③ 强月新、徐迪:《我国主流媒体的公信力现状考察——基于 2015 年问卷调查的实证研究》,《新闻记者》2016 年第 8 期, 第 50~58 页。

④ 喻国明:《重拾信任: 后疫情时代传播治理的难点、构建与关键》,《新闻界》2020 年第 5 期, 第 13~18、43 页。

⑤ Kiousis, S., "Public Trust or Mistrust? Perceptions of Media Credibility in the Information Age," *Mass Communication & Society*, Vol. 4, No. 4 (2001), pp. 381-403.

素；媒体公信力的测量主要从信息渠道和用户属性两方面展开，目的是以社会人口学变量等用户特征为出发点，找寻影响公信力的因素及其内在关联。

从大众传媒时代起，传播学研究领域的学者就开始对公信力进行研究，最早的公信力研究是霍夫兰及其同事进行的心理实验中对信源公信力的测量，通过实验，他们提出了"专业"和"信任"的重要性，涵盖了信息的传播方和接收方的不同侧重点。[①]艾森德的观点"公信力是个体对信息真实性和信息可靠性的感知"就是对这个研究的最佳解释。许多学者在霍夫兰的研究后又总结出了若干信源公信力的测量维度，伴随着的还有对信息公信力的测量，但是由于信息本身的真实性难以评估，信息公信力测量逐渐被边缘化。

视野扩大到大众传播领域，学者意识到只研究信源公信力和信息公信力的局限性。于是，信息载体对应的媒介渠道公信力的研究开始得到广泛关注，学者提出了许多测量媒介渠道公信力的方法。

（二）主流媒体公信力的测量维度

1. 八类主要信息获取媒介

通过梳理，笔者总结现今信息获取媒介主要有以下八类："电视、广播、报纸等传统媒介""人民网、人民日报客户端/公众号等官方网络媒体平台""今日头条、腾讯新闻等非官方媒体""微博大V、微信公众号等自媒体""微信朋友圈""短视频App（如抖音、快手等）""浏览器""社区网站（如知乎、豆瓣、小红书等）"。

2. 媒体公信力的六种测量指标

廖圣清等学者在《中国大陆大众传媒公信力的实证研究》中依据Meyer提出的五个公信力测量维度将媒体公信力的测量指标定为：①报道和评论客观公正；②报道真实准确；③信息量大；④揭露坏人坏事有力；

---

① Golding, P., Sousa, H., & Zoonen, L. V., "Trust and the Media," *European Journal of Communication*, Vol. 27, No. 1 (2012), pp. 3-6.

⑤反映群众意见充分。①他根据中国大陆当时"报喜不报忧"和"群众意见反映不足"的传媒现状重点考量了"揭露坏人坏事有力"和"反映群众意见充分"所代表的完整性。

之后十几年，媒介融合使中国主流媒体得到了巨大的发展和改革，信息渠道的增多使主流媒体公信力的考量内容有所增加。因此，本书在以上测量指标的基础上进行补充，将测量指标定为：①新闻报道真实准确，不含虚假、猜测、虚构、有误的成分；②新闻报道全面完整，不回避／瞒报／漏报重要的新闻事件与事实；③信息量大，内容丰富；④关注老百姓的切实利益，充分反映群众意见；⑤揭露坏人坏事有力；⑥具有良好的监督功能。

（三）用户对官方网络媒体平台的信任度较高

为探究用户对不同媒介的信任情况，问卷答案被设置成李克特五级量表，均值越高说明该媒介的公信力越强。具体测量结果如图4-4所示。

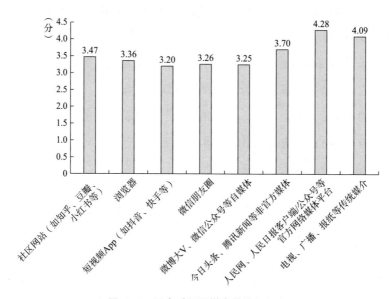

图4-4　用户对不同媒介的信任程度

资料来源："2021年手机人——移动互联网全景大调研"数据库。

---

① 廖圣清、李晓静、张国良：《中国大陆大众传媒公信力的实证研究》，《新闻大学》2005年第1期，第19~27页。

由图 4-4 可以看出，在媒介深度融合的背景下，人民网、人民日报客户端/公众号等官方网络媒体平台已经取代电视、广播、报纸等传统媒介，成为用户更信任的信息获取媒介，并且，在官方网络媒体平台深耕内容的努力下，用户对人民网、人民日报客户端/公众号等官方网络媒体平台的信任已经超过了微博大V、微信公众号等自媒体。

（四）主流媒体面临内容完整度和丰富性方面的不足

由表 4-3 可知，在"新闻报道真实准确，不含虚假、猜测、虚构、有误的成分"、"新闻报道全面完整，不回避/瞒报/漏报重要的新闻事件与事实"、"关注老百姓的切实利益，充分反映群众意见"、"揭露坏人坏事有力"和"具有良好的监督功能"这五个测量指标中，人民网、人民日报客户端/公众号等官方网络媒体平台的得分都是最高的，电视、广播、报纸等传统媒介紧随其后。但是在"信息量大，内容丰富"这一指标上，今日头条、腾讯新闻等非官方媒体的得分最高。整体而言，用户对媒介渠道的信任趋势相同，人民网、人民日报客户端/公众号等官方网络媒体平台的公信力是较高的。同时还可以看到，无论是哪项测量指标，微博大V、微信公众号等自媒体的公信力都是最低的，而且在"新闻报道真实准确，不含虚假、猜测、虚构、有误的成分"和"新闻报道全面完整，不回避/瞒报/漏报重要的新闻事件与事实"两项的得分上与人民网、人民日报客户端/公众号等官方网络媒体平台有着明显差距。

表 4-3　四种主要媒介渠道的公信力测量指标得分均值

单位：分

测量指标	电视、广播、报纸等传统媒介	人民网、人民日报客户端/公众号等官方网络媒体平台	今日头条、腾讯新闻等非官方媒体	微博大V、微信公众号等自媒体
新闻报道真实准确，不含虚假、猜测、虚构、有误的成分	3.86	3.98	3.57	3.34

续表

测量指标	电视、广播、报纸等传统媒介	人民网、人民日报客户端/公众号等官方网络媒体平台	今日头条、腾讯新闻等非官方媒体	微博大V、微信公众号等自媒体
新闻报道全面完整，不回避/瞒报/漏报重要的新闻事件与事实	3.79	3.94	3.63	3.42
信息量大，内容丰富	3.95	4.10	4.13	3.87
关注老百姓切实利益，充分反映群众意见	3.83	3.93	3.70	3.48
揭露坏人坏事有力	3.76	3.92	3.67	3.52
具有良好的监督功能	3.80	3.97	3.69	3.50

资料来源："2021年手机人——移动互联网全景大调研"数据库。

总的来说，我国主流媒体的公信力水平比其他类型的媒体高，但在信息完整度和丰富性上不如今日头条、腾讯新闻等非官方媒体。

（五）对于不同内容的报道，用户信任的媒介渠道有所不同

研究将新闻内容分为"政治新闻""经济、法治、科技等专业性新闻""社会新闻""生活信息"这四类，同时也对"对同一事件的报道不同"和"想对某一新闻事件进行深入了解"这两种情况进行探讨。图4-5为针对四类新闻内容和两种信息需求，用户信任的媒介渠道的选择比例。对于新闻类信息，用户对人民网、人民日报客户端/公众号等官方网络媒体平台的信任程度是最高的，《人民日报》、中央电视台等中央级媒体次之。但是在生活信息上，用户对今日头条、腾讯新闻等非官方媒体的信任程度要高于官方网络媒体平台和中央级媒体这两种媒体平台，同时用户在生活信息获取上对微博大V、微信公众号等自媒体的信任程度相比其他类信息有较为明显的提高，对普通网友爆料的信任程度也略有升高。在对同一事件的报道不同以及想对某一新闻事件进行深入了解的情况下，用户仍更多选择信任人民网、人民日报客户端/公众号等官方网络媒体平台以及《人民日报》、中央电视台等中央级媒体。

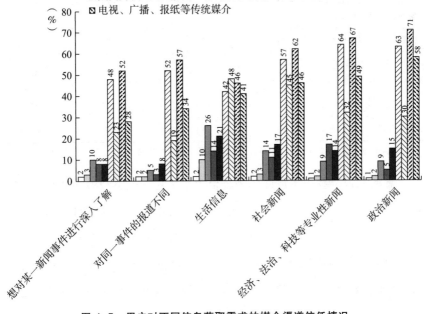

图 4-5 用户对不同信息获取需求的媒介渠道信任情况

资料来源："2021年手机人——移动互联网全景大调研"数据库。

（六）对视频类信息的依赖和不信赖

随着媒介深度融合趋势的发展，信息呈现形式不断增多，且越来越丰富。由图4-6可知，日常生活场景中用户更偏好通过手机获取短视频类信息，其得分最高，然后是视频节目。短消息、图片/动图和音频/音乐三类信息的获取偏好差异不大，获取长文章这类信息偏好的得分明显低于其他类型。

由图4-7不难看出，无论何种形式，只要与视频相结合就更容易被用户所接受，但是人们不太容易接受与音乐相结合的信息，即使人们对在日常生活场景中通过手机获取音频/音乐类信息的偏好仅次于视频类

（短视频、视频节目）信息。因此，在信息呈现形式上，日常生活场景中用户更愿意获取的是与视频相结合的各种形式的信息，但是出乎意料的是，人们对短视频 App 的媒介内容的信任水平是较低的。虽然用户日常生活中不大偏好接收文字类信息，但是用户对文字类信息的接受程度超出预期。

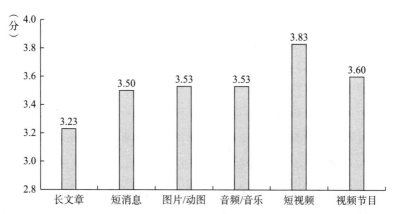

图 4-6　日常生活场景中通过手机网络获取不同类型的信息偏好得分均值

资料来源："2021 年手机人——移动互联网全景大调研"数据库。

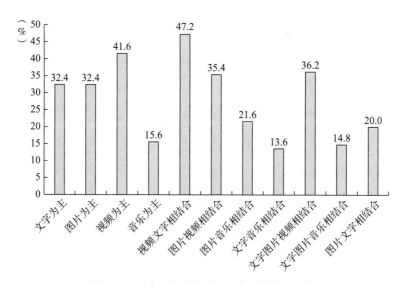

图 4-7　用户更容易接受信息内容的呈现形式

资料来源："2021 年手机人——移动互联网全景大调研"数据库。

此外，本书还发现，半数以上的用户对同一新闻事件会在不同的媒体上浏览相关信息。除了使用手机这一最方便快捷的信息获取媒介终端，用户在获取不同类型视频信息时会倾向使用其他媒介终端获取信息。

第四节　主流媒体公信力的提升路径

随着媒介技术的发展与更迭，我国相较新媒体而言的传统媒体在不断进行颠覆式转型，新媒体也在随着新型传播媒介的进步不断进行战略式调整。新旧媒介格局的变化所带来的是媒体信任感知的变动与迁移。新媒体时代，技术、形式上的革新不断弱化新闻的公共作用，在不断的偏失与纠正的过程中，标准得以重新设定、意义得以重新诠释；在不断的试错与纠错的过程中，新闻报道在朝着更客观、更真实、更易读的方向曲折前行。媒介化社会中，人与人能够进行跨时空连接与共处，万物皆为媒介。在新媒体技术赋能之下，传播模式、传播逻辑与传播生态都发生了转变，主流媒体的角色更加多元化，它不仅仅是单向或双向信息传递的纽带，更是一种泛在化信息媒介，通过对信息进行传播实现社会要素的激活、连接、整合与重塑。

吉登斯在《现代性的后果》一书中指出，信任是个人"对一个人或一个系统之可依赖性所持有的信心，在一系列给定的后果或事件中，这种信心表达了对诚实或他人的爱的信念，或者，对抽象原则（技术知识）之正确性的信念"。[①] 现代社会中，人际信任逐步被人对系统的信任所取代，被动的信任逐步被积极或主动的信任所代替。主流媒体应积极响应党中央和国务院的最新要求与重大部署，利用科学技术不断改革与创新，发展多样生产与传播模式，努力扮演好权威信息的发布者与虚拟家园的保卫者的角色，以媒体融合新技术实现传播手段创新。

同时随着信息技术发展带来的社会重构，除了信息传播者以外，信

---

① 〔英〕安东尼·吉登斯:《现代性的后果》，田禾译，译林出版社，2000，第87页。

息接收者也应纳入公信力研究的考察范围。^①基于媒体信息传播过程，主流媒体公信力的提升路径可以从媒体、平台和公众三个维度出发进行探寻。此三个维度相互映射与影响，只有三个维度齐头并进，才能真正助力主流媒体公信力提升。

一　媒体：坚定"喉舌"之责，坚持与时俱进

从媒体的角度出发，可以将其细分为宏观与微观两个方面。宏观层面包括主流媒体的价值定位、媒体矩阵与产品风格；微观层面包括主流媒体的资源整合、人才培养、内容规范、报道形式、信息审查等。

（一）宏观层面

1. 价值定位：全媒体方阵的"领头羊"

新闻媒体的职责在于"正确引导舆论导向，还原事情真相，剖析事件本质，做到惩恶扬善，宣传主流价值观"。社交化时代抽象文字的阅读培养了人们辨识、选择和判断的能力，也激发了公众参与社会事务的热情；而电子媒介诉诸图像感性的刺激，让人们在碎片化、即时性、有冲击力的数字屏幕面前失去了传统，放弃了思考，只剩下了娱乐。"现代化的电子媒介大量产生信息，过剩的信息只能充当受众的谈资，而不能促成有益的行动，成为打发无聊时间的工具，也使人逐渐丧失了活动能力"，导致"娱乐至死"。^②尼尔·波兹曼（也译作尼尔·波斯曼）在1992年出版的《技术垄断：文化向技术投降》中把20世纪以来的电视时代和电脑时代称为"技术垄断文化"的时代，认为技术垄断的现实威胁是："信息的失控、泛滥、委琐化和泡沫化使人难以辨别孰优孰劣、孰好孰坏，甚至使人无所适从，使传统世界观消失得无影无形，技术垄断就是极权主义的技术统治。"^③通过研究发现，用户对主流媒体的信任程度很高，尤其是在争

---

① 孟艳芳、刘德寰、李易蓉：《媒体深度融合背景下主流媒体公信力现状研究》，《新闻论坛》2022年第1期，第35~38页。

② 〔美〕尼尔·波兹曼：《娱乐至死》，章艳译，中信出版社，2015，第102页。

③ 〔美〕尼尔·波斯曼：《技术垄断：文化向技术投降》，何道宽译，中信出版社，2019，第17页。

议话题上，十分期待主流媒体给出的权威解答。人民网、人民日报客户端／公众号等官方网络媒体平台和《人民日报》、中央电视台等中央级媒体在网民获取信息、了解时事时依然是其信任之选，在社会监督和社会治理作用越来越受到重视的当下，主流媒体应该在新闻报道的全面完整性、惩恶性以及监督功能上继续发力，努力扮演好社会"治安者"的角色。① 在新媒体"去中心化"进程中，主流媒体可以适当保留"定盘星"的中心化地位，在突发事件到来等关键时期，不能人云亦云或作壁上观，而应积极主动地发声，回应受众关切，汲取传统媒体与新媒体各自的优势，做到迅速回应、内容真实、信息权威、报道全面深入、主动引领价值。如果新闻报道的信息内容不能够同时满足以上五点要求，面对舆论热点失语，那么主流媒体在大众心中的影响力和公信力都会受到损害。媒介融合背景下，新闻媒体需要打破非此即彼的传播观念，打造全媒体矩阵，使各平台优势互补、各司其职。

2. 媒体矩阵：整合多元渠道

在许多重大事件中，相对于主流媒体而言的民间力量发挥了重要的传播作用，许多新兴技术也被应用，如百度利用大数据和人工智能对网络疑似谣言第一时间进行自动清扫，并且对相关信息进行鉴别和拦截，对看过谣言信息的人群，利用旗下的百家号、百度贴吧等媒体矩阵有针对性地实施辟谣信息分发机制。由此，在新媒体时代，舆论场上各方力量的共同参与是对主流媒体科学传播的重要补充，整合内容生产、技术传播、资源平台等多方渠道是宽领域、多层次、全覆盖提升媒体公信力的有力抓手。从主流媒体自身的视角出发，可推广经验共分为开源和节流两部分：一方面，及时回应公众的全部信息需求、足量供应准确可靠的优质信息，并通过多种渠道实现最大化覆盖；另一方面，直面虚假信息，通过事实纠偏、强制删除等手段斩断虚假信息的传播链条。但同时我们也应当看到，重塑

---

① 孟艳芳、刘德寰、李易蓉著：《媒体深度融合背景下主流媒体公信力现状研究》，《新闻论坛》2022年第1期，第35~38页。

清朗的信息环境，绝非主流媒体一己之力可为，应当构建全社会的传播链，政府积极主动的信息公开和披露、科学共同体的主动发声、公众媒介素养的提升等都极为重要，主流媒体要在其中发挥好"穿针引线"与"话筒扩音器"的作用。

3.产品风格：警惕过度娱乐化与商业化

由于当下新闻制作门槛较低、信息信源多元化、内容制作开放以及"记者＋拍客""专业＋草根"大行其道的传播环境，数字时代新闻的内容多元、生产者多元、传播渠道多元，同时为了与其他产品争夺流量，不少新闻产品逐渐商业化，融合了社交传播的娱乐化属性，具有泛娱乐化倾向。大数据时代，信息传播的决定权从内容生产者过渡到了用户手中，相比宏观的、严肃的、传统的叙事风格，用户更偏爱具体的、感性的娱乐的叙事风格。短视频新闻出现以来，严肃新闻的比例不断下降，娱乐性内容逐渐成为各大新闻媒体青睐的内容之一。分析当下新闻产品内容能够明显看出，新闻内容更加生活化与大众化，新闻表现手法也更加创新多样，甚至会与对应时期的流行图片、视频相结合制造出个性化的可读性内容。在各大社交媒体的时事热点榜单上，长年居于榜单前列的是娱乐新闻，严肃新闻底下的评论区中也充斥着许多偏离人文关怀的论述，甚至有许多新闻自媒体将评论区的娱乐性评论单独拎出再造热点以获取流量，充分榨取新闻的娱乐价值和商业价值，丝毫不顾新闻存在的意义和初衷。

弗洛伊德的精神分析学理论认为，人格结构由本我、自我、超我三部分组成。本我即原我，可以理解为生物上的自己，即动物状态的我，与其他动物没有区别，包含生存所需的基本欲望、冲动和生命力，本我是一切心理能量之源，按快乐原则行事，它不理会社会道德外在的行为规范，它唯一的要求是获得快乐，避免痛苦，它是无意识的、不被个体所觉察的；自我的德文原意是指自己，是现实状态下的自己，是自己可意识到的执行思考、感觉、判断或记忆的部分，自我的机能是满足"本我"冲动，同时又保护整个机体不受伤害，它遵循的是现实原则，服从社会的基本规范；

超我是人格结构中代表理想的部分，它是个体在成长过程中通过内化道德规范、内化社会及文化环境的价值观念而形成的，其功能主要是监督、批判及管束自己的行为，超我的特点是追求完美，它所遵循的是道德原则。严肃新闻的娱乐化趋势放大了用户的本我，让用户基于网络的匿名性特征在虚拟世界中通过嘲弄、扭曲和颠倒是非尽情地表达和宣泄现实世界承受的压力，仿佛在网络空间的任何场合都可以举办狂欢派对。以流量为生的创作者积极迎合受众喜好，创作出博人眼球、引起舆论的猎奇性、娱乐性新闻，再循环激发出用户在虚拟世界的不理智的一面，甚至发表一些偏激的、极端的、尖锐的言论，进而引发严重的网络暴力。因此，主流媒体在媒介融合过程中，要谨记自身的责任与价值，警惕过度娱乐化与商业化。

（二）微观层面

1. 资源整合：扩大科学共同体

狭义的"科学共同体"概念主要是指科学界的内部人士，而建立报道突发公共事件的主流媒体和科学共同体之间的联动机制对于准确、及时传递信息、解决问题具有重要作用。主流媒体可以事先基于自身的丰富资源与公信力，按照专业、地域等建立科学权威智库，当突发公共事件发生时，能够快速与科学共同体进行沟通。主流媒体应尽可能丰富各专业智库的人员构成，不局限于教授等学术权威人士，具有一定社会影响力的科普人士等也可以纳入人才储备，让新闻报道拥有坚实的专业基础。同时完善专业人士审稿机制，避免知识错误与负面价值诱导倾向，使新闻报道兼顾法律法规、传媒伦理与科学规范，把"高分贝话筒"借给"正确的主体"。

主流媒体应该发挥好在政府部门和科学共同体之间串联衔接的关键作用，扮演好"把关人"角色，在这两个重要主体之间"穿针引线"，保持信息"流水不腐"，从而引领舆论，设置议程，重新掌握话语场域中的主动权。政府部门也应及时实现信息公开和信息透明，最大程度回应民众的信息需求，让信息在"大道"上流通起来，从源头上避免虚假信息滋生。

大量谣言的本质涉及科学技术的专业知识，因此辟谣有赖于科学共同体发挥专业优势，让其借助主流媒体的"高分贝话筒"，为公众解答疑惑。

2. 人才培养：坚持新闻传播素养并增强传播科学性

数字媒体时代，传媒时代新闻创作流程的"条条框框"全被打破，新闻不再是由专业精英系统审核与筛选出的精品包装产品，而是"人人都是传播者"背景下的新型社会治理与监督利器。这种定位的变化促使新闻媒体要更好地执行社会监督与社会治理功能。新媒体赋能在广度上呈现赋能对象的"全民化"趋势、在深度上呈现赋能程度的"社会化"趋势，新媒体生存已成为中国人最基本的生活形态。传统媒体时代，个人亲自到访、实地调查取材再进行剪辑制作的"原创新闻"比直接在原创的基础上转载或再加工的"二创新闻"更加重要。短视频新闻时代，商业媒体与自媒体为追求数量与节省时间，更多地采取"剪刀＋胶水"的创作手法对原创新闻进行二次传播。事实证明，"线索"不等于"事件"，只有深入其中，到新闻现场，才能看清事件全部真相，创作出真正让人信服的新闻作品，只有深度参与，进入基层调查采访，才能避免被假象所蒙蔽。当下的新闻人才培养，需要继续坚守传媒时代新闻人才的职业操守，同时提升数据挖掘、信息收集、网络话语学习等新媒体人才能力。新闻人才应通过专业素养控制网络舆论、坚守新闻底线、传递党与政府的声音，也自下而上反映百姓生活、拨开云雾、还原真相。

除此之外，风险视域下的科学传播需要具有更高素质的从业人才，除了专家团队作为支撑力量，新闻从业者本身也应该培养跨学科的视野，提升多渠道获取信息与核验信息的能力，尤其是涉及专业知识的内容，需要提前做好功课避免疏漏错误，在后期撰稿与传播过程中，及时注意各方的反馈，一旦出现问题应以坦诚的态度、及时的行动进行纠正，避免产生更大的负面影响。

3. 内容规范：以质取量，以全胜量

随着媒介技术的不断更新与迭代，受众每天被裹挟在成千上万的信息洪流中，使得当下其注意力更加分散，无法持续集中在某一媒介上，阅读习惯变得"碎片化"，关注的内容更简洁短小，对某一话题或事件不能持续关注。为了在定向投放与信息洪流的双重压力下实现突围、触及受众，许多新闻媒体选择将内容娱乐化、夸张化、片面化，将标题猎奇化，将内容表现形式碎片化、新奇化，甚至有的新闻媒体为追逐网络热点而选择放弃新闻真实性原则，制造与传播虚假信息，全然忘记新闻本身的信息真实性、社会引导性、传播价值性、信息权威性准则，放弃传统媒体与新媒体融合过程中应当继承的传统媒体的责任与担当。如许多短视频新闻通常内容轻量，选取最能抓取眼球的部分进行片面报道，寻找能给受众带来新鲜感、达到情感阈值的报道角度，偏重"去故事化"的新闻叙事风格，追求的是新闻的最终效果而非事件的完整性与全面性，以"不过瘾"的失落感催动受众持续关注的欲望。这样便造成了短视频新闻的行业乱象：为追求流量和关注，许多短视频新闻选取的报道角度有失公正，内容也不够全面与完整，未能有效做到客观全面地阐述事实。"短"不应该同"简单"画等号，但是当下的大多数短视频新闻在创作手法、视频内容、剪辑拍摄风格上存在着严重的同质化问题，轻"质量"重"策略"，弃"全面"寻"角度"，忘"事实"造"矛盾"。这些短视频新闻因其独特和打破常规的思维模式，往往能收获大量流量和讨论，却与新闻传播的理念和初衷背道而驰。除此之外我们还不难发现，在遇到突发事件时，当下的短视频平台或社交媒体平台总是在同一时间充斥着大量内容相近的新闻，甚至有新闻自媒体账号靠转载和二次加工原创新闻视频为生，这也使得当下的许多新闻媒体缺少原创精神，新闻同质化现象越来越严重。在这个信息泛滥的时代，新闻媒体要想维持甚至提升"四力"，就必须不忘初心，坚持以质取量（流量）、以全胜量（数量），更加关心民生基础问题，坚持新闻准则，让创作出的每一篇新闻都是数字与人文的结晶。

媒介被我们理解为"在中间"（in the middle）、"在两者之间"（go between），它是信使，是桥梁，它不单处在信息发送者和接收者之间，还

包括并构成他们 。为追求一时利益而放弃贯穿主流媒体定位始终的"四力"，是不被法律与道德所允许的，也是不被人民群众所认可的，更是作为"治安者"的新闻媒体不能发生的。当下众多新闻报道习惯于"把立体的东西平面化，把形象的东西概念化"，无法满足不断进步和发展着的社会及广大受众不断增加的信息接收和阅读需求。因此，新闻媒体应当回归新闻的本质规律，力求把新闻报道写得可闻、可见、可触、可感，使其更为真实、准确、鲜明和生动，让受众接受和喜爱。

4.报道形式：把握所有新闻报道形式的有机平衡

形象符号与文字符号之间不仅有着感官和叙事上的差异，还同样存在着复杂而辩证的内在联系。事实上，无论是对于客观事物的认识还是相互间的信息交流与传播，人类从来不可能只用一种中介符号。文字叙述类媒介更适合表现深度的、理论性强的信息；长视频类媒介更适合表现多情境的、画面感强的信息；短视频类媒介更适合表现主题鲜明的、话题性强的信息。短视频新闻虽然能够呈现新闻事件的现场，带给受众现场感，但是短视频新闻的碎片化特征决定了其不太能够呈现新闻事件的深度，甚至有些时候为了吸引受众，短视频新闻还有可能在新闻报道上产生偏差。

在欣赏图片或画作等形象艺术品时，虽然我们不了解何时、何地、何人、何事等具体语境，但仍可发挥自身想象，根据个人理解对其进行解读。就算是以单幅形象呈现的艺术作品，对于创作者而言，诉诸形象之前也离不开运用语言所进行的理性思考；而对于观赏者而言，也只有借助语言或者文字进行解读，才能感受其意义。信息传播不同于艺术品欣赏，倘若缺少文字符号补充说明其具体语境，它就只能是碎片化的信息。这种形象符号如果在信息传播中大行其道，在尼尔·波兹曼看来，就容易引发媒介或者信息娱乐化倾向。[①]

媒介不仅重构了信息传播方式，而且重组了信息本身的内容与表达。

---

① 〔美〕尼尔·波兹曼：《娱乐至死》，章艳译，中信出版社，2015，第105页。

不同的媒介有着不同的信息传播特征。虽然短视频新闻满足了受众碎片化、可视化的阅读习惯，其具有的短小、精悍、效率高特征能够快速获取流量并引起广泛社会效应，但是它所触及的内容深度有限，泛娱乐化倾向明显，不太利于人们反思新闻事件背后的意义。因此当下的新闻媒体应当重视包括文字、图文、长视频、短视频等在内的所有的新闻报道形式，依据其特点对不同类型的报道方式进行选择与创新，积极寻求新闻与技术、新闻与平台、价值与流量之间的平衡。

5. 信息审查：加强内容把关，完善审查机制

随着媒体深度融合趋势的发展，信息呈现形式不断增多，虽然日常生活中用户通过手机获取视频类信息的频率最高，但是人们对短视频 App 的媒介内容信任程度并没有很高。[1]信息呈现形式不一定是影响人们信任程度的主要因素，信息的提供主体可能才是公信力的主要判定对象。不同主体所肩负的人民群众期待的公信力水平是不同的。短视频、简讯等信息的低制作门槛以及高回报特征催生了大量自媒体，这也使得新闻报道方式和内容呈现出多样化创新的特征，但是随之而来的是假新闻泛滥、网络暴力、隐私泄露等负面社会现象。短视频平台应当加大平台监督管理力度，完善审核机制，对新闻产品的内容来源、内容价值观取向、舆论引导趋势、事件完整度等进行全面监管，进而促进短视频新闻健康发展。正如《媒体市场竞争与真相披露》中所言，真相完全呈现并不必然能够提高受众的实际福利状态，矛盾之处在于，如果不完全呈现真相，大众会对媒体失去信任，而这种情况下的"舆论引导"又有多大效果？[2]基于此，作为社会治安的维护者，主流媒体要始终不忘初心，永远怀揣利国利民的赤子之心，明白"部分隐瞒"不等于"造假"，"部分隐瞒"永远不会常态化，只是为了服务于大众利益以维持社会安定，是为了保护组成社会的个人，

---

① 孟艳芳、刘德寰、李易蓉:《媒体深度融合背景下主流媒体公信力现状研究》,《新闻论坛》2022年第1期, 第35~38页。

② 史学军:《媒体市场竞争与真相披露》,《广告大观》(理论版) 2014年第2期, 第46~57页。

保护组成社会的每一个人。媒介融合的相关成果不应该以牺牲新闻媒体的"四力"为代价，而应当以促进"四力"为目标稳步前进。基于此，各大媒体应加强新闻内容把关，平台更应加大审查力度。

二 平台：加强舆论监督，加大管理力度

数字技术的发展使基础设施"平台化"与平台"基础设施化"成为可能，并逐渐在 Web 2.0 时代实现。[①]平台具有网络效应、中介效应，拥有市场规则制定自主权与平台间交叉补贴等特征，[②]因此平台是当今社会媒体社交与公共服务的载体，在人类社会发展进程中有着基础性与先导性作用。[③]平台有着数据化、商品化、多面性与集中化、个性化、全球化这五大特征，它依靠无处不在的网络、信誉体系以及低成本共享基础设施这三股力量迅速崛起。但在平台快速发展的同时，与之相伴的失范现象也屡屡发生，如信息泄露、信息污染、版权侵犯、算法歧视、网络暴力、信息茧房等。平台的失范与用户的行为是双向构成与影响的，平台加强用户治理、监督与审查能有效提升信度与效度，也能提高用户质量、忠诚度与平台美誉度。主流媒体作为平台用户的一部分，相较于一般用户，更容易受平台的影响与其他受众的关注，因此，提升主流媒体公信力所依靠的不仅有媒体自身，还有具有网络效应的平台这一中间市场。平台需要做到"软硬"兼施，提升责任感，增强信任感，助力主流媒体公信力的提升。

相较其他类型的媒体，主流媒体公信力较高，但还是要严格把控信息的公平性、公正性、完整性、准确性、可信赖性。同时，主流媒体作为"把关人"，除了严格律己，也应努力树立标杆，跟上时代步伐，以新型媒介形式使"压舱石""定盘星"的标签从传统媒体转至新型网络媒体，

---

① Plantin, J. C., Lagoze, C., & Edwards, P. N., et al., "Infrastructure Studies Meet Platform Studies in the Age of Google and Facebook," *New Media & Society*, Vol. 20, No. 1（2018）.

② Srnicek, N., *Platform Capitalism*（John Wiley & Sons, 2017）.

③ 徐敬宏、胡世明：《5G 时代互联网平台治理的现状、热点与体系构建》，《西南民族大学学报》（人文社会科学版）2022 年第 3 期，第 144~150 页。

让媒介形式不再成为主流媒体的限制框架。

（一）完善与普及相关法律法规

平台为所有用户提供的是开放共享式交流互动平台，它能够帮助人们尽快全面地获取自己想要的信息，但正因其低门槛的特征，人人都可以在平台上发布信息，假新闻得以快速广泛传播。部分新闻自媒体在创作视频内容时，未严格核查新闻的真实性、时效性、全面性与完整性，再加上平台的新闻审查速度远远不及新闻自媒体生产与发表的速度，导致大量未经审查的、真假待定的新闻"事实"公之于众，并依靠互联网病毒式传播。在平台上，无论是作为"社会治安者"的主流媒体，还是作为"民间记者"的普通用户，都需要严格遵守相关法律法规。对于以上现象，更有效的方法便是从源头解决问题，与时俱进，平台严格落实相关法律法规，并进行全社会面的宣传普及。

（二）加大平台审查力度

当下的新闻在平台传播过程中具有社交网络传播的属性与功能。在新闻的产出与传播过程中，社交媒体账户拥有"信源"、"信宿"与"信道"多重身份，它们从过去的信息接收方转变为当下能够参与新闻生产与传播的每个环节的新角色。因此当下的数字新闻突破了传统新闻的复杂采编流程的局限，能够汇聚更丰富、更多元的资讯。特别是在突发事件报道中，数字新闻能够第一时间从拍客手中获得一手现场资源，再通过简单加工直接发布。基于此，受众能够在第一时间知道事件的发展情况，并持续跟踪发展进度。

新媒体时代的新闻传播已经不再局限于传统媒体时代的单向传播模式，受众可以在平台上与信息发布者和其他用户互动，进行转发、评论、留言、发弹幕，也可以跨平台进行信息共享，这些都增强了信息的交互性、"病毒"传播性和话题性。由于互联网的"病毒"传播性以及短视频新闻的"碎片化"场景呈现，数字新闻能够快速成为"爆点"并引发热议。这种社交传播属性能够使受众更快捷高效地接收和传递信息，有效避免新闻传播速度较慢可能引起的广泛社会恐慌和谣言，也能够提高社会恶性事件的发现概率、加大打击力度和加快事件推进速度，更好地进行社会双向治理，"赋权"于民。但与此同时，数字新闻的社交传播属性的弊端也暴露出来。"爆点"事件能够形成病毒式传播的原因不在于新闻本身的真实性，而在于它与人们日常认知的反差、事件恶劣程度等情感因素。一些追求流量和热点的自媒体制造的假新闻、容易引起误会和争议的片面性新闻也能够引发非理性传播。因此，信息审查不仅仅需要媒体自身践行，更需要平台方加大力度。同时审查面向的用户应是包括主流媒体及各大其他媒体在内的参与平台建设的每一个用户。假新闻泛滥可以对个人、群体与社会产生严重的负面影响，加大平台审查力度势在必行。

（三）努力真正践行"平等"愿景

相较于电视等传统媒体，手机等移动设备的出现所解决的是个体无法发声的问题。互联网时代人人都是传播者，听起来好像是网络给我们带来了平等发表个人观点的权力，数字社会构建的是一个更能进行维权、交流沟通、消除歧视的次元。而事实是，从国家到个人，个体所掌控的权力出现了极大的"剪刀差"，所有的事件、议题甚至隐私都被放进了一个个"托盘"内，任绕着"托盘"的上亿名网民评价与议论，任精英们、意见领袖们左右引导着舆论的风向，将"托盘"中的"物体"搅动得支离破碎。这种极权与垄断一旦被揭发与拆穿，平台和其中的象征性媒体——主流媒体就都将站上"审判台"，公信力也都将跌至冰点。因此，平台应当努力践行当初创立时所承诺的，积极保护公众的个人隐私，让每个人都有发声的权力，维护良好的信息传播环境，主流媒体不是政府或精英操纵公众意见的"麻醉剂"，而是公众发声与监督权贵的最佳武器。

三 公众：提升数字素养

现代社会是一个风险社会，而缺乏信任是我们当前对世界的态度的一个核心的特点。提升主流媒体公信力，不仅仅需要依靠媒体和平台的努力，更需要人本身实现"进化"，学习另一套属于赛博空间的法律法规与道德规范，懂得维护自身权利，也懂得不侵犯他人尊严与隐私，共同维护信息传播风气，打造良好信任基础。

社会的加速变化造成了媒介环境的不断改变，社会发展的思想、观念来源与媒介环境就像子母体一般，媒介环境正潜移默化地影响着人类与社会发展的未来走向。移动设备、消费券、电子身份证等作为媒介不仅仅带来生活方式的进化，更重要的是它们所引发的人们在认知方式、思想观念、社会规范等方面的革命。数字化生存已然将人类演变为一种媒介化生存，[①] 认知加速带来的是对未来的不确定与自我无知的反思。互联网对于人们来说俨然不再只是信息传递的工具，它已经成为社会运行的底层逻辑。[②] 当我们把问题聚焦到人本身时，会发现社会公民数字素养的普遍缺失是造成假新闻泛滥、网络暴力等现象出现的个人层面的重要原因之一。笔者认为，数字素养应当是数字公民眼里的一把"尺"、心里的一杆"秤"，数字空间的匿名性是我们的个人安全护盾，而不是伤害他人的利器。我们在网络空间不仅能够获取信息和发表观点，而且应该学会批判性思考，理性看待网络信息与非官方新闻。由于娱乐化新闻与假新闻的低成本、短视频新闻的病毒传播特性，新闻行业往往存在"真相在穿鞋的时候，谎言已经跑遍了全城"的乱象。因此在平台方加大监管力度和完善审核机制的同时，受众需要做到相信主流媒体传播的信息，作为事件或网络言论的相关者，受众要提升数字素养，学会筛选、消化和理解新闻信息，选择那些真实的、有益的、能引起反思的信息，将其内化为自身进步、反思与维权的动力。

---

① 师曾志：《疫情危机下的媒介化生存与认知加速》，《人民论坛》2022 年第 2 期，第 38~41 页。
② 〔美〕马克·波斯特：《互联网怎么了?》，易容译，河南大学出版社，2010，第 36 页。

第五章　媒介的社会治理和社会反馈

新媒体传播作为科学技术与社会文化共同催生的结果，既有作为一种新技术影响文化的一面，也有作为文化环境的一部分进而推动技术进步的一面。不断迭代的数字技术、网络技术和通信技术构建了新的信息传播体系，而社会结构和公共空间在包含媒介传播的同时，也深度内嵌在传播格局之中。因此，信息传播的内容、渠道、时空关系等传播逻辑发生变化必然带来大众认知、观念、文化和生活方式的变革。随着新媒体对社会文化的作用逐渐显著，新媒体如何催生出快速变化和日益复杂的公共空间、大众文化在这一过程中如何重塑和演变等问题也成了全面了解我国全媒体现状的重要窗口。

本章将以媒体深度融合背景下的新媒体传播新规律这一问题为基点，以社会文化特征为主要角度，讨论当前社会传播格局的变化趋势，探究融合化传播如何重塑社会网络与社会结构。通过问卷调查，本章将从信息获取习惯、社会治理参与意愿等维度对新媒体发展对社会治理的影响进行定量分析，对全媒体时代媒介的社会反馈进行全面的研究，并为后续的社会治理提供理论支撑。

第一节　媒体深度融合背景下的新媒体传播新规律

一　媒体深度融合背景下的传播变革

美国学者伊契尔·索勒·浦尔最早在传播学领域提出了"传播形态

融合"这一概念。他在《自由的科技》一书中提出，数码电子科技的发展将使不同媒体形态逐渐走向多功能一体化，它们所提供的服务也会互相交融。自 20 世纪 90 年代我国数与网革命启动至今，学者们对"媒介融合"概念内涵的认识也在不断深化。从传统媒体信息内容"上网"到"富媒体"的出现，再到媒体组织"去平台化"发展、新兴技术改变传播时空，[①]媒介融合呈现出丰富的想象力和广阔的探索空间。

蔡雯和王学文将媒介融合研究归纳为四类：①微观层面对媒介融合的研究体现在媒介基础技术的融合，"所有媒介都向电子化和数字化这一种形式靠拢"[②]；②中观层面对媒介融合的研究则覆盖了媒体产品形态、组织机构、文化形态等；③宏观层面的研究在前两者的基础上，将重点放在社会监管和规则、受众参与及媒介融合的社会影响上；④从产业视角观察媒介融合，研究提出"大传媒业"的概念，研究对象从传媒业拓展到电信产业、IT 产业、电子产业等参与媒体生产与消费的众多产业。[③]通过媒介融合的研究与实践，可以看出，新媒体传播以技术和内容为基础，逐渐联动产业与社会，而用户、媒体、内容与生产则是贯穿其中的几条主线，这些都展现出新媒体传播的新规律。

二 用户：传播网络的共建者

梅菲尔德在《什么是社会化媒体》中提出，社会化媒体最大的特点是赋予每个人创造并传播内容的能力。Web 2.0 环境下，C 端媒介服务与产品蓬勃发展，内容生产由"面向受众"走向"面向用户"，用户成为信息

---

① 刘德寰、孟艳芳：《媒体边界的模糊：从消费者行为视角看信息传播趋势》，《编辑之友》2022 年第 6 期，第 47~51 页。

② 〔美〕约翰·帕夫利克：《新媒体技术——文化和商业前景》，周勇等译，清华大学出版社，2005，第 126 页。

③ 蔡雯、王学文：《角度·视野·轨迹——试析有关"媒介融合"的研究》，《国际新闻界》2009 年第 11 期，第 87~91 页。

生产者、传播者与消费者的角色集成，[①]同时也是新媒体传播结构中的重要节点。

（一）以用户为中心的内容传播

在新媒体内容传播过程中，用户不仅是信息传播的节点，还被纳入媒体平台建设，成为传播网络的共建者。

从信息生产者角度看，随着消费者增量市场趋近天花板，平台需要通过优质内容和良好社区氛围吸引用户、激活留存。UGC 平台在内容类型和表现形式上呈现出明显的差异，不同的内容往往体现出用户在生成、创作和传播过程中面临的任务的复杂度和投入的时间成本、设备成本、机会成本以及智力因素，[②]例如在线评论、长文章、视频、直播等，这些同时也反映了不同用户虚拟社区的内容形态特征。当前，内容社区逐渐开始重视培养创作者，"创作者中心"是诸多产品的通用模块，在许多 UGC 平台中，用户只需在社区内发布原创内容，不用注册即可成为创作者。"创作者中心"通过设置等级权益、线上课程、创作激励等功能，鼓励用户通过创作获取收益。由于评论、点赞等互动形式成为创作者水平的判断标准之一，平台以创作者为中枢增强和提升了用户黏性与活跃度。

从传播信息与消费者角度看，内容不再独立传播，用户与内容的交互也成为传播的重要组成部分。例如，用户通过转载原内容，聚焦原内容中的部分信息并结合个人生活进行点评，引起广泛共鸣，这种原内容和点评相结合的形式成为新的传播信息。随着剪辑、创作工具的便携化，二次创作也更加普遍，有时其传播力度甚至超越了原内容。

用户还逐渐拥有了生产、传播、消费之外的角色功能。近年来，国家网信办约谈了多家互联网公司，加强了对互联网内容的监管与审查。为提高效率，许多平台将更多内容审核权力下放给用户。知乎推出"众裁议

---

① 彭兰：《新媒体用户研究：节点化、媒介化、赛博格化的人》，中国人民大学出版社，2020，第397页。

② 赵宇翔、范哲、朱庆华：《用户生成内容（UGC）概念解析及研究进展》，《中国图书馆学报》2012年第5期，第68~81页。

事厅"功能,符合条件的用户可以成为"知乎仲裁官",负责判断有争议的内容是否违规,最终结果由参与的多位"知乎仲裁官"投票决定;哔哩哔哩设置"风纪委员"机制,发动用户对内容和社区进行自查自清。赋予用户更多平台建设的权利,无形中培养了用户的"主人翁"意识,增强了其对平台社区的归属感。

（二）跨平台的创作者

媒体不再依赖于固定的物理空间及平台,而是以品牌为根基形成适应不同平台的开放的媒体生态,这种媒体生态表现为传统媒体的 online 式发展。[①] 作为创作者的用户个体也在不同平台之间呈现明显的流动性,他们通过灵活适应不同平台的媒介形态、用户特征,搭建起自己的内容传播网络。创作者在不同平台的流动不但会导致内容的流动,也会带动其追随者的流动。

三 媒体：从平台走向生态

互联网不仅是一种传播工具,它还是构建社会结构、行业格局的重要力量,平台型媒体则是"互联网 +"时代媒体转型发展的主流模式。[②] 当前,平台型媒体不但在积极构建新型传播格局,还在进一步探索如何缩短传播链路、构建平台生态。

（一）从内容生产方到服务提供方

在媒介融合的情景下,传统媒体的内容在新媒体平台的助力下不但具有了更加丰富的表现形式,还链接了更多服务型功能,例如在微信公众号文章中插入超链接,通过它可跳转到其他网页服务。同时,新媒体的延展性、兼容性也使其为汇集资源、开发便携服务提供了媒介载体。微信订阅号已超越了信息推送功能,成为众多网络服务的入口;"互联网 + 政务"

---

① 刘德寰、孟艳芳:《媒体边界的模糊:从消费者行为视角看信息传播趋势》,《编辑之友》2022 年第 6 期,第 47~51 页。

② 喻国明、焦建、张鑫:《"平台型媒体"的缘起、理论与操作关键》,《中国人民大学学报》2015 年第 6 期,第 120~127 页。

的媒介融合模式发挥了重要作用，不但为公众提供了应急信息服务，还实现了物流分配、资源登记、行程管理等诸多功能。

（二）海纳百川的平台生态

截至 2021 年 12 月底，中国手机网民规模达 10.29 亿人，巨大的流量催生了移动端媒体载体——App 的火热，不少传统媒体自建移动端平台，互联网企业挖掘垂直类场景获取流量变现，然而大量同质化的 App 占据了移动端空间，手机逐渐变得"臃肿"。为了尽可能缩短用户在不同应用程序之间跳转的路径，同时将用户流量产生的转化在平台中形成闭环，新媒体平台开始尝试在同一应用中链接更多用户场景，打造传播生态圈。

"小程序"是实现这一目标的重要媒介形式。张小龙对微信小程序的定义是"无须卸载安装，用完即走"的轻量级应用，依托于微信平台及其社交属性，微信小程序试图建立人与服务的最短连接路径，激活并整合线下商业场景。[1] 此外，抖音借助其在短视频领域的优势，接入电商、直播等功能，也大大缩短了用户流量从汇集到产生消费的变现路径；快手提出"数字市井"概念，希望通过连接消费者、内容、商品、服务、创作者、经营者与平台，满足"所见即所得"的用户闭环需求。[2] 从媒体到平台再到生态，媒介融合实践逐渐走向深化。

四　内容：个性化、可预测与互动化

（一）"可预测"的个性化内容分发

大众传媒时代，内容分发往往通过固定渠道进行，如广播、电视、报纸，受众接收的信息内容完全一致，媒体也很难提前预知传播效果，只能通过滞后的收视率等指标判断。人工智能技术融入媒介生产后，个性

---

① 喻国明、程思琪：《从"连接"到"场景"：互联网发展的重要进阶——试析微信小程序的价值逻辑与市场版图》，《新闻大学》2018 年第 1 期，第 121~127、146、153~154 页。

② 吴汉：《快手生态开放大会：构建开放共生的"数字市井生态"，全面开放万亿级生意矿场》，"极目新闻"百家号，2021 年 12 月 27 日，https://baijiahao.baidu.com/s?id=1720296618014328294&wfr=spider&for=pc，最后访问日期：2023 年 2 月 2 日。

化信息服务成为内容推荐与分发的重要方向。目前实现个性化信息的内容分发主要通过三种方式：基于用户浏览过的相似内容推荐、根据热度进行内容推荐以及协同过滤（推荐拥有相似内容偏好的用户所浏览的其他内容）。在实现用户信息流"千人千面"效果的同时，不断迭代更新的算法模型使内容分发具有可预见性。对于如何标注用户、区分热度等级，不同平台都拥有各自的指标体系。对于传统媒体而言，内容分发只是连接生产与消费的纽带，但在新媒体传播中，这一过程被量化成了可计算、可测量的规律与模型，这种量化可以更高效地分配流量，实现商业效益最大化。

（二）互动性内容

新媒体传播是极具互动性的传播，这一特征除了体现在用户参与内容生产与社区建设外，还体现在内容本身的变革。

一方面，内容形式增强了人与人之间的互动。实时呈现的直播间满足了普通公民的社会参与欲望，直播的社交属性与自我表露互相促进，增强了用户的黏性；[①]弹幕带来了全新的观看方式，创造了一种围观式的观感体验，[②]为观看者制造了兼具共时性和历时性两种"在场"的互动情境，实际上反映了用户对网络传播的新需求，即更高的互动权限与互动需求的实时满足。[③]哔哩哔哩还推出了互动视频这一新型视频形式，用户可以在观看一段影片后做出选择，其选择决定了视频内容的走向。互动视频虽仍以视频为主要媒介形式，但已具备一定的交互游戏性，它赋予了用户更多内容选择权，加强了内容消费者与生产者之间的互动。

另一方面，新媒体内容也更加强调人与环境的交流。2016年，基于增强现实与LBS技术的手游《Pokemon Go》上线，迅速受到全世界玩

---

① 刘德寰、及桐：《移动直播语境下的用户自我表露与社交关系》，《新闻与写作》2018年第9期，第54~60页。

② 江含雪：《传播学视域中的弹幕视频研究》，硕士学位论文，华中师范大学，2014。

③ 谢梅、何炬、冯宇乐：《大众传播游戏理论视角下的弹幕视频研究》，《新闻界》2014年第2期，第37~40页。

家的追捧。AR 游戏将玩家与真实环境和游戏中的虚拟物体关联起来产生虚拟物体与真实环境融为一体的效果[①]，也改变了人与环境的关系。2015年，新华社制作了"带你'亲临'深圳滑坡救援现场"主题 VR 新闻，虚拟现实技术的交互性加深了观众的真实体验。[②] 以 AR、VR 等新技术为载体的内容转变了传统叙述的呈现方式，为用户打造了媒介融合下的沉浸式参与体验。[③]

新媒体传播内容趋向互动化，其背后是沉浸的泛众传播时代的来临。"媒介内"与"媒介外"的界限被打破，用户、媒体、内容被嵌入一个"囊括社会的大媒介"中，人不仅仅是媒介的积极驾驭者，更是沉浸媒介的本体。[④]

五　生产：数据、物体与智能

在智能技术的融入与辅助下，媒体信息生产系统正在被重构。数据分析技术推动了内容生产的精确化，人工智能带来的自动化生产大大提高了内容制作与编辑的效率，物联网技术则将信息采集者从人拓展到更多智能物体，开启了"万物皆媒"的时代。[⑤]

数据成为内容生产的重要资源。通过丰富的传感器，生产者与创作者能更加轻松地获取各类用户数据、物联网数据，并进一步挖掘数据之间的关联，发现新的内容线索。[⑥] 机器写作改变了传统人工编辑的生产模

---

① 夏旺盛：《AR 手游的开发现状与趋势研究——以〈Pokemon Go〉游戏为例》，《中国传媒大学学报》（自然科学版）2017 年第 3 期，第 14~18、10 页。
② 孙振虎、李玉荻：《"VR 新闻"的沉浸模式及未来发展趋势》，《新闻与写作》2016 年第 9 期，第29~32 页。
③ 张屹：《基于增强现实媒介的新闻叙事创新策略探索》，《国际新闻界》2015 年第 4 期，第106~114 页。
④ 李沁：《沉浸媒介：重新定义媒介概念的内涵和外延》，《国际新闻界》2017 年第 8 期，第115~139 页。
⑤ 彭兰：《智能时代的新内容革命》，《国际新闻界》2018 年第 6 期，第 88~109 页。
⑥ 郎劲松、杨海：《数据新闻：大数据时代新闻可视化传播的创新路径》，《现代传播（中国传媒大学学报）》2014 年第 3 期，第 32~36 页。

式，面对海量数据和竞争愈发激烈的内容市场，人机一体的协作体系不但更好地满足了实时性的需求，也提升了人在某些报道领域的能力。[1]"云"则成了内容处理的新容器，借助"云端"的资源，专业媒体的生产者可以摆脱内部系统的资源限制，在更广泛的时空中完成报道。[2]

第二节 新媒体传播规律与社会文化发展之间的关系

一 讨论新媒体传播规律与社会文化发展的必要性

（一）媒体发展的现实背景

自新媒体这一概念诞生伊始，人们的日常生活就开始了潜移默化却又轰轰烈烈的改变。通信技术、网络技术、数字化技术与多媒体技术建构了多元的信息传播体系，而随着每一种新的媒介面世，发生改变的除了信息传播的内容、空间和时间，社会结构、公共空间与大众文化也受到了其深远的影响。新媒体"不是改变我们的思维而是改造我们世界的结构"，在新媒体的作用下，人们的生活方式、思维方式、文化观念及文化传递的方式也随之变迁。

随着新媒体对社会文化的作用逐渐显著，新媒体如何催生出快速变化和日益复杂的公共空间、大众文化在这一过程中如何重塑和演变等问题也受到了学界的广泛关注。哈罗德·亚当斯·英尼斯是加拿大经济史学家和经济学家，是媒介环境学加拿大学派的代表人物。20世纪30年代，战后美国的经济扩张和文化渗透对加拿大造成的压力迫使其思考传播媒介与文明发展之间的关系——"传播对文化特质消长的意义"。英尼斯在他的著作《帝国与传播》（1950）和《传播的偏向》（1951）中分析了媒介形

---

① 彭兰：《增强与克制：智媒时代的新生产力》，《湖南师范大学社会科学学报》2019年第4期，第132~142页。

② 彭兰：《增强与克制：智媒时代的新生产力》，《湖南师范大学社会科学学报》2019年第4期，第132~142页。

态的嬗变是如何通过打破时间与空间的均衡，从而震荡整个帝国政权和社会的，他提出了媒介偏倚理论，并在此基础上断言："一种新媒体的长处，将导致一种新文明的产生。"新媒体的出现创造了全新的人际交流方式，发展了新知识结构，同时也使得知识的传播更难受到政权的控制。传播者门槛的降低、网络信息量的倍增均使人们获得信息的渠道更加广泛，检索更加便捷，使得政权不得不将创造与传播信息的权力进行分化和下放，而这也让新媒体成了民主的助推器。

此后，马歇尔·麦克卢汉在英尼斯的基础上提出了"媒介即讯息"的论断，从媒介效果和媒介功能的层面概括了传播媒介在人类社会发展中的地位和作用。在效果层面上，他认为媒介本身才是真正有意义的讯息，相较于各个时代的媒体所传播的内容，更具决定意义的是这个时代所使用的传播工具的性质、它所开创的可能性以及带来的社会变革；在媒介功能层面上，他认为"一个媒介总是另一个媒介的内容"，如文字的内容是口语，广播的内容是文字等，人们很难把内容和媒介本身严格地区分开来。任意一种媒介的出现都会带来一种传播的新尺度，从而改变人们感知世界的方式和理解环境的框架。新的媒介影响人们交往的方式，创造出一种全新的环境，进而影响大众的整体心理与社会复合体。麦克卢汉提出了"地球村"这一理论，他描述了随着广播、电视、互联网和其他电子媒介的出现，各种现代通信方式飞速发展，人与人之间的时空距离骤然缩短，整个世界紧缩成一个"村落"，这体现了电子媒介作用下的媒体对空间层面的影响。

此后，学界也持续关注着新媒体这一概念，无论是莱文森对媒介演化的"人性化趋势"和"补偿性媒介"的提出与论述，还是梅洛维茨关于媒体对于空间的作用如何改变人的行为表现和角色扮演的研究，都一步步更深刻地揭示着新媒体对社会结构和文化系统的深远影响。而在新媒体技术日新月异的今天，元宇宙、VR、AR、全息影像等概念层出不穷，我们有必要回归到新媒体传播规律和社会文化发展的视角，探究其与社会文化发展之间千丝万缕的关联。

（二）新媒体传播规律是科学技术与社会文化发展的双重结果

新媒体传播规律深受特定的社会文化环境的影响，社会文化背景创造了技术起源的契机，底层的技术逻辑则构成了全新的信息传播环境。

文化是人类社会历史实践过程中所创造的物质财富和精神财富的总和，而非单纯观念上的存在，它是能够被传承和传播的国家或民族的思维方式、价值观念、生活方式、行为规范、艺术文化、科学技术等，它是人类相互之间进行交流的普遍认可的一种能够传承的意识形态。在人类历史的长河中，文化始终作为人类创造力的象征活跃在社会的各个领域，传播作为文化交流与传承的重要领域也不例外。每一种传播技术的诞生、运用和发展都伴随着其特定的社会文化背景。安德鲁·芬伯格致力于技术批判理论的研究，他指出技术的"待确定性"，即从技术的发明到设计，单论效率标准不能形成现实的技术，因为技术活动中总是有不同参与者的不同的利益要求，这些要求对技术的形成产生着影响。在这一过程中，某些利益得到实现，而其他的利益被忽视或被压抑，之后，那些被忽视或压抑的利益可能再找机会来重构技术体系，社会中的各种角色构成的社会文化环境使得技术本身有着浓重的文化烙印，人们或许会选择不采用最高效的方式，而是选择最符合主导群体价值和利益的方式。每一种扩散的媒体形态，都体现了当时的文化环境和社会状况。例如，在快节奏的今天，快餐文化盛行，因而分众化、碎片化、个性化的短视频也较上一时代的中长视频被更广泛地接受。新媒体的传播规律无疑也被赋予了社会文化的底蕴。

反观科学技术发展对新媒体传播规律的影响，我们不难发现，当技术本身发展到一定程度而作用于新媒体时，新媒体往往会在原本的形态上出现新的特征。大数据、推荐算法等新的科学技术的出现使个性化传播成为可能，而 VR、AR、全息影像等新技术的应用更是大大拓展了新媒体传播空间与时间上的界限。可以说，技术的变革从底层架构上改变了新媒体的形态，进而调整了其在社会实践中的传播规律。

（三）新媒体传播规律对社会文化的交流、传播有深刻的影响

乔治·格伯纳曾说过，我们自幼年起从电视中不断学习的"课程"很可能成为自己更广泛的世界观的基石，电视成了总体价值、意识形态、观点、具体推论、信仰和概念等的重要来源。电视作为20世纪兴盛的媒体形式曾经给好几代人打下了"电视文化"的印记，而今天的新媒体技术，更是为文化传播开拓了前所未有的空间和路径。

从社会文化的交流视角看，新媒体极大地拓展了文化传播的平台与渠道。当传播技术从简单的信号、符号变为纸媒、口语传播等形态，又进一步进化到新媒体时代的多媒体、互联网、VR、AR等形态，文化交流在时间与空间上的界限被逐步突破。不同渠道与平台的组合也使信息传播效果进一步提升，让社会信息资源的流动能够更加开放和高效，让信息背后所象征的文化属性也能够更广泛、更迅速地触及社会中的目标人群。

从社会文化的传播视角看，新媒体传播规律延伸了社会互动的边界。随着传播技术的更新迭代，传播规律也从单一主体、中心化的模式转向了打破身份局限、去中心化的形态。在新媒体的帮助下，文化传播的主体与客体之间的界限进一步消除，边缘文化在这一环境中得到了和主流文化相当的发言权，文化之间也进行了更有深度的碰撞与交融，新媒体成为文化传播的桥梁。

如麦克卢汉所说，"我们塑造了工具，此后工具又塑造了我们"。新媒体传播规律影响着信息传播的具体内容、扩散方式，冲击着既存的社会结构和文化系统。社会文化在作用于新媒体传播规律的同时，也是新媒体传播规律更迭的折射，二者在相互影响下向前发展、彼此塑造。

二　新媒体传播规律与社会文化发展的关系

（一）融合化传播加速了社会文化的整合过程

在全球化媒介融合形势的浪潮下，媒介融合已经成为一种必然趋势，而网络媒体的兴起则直接加快了国内媒介融合的步伐。融合化传播是综合

运用多种形态的传播工具，对同一信息内容向受众进行多渠道、全方位、多文本的传播。这种利用了多种平台与渠道的传播方式将传统媒体与新媒体平台的优势结合在一起，实现了多平台立体化传播，可以有效促进社会信息资源的整合。媒介融合不仅能让信息采集和传播的渠道更加多元化，还能够根据各素材的特点，进行综合整理、提炼和加工，再利用契合的媒介进行传播。总体来说，媒介融合能迅速整合并传递信息，有效还原事件全貌，提升报道的质量和深度，拓宽社会文化的整合空间。

（二）去中心化模式加强了社会节点的互动和多元文化的共享

去中心化模式意指基于新媒体所建构的网状连接，每一个节点都可以视为中心。因此，在相对意义上，中心的相对面被消解了，处处是中心也就意味着没有中心，但这绝非意味着传播中心的消解。从绝对意义上考量，去中心化模式的含义则是多元化的中心，每一个节点都有成为中心的可能，但每一个中心都不是强制性的、永恒的存在。

在去中心化模式下，信息资源的垄断被打破，社会中的每个单元都能够化身为信息资源的提供者，曾经单一信源、少数人或机构独占话语权的时代一去不复返，各个社会节点之间信息的流动变得更加顺畅与便捷，亚文化、少数群体也能够通过去中心化模式下的族群交流获得相当的声量，进而促进社会中多元文化的共享。

（三）多元化传播创造了丰富的文化形式

多元化传播涵盖了传播主体多元化、传播渠道多样化等多层含义，在多元化的传播体系下，各类媒介、各种形态百花齐放，文化传播的内容和形式也更加异彩纷呈。在对同一信息资源进行传播时，多元化的传播主体意味着多样的传播效果，如官媒往往象征着权威，可以更加有效地建立与受众之间的信任关系，而一些自媒体则能够更精准地捕捉到粉丝的偏好，让信息更深度有效地传递到受众一方。多样化的传播渠道则让传播范围和内容进一步拓展，如直播、短视频平台、社交媒体等，各具特色、各有所长的渠道让信息资源得到了最大范围的覆盖。

（四）符号化传播加速了文化和社会情绪的蔓延

当一个事物在传播中实现了从具象到抽象、从表象到意象的转变后，这一事物就具有了符号的意义，故而，符号化就意味着该事物已经超过了其原本的含义，具有能代表某一符号层面的特征和功能。一些网络流行语、抖音和快手等短视频里的拍摄模板乃至于大家常用的话题"#"等都是符号化的一种体现。信息资源在符号化后往往暗含了其能指以外的所指，人们在看到这类元素时，会产生超越原本传播内容的理解，将个体情感同符号化传播背后的社会情绪进行连接。在各类平台精准性、指向性的推送下，某种文化氛围或者社会情绪就会在目标群体中迅速蔓延，而后影响整个社会的文化环境。

三 新媒体传播规律对社会文化的具体影响

（一）参与式文化盛行

参与式文化指的是以 Web 2.0 网络为平台，以全体网民为主体，通过某一身份认同，各主体积极创造媒介资源、传播媒介内容、加强网络交往的一种共享式文化样式，其本质就是 Web 2.0 技术催生的新媒体传播规律下的新型媒介文化。在参与式文化的语境下，传播往往更加扁平化、去中心化，更加强调文化尊重的价值、强调微内容的力量。参与式文化的传播链条通过用户的积极传播和对内容的再创造实现闭环，故而个体的交往互动更受重视，信息共享成为其发展的基石。参与式文化也使社会文化环境发生了相应的转变，一改过去传统媒体盛行下亚文化难以发声、主流媒体垄断话语权的局面，更加具有人本主义的精神。亚文化在新媒体传播规律的作用下能聚合共享，社会中的每一个个体都能更自由地表达自己的意见，个体之间也能进行表达、争辩与协商，社会的文化氛围更趋向于自由、平等、公开、包容与共享。

（二）媒体边界更为模糊

在传统媒体的语境下，媒体之间的边界往往十分明显。从载体的角度来看，可以分为纸媒和电子媒体；从接受功能的角度来看，可以分为听觉、视觉和视听媒体等。在媒体形态变迁的过程中，媒体之间的边界则日渐开放、模糊、弱化，并最终成为一个以移动终端为载体的集成式媒体形态。如麦克卢汉所说，一种媒介在行使信息载体功能的同时，也被其他媒介吸收成为信息内容。在信息化时代，这种边界的模糊表现为技术赋能下媒体形态的向下兼容，并最终形成以信息内容为主导的"去形态化"发展趋势。媒体形态边界模糊直接导致了媒体业务的模糊，用户追求的更加及时、丰富的讯息在专业媒体的运作模式中不能满足，这就使得各媒体不再独占专有的领域与业务范围，跨行业、跨领域的从业人员和"斜杠青年"有了更多的话语权。在这样的背景下，"斜杠青年"的存在变得更加重要，年轻人更加积极地探索自我发展的空间，融合自己的工作、生活、爱好与特长，这让社会文化价值观转向了更加探索个人可能性、追求多元平衡的一面。

第三节　新媒体发展对社会治理的影响研究

一　媒介的大变革：新媒体环境下用户信息获取习惯

对许多人来说，他们或许早已经忘记上一次阅读报纸、杂志是何年何月。21 世纪是信息时代。在数字通信技术尚未成熟时，社会中信息的流动极大地依赖我们如今口中的"旧"媒体。人们通过书信传递对远方亲人的思念，通过报纸中的新闻了解世界的变化。这些具备物理实体的媒介承担了中国社会早期重要的职能，也为中国社会发展做出了巨大的贡献，然而书信、杂志、报纸等具有浓厚亲缘、地缘属性的传统媒体在信息传递的速度和时效性等方面的表现却不尽如人意。在经济发达、资源丰富的大城市，人们能够以较低的时间和经济成本获取到大事小情最为及时的报道，而在一些物资匮乏的山区，信息的滞后程度往往令人难以想象。地理、经济等不利因素与传统媒体功能的局限性一同造就了早期社会信息不对等、流通不便利、渠道不通畅的媒介大环境。

随着信息技术的发展，媒介形态进一步多元化。广播、电视等媒介的出现将世界的距离拉近了，而互联网、移动互联网、智能手机的诞生，更是真正实现了如今网络社会的大格局，媒介成为人类社会中最重要的基础设施之一。新的媒介形态不仅给信息生产传播模式带来了巨变，也打破并重塑了人们传统的媒介消费习惯。北京大学新媒体研究院刘德寰教授针对我国移动互联网产业历时12年的一项调查发现，手机已然成为用户获取信息的首选媒介。从调研结果中不难看出，2022年电视、广播、报纸／杂志等传统媒介已不再是用户获取信息的首选渠道，其中广播和报纸／杂志的占比仅为0.1%和0.4%。虽仍有部分用户首选电脑端（台式电脑及笔记本电脑）获取信息（占比为5.4%），但毫无疑问，手机成为当今社会人们获取信息最为主要的途径（占比为90.2%）。这样一块小小的屏幕之所以能够给传统媒体带来如此大的冲击，是因为其产生的不仅仅是一种替代关系，更多的是一种融合关系，是传统媒体在手机媒介中的融合。真正强大的并不是手机这一媒介形态，而是其承载的丰富的应用系统。通过各式各样的手机应用，用户可以更加便捷、快速地获取最新的时事新闻（文字、图片、音频、视频形式）等传统媒体所能传递的信息类别。同时，手机和移动互联网的诞生打破了过往信息流动的单向模式，使用户从原来信息被动的接收者，成为信息的生产者、分发者。微信、微博等即时通信软件和社交媒体更是赋予了用户在媒介生态中极高的地位。用户可以无门槛地进行信息生产工作，尤其以自媒体行业为代表，自媒体的创作者已经逐渐成为社会中具有极高话语权和影响力的群体。同时，新媒体的出现也进一步打破了固有的信息壁垒。无论身在何处，只要对新媒体的使用足够熟悉，用户便可以随时了解身边发生的新闻。媒体不再是仅属于少数精英阶级的特权。媒体硬件设施成本的下探促进了新媒体在群众中的普及。这是大环境下很常见的一种景观：街边卖水果的小贩可以熟练使用微信进行收银，也知道在朋友圈推销自己的产品，甚至还可能是短视频平台的忠实用户。由此可见，新媒体技术已经重塑了中国社会的固有结构。新媒体作为巨量信息的载体，不仅穿插在人们的日常生产生活中，而且是人们生活中无法分割的一部分。

正如前文所说，虽然新媒体在形态上、功能上给传统媒体带来了巨大冲击，但是二者间更多的是一种相辅相成的关系。随着纸媒的日渐式微，依托于移动互联网、人工智能等技术的新闻客户端逐渐成为人们获取一手信息的主要方式。以今日头条为例，"2020年手机人——移动互联网全景大调研"显示，将近三成用户将其作为最常使用的手机新闻客户端。首先，新闻客户端相比传统媒体能承载更大的信息体量。在大数据的支持下，信息能够以数字的形式长久保存下去，进而具有可追溯、可检索的新媒体特性。其次，根据用户媒体消费习惯应运而生的新闻推荐算法也赋予了用户自主选择产品的权利。究其根本，新闻客户端是传统报纸、电视新闻的一种 online 式的展现，它摆脱了时间、空间的限制，成为一种用户使用更便利的新型融合媒介。正因如此，通过新媒体获取信息、传递信息、生产信息成为新媒体时代人们的日常行为习惯，过往由传统媒体承担的媒介功能和社会功能也朝着新媒体转移。

二 新媒体发展对社会治理的影响

社会治理作为 21 世纪初在我国学术界兴起的学术概念，其学术定义和内涵认识呈现多样性，迄今尚未形成普遍认同。社会治理理论是西方国家治理理论的重要组成部分，由于西方国家治理理论奉行社会中心主义和公民个人本位，因此，理性经济人的社会自我治理在理论逻辑上构成了西方国家治理理论的核心理论内容。[①] 在我国，社会治理是以实现和维护群众权利为核心的，通过发挥多元治理主体的作用解决国家治理中的社会问题、完善社会福利、保障改善民生、化解社会矛盾、促进社会公平、推动

---

① 王浦劬：《国家治理、政府治理和社会治理的含义及其相互关系》，《国家行政学院学报》2014年第 3 期，第 11~17 页。

社会有序和谐发展的过程。① 党的十九大报告指出，"加强社会治理制度建设，完善党委领导、政府负责、社会协同、公众参与、法治保障的社会治理体制"。我国的社会治理体制，一方面具有现代国家的社会治理的多元、协商、依法、共治等共性；另一方面又具有中国特色，其中，坚持党的领导是最大特征。②

坚持党的领导不意味着大包大揽。若管理者漠视社会公众对社会治理体制创新的公共需求，习惯"爱你没商量"式的"为民作主"，不仅多元主体协同的社会治理新格局难以形成，同时社会治理体制也会因缺乏社会协同和公民参与而影响社会认同，使社会治理体制创新演变成党政内部的自娱自乐，从而缺乏创新的社会基础。③ 因此，有学者指出，社会治理创新需要适应社会治理主体多元化的现实要求，从政府垄断社会管理转变为与其他社会治理力量合作，最重要的是打破政府本位主义，确立起"他在性"的原则，根除行政傲慢。④ 这就意味着政府需要与其他社会治理行动者建立平等合作的关系。

互联网的发展为社会治理体制创新提供契机。随着网络技术赋能的深化，新媒体生存已成为中国人最基本的生活形态，新媒体赋能的"下沉"之势正在形成，并成为社会经济机体最显著的"纹路"。⑤ 依托互联网新媒体平台，政府治理模式也得到突破和创新。自 2016 年起，政务新媒体逐渐被纳入各地各部门的常规性工作范畴，发展日趋规范。政务新媒体通过细化平台功能、优化互动机制、简化服务流程等举措，日益凸显在

---

① 姜晓萍：《国家治理现代化进程中的社会治理体制创新》，《中国行政管理》2014 年第 2 期，第 24~28 页。

② 黄高晓：《打造新时代共建共治共享的社会治理格局》，中国共产党新闻网，2018 年 1 月 6 日，http://theory.people.com.cn/n1/2018/0108/c40531-29750868.html，最后访问日期：2023 年 2 月 5 日。

③ 姜晓萍：《国家治理现代化进程中的社会治理体制创新》，《中国行政管理》2014 年第 2 期，第 24~28 页。

④ 张康之：《论主体多元化条件下的社会治理》，《中国人民大学学报》2014 年第 2 期，第 2~13 页。

⑤ 原平方、燕频：《"赋能下沉"与"秩序规制"：国家治理能力现代化下的新媒体发展——2018 年中国新媒体事件回顾》，《编辑之友》2019 年第 2 期，第 54~58、64 页。

社会治理和国家管理中的作用。[①]

　　政务新媒体由微信公众号、微博、手机 App、网站、短视频等多种平台共同组建形成，以矩阵群的形式实现信息公开、联动办公，提供高效综合的服务。[②]其中，短视频以其明显优势脱颖而出。短视频具有以下特点：第一，即时拍摄、及时分享，成为新的社交语言形态；第二，长度短小、自由拼接，符合"碎片化"的阅读习惯；第三，技术简化、形式多样，个性的影像表达更加丰富。这些特点有利于汇聚更丰富、更多元的资讯。[③]短视频作为新闻传播新方式，发展前景广阔，具备有利于突发事件报道、延伸话语空间、成本低、方便快捷、与传统媒体互为补充等优势。[④]短视频发展趋势基本可以概括为信息立体化、内容形象化、主题鲜明化、传播社交化、阅读移动化、时间碎片化等。[⑤]

　　新媒体技术和移动互联网的普及极大加速了当今中国社会信息的流动和交换。抖音、微信等社会化媒介平台在人们日常生活中扮演着愈发重要的角色，然而，当我们享受着技术演变所带来的各种便利时，个体和个体间以及个体与社区间的信息"真空"作为一种副产品不可避免地出现了。在新冠疫情席卷全球之前，社区的概念在中国社会似乎正在不断淡化。移动互联网和智能手机早已使人们可以足不出户完成生活中的必要活动。传统社区环境中人与人的沟通在逐渐线上化、虚拟化的同时，也在不断降低着频率，形成了一种割裂的状态。人们可以通过抖音了解到最前沿

---

① 唐绪军、黄楚新、王丹:《中国新媒体发展趋势：智能化与视频化》,《新闻与写作》2017 年第 7 期，第 19~22 页。

② 陈怡成:《政务新媒体矩阵在社区治理中的作用探究》,硕士学位论文，华中师范大学，2019，第 29 页。

③ 王晓红、包圆圆、吕强:《移动短视频的发展现状及趋势观察》,《中国编辑》2015 年第 3 期，第 7~12 页。

④ 张露锋:《短视频作为新闻传播新方式的发展前景》,《新闻知识》2016 年第 7 期，第 38~40 页。

⑤ 韩存齐:《短视频的传播特性研究——探析自媒体时代短视频新闻发展趋势》,《湖北科技学院学报》2017 年第 1 期，第 100~102、109 页。

的国际形势，但对周围的邻居和街坊一无所知。① 当这种社区"真空"进一步扩张时，新冠疫情给中国社会运行方式带来了巨变，常态化的疫情管控更是彻底扭转了这样的局面。

在新冠疫情时期，我国在完成全民核酸、隔离确诊及密接人群等任务中面临着史无前例的挑战。即便在抗击"非典"的历史经验的支持下，新冠疫情仍旧给政府合理调动社会资源完成疫情防控带来了极大困难。新媒体技术成为我国抗疫工作中最有力的武器之一。微信作为一款国民级社交即时通信App，在我国有着极为广泛的用户基础。它不仅是人们通过文字、图片、语音等与亲朋好友保持联系的主要途径平台，也成为工作生活中重要的信息交换场所。以新冠疫情为分界线，在此之前我国的社区治理工作已经开始逐渐拥抱互联网和新媒体。社区微信群在大量社区中普及，促进了社区居民在网络空间的交流，② 也为地方治理者、社区组织与居民等进行有效沟通提供了舞台。不同于主流传统媒体所承担的大众传播职责和特定的传播内容，社会化媒体平台触达了以往的空白场域，破除了主流传统媒体宏大的、单向的传播模式。地方管理者和社区治理者通过微信群、微信公众号、短视频平台等新媒体平台与社区居民产生了更加亲密的互动关系，促进了社区进一步融合，并提高了整体社区治理水平。③ 以社区微信群为例，这样一种距离感更低的媒介形态，使社区与社区成员间交换观点更加容易，降低了沟通成本，提高了社区成员参与、分享等的意愿。可见新媒体技术对提升社区治理效果、推动社区发展、加速社区建设等起到了至关重要的作用。

回到新媒体在基层管理中的信息传递和互动功能，基层政府的治理能力在媒介技术赋能下得到了加强。相比传统主流媒体和政务网站，在新

---

① 姜飞、黄廓：《"传播灰色地带"与传播研究人文思考路径的探寻》，《南京社会科学》2014年第4期，第122~130页。

② Kavanaugh, A., Carroll, J. M., Rosson, M. B., Zin, T. T., & Reese, D. D., "Community Networks: Where Offline Communities Meet Online," *Journal of Computer-mediated Communication*, Vol. 10 (2005).

③ 谢静、曾娇丽：《网络论坛：社区治理的媒介——"官民合作"网络运作模式的初步探索》，《新闻大学》2009年第4期，第91~96页。

媒体环境下，社区居民无须主动收集所需信息，这降低了信息获取难度，使政府部门相关事项变得更加透明、更加贴近群众。正因新媒体极强的互动性本质，公众有了更加通畅的需求沟通渠道，发声的机会更多。对于公共部门来说，在与群众互动的过程中，新媒体的使用不仅更好地为群众提供了服务，也提高了地方政务信息传播的效率。尤其是在特殊紧急情况下，政府部门可以更加快速地回收公共信息并进行及时响应。不同管理部门间的协同办事能力得到加持，同时管理部门可以及时地收集群众反馈并快速响应，这弥合了其中潜在的信息沟壑，提高了整体政务服务水平。

但是，在我们享受新媒体技术所带来的诸多便利的同时，其产生的潜在风险更是亟须引起政府和群众的广泛重视。首先，造谣成本低导致谣言泛滥。移动智能设备和网络使用的成本不断降低几乎消除了中国社会中的数字接入鸿沟，而依托新媒体大环境蓬勃发展的社会化媒体平台为所有群众的信息生产提供了一个平等的、便利的空间，一个人人可发声、人人皆媒的时代也就此诞生。通过短视频平台进行实名举报等对社会治理有显著影响的网络空间行为成为日常。然而，"把关人"机制的不完善、不成熟导致无数 UGC 内容的真实性和客观性难以得到审核，从而极易使虚假信息在网络空间扩散。这种低成本、传播范围广的网络谣言甄别难度大，对审核机制要求高，且一旦传播将对社会治理造成难以挽回的危害。利用好新媒体技术开辟社会治理新方向，建立完善的内容监督体系，防范网络谣言所带来的一系列舆论风险，有必要成为基层社会治理的工作重心。其次，过度依赖新媒体等数字媒介进行信息发布的政府行为也将或多或少地对"非数字原住民"等无法熟练掌握新技术的群体产生忽视。地方管理者在寻求数字化改革的道路上如何兼顾更多的群体，做到不忽视每一名群众，也是其未来发展中不得不解决的问题。

三　短视频类自媒体参与新型社会治理

从"社会管理"到"社会治理"，从提出"加快构建共建共享的社会治理体制"到提出"打造共建共治共享的社会治理格局",中国社会治理体制在完善与演进中不断适应新的时代格局和社会形势。互联网等新技术在创新社会治理模式、推动治理能力现代化等社会治理创新中的作用早已得到了政府和社会各界的普遍认同。国务院颁布的《关于积极推进"互联网+"行动的指导意见》和《促进大数据发展行动纲要》,从不同角度明确了要顺应"互联网+"发展趋势、夯实网络发展基础、营造安全网络环境、创新政府服务模式、激发社会活力、提升公共服务水平。[①]

根据第47次《中国互联网络发展状况统计报告》,截至2020年12月,我国网民规模达9.89亿人,较2020年3月增长8540万人,互联网普及率达70.4%;而其中短视频用户规模为8.73亿人,较2020年3月增长1.00亿人,占网民整体的88.3%。[②]另外,根据《2021中国网络视听发展研究报告》,2020年6~12月,我国新增网民4915万人,其中25.2%的新网民因使用网络视听类应用而接触互联网,短视频对网民的吸引力较大,20.4%的人第一次上网时使用的是短视频应用,仅次于即时通信,排在第二位;短视频不仅是吸引新网民触网的第二大因素,还抢占着用户注意力,人均单日使用时长超过2小时,在各类音频软件中短视频用户忠实度最高。[③]短视频用户在网民整体中占比如此之高,规模增长如此之迅猛,影响力如此之广泛,也为短视频作为新传播形式参与新型社会治理奠定了基础。事实上,"让短视频赋能主流文化"[④]"以媒体融合助力社会治

---

① 李宇:《互联网+社会治理应用探索》,中国共产党新闻网,2016年9月1日,http://theory.people.com.cn/n1/2016/0901/c40531-28682384.html,最后访问日期:2023年2月10日。

② 第47次《中国互联网络发展状况统计报告》,中华人民共和国国家互联网信息办公室、中共中央网络安全和信息化委员会办公室网站,2021年2月3日,http://www.cac.gov.cn/rootimages/uploadimg/1613923424818332/1613923424818332.pdf,最后访问日期:2023年2月13日。

③ 《〈2021中国网络视听发展研究报告〉正式发布(附报告全文)》,ZNDS资讯,2021年6月3日,https://news.znds.com/article/54323.html,最后访问日期:2021年6月3日。

④ 马涌:《人民日报:让短视频赋能主流文化》,人民网,2019年1月4日,http://media.people.com.cn/n1/2019/0104/c40606-30502701.html,最后访问日期:2023年2月14日。

理创新"[①]等提议也逐渐进入官方报道和公众视野，这正说明搭建起多样化社会治理平台、发挥短视频新型治理媒介的功能，对提升社会治理效能、建设社会治理共同体具有重要意义。

（一）短视频类自媒体活跃度较高，存在社会参与的意愿基础

在自媒体子问卷的 1000 个样本中，有自媒体账号的有 522 个，占比为 52.20%，超过一半。而在这 522 个样本中，在近三个月更新过自媒体账号的有 493 个，占比为 94.44%（见图 5-1），由此可见绝大多数自媒体账号保持较高的活跃度。

在这 493 个拥有并在近三个月更新过自媒体账号的样本中，短视频类、新闻/资讯类、社交平台类为其主要类型，占比分别大约为 43.81%、41.99%、40.97%，这说明受访者中，拥有不止一个自媒体账号的情况较为普遍，而短视频类自媒体账号的活跃度以微弱优势领先于其他类型账号（见图 5-2）。

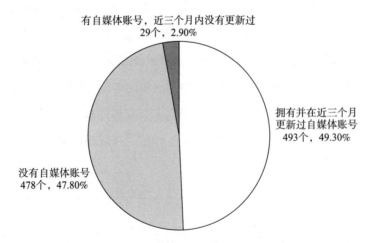

图 5-1　自媒体账号拥有情况（N=1000）

资料来源："2020 年手机人——移动互联网全景大调研"数据库。

---

① 赵曙光:《以媒体融合助力社会治理创新》，人民网，2020 年 12 月 9 日，http://media.people.com. cn/n1/2020/1209/c40606-31959886.html，最后访问日期：2023 年 2 月 14 日。

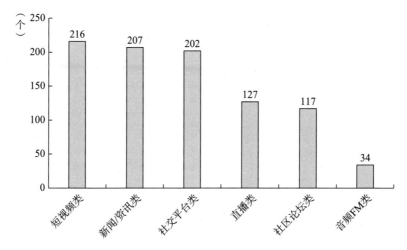

图 5-2 拥有并在近三个月更新过自媒体账号的类型（*N*=493）

资料来源："2020 年手机人——移动互联网全景大调研"数据库。

其中，既活跃于更新短视频类账号又活跃于更新新闻 / 资讯类账号的有 74 位受访者，占活跃更新自媒体者的 15.01%，比重不低。另外，在拥有自媒体账号的 522 位受访者中，出于"兴趣爱好"发布自媒体居发布自媒体原因的首位，占比约为 56.90%；而受到"评论吐槽或揭露社会现象"的动机驱使发布自媒体的受访者，占比约为 18.01%，在众多原因中排名较为靠前，这也反映出，自媒体发布者有一定社会介入与参与的意愿基础（见表 5-1）。

表 5-1 发布自媒体的原因（*N*=522）

单位：个，%

原因	频数	百分比
兴趣爱好	297	56.90
记录个人生活	194	37.16
打发时间	149	28.54
发布个人擅长的专业内容	143	27.39
评论吐槽或揭露社会现象	94	18.01
展示自我	89	17.05

原因	频数	百分比（%）
交友	88	16.86
积累等级经验以获取更多平台内容权限	81	15.52
经验分享	81	15.52
好玩有趣	71	13.60
工作 / 学习需要	57	10.92
娱乐大众	53	10.15
内容或产品推广	47	9.00
博得他人关注	46	8.81
赚钱	33	6.32
好奇尝鲜	31	5.94

资料来源："2020年手机人——移动互联网全景大调研"数据库。

而在所有因评论吐槽或揭露社会现象发布自媒体的受访者中，运用短视频类账号发布的人数仅次于新闻 / 资讯类，占比约为44.68%。这说明除了最符合评论用途的新闻 / 资讯类账号之外，综合性的短视频类账号也成为自媒体用户参与社会时事、发布热点话题的重要阵地。

（二）短视频作为新型社会治理模式的条件优越

首先，在短视频子问卷的3000个样本中，观看过短视频的有2713个，占比约为90.43%，侧面印证了短视频普及率高、用户规模庞大的现实图景。而在观看过短视频的受访者中，超过一半（53.89%）的受访者每天观看短视频1次及以上，而只有约2.40%的受访者观看短视频的频率低于每周1次。在观看短视频的原因中，"缓解无聊，打发时间"居首位，不少人（38.37%）受此影响而观看短视频。另外，在观看短视频的场景中，超过一半（50.68%）的受访者在"无聊时 / 闲暇时"观看短视频，而在"乘坐交通工具时""等人 / 等车 / 等位时""上厕所时""吃饭时"等生活场景中，也有不少人选择观看短视频。以上数据说明，大多数人观看短视频呈现高频率、碎片化的特征，这也为社会治理的全面覆盖提供了条件。具体见图 5-3、表 5-2、表 5-3。

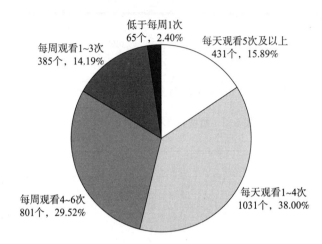

图 5-3　短视频观看频率（N=2713）

资料来源："2020 年手机人——移动互联网全景大调研"数据库。

表 5-2　短视频观看原因（N=2713）

单位：个，%

原因	频数	百分比
缓解无聊，打发时间	1041	38.37
娱乐，增加生活的趣味	1030	37.97
发现有趣的内容	957	35.27
放松、帮助睡眠等	676	24.92
学习知识 / 游戏技能	637	23.48
赶潮流，尝试新鲜事物	478	17.62
获取陪伴，缓解孤独	449	16.55
社交，增加和朋友的互动	442	16.29
获取购物信息	434	16.00
支持喜欢的明星 / 网红 / 大 V/ 战队等	400	14.74
寻找兴趣喜好相近的人 / 组织	392	14.45
交友，拓展社交圈子	369	13.60

原因	频数	百分比
逃避现实、释放压力	358	13.20
周围人都在看	309	11.39
别人推荐	273	10.06

资料来源："2020年手机人——移动互联网全景大调研"数据库。

表5-3 短视频观看场景（*N*=2713）

单位：个，%

场景	频数	百分比
无聊时/闲暇时	1375	50.68
睡觉前	1083	39.91
乘坐交通工具时	648	23.88
等人/等车/等位时	645	23.77
看视频/玩游戏等娱乐时	593	21.86
上厕所时	581	21.42
吃饭时	486	17.91
醒来后	385	14.19
收到推送	322	11.87
聚会时	254	9.36
走路时	243	8.96
学习时/上班时	216	7.96
运动时	201	7.41
开会时	153	5.64

资料来源："2020年手机人——移动互联网全景大调研"数据库。

其次，在所有受访者中，有1807个受访者上传过短视频，而上传短视频的原因，除了最普遍的"分享生活"（40.79%）外，还有"觉得好玩，有趣"（40.07%）、"传递正能量"（28.78%）、"交友，拓展朋友圈子"（25.46%）、"传播文化或知识"（22.47%）、"想要获得认可"（22.41%）。

至于短视频给社会生活带来的意义，在3000个样本中，也有不少人认可"使人们表达自己，给予每个人被看见的机会"（27.93%）、"传递正能量"（25.93%），且它们在所有意义中认可度较高。具体见表5-4、表5-5。

表5-4 上传短视频的原因（N=1807）

单位：个，%

原因	频数	百分比
分享生活	737	40.79
觉得好玩，有趣	724	40.07
传递正能量	520	28.78
交友，拓展朋友圈子	460	25.46
传播文化或知识	406	22.47
想要获得认可	405	22.41
尝鲜	337	18.65
为喜欢的明星/网红/大V等打call	129	7.14
工作需要	85	4.70
获取收益	28	1.55

资料来源："2020年手机人——移动互联网全景大调研"数据库。

表5-5 短视频给社会生活带来的意义（N=3000）

单位：个，%

意义	频数	百分比
娱乐性，使生活变得有趣	1312	43.73
使人们表达自己，给予每个人被看见的机会	838	27.93
增加学习趣味性	795	26.50
传递正能量	778	25.93
普及知识	769	25.63
教会人们新的生活技能	733	24.43
传播传统文化、特色文化等	691	23.03
真实、及时地获取信息（如新闻资讯）	676	22.53

续表

意义	频数	百分比
社交性，拓展社交圈子	675	22.50
增加就业和创业的机会	644	21.47
树立目标，榜样引导	486	16.20
企业线上转型的工具，帮助企业复工复产	425	14.17
获得收益	241	8.03

资料来源："2020 年手机人——移动互联网全景大调研"数据库。

短视频也为用户沟通提供平台，受众可以通过发弹幕、评论区评论的方式，实现与发布者以及其他受众之间的有机双向多维互动，并且这两种互动方式的使用也较为广泛。在观看短视频的受访者中，有超过 1/4 的人选择这两种互动方式。另外，受众即使只是点赞、转发 / 分享，也是在用一种沉默低调的方式表达自己的倾向，而这两种互动方式较主动发弹幕或评论区评论的时间成本更低、传播速度更快，因而应用也更为普遍。具体见表 5-6。

表 5-6　观看短视频时经常进行的互动方式（N=2713）

单位：个，%

互动方式	频数	百分比
点赞	1225	45.15
转发 / 分享	701	25.84
发弹幕	687	25.32
评论区评论	679	25.03
关注博主	648	23.88
不互动	481	17.73
与其他粉丝互动	384	14.15
竞猜 / 答题	381	14.04
投票	373	13.75

互动方式	频数	百分比
打赏	337	12.42
私信博主	231	8.51
踩（倒彩等）	210	7.74
举报	134	4.94

资料来源："2020 年手机人——移动互联网全景大调研"数据库。

（三）短视频类自媒体在不同群体中的普及应用程度存在差异

我们将性别、年龄段、受教育程度、城市线级变量分别与短视频类自媒体拥有情况进行交互分析，得到列联表，同时进行卡方检验，具体见表 5–7、表 5–8、表 5–9、表 5–10。用古德曼 – 克鲁斯卡尔 tau 系数计算变量间相关强度，得出以下几点结论。①性别与短视频类自媒体拥有情况的皮尔逊卡方值为 4.851，显著性 Sig.=0.028<0.05，结果显著；古德曼 – 克鲁斯卡尔 tau 系数为 0.005，显著性 Sig.=0.028<0.05，结果显著。②年龄段与短视频类自媒体拥有情况的皮尔逊卡方值为 63.387，显著性 Sig.=0.000，结果显著；古德曼 – 克鲁斯卡尔 tau 系数为 0.063，显著性 Sig.=0.000，结果显著。③受教育程度与短视频类自媒体拥有情况的皮尔逊卡方值为 13.612，显著性 Sig.=0.003<0.05，结果显著；古德曼 – 克鲁斯卡尔 tau 系数为 0.014，显著性 Sig.=0.004<0.05，结果显著。④城市线级与短视频类自媒体拥有情况的皮尔逊卡方值为 25.596，显著性 Sig.=0.000，结果显著；古德曼 – 克鲁斯卡尔 tau 系数为 0.026，显著性 Sig.=0.000，结果显著。所以，不同性别、年龄段、受教育程度、城市线级的受访者在短视频类自媒体拥有情况上均存在显著差异，且相关强度较强，相关的实际意义较大。

根据表 5–7，男性和女性在短视频类自媒体拥有情况上存在显著差异，女性中拥有短视频类自媒体的百分比大于男性中拥有短视频类自媒体的百分比。

表 5-7　按性别划分的短视频类自媒体拥有情况的百分比（*N*=1000）

单位：%，个

短视频类自媒体拥有情况	男性	女性
没有短视频类自媒体	81.2	75.4
拥有短视频类自媒体	18.8	24.6
合计	100.0	100.0
样本数	520	480

资料来源："2020 年手机人——移动互联网全景大调研"数据库。

　　根据表 5-8，不同年龄段的受访者在短视频类自媒体拥有情况上存在显著差异，我们可以发现，25~29 岁的青年，拥有短视频类自媒体的百分比较其他年龄段高，在 30% 左右；40~44 岁的中年拥有短视频类自媒体的百分比反而比 35~39 岁的群体高；45 岁及以上的受访者则都没有短视频类自媒体。总的来说，短视频类自媒体的使用普及以年轻人为主力军。

表 5-8　按年龄段划分的短视频类自媒体拥有情况的百分比（*N*=1000）

单位：%，个

短视频类自媒体拥有情况	15~19 岁	20~24 岁	25~29 岁	30~34 岁	35~39 岁	40~44 岁	45~49 岁	50~65 岁
没有短视频类自媒体	72.9	72.3	69.5	71.4	85.7	77.1	100.0	100.0
拥有短视频类自媒体	27.1	27.7	30.5	28.6	14.3	22.9	0.0	0.0
合计	100.0	100.0	100.0	100.0	100.0	100.0	100.0	100.0
样本数	140	195	154	126	154	83	72	76

资料来源："2020 年手机人——移动互联网全景大调研"数据库。

　　根据表 5-9，不同受教育程度的受访者在短视频类自媒体拥有情况上存在显著差异，我们可以发现，受教育程度越高，拥有短视频类自媒体的受访者百分比越高。

表 5-9　按受教育程度划分的短视频类自媒体拥有情况的百分比（N=1000）

单位：%，个

短视频类自媒体拥有情况	高中及以下	大专	本科	硕士及以上
没有短视频类自媒体	83.4	80.4	73.1	70.0
拥有短视频类自媒体	16.6	19.6	26.9	30.0
合计	100.0	100.0	100.0	100.0
样本数	350	250	350	50

资料来源："2020 年手机人——移动互联网全景大调研"数据库。

根据表 5-10，不同城市线级的受访者在短视频类自媒体拥有情况上存在显著差异，一线城市受访者中，拥有短视频类自媒体的百分比接近 30%，高于其他城市线级的受访者；二、三线城市次之，拥有短视频类自媒体的受访者百分比为 25% 左右；四、五线城市最少，不超过 15%。城市线级与短视频类自媒体拥有情况之间，也呈现出短视频类自媒体拥有率随着城市线级下降而下降的趋势。

表 5-10　按城市线级划分的短视频类自媒体拥有情况的百分比（N=1000）

单位：%，个

短视频类自媒体拥有情况	一线城市	二线城市	三线城市	四线城市	五线城市
没有短视频类自媒体	71.1	75.7	74.5	85.0	90.0
拥有短视频类自媒体	28.9	24.3	25.5	15.0	10.0
合计	100.0	100.0	100.0	100.0	100.0
样本数	180	300	200	160	160

资料来源："2020 年手机人——移动互联网全景大调研"数据库。

短视频类自媒体的拥有情况存在性别、年龄、受教育程度、城市线级的群体差异，这也给短视频类自媒体创新社会治理模式带来两方面影响：一方面，不同群体的差异化表达有利于社会治理所提倡的多元自主氛围的形成；另一方面，在短视频类自媒体运行的过程中，男性、低学历者、小城市居民话语声音相对弱小，老年群体的身影几乎消失，这些都容易造成互联网语境中的话语势力不对等、不均衡的状况，特别是老年群体的话语空白、欠发达地区的声音微弱，这些都不利于社会治理以更普惠、更包容的方式展开。

四 短视频类自媒体参与新型社会治理的可行性

根据团队研究，在短视频类自媒体对于创新社会治理模式的贡献上，可以得出以下结论。

第一，短视频类自媒体用户活跃度较高，存在社会介入与社会参与的意愿基础，除了最符合评论用途的新闻／资讯类平台之外，综合性的短视频类平台也成为自媒体用户参与社会时事、评论热点话题的重要阵地。

第二，短视频作为新型传播形式，具备作为新型社会治理模式的优越条件。首先，短视频用户观看短视频呈现高频率、碎片化的特征，为社会治理的无孔不入、无微不至提供了条件；其次，短视频在传递正能量方面发挥作用，能够为社会治理完善提供一定的价值基础，有利于推动社会治理朝善治的正面方向发展；最后，短视频为用户沟通提供平台，实现发布者与受众、受众与受众之间的有机双向多维互动，有利于营造平等开放的对话氛围，畅通利益意见表达渠道，从而为形成多元共治的社会治理格局奠定良好的基础。

第三，短视频类自媒体的拥有情况存在性别、年龄、受教育程度、城市线级的群体差异，女性、中青年、高学历者以及一线城市居住者相较同一分类下的其他群体，短视频类自媒体拥有情况更为乐观。相应的，这也给短视频类自媒体创新社会治理模式带来两方面影响，良性影响体现在有利于形成多元自主的治理氛围，而不良影响体现在不利于治理过程中话语势力的对等均衡。

针对以上三点，拟提出以下建议：其一，借助短视频类自媒体介入社会治理的良好基础，进一步挖掘与利用其优势条件，为社会治理注入动力；其二，提高短视频类自媒体在不同人群中的普及应用程度，或者与其他新媒体形式如微信、微博等形成互补，多平台全方位融合联动，以弥补短视频类自媒体应用过程中老年群体、低学历者以及小城市居民在社会治理语境中的话语空白。搭建起多样化社会治理平台，发挥短视频新型治理媒介的功能，最后真正实现社会治理共同体的建设与社会治理效能的提升，完善多元共治的治理格局。

第四节　全媒体背景下新媒体参与社会治理的现状

从 1998 年《关于国务院机构改革方案的说明》到 2013 年党的十八届三中全会通过《中共中央关于全面深化改革若干重大问题的决定》，中国共产党的执政理念经历了从"社会管理"到"社会治理"的变化。[1] 党的二十大报告中也指出，"我们要健全人民当家作主制度体系，扩大人民有序政治参与""发挥人民群众积极性、主动性、创造性，巩固和发展生动活泼、安定团结的政治局面"，同时我们也要积极发展基层民主，"健全基层党组织领导的基层群众自治机制，加强基层组织建设，完善基层直接民主制度体系和工作体系"。社会治理的关键在于官民互动，协商治理。如果只有政府主体的引导，没有公民主体的参与，那么整个链条就不能完整，社会治理的过程也会缺少活力。公民不仅是全过程人民民主实现的关键，也是基层社会治理参与的核心力量，所以考察公民社会治理参与情况以及态度和看法，对社会治理体制的改善有着重要意义。全媒体时期，人们的社会治理参与逐步转到互联网平台，通过对人们线上线下社会治理参与数据的分析，我们可以看出人们运用媒体参与社会治理的情况。

一　社会治理参与情况

（一）线上社会治理参与情况

由图 5-4 可知，近 90% 的人并没有参加过线上的社会治理活动，

---

[1]　邵光学、刘娟：《从"社会管理"到"社会治理"——浅谈中国共产党执政理念的新变化》，《学术论坛》2014 年第 2 期，第 44~47 页。

线上社会治理活动的参与率很低。8% 的人"参与公益志愿活动（如参与众筹救助、直播助农等）"，5% 的人曾"反映社会问题或发表个人意见建议"。分别只有 3% 的人"参加社区在线会议等公共决策活动"、"与其他公民对社会议题／政策进行讨论（如贴吧讨论等）"以及"获取政治、社会类议题信息"。整体而言，只有少数人曾在线上参与社会治理活动。

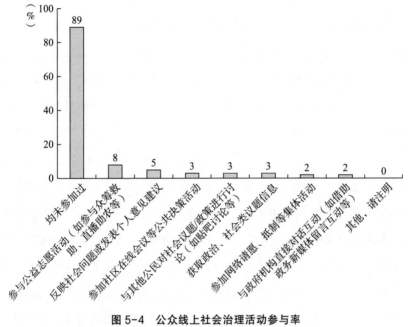

图 5-4 公众线上社会治理活动参与率

资料来源："2020 年手机人——移动互联网全景大调研"数据库。

由图 5-5 可知，女性在"参与公益志愿活动（如参与众筹救助、直播助农等）""与其他公民对社会议题／政策进行讨论（如贴吧讨论等）""获取政治、社会类议题信息"等方面的参与率高于男性，而男性在"参加网络请愿、抵制等集体活动""参加社区在线会议等公共决策活动"等方面的参与率高于女性。女性的线上社会治理活动参与更偏向于获取和交换信息，而男性则更偏向于决策和行动。

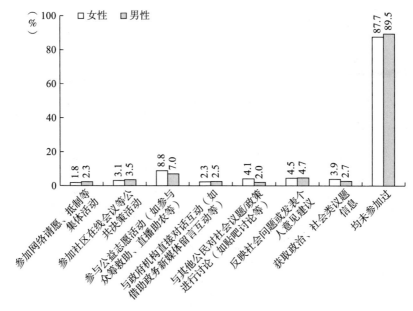

图 5-5　不同性别人群线上社会治理活动参与率

资料来源："2020 年手机人——移动互联网全景大调研"数据库。

由图 5-6 可知，独生子女参与绝大部分线上社会治理活动的比例高于非独生子女。是否为独生子女这一变量对线上社会治理活动的参与程度有一定的影响。独生子女多为 20 世纪 80 年代后出生的年轻人，这部分群体对社会问题的关注度更强，参与感更高，整体较为活跃。

由图 5-7 可知，整体上，体制内人群更多参与线上社会治理，如在"获取政治、社会类议题信息""反映社会问题或发表个人意见建议"等方面，体制内人群的线上社会治理活动参与率要高于体制外人群，只有"与政府机构直接对话互动（如借助政务新媒体留言互动等）"这一选项，体制外人群的参与率高于体制内人群，体制外人群大部分不在政府部门工作，线下与政府机构互动的机会较少，所以很可能转向线上渠道与政府机构直接对话。

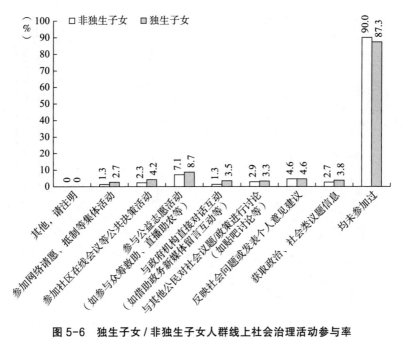

图 5-6　独生子女/非独生子女人群线上社会治理活动参与率

资料来源:"2020 年手机人——移动互联网全景大调研"数据库。

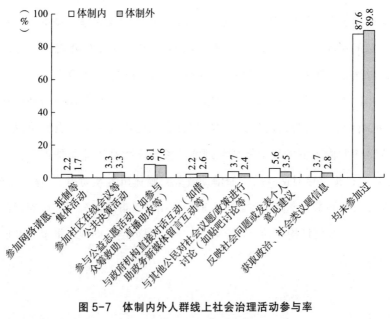

图 5-7　体制内外人群线上社会治理活动参与率

资料来源:"2020 年手机人——移动互联网全景大调研"数据库。

由表 5-11 可知，整体上，随着城市线级的提高，人群参与线上社会治理的比例也相应提高。一线城市人群在除了"获取政治、社会类议题信息"外其他项活动的参与率都显著高于其他线级城市人群。但二线城市人群在"与政府机构直接对话互动（如借助政务新媒体留言互动等）""参加网络请愿、抵制等集体活动"方面的参与率高于新一线城市人群。

表 5-11　不同城市线级人群线上社会治理参与率

单位：%

线上社会治理活动	一线	新一线	二线	三线	四线	五线
均未参加过	76.7	83.3	87.3	91.5	94.4	96.7
获取政治、社会类议题信息	6.1	4.7	9.1	2.0	0.6	0.0
反映社会问题或发表个人意见建议	9.4	6.7	6.4	3.0	1.7	1.7
与其他公民对社会议题/政策进行讨论（如贴吧讨论等）	7.2	4.0	3.6	2.5	0.6	1.1
与政府机构直接对话互动（如借助政务新媒体留言互动等）	6.1	2.0	4.5	1.0	0.6	1.1
参与公益志愿活动（如参与众筹救助、直播助农等）	14.4	11.3	8.2	6.5	5.0	2.8
参加社区在线会议等公共决策活动	7.8	4.0	3.6	3.0	1.1	0.6
参加网络请愿、抵制等集体活动	5.6	1.3	4.5	1.0	0.0	0.6
其他，请注明	0.0	0.0	0.0	0.0	0.0	0.0

资料来源："2020 年手机人——移动互联网全景大调研"数据库。

综上可知，目前人们线上社会治理参与水平并不高，人群中参与率靠前的活动为公益志愿活动等更具服务性质的活动，信息获取和分享以及具体行动类活动的参与率则更低。男性和女性、体制外和体制内、独生子女与非独生子女、不同城市线级人群在参与率上并不完全相同。社会治理活动的参与是体现一个国家公民参政议政意识、社会责任感的重要指标，因此我们应采取措施鼓励更多的人参与社会治理活动，积极利用互联网带来的便利性，为和谐社会的建设积极建言献策、同心发力。

（二）线下社会治理参与情况

如图 5-8 所示，近 90% 的人群未参加过线下社会治理活动，线下社会治理活动的参与率也较低。8% 的人群曾"参与线下公益志愿活动"，5% 的人群曾"参与选举投票"活动，3% 的人群曾"参加信访、线下请愿等集体活动"、"参加社区大会等公共决策活动"、"参加开放日等活动与政府机构直接对话互动"以及"与其他公民对社会议题 / 政策进行讨论"。总体来说，大家线下参与社会治理活动的比例不高。

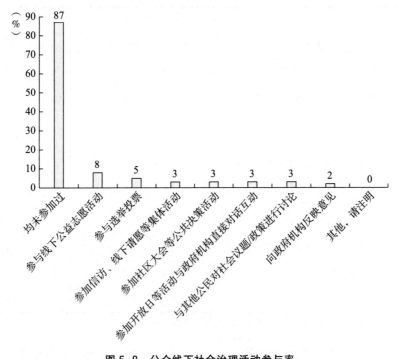

图 5-8　公众线下社会治理活动参与率

资料来源："2020 年手机人——移动互联网全景大调研"数据库。

由图 5-9 可知，体制内人群在"参与线下公益志愿活动""参与选举投票""参加社区大会等公共决策活动""参加信访、线下请愿等集体活动"方面的参与率高于体制外人群，但体制外人群在"参加开放日等活动与政府机构直接对话互动"以及"向政府机构反映意见"等活动的参与率高于体制内人群，与线上社会治理活动参与情况一致，体制外人群因为较少在政府部门工作，所以会通过一些线下的活动与政府机构沟通和反馈意见。

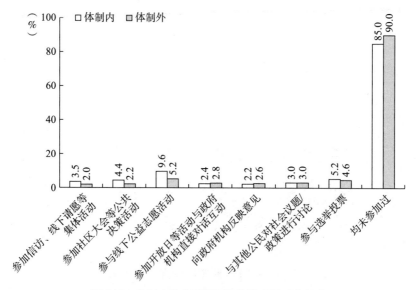

图 5-9　体制内外人群线下社会治理活动参与率

资料来源："2020 年手机人——移动互联网全景大调研"数据库。

由图 5-10 可知，男性在"与其他公民对社会议题 / 政策进行讨论""向政府机构反映意见"等方面的参与率高于女性，而女性在"参与选举投票""参与线下公益志愿活动"等方面的参与率高于男性。男性更关注社会问题和社会政策，乐于交流看法，女性则更愿意参与一些线下群体性的社会活动。

综上，人们线下社会治理活动的参与率虽然比线上稍高，但依旧没有达到预期的标准，整体参与的积极性还是很低。总体而言，体制内外、性别等变量对社会治理活动的参与率均有一定程度的影响。不同性别的人群的参与偏好也有所不同。民众更多参与社会治理活动有利于构建"共建共治共享"的社会治理格局，也有利于推动实现共同富裕的宏大目标。社会整体治理水平的提高，不能只靠政府一方主体发力，而要靠多方主体通力合作，其中基层自治的力量十分重要。我们需要更多有效的方案，以及更进一步的努力调动起公众参与社会治理活动的热情。

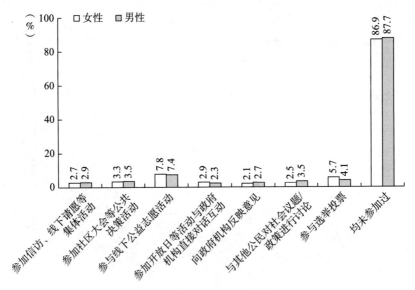

图 5-10 不同性别人群线下社会治理活动参与率

资料来源："2020年手机人——移动互联网全景大调研"数据库。

二 社会治理参与意愿

（一）线上社会治理参与意愿

如图5-11所示，60%的人并无意愿参与线上社会治理活动。有意愿参与线上社会治理活动的比例虽不高，但相对于已经付诸行动的参与情况，人们的想法还是比较积极的。24%的人愿意"参与公益志愿活动（如参与众筹救助、直播助农等）"，16%的人愿意"反映社会问题或发表个人意见建议"，12%的人愿意"参加社区在线会议等公共决策活动"。

如表5-12所示，整体而言，随着城市线级的提高，人们参与线上社会治理活动的意愿也会提高。但五线城市人群在"获取政治、社会类议题信息""反映社会问题或发表个人意见建议"的参与意愿上高于三线和四线城市人群。在获取信息、发表意见上，城市的线级并没有限制人们的参与意愿。

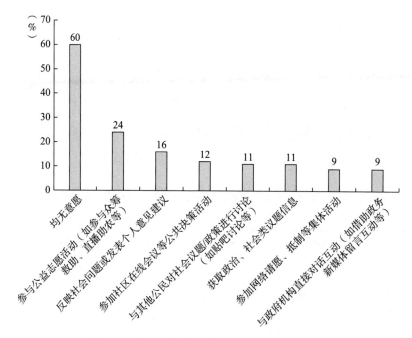

图 5-11 愿意参与线上社会治理活动的人群比例

资料来源："2020 年手机人——移动互联网全景大调研"数据库。

表 5-12 不同城市线级愿意参与线上社会治理活动的人群比例

单位：%

线上社会治理活动	一线	新一线	二线	三线	四线	五线
均无意愿	38.9	47.3	56.4	68.0	71.1	75.0
获取政治、社会类议题信息	19.4	12.0	12.7	8.0	5.6	8.9
反映社会问题或发表个人意见建议	23.3	20.7	20.0	11.5	8.3	15.6
与其他公民对社会议题/政策进行讨论（如贴吧讨论等）	17.2	17.3	11.8	8.0	6.1	5.6
与政府机构直接对话互动（如借助政务新媒体留言互动等）	17.8	12.7	6.4	8.0	6.1	3.3
参与公益志愿活动（如参与众筹救助、直播助农等）	32.8	30.0	30.0	21.5	17.8	14.4
参加社区在线会议等公共决策活动	21.1	14.7	10.9	11.5	9.4	5.6
参加网络请愿、抵制等集体活动	14.4	11.3	10.0	7.5	8.3	4.4

资料来源："2020 年手机人——移动互联网全景大调研"数据库。

如表 5-13 所示，随着受教育程度的提高，人们参与线上社会治理活动的意愿会先升后降，在本科时达到峰值。只有在"参与公益志愿活动（如参与众筹救助、直播助农等）""参加社区在线会议等公共决策活动"等方面硕士及以上学历的人群的意愿显著高于其他人群。本科学历的人群在参与线上社会治理活动上表现最为积极，特别是在信息的获取和反馈方面。硕士及以上学历的人群更愿意参与服务和决策性的活动。

表 5-13　不同受教育程度愿意参与线上社会治理活动的人群比例

单位：%

线上社会治理活动	高中及以下	大专	本科	硕士及以上
均无意愿	67.7	56.0	52.0	56.5
获取政治、社会类议题信息	10.2	11.2	12.0	8.7
反映社会问题或发表个人意见建议	13.2	17.2	19.2	17.4
与其他公民对社会议题/政策进行讨论（如贴吧讨论等）	8.2	12.0	13.2	10.9
与政府机构直接对话互动（如借助政务新媒体留言互动等）	7.3	9.6	11.2	8.7
参与公益志愿活动（如参与众筹救助、直播助农等）	20.5	25.2	27.2	30.4
参加社区在线会议等公共决策活动	9.8	14.0	12.8	15.2
参加网络请愿、抵制等集体活动	6.6	10.0	12.4	8.7

资料来源："2020 年手机人——移动互联网全景大调研"数据库。

如图 5-12 所示，除"参加社区在线会议等公共决策活动"体制内外人群愿意参与比例相等外，体制内人群在各项线上社会治理活动的参与意愿上都较体制外人群高。这可能与体制内人群多在行政系统工作、接触政策性消息较多有关。

由图 5-13 可知，独生子女参与各项线上社会治理活动的意愿均高于非独生子女。独生子女自我意识较强，对社会问题有更多的关注，且因为其多为互联网的"原住民"，所以在线上社会治理活动的参与意愿上表现得更为积极。

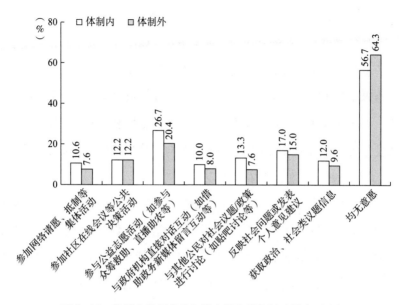

图5-12　体制内外愿意参与线上社会治理活动的人群比例

资料来源："2020年手机人——移动互联网全景大调研"数据库。

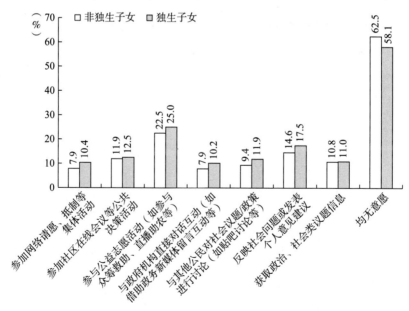

图5-13　独生子女/非独生子女愿意参与线上社会治理活动的人群比例

资料来源："2020年手机人——移动互联网全景大调研"数据库。

综上可知，相比于已经参与线上社会治理活动的比例，有意愿参与的人群比例要高一些，但在绝对值上也并不理想，还是有超过一半的人不愿意参与任何线上社会治理活动。独生子女、体制内、高学历、一线城市人群的参与意愿相对来说较高。以往研究表明，新媒体显著提高了人们的社会治理参与意愿，互联网上每日被如火如荼讨论的舆论事件也说明了这一点。但从现有数据来看，大部分人对社会问题的参与依旧比较保守。如何激发公民的参与热情且引导公民有序参与，是我们亟须解决的问题。

（二）线下社会治理参与意愿

如图5-14所示，57%的人无意愿参与任何线下社会治理活动，这说明不到一半的人愿意参与至少一项线下社会治理活动，整体来说，参与意愿不太强。26%的人愿意"参与线下公益志愿活动"，17%的人愿意"参与选举投票"，12%的人愿意"参加社区大会等公共决策活动"以及"与其他公民对社会议题/政策进行讨论"。只有9%的人愿意"参加开放日等活动与政府机构直接对话互动"。这一排序在一定程度上也能反映出此类活动的开展频次，如开放日等活动的开展就并不普遍。

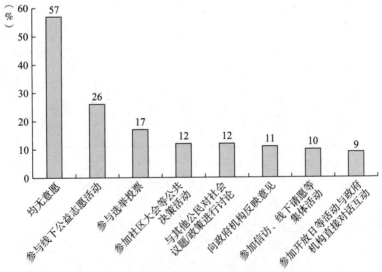

图5-14　愿意参与线下社会治理活动的人群比例

资料来源："2020年手机人——移动互联网全景大调研"数据库。

由图 5-15 可知，体制内人群愿意参与各项线下社会治理活动的比例均高于体制外人群。特别是愿意"参与线下公益志愿活动"、"参与选举投票"和"向政府机构反映意见"等的体制内人群的占比显著高于体制外人群。与愿意参与线上社会治理活动的情况基本一致，体制内人群的线下社会治理活动参与意愿也较高。体制内人群对于社会治理有更强的责任意识。

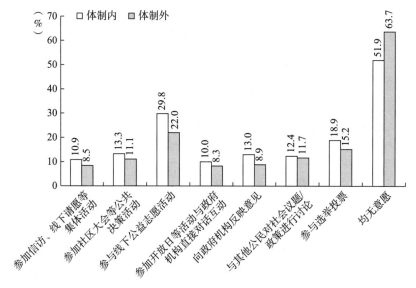

图 5-15　体制内外愿意参与线下社会治理活动的人群比例

资料来源："2020 年手机人——移动互联网全景大调研"数据库。

如图 5-16 所示，独生子女有意愿参与各项线下社会治理活动的比例都高于非独生子女。特别是在"参与选举投票""与其他公民对社会议题／政策进行讨论"两项活动上，独生子女参与意愿明显高于非独生子女。

对人们线下社会治理活动参与意愿的分析呈现出与线上相似的趋势，不同的是，线下社会治理活动需要切实有效地开展才能促进人们参与，所以想要提高人们线下社会治理活动的参与意愿，首先需要更多地开展相关活动，并做好活动普及和宣传工作。

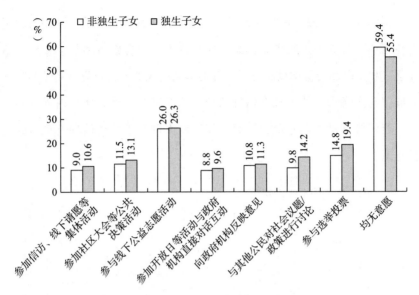

图 5-16　独生子女 / 非独生子女愿意参与线下社会治理活动的人群比例

资料来源："2020 年手机人——移动互联网全景大调研"数据库。

三　用户信息获取渠道和来源

（一）社会类 / 政治类议题信息获取渠道

由图 5-17 可知，接近一半的人获取社会类 / 政治类议题信息的渠道是《人民日报》、人民网等中央级融媒体，超过 30% 的人获取渠道是微信朋友圈，30% 的人获取渠道是微博大 V、微信公众号等自媒体。只有 15% 的人从地市级融媒体和省级融媒体（浙江卫视等）获取社会类 / 政治类议题信息，且只有 11% 的人从县级融媒体这一渠道获取信息。12% 的人的获取渠道是普通网友爆料。由此可见，在互联网时代，人们获取信息的方式不再局限于地理位置，地市级融媒体和县级融媒体在信息提供这一功能上并不太受欢迎，所以地方融媒体的破局之道在于对本地新闻的深挖以及传播模式的突破，但从该图也可以看出，主流媒体依然是用户获取社会类 / 政治类议题信息的主要渠道，只有少数人会从普通网友爆料处获取信息。

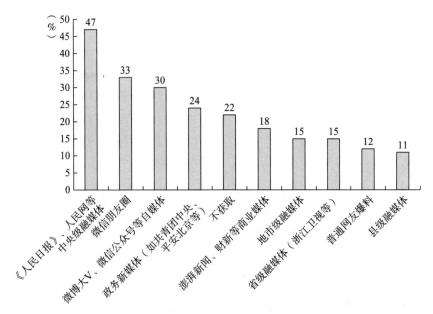

图 5-17　获取社会类 / 政治类议题信息的渠道来源占比

资料来源："2020 年手机人——移动互联网全景大调研"数据库。

由图 5-18 可知，体制内人群获取社会类 / 政治类议题信息的比例高于体制外人群。除了省级融媒体（浙江卫视等）渠道，体制内人群通过其他渠道获取社会类 / 政治类议题信息的比例均高于体制外人群。体制内人群大多从事社会服务类事业，所以对社会类 / 政治类议题信息的接收更有积极性。在省级融媒体（浙江卫视等）渠道，体制外人群的使用比例高于体制内人群，由于省级融媒体主要指的是电视频道，所以相对于体制内人群，体制外人群可能更愿意通过电视渠道获取时政信息。

由图 5-19 可知，独生子女比非独生子女获取社会类 / 政治类议题信息更积极。除《人民日报》、人民网等中央级融媒体以及微信朋友圈和普通网友爆料渠道，其他渠道独生子女的获取比例都高于非独生子女。尤其是澎湃新闻、财新等商业媒体渠道，独生子女选择的比例明显高于非独生子女。独生子女接触商业媒体、自媒体的频率较高。对于主流媒体，他们也展现出较为明显的偏好，尽管比例低于非独生子女，但《人民日报》、人民网等中央级融媒体仍是他们的第一选择。

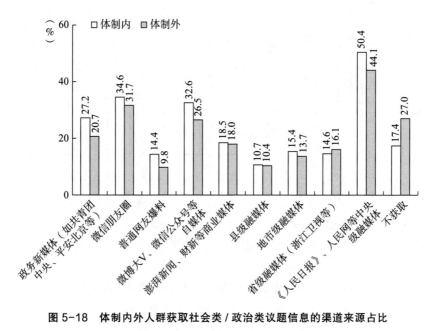

图 5-18 体制内外人群获取社会类／政治类议题信息的渠道来源占比

资料来源："2020 年手机人——移动互联网全景大调研"数据库。

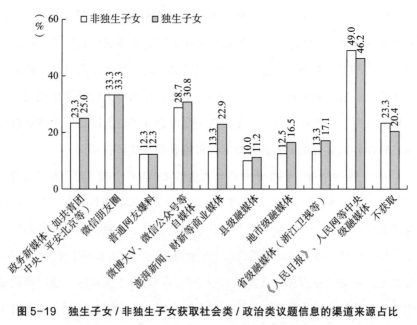

图 5-19 独生子女／非独生子女获取社会类／政治类议题信息的渠道来源占比

资料来源："2020 年手机人——移动互联网全景大调研"数据库。

由表 5-14 可知，35 岁以下人群获取社会类／政治类议题信息的比例显著高于 35 岁及以上人群。特别是在《人民日报》、人民网等中央级融媒体和微博大 V、微信公众号等自媒体渠道上，35 岁及以上人群选择的比例明显低于 35 岁以下人群。35 岁及以上人群对社会类／政治类议题的关心程度较低，原因可能是该人群在媒介接触上依旧存在一些障碍，数字鸿沟仍然存在；也有可能是该人群对社会类／政治类议题信息了解意愿本身就比较低。

表 5-14 不同年龄段的人群获取社会类／政治类议题信息的渠道来源

单位：%

渠道来源	15~19 岁	20~24 岁	25~29 岁	30~34 岁	35~39 岁	40~44 岁	45~49 岁	50~65 岁
不获取	13.5	11.2	13.7	8.6	28.9	41.0	44.3	47.4
《人民日报》、人民网等中央级融媒体	61.0	53.8	51.6	57.8	38.2	37.3	28.6	27.6
省级融媒体（浙江卫视等）	14.9	15.7	17.0	13.3	17.8	13.3	15.7	11.8
地市级融媒体	9.2	13.2	20.9	18.0	13.8	14.5	8.6	17.1
县级融媒体	10.6	13.2	12.4	14.1	5.3	9.6	4.3	11.8
澎湃新闻、财新等商业媒体	14.2	14.2	23.5	18.8	24.3	19.3	14.3	15.8
微博大 V、微信公众号等自媒体	35.5	39.1	34.0	32.0	25.0	15.7	15.7	21.1
普通网友爆料	14.9	17.3	8.5	7.0	16.4	6.0	15.7	6.6
微信朋友圈	39.7	32.5	32.0	44.5	32.2	19.3	30.0	27.6
政务新媒体（如共青团中央、平安北京等）	28.4	26.4	28.1	30.5	21.7	14.5	17.1	14.5

资料来源："2020 年手机人——移动互联网全景大调研"数据库。

由图 5-20 可知，相比于男性，女性获取社会类／政治类议题信息的比例更高。男性选择微信朋友圈、普通网友爆料、地市级融媒体、省级融媒体（浙江卫视等）等渠道获取信息的比例高于女性，而女性选择微博大 V、微信公众号等自媒体，澎湃新闻、财新等商业媒体，县级融媒体，政务新媒体（如共青团中央、平安北京等）等渠道获取信息的比例高于男性。

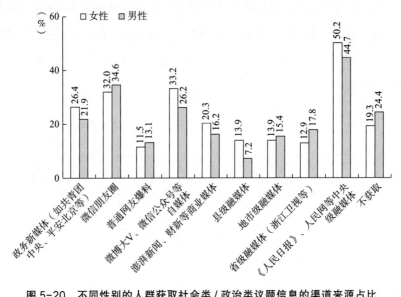

图 5-20　不同性别的人群获取社会类 / 政治类议题信息的渠道来源占比

资料来源："2020 年手机人——移动互联网全景大调研"数据库。

由表 5-15 可知，整体而言，随着学历的升高，获取社会类 / 政治类议题信息的比例会升高，但高中及以下学历的人群选择省级融媒体（浙江卫视等）、普通网友爆料等渠道获取信息的比例高于大专学历人群。

表 5-15　不同学历的人群获取社会类 / 政治类议题信息的渠道来源

单位：%

渠道来源	高中及以下	大专	本科	硕士及以上
不获取	27.3	19.6	16.0	15.2
《人民日报》、人民网等中央级融媒体	45.5	46.4	52.0	52.2
省级融媒体（浙江卫视等）	15.9	12.8	16.4	17.4
地市级融媒体	13.4	14.0	14.4	26.1
县级融媒体	10.0	10.4	11.6	13.0

渠道来源	高中及以下	大专	本科	硕士及以上
澎湃新闻、财新等商业媒体	18.9	18.8	16.8	23.9
微博大V、微信公众号等自媒体	23.4	36.0	33.2	39.1
普通网友爆料	12.7	10.8	12.4	15.2
微信朋友圈	32.0	34.4	32.8	37.0
政务新媒体（如共青团中央、平安北京等）	21.4	28.0	26.8	19.6

资料来源："2020年手机人——移动互联网全景大调研"数据库。

综上分析可知，人们获取社会类/政治类议题信息的主要渠道还是主流媒体，这说明主流媒体的影响力和公信力还是维持在较高的水平。互联网时代，省级融媒体、地市级融媒体、县级融媒体的受众减少，社交媒体和自媒体的受众增多。体制内外、是否独生子女、年龄、性别等变量都对获取社会类/政治类议题信息的渠道有一定影响，不同人群的信息渠道偏好也有差别。

（二）获取资讯的发布者来源

由图5-21可知，人们主要获取社交媒体/自媒体的大V、博主（如微信公众号、微博等）发布的资讯，选择这一项的人数比例达到63%；然后是社区类网站/App的作者（如论坛、知乎、豆瓣等）发布的资讯，选择这一项的人数比例达到53%；接下来是国家新闻单位（如《人民日报》、新华社、中央广播电视总台等）、商业新闻媒体（如腾讯新闻、网易新闻等）发布的资讯，选择的人数比例约为50%。人们获取资讯的发布者集中在互联网特别是社交媒体/自媒体，但主流媒体的选择比例也并不低，仍然超过了50%。

由图5-22可知，体制外人群获取国家新闻单位（如《人民日报》、新华社、中央广播电视总台等）、地方新闻媒体单位及地方电视台（如《南方都市报》、湖南卫视等）、商业新闻媒体（如腾讯新闻、网易新闻等）、专业机构及组织（如红十字会、官方粉丝团等）发布的资讯的比例高

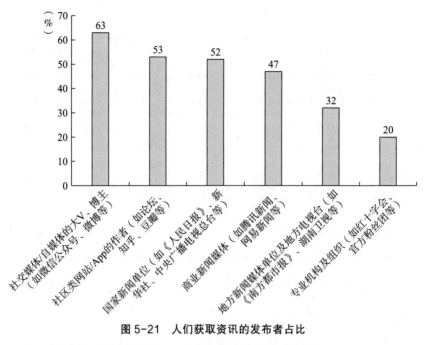

图5-21 人们获取资讯的发布者占比

资料来源："2020年手机人——移动互联网全景大调研"数据库。

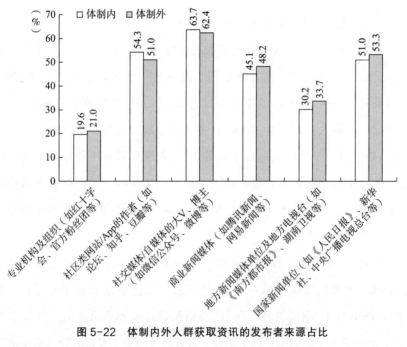

图5-22 体制内外人群获取资讯的发布者来源占比

资料来源："2020年手机人——移动互联网全景大调研"数据库。

于体制内人群，而体制内人群获取社交媒体 / 自媒体的大 V、博主（如微信公众号、微博等）以及社区类网站 /App 的作者（如论坛、知乎、豆瓣等）发布的资讯的比例高于体制外人群。相比于体制内人群，体制外人群更倾向于获取政务和专业媒体发布的资讯；相比于体制外人群，体制内人群更倾向于获取社交媒体 / 自媒体发布的资讯。

由图 5-23 可知，相比于女性，获取国家新闻单位（如《人民日报》、新华社、中央广播电视总台等）、地方新闻媒体单位及地方电视台（如《南方都市报》、湖南卫视等）、商业新闻媒体（如腾讯新闻、网易新闻等）、专业机构及组织（如红十字会、官方粉丝团等）发布的资讯的男性比例更高；而相比于男性，获取社交媒体 / 自媒体的大 V、博主（如微信公众号、微博等）和社区类网站 /App 的作者（如论坛、知乎、豆瓣等）发布的资讯的女性比例更高。男性比女性更倾向于从政务和专业媒体渠道获取资讯，而女性则比男性更倾向于从社交媒体 / 自媒体渠道获取信息。

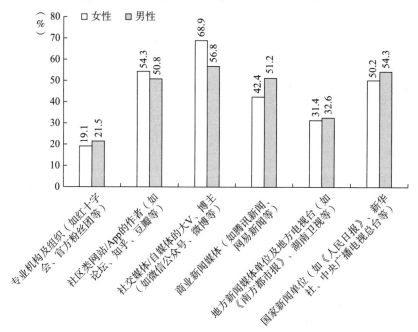

图 5-23　不同性别人群获取资讯的发布者来源占比

资料来源："2020 年手机人——移动互联网全景大调研"数据库。

如表 5-16 所示，随着学历的提高，获取国家新闻单位（如《人民日报》、新华社、中央广播电视总台等）、社区类网站/App 的作者（如论坛、知乎、豆瓣等）发布的资讯的人群比例会上升，其他选项虽然也大致呈现这一趋势，但在大专学历和硕士及以上学历这一人群中却有不同的特征，获取地方新闻媒体单位及地方电视台（如《南方都市报》、湖南卫视等）、商业新闻媒体（如腾讯新闻、网易新闻等）以及社交媒体/自媒体的大 V、博主（如微信公众号、微博等）发布的资讯的人群的比例随学历的提升而先升后降，在本科学历人群中达到峰值，硕士及以上学历人群有所回落，而获取专业机构及组织（如红十字会、官方粉丝团等）发布的资讯则出现了大专学历人群的比例低于高中/中专/技校/职高学历人群的比例的现象。

表 5-16　不同学历人群获取资讯的发布者来源占比

单位：%

发布者来源	初中及以下	高中/中专/技校/职高	大专	本科	硕士及以上
国家新闻单位（如《人民日报》、新华社、中央广播电视总台等）	40.9	49.3	52.4	56.8	60.0
地方新闻媒体单位及地方电视台（如《南方都市报》、湖南卫视等）	13.6	32.5	33.2	33.2	24.4
商业新闻媒体（如腾讯新闻、网易新闻等）	27.3	44.9	45.6	52.4	51.1
社交媒体/自媒体的大 V、博主（如微信公众号、微博等）	54.5	63.1	60.8	65.6	62.2
社区类网站/App 的作者（如论坛、知乎、豆瓣等）	31.8	48.8	56.0	56.8	57.8
专业机构及组织（如红十字会、官方粉丝团等）	9.1	19.6	16.8	22.4	35.6

资料来源："2020 年手机人——移动互联网全景大调研"数据库。

综上可知，人们更多获取社交媒体/自媒体、社区类网站/App 上发布的资讯，相比来说，获取国家新闻单位、专业机构及组织发布的资讯的比例较低。由此可见，不看涉政新闻时，人们更多地选择社交媒体/自媒体平台获取信息。体制内外、性别、不同学历的人群获取信息的偏好也不尽相同。

四　社会类/政治类议题参与频率与行为

（一）参与频率

由图5-24可知，人们参与社会类/政治类议题相关讨论的频率均值都不超过2次，整体而言，人们参与相关讨论的频率较低。相对来说，人们参与事实分析类讨论的频率最高，为1.71次；然后是参与情绪表达类讨论的频率，为1.62次；参与戏谑、抖机灵类讨论的频率最低，只有1.29次。这说明人们更多地参与理性主导的讨论，而不是情绪主导的讨论。

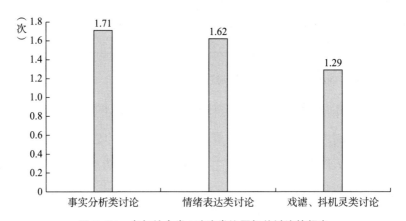

图5-24　参与社会类/政治类议题相关讨论的频率

资料来源："2020年手机人——移动互联网全景大调研"数据库。

由表5-17、表5-18可知，单身与否的人群在参与事实分析类和情绪表达类讨论的频率上有显著差异。单身的人群参与事实分析类讨论频率的均值为1.85次，显著高于非单身人群的频率均值1.67次。单身的人群参与情绪表达类讨论的频率均值为1.79次，也显著高于非单身的人群的频率均值1.57次。单身人群更多地参与这两类事件的讨论，可能与单身人群多为年轻人有关，年轻人更多地使用社交媒体，也更多地参与互联网上的互动讨论。

表 5-17　单身与非单身人群参与事实分析类讨论的频率及显著性检验

是否单身	参与事实分析类讨论的频率（次）		显著性检验	
	M	SD	t	p
单身	1.85	1.149	−2.134*	0.033
非单身	1.67	1.158		

注：显著性水平为 *p<0.05。
资料来源："2020 年手机人——移动互联网全景大调研"数据库。

表 5-18　单身与非单身人群参与情绪表达类讨论的频率及显著性检验

是否单身	参与情绪表达类讨论的频率（次）		显著性检验	
	M	SD	t	p
单身	1.79	1.057	−2.817***	0.005
非单身	1.57	1.068		

注：显著性水平为 ***p<0.001。
资料来源："2020 年手机人——移动互联网全景大调研"数据库。

由表 5-19 可知，体制内外人群在参与情绪表达类讨论的频率上有显著差异。体制内的人群参与情绪表达类讨论的频率均值为 1.71 次，显著高于体制外人群参与的频率均值 1.52 次。体制内的人群更多地参与情绪表达类事件的相关讨论。

表 5-19　体制内外人群参与情绪表达类讨论的频率及显著性检验

体制内外	参与情绪表达类讨论的频率（次）		显著性检验	
	M	SD	t	p
体制内	1.71	1.123	−2.839***	0.000
体制外	1.52	0.993		

注：显著性水平为 ***p<0.001。
资料来源："2020 年手机人——移动互联网全景大调研"数据库。

由表 5-20、表 5-21 可知，独生子女和非独生子女的人群在参与事实分析类和戏谑、抖机灵类讨论的频率上有显著差异。独生子女的人群参与事实分析类讨论的频率均值为 1.82 次，显著高于非独生子女人群的频率均值 1.60 次。独生子女的人群参与戏谑、抖机灵类讨论的频率均值为 1.34 次，也显著高于非独生子女的人群的频率均值 1.24 次。独生子女大多较为年轻，接触社交媒体的经验丰富，参与讨论可能也就更积极。

表 5-20　独生子女与非独生子女人群参与事实分析类讨论的频率及显著性检验

是否独生子女	参与事实分析类讨论的频率（次）		显著性检验	
	M	SD	t	p
独生子女	1.82	1.251	3.028***	0.003
非独生子女	1.60	1.037		

注：显著性水平为 ***p<0.001。

资料来源："2020 年手机人——移动互联网全景大调研"数据库。

表 5-21　独生子女与非独生子女人群参与戏谑、抖机灵类讨论的频率及显著性检验

是否独生子女	参与戏谑、抖机灵类讨论的频率（次）		显著性检验	
	M	SD	t	p
独生子女	1.34	0.841	2.083*	0.038
非独生子女	1.24	0.653		

注：显著性水平为 *p<0.05。

资料来源："2020 年手机人——移动互联网全景大调研"数据库。

（二）参与行为

由图 5-25 可知，60% 的人对社会类/政治类议题相关讨论只"浏览，不参与，不互动"。只有 15% 的人会"点赞"，14% 的人会"和亲朋好友面对面分享新闻，交流看法"，14% 的人会"在评论区发表评论"。仅有 5% 的人会"就新闻信息与作者互动"。整体来说，公众对社会新闻/热点事件的参与热情并不高。

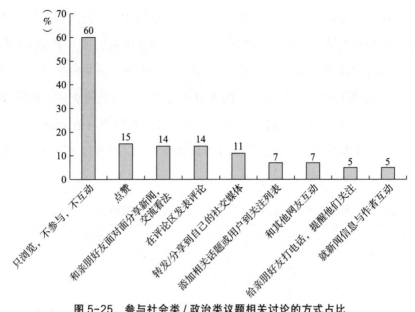

图5-25 参与社会类/政治类议题相关讨论的方式占比

资料来源："2020年手机人——移动互联网全景大调研"数据库。

综上可知，大部分人参与社会类/政治类议题相关讨论的频率并不高，参与的方式大多也只是只浏览，不参与，不互动。单身、体制内、独生子女人群参与的频率相对较高，但从绝对值上来说也不理想。要想实现公民主体参与社会治理，一是要鼓励更多的公民参与热点问题讨论，建言献策；二是要规范大家的参与行为，让大家集中于事实分析类的讨论，理性互动。

五 用户社会化媒体使用过程中的态度与效果评估

（一）对网络舆论的态度

如图5-26所示，人们认为应多报道国家/民族利益、公共安全、民生等类别的舆论事件。相对而言，大家认为应较少关注和报道娱乐相关事件。可见大众对于媒体功能的认识还是集中在舆论引导层面，认为媒体应更多地服务社会大局，服务民生需求，而不是关注娱乐事件。

由图5-27可知，人们认为可视化新闻、图文深度解读、短视频的方式更适合报道网络舆论事件，相比之下，文字简讯、长视频、音频的评分低于前几种报道方式。在互联网时代，人们更喜欢时长较短、图文结合的报道方式，这种方式一方面更适合人们阅读和吸收信息，另一方面趣味性也更强。媒体在报道时要考虑到受众的意见，但也要权衡深度报道和消息的比例，不能一味迎合市场。

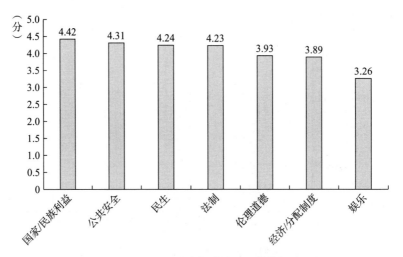

图 5-26　人们认为应多报道的舆论事件类别评分

资料来源："2020 年手机人——移动互联网全景大调研"数据库。

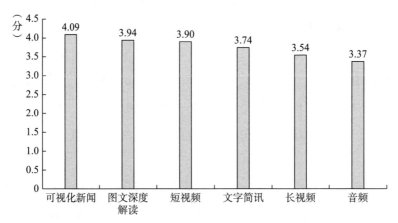

图 5-27　人们认为更适合网络舆论事件报道的方式

资料来源："2020 年手机人——移动互联网全景大调研"数据库。

由图5-28可知，人们认为更能体现网络舆论事件热度的指标依次为评论次数、浏览次数、网上的相关内容数量、转发次数、点赞次数。由此可看出，人们认为评论次数是反映网络舆论事件热度的一个更重要的指标，相比之下，点赞次数并没有太大的反映力度。一方面，遇到负面新闻人们往往不太会点赞；另一方面，点赞量上有较大的"水分"，并不能实事求是反映出事件的热度。

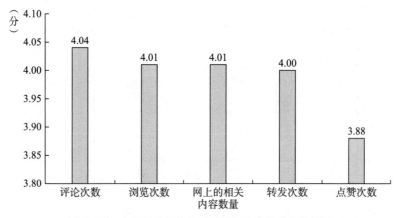

图5-28　人们认为更能体现网络舆论事件热度的指标

资料来源："2020年手机人——移动互联网全景大调研"数据库。

如图5-29所示，人们认为良好的网络舆论事件讨论模式是意见多元、有明确的意见引导的。相比之下，一团和气和激烈争论都不是人们更期待的讨论模式。人们更希望网络舆论事件的讨论是各方意见汇聚，大家都在更理性的层面上表达意见，且整体的方向和态势是可控的。主流媒体在网络舆论事件中更要发挥好舆论引导作用，牢牢把握大方向，将舆论走势引上正确的轨道，弘扬主流价值观，但也要注意避免一家之言，要包容不同声音。

由图5-30、图5-31可知，人们认为影响网络舆论事件中内容创作者、信息传播者行为的因素依次为其专业/网络使用素养、动机、身份。素养一般包括一个人对其专业和使用对象的认识、理解和创造性运用，所以素养作为能力的重要反映指标对行为的影响很大。

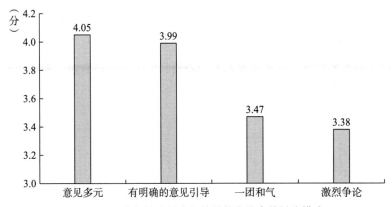

图 5-29　人们认为的良好的网络舆论事件讨论模式

资料来源："2020 年手机人——移动互联网全景大调研"数据库。

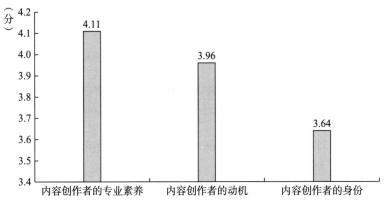

图 5-30　人们认为影响网络舆论事件中内容创作者行为的因素

资料来源："2020 年手机人——移动互联网全景大调研"数据库。

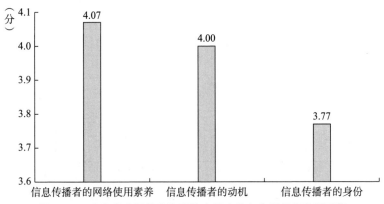

图 5-31　人们认为网络舆论事件中影响信息传播者行为的因素

资料来源："2020 年手机人——移动互联网全景大调研"数据库。

由图 5-32 可知，人们认为网络舆论事件中影响信息监管者行为的因素依次是把关能力、敏感性、规制能力和管理技能。信息监管者主要承担着信息把关的职责，特别是在互联网平台，人人都是信息源，都可以发布信息，此时把关过程就更加重要。

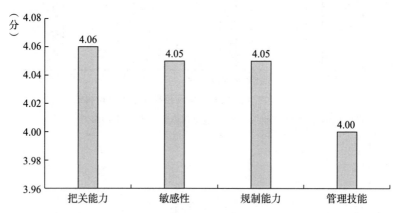

图 5-32 人们认为网络舆论事件中影响信息监管者行为的因素

资料来源："2020 年手机人——移动互联网全景大调研"数据库。

由图 5-33 可知，人们认为网络立法应重点关注的方面依次为执行度、完善度、惩罚力度、针对性。互联网不是法外之地，网络立法重在执行，良好的执行力才能更好地规范人们在网络中的行为。

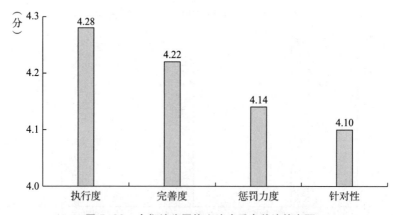

图 5-33 人们认为网络立法应重点关注的方面

资料来源："2020 年手机人——移动互联网全景大调研"数据库。

如图 5-34 所示，人们认为舆论监管手段应重点关注的方面依次为及时性、力度、范围、灵活性。新媒体时代，信息传播的速度加快，舆论监管更要争分夺秒，不仅要及时，还要有力，精准掌握干预时机，才能有效将舆情走势引向正确轨道。

如图 5-35 所示，人们认为民众自身的道德意识对网络舆论生态影响程度最深，然后依次是政治环境、文化环境、整体社会道德标准等，影响程度最浅的是信息技术环境和经济环境。由此可看出，人们认为治理网络舆论生态，需要从提高民众自身的道德意识着手。

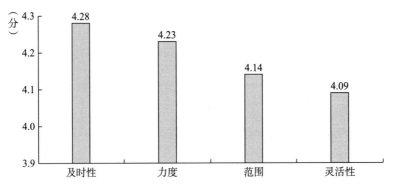

图 5-34　人们认为舆论监管手段应重点关注的方面

资料来源："2020 年手机人——移动互联网全景大调研"数据库。

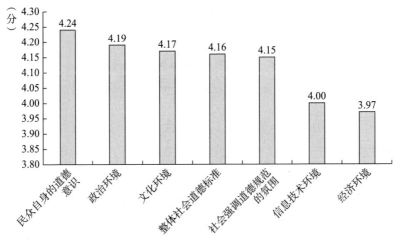

图 5-35　人们认为以上社会道德因素影响网络舆论生态的程度

资料来源："2020 年手机人——移动互联网全景大调研"数据库。

（二）对社会治理效果的评估

由图 5-36 可知，人们对社会治理的各方面效果总体满意，特别是在社会安全稳定、生活幸福方面，满意程度得分均值分别为 4.00 分和 3.79 分。虽然公共服务和社会保障水平以及社会公平公正方面也达到了 3.5 分以上，但相比之下仍需加强。公共服务和社会保障水平以及社会公平公正与共同富裕目标关系密切，是未来重点努力的方向。

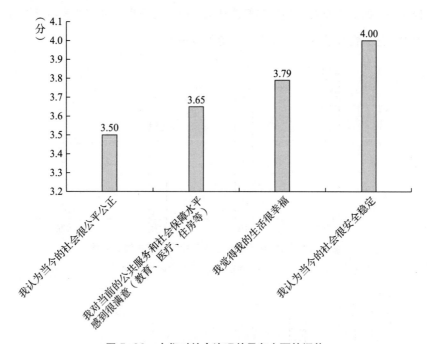

图 5-36　人们对社会治理效果各方面的评估

资料来源："2020 年手机人——移动互联网全景大调研"数据库。

如图 5-37 所示，人们对不同主体社会治理表现总体较满意，评分的均值都超过 3 分。人们认为"政府利用互联网实现了更好的社会管理与服务""在网络平台上，社会组织能够有效提供社会救助与服务"。对于官方主流媒体在社会治理中的表现，人们也给出了偏正面的评价，认为"在网络舆论中，官方媒体令人信服，具有很高的影响力"且"官方媒体在互联网上能够反映群众意见，促进社会问题解决"。但在沟通机制上，人们的满意度相对要低一些，在"方便畅通地与政府机构进行沟通反馈"及"更深入地参与到公共决策和社会治理之中"两方面，得分均值较其他选项低，在这两方面，媒体尚需提高服务水平。

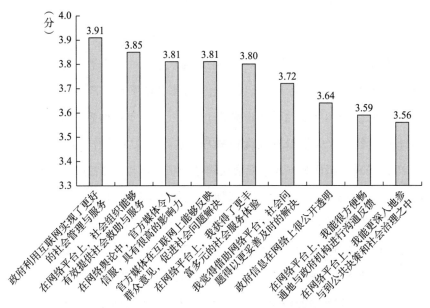

图 5-37　人们对不同主体社会治理效果的评估

资料来源："2020 年手机人——移动互联网全景大调研"数据库。

综上分析可知，人们对网络舆论治理有较为明确的想法，对社会治理效果总体满意度较高，但在一些方面仍需加强。人们更希望媒体多报道社会事件类新闻而不是娱乐类新闻，倾向图文结合等可视化的传播模式。对于舆论监管，人们认为内容创作者和信息传播者的专业 / 网络使用素养、管理者处理的及时性和执行度比较重要。在社会治理参与感和沟通反馈等方面，媒体仍有可进步的空间。

第五节　构建全媒体传播路径下的社会治理新手段

从门户网站到博客、微博再到短视频、直播，互联网内容生态经历了多次变革，不断走向移动化、视觉化。人类表达的自由度得到了极大释放。在话语权下放、丰富人们生活的同时，这些变革也引发了人们对全媒体参与社会治理的思考。

一 全媒体传播路径下的社会治理的新渠道

（一）微博治理

微博刚兴起之时，国内学界与业界就产生了对微博是不是"公共领域"的讨论，认为其给予了公民讨论公共事务的平台，甚至认为"围观改变中国"。2010年，微博用户突破1亿人，这一年被称为"微博元年"。2011年，各级政府纷纷开设微博账号，这一年又被称作"政务微博元年"。网民利用超话等方式对社会议题进行积极参与，热搜成为新媒体时代下的"议程设置"，诸多社会议题也经由微博进行发酵。

微博作为典型的社会化媒体平台，具有高度公开性、参与性、互动性等特点，是典型的"公共领域"，其热搜榜也是基于受众的参与而形成的，从某种意义上来说，热搜榜是"公众议程的设置"，是公众意志的体现，诸多社会议题也经由微博进行发酵。从孙小果案到红谷滩事件、唐山打人案……微博有效弥补了传统大众传媒的时间滞后性和空间局限，赋予了广大网民知情权、参与权与表达权，重构了原有的新闻传播格局。微博在中国社会的急剧转型中起到了重要的作用，在社会事务讨论、公共舆论形成方面发挥着重要的作用。

此外，微博也具有社会"解压阀"的作用，公众在微博上的讨论暴露出社会结构性的问题，但是这种情绪的宣泄也在一定程度上缓解着这种社会结构性矛盾。同时微博也存在着舆论失焦、过度娱乐化、微博上的意见并不代表真正民意等问题，这些都对社会治理造成挑战。

总之，微博与理想中的公共领域的确有较大差别，但在现实意义上，它一定程度上发挥了公共领域的功能，改变了传统媒体自上而下的传播模式，实现了媒体的"去中心化"，它让人人拥有"麦克风"，从而让公众有了进一步发声的可能。

（二）短视频、直播治理

近年来，抖音、快手等平台兴起的短视频与直播的方式创新了社会治理的新手段。与微博的"文字式"的治理方式相比，"草根化"的短视频与直播更为碎片化、便捷化。抖音和快手的使用几乎不需要任何文字和表达技巧，也因此成为"下沉群体"使用频率最高的媒体。如快手就让广大中国网民看到了之前始终"被遮蔽"的农村群体的日常生活，展现独属于他们的"乡村媒介一瞬"。各类直播也力图展现中国社会的真实面貌，革新传统的以中产阶级为主体的话语体系。

"移动政务直播"作为政府等主体进行社会治理的新形式，以"直播间"这一虚拟公共空间吸引公民参与，参与其中的公民使用网名或虚拟身份进入直播间，与诸多主体共同参与直播互动，以过程公开推动政务活动的精细化、规范化，在社会治理的诸多领域中集思广益，从而助推治理效能的提升，同时也存在着政府官员利用直播进行扶贫带货的新探索。通过探究"赋能下沉"背景下短视频类自媒体参与新型社会治理的可行性发现，短视频作为新型传播形式具备作为新型社会治理模式的优越条件，但是短视频类自媒体的拥有情况存在性别、年龄、受教育程度、城市线级的群体差异，因而也给社会治理带来双重影响。

（三）县级融媒体治理

随着互联网不断的普及下沉，县域人口将逐渐成为中国互联网的主体，县级融媒体实质上正承担着新时代下全国舆论环境最重要的布局基础作用。

当前，基层宣传文化阵地"水土流失"严重，严重影响主旋律在基层传播和触达的效果。县一级的互联网人才、技术、理念缺乏，优质原创产品生产与传播能力低下。舆论环境复杂，县级新媒体影响力低下。县级融媒体中心建设通过整合县里的媒体资源，全面向移动传播转型，重新有效连接用户，重新占领不断被蚕食的基层宣传阵地。也正因如此，县级融媒体成为基层治理的重要渠道。

二 全媒体创新社会治理新手段

（一）新"公共空间"下的参与式治理

新媒体作为新的公共空间，"赋权"给广大民众，使其积极参与社会治理进程。这种新"公共空间"下的参与式治理有助于社会信任度和政府组织权威性的提高，同时民众的参与也有利于社会整合，加快我国民主进程。

但是我们仍然要看到数字鸿沟的问题，把越来越多的处于边缘地位的老年人与农村人口纳入参与式治理的主体中。

（二）互动、讨论、监督下的平等式治理

政务新媒体与直播问政的出现，展现了平等式治理的雏形，官方与民众处于同一水平位进行交流，用更亲民的语态进行传播，有利于促进"草根"与精英之间的多元对话。

此外，自组织式的社会监督与协同整合也展现出全媒体"参与协商"的作用，如疫情期间就有多元声音对红十字会与基层防疫效果进行舆论监督，以及自组织式的自发对防疫物资进行整合。

（三）基于基层服务发展的下沉化治理

县级融媒体的公众号就是下沉化治理的一个例子，它以发布区域便民信息、服务百姓生活为主。它注重给用户提供生动的使用信息，包含交通出行、旅行餐饮等资讯类信息和政务类信息。此外，田琴琴和罗昕指出根据基层治理的特点，县级融媒体可以将自身定位为以下几种角色：基层公共决策的动员者、基层政务办事的服务者、基层公共舆论的引导者、基层公共风险的预警者、基层利益诉求的监督者。[①]

2020年以来兴起的"淘宝直播村"也展现了全媒体对社会经济层面的治理作用。如在苏南、浙中、闽东南、珠三角等地区就出现了产业集群协同和专业化的"淘宝直播村"，这背后的原因有政府引导电商平台战

---

① 田琴琴、罗昕：《县级融媒体在基层治理中的角色定位——基于网络化治理视角》，《中国出版》2021年第6期，第31~35页。

略投入、临近示范效应，也有直播等媒体新业态带来的低创业门槛等红利。"淘宝直播村"通过将农村与直播电商这一电子商务新形态结合，促进乡村产业结构转型，极大地推动乡村经济发展，在增加农民收入、带动返乡创业、促进产业振兴、助力脱贫攻坚与区域协调发展等方面发挥着重要的作用。

此外，政府也可以借此机会建设服务型政府，打造区域品牌，不断提升自身政务服务水平，及时提高公共产品供给能力，以适应直播村发展需要。地方政府可以利用全媒体平台进行区域宣传，发挥直播电商的内生动力，鼓励主播生产与地区相关的视频内容，在网上形成话题效应，顺势提高地区知名度，由此也可以凸显全媒体社会治理的巨大优势。

（四）政务宣传与舆论引导下的技术化治理

传统的媒体参与社会治理，更多的是以"深度报道"的形式，即记者进行深度调查将报道呈现到电视与报纸上。新媒体时代，随着技术的飞速发展，利用好大数据与舆情监测工具进行社会治理势不可当。

未来在发展社会化媒体的同时，要结合主流媒体的新表现打造全媒体传播矩阵。尽管在新媒体时代传统主流媒体的作用在很大程度上被解构，但是在新冠疫情中，我们看到彰显权威性、定调性的主流媒体依然是引导社会舆论、参与社会治理的重要力量。此外，要着力探索媒介形态多样化反哺全媒体自身的内容生态构建方式，5G、AR、VR、元宇宙等新技术的涌现也为全媒体社会治理效能的提升提供了更多可能性。

尽管全媒体推动公民参与社会治理的效果明显，但同时也存在着诸多问题，如算法黑箱、机器人水军、撤热搜背后的资本的过度介入与政治力量干预导致公共空间失序等，"后真相"时代的部分热点事件也会引起公众的情绪极化、群体对立等沉疴痼疾。利用好全媒体进行社会治理道阻且长。

第六章 新技术对社会生活的影响

随着信息技术的飞速发展，社会形态经历了从工业社会形态的抽离到重新嵌合为第二现代性社会的过程，社会环境呈现出全球化、城市化和个体化的特点，并引发了不确定性、不稳定性和价值祛魅等现象。现代性转型让传统共同体走向衰落，给社会关系模式带来根本改变，使原来维系人与人之间关系的社会纽带变得愈发松弛甚至断裂，而移动互联网的实时交往与无界传播特性提供了原子化个体之间相遇、交往和互动的便利，成为传统社会关系的"替补"，带来了新兴的信息获取模式与交往体验。

本章将探讨基于媒介变迁视角的知沟研究和移动互联网环境下媒介使用的层次与知识增长的不确定性，探究个体对智能手机的情感依恋及其形成机制，并分析移动互联网中不同族群的特征，包括健康传播中的健康信息获取族群、移动互联网下的数字音乐族群和利用互联网参与移动直播的族群，通过基于手机媒介使用行为的实证研究与分析，对新技术对社会发展的影响进行理论验证和拓展。

第一节 媒介研究

一 媒介环境学

传播生态学是在综合技术主义范式、符号互动论与文化研究等理论思潮的基础上，在 20 世纪 80 年代发展起来的，由于它在发展中采用了各学派大量的理论主张和研究方法，其理论的整合性特征较为突出。[①]根据何道宽对传播学学派的划分，可以粗略分为经验学派、批判学派和媒介环境学派，[②]前两个学派分别以北美和欧洲为主要阵地。发轫于20世纪初的媒介环境学，在麦克卢汉、英尼斯、波兹曼、利文森等人的开拓发展中逐渐奠定了其在传播学中的地位。

　　媒介环境学是将媒介当作环境，亦可说把环境当作媒介的研究，其主要是研究媒介与社会的互动共生关系。林文刚认为，应当从作为感知环境的媒介和作为符号环境的媒介两个层面来理解媒介环境。前者继承了麦克卢汉的"媒介是人（感官）的延伸"观点，认为每种媒介都具有一定的感官特征；后者则是从符号结构的视角来想象人是如何构建和理解媒介的。[③]与早期主流的传播学研究范式不同的是，早期传播学研究中人是被放置在媒介之外进行研究的，而媒介环境学则主张人身处于媒介环境中，深度参与媒介从而完成交流的目的。因此，媒介环境学将人、技术和文化三者皆列为研究重点，除了关注媒介和技术的特性及其可能产生的社会影响外，还突出了人的主体性，考察了三者之间的交互关系，并旨在研究技术和媒介如何对社会、文化还有人产生长效影响。[④]"媒介与人互动的方式给文化赋予特性……这样的互动有助于文化的象征性平衡。"[⑤]从尼尔·波兹曼对于媒介环境学的人文关怀的视角，我们不难看出波兹曼希望通过践行媒介环境学的思想来制衡不平衡的社会主流思想，以此将世界变成一个充满"健康"和"平衡"的媒介环境。这是一种关于媒介可能性的想象，也正是这种想象使媒介环境学的研究不再局限于经验性的定量研

① 胡翼青：《再度发言：论社会学芝加哥学派传播思想》，中国大百科全书出版社，2007，第88页。
② 何道宽：《媒介环境学：从边缘到庙堂》，《新闻与传播研究》2015年第3期，第117~125页。
③ 〔美〕林文刚编《媒介环境学：思想沿革与多维视野》，何道宽译，北京大学出版社，2007，第46页。
④ 何道宽：《媒介环境学：从边缘到庙堂》，《新闻与传播研究》2015年第3期，第117~125页；黄鸿业：《"媒介即意识"：人工智能＋媒体的媒介环境学理论想象》，《编辑之友》2019年第5期，第43~48页。
⑤ 〔美〕林文刚编《媒介环境学：思想沿革与多维视野》，何道宽译，北京大学出版社，2007，第48页。

究，而将目光投射到更抽象的层面。

总的来说，媒介环境学其实是从新的视角，即通过分析媒介造就的环境特质及其社会演变来理解人类社会。不过，对于波兹曼而言，由于他在研究中加入了强烈的道德关怀，他认为应该在道德伦理的语境下研究媒介，因而，他关注的研究问题是电子媒介带来的媒介环境是否使人们的生活变得更好或更糟。[①]每一个人心中都有一套评判媒介好坏的标准，对于麦克卢汉而言，有助于平衡感官的媒介就是比较好的，而英尼斯则强调时空观念的平衡。麦克卢汉将媒介比喻为粮食、棉花等大宗商品，认为过于依赖大宗商品容易把商品当作社会纽带，如果人们过于依赖某类媒介也会在潜意识里接受媒介塑造的文化景观。[②]凯瑞指出，不仅如麦克卢汉所说，媒介塑造了环境，传播也通过语言和其他符号形式塑造了人类生存的周遭环境。[③]因为在他看来传播行为所涉及的内容甚广，如对话、传达指示、传授知识、分享观点、获取信息、娱乐或为他人提供娱乐，这些都可以被认为是传播行为。在媒介环境学研究中，一个重要的理论假设命题是"界定信息性质的是媒介的结构"。[④]媒介的物质结构传递的符号特征塑造了人们对信息的感知体验，比如对比小说与由小说改编而成的电影，即便两者遵循同样的叙事逻辑和故事情节，但是由于小说和电影运用的是不同的符号结构，两者所能传递给受众的信息也是截然不同的，这就是媒介影响受众信息感知的生动例子。也正因如此，随着媒介形态的变迁，我们需要进一步探究在不同媒介形态下的媒介环境对个体的影响。

媒介环境学另一个重要的理论假设是"传播技术促成的各种心理或感觉的、社会的、经济的、政治的、文化的结果，往往和传播技术固有的

---

① 〔美〕林文刚编《媒介环境学：思想沿革与多维视野》，何道宽译，北京大学出版社，2007，第49页。

② 〔加〕马歇尔·麦克卢汉：《理解媒介——论人的延伸》，何道宽译，商务印书馆，2000，第16页。

③ 〔美〕詹姆斯·W.凯瑞：《作为文化的传播》，丁未译，华夏出版社，2005，第7页。

④ 〔美〕林文刚编《媒介环境学：思想沿革与多维视野》，何道宽译，北京大学出版社，2007，第46页。

偏向有关系"。①新技术的出现必然带来传播方式的变化，变化的方向与技术本身偏向和技术形态的属性有着密切关系。

二　媒介技术发展与社会变迁

媒介迭代更新反映的是媒介变迁史的进程，甚至说我们可以从媒介变迁的历程中看到科学技术对人类社会影响的缩影，因为在不同历史时期不同媒介勾勒了大多数人们的日常生活。从芝加哥学派的理论视角出发，基于库利对交流、传播的社会建构功能的评价，他将传播视为社会形态变迁的根本动因。此后，帕克、英尼斯等后继的芝加哥学派的传人也延续该思想脉络，将传播行为与社会变迁进程相关联进行考察。伯吉斯在研究中指出传播技术的变迁是作为衡量社会变迁的指标之一，同时传播技术发展水平还可以用来测量人类文明的进程和社会组织的发展阶段。②

库利尖锐地指出，虽然媒介更新本身是一个积极的、进步的象征，但是这种新技术打破的是旧有的社会关系和社会秩序，因此，伴随新技术而来的是新规则的建立与重塑。帕克在研究城市社会学时也关注了技术与社会变迁的关系，他试图论证交通和通信技术革命的出现使得旧有社会中以亲密、持久的初级联系为主的社会关系被短暂的次级联系所取代，因为交通和通信设备的便利化推动个人的流动变得更加频繁和容易，而在这种流动过程中，与日俱增的社会接触带来的是肤浅和不稳定的社会关系的建立。

我们必须认识到媒介技术具有媒介意识形态的隐蔽性，这提醒人们在面对每一种新技术时，要透过它的实际用途去仔细辨别它可能产生的文化影响和社会秩序影响，避免陷入盲目乐观主义的精神状态，同时也要对媒介技术所带来的风险保持感知敏感度。我们在与技术日常打交道的过程中，逐步意

---

① 〔美〕林文刚编《媒介环境学：思想沿革与多维视野》，何道宽译，北京大学出版社，2007，第47页。

② 胡翼青：《再度发言：论社会学芝加哥学派传播思想》，中国大百科全书出版社，2007，第90页。

识到移动技术及其后不断衍生出的新奇应用已经在人们的日常生活中扎根，并带来潜移默化的影响，但是幡然醒悟之际，我们需要思考技术是如何影响媒介生活并剥夺人类原先的生活方式的。

三 现代性与个体化

关于新媒介的研究我们逃不开对现代性大背景的讨论。现代性发轫于 17 世纪的欧洲社会，之后其影响陆续扩散蔓延至世界其他地区。[①] 启蒙运动建立起理性与主体性，将人从神权与君权中解放出来，使人作为认知、行动和权力的主体登上历史舞台；法国大革命和工业革命则进一步促进了日常生活中的理性化以及个体对集体限制的摆脱。[②] 伴随着工业化、城市化和市场化，现代性进程追求经济建设和进步繁荣，强调通过团结和统一实现社会进步。[③] 然而，到了 20 世纪中后期，随着全球化、消费主义、民主运动、福利制度等趋势的盛行，现代性进程出现了与之前不同的特征与走向，现代性似乎面临着"断裂"，关于人类是否已经步入后现代性的争论开始出现。以吉登斯、贝克等为代表的学者认为，人类并未迈入所谓的后现代性时期，相反，当前阶段的现代性比之前任何一个时期都更加普遍与剧烈，现代性远未终结。[④] 他们以 20 世纪后半期为分界线，将现代性划分为两个发展阶段：现代性时期和第二现代性时期。现代性时期对应的是工业社会，遵循着由主体性到现代化再到物质繁荣和工具理性的发展逻辑，而第二现代性时期对应的是风险社会，是现代化和工具理性的胜利的成果。[⑤]

---

① 〔英〕安东尼·吉登斯：《现代性的后果》，田禾译，译林出版社，2011，第 67 页。
② 〔美〕安德鲁·芬伯格：《可选择的现代性》，陆俊、严耕等译，中国社会科学出版社，2003，第 21 页；解彩霞：《个体化：理论谱系及国家实践——兼论现代性进程中个体与社会关系的变迁》，《青海社会科学》2018 年第 1 期，第 111~117 页。
③ 胡百精：《互联网与重建现代性》，《现代传播（中国传媒大学学报）》2014 年第 2 期，第 40~46 页。
④ 〔英〕安东尼·吉登斯：《现代性的后果》，田禾译，译林出版社，2011，第 69 页。
⑤ 〔德〕乌尔里希·贝克、〔英〕安东尼·吉登斯、〔英〕斯科特·拉什：《自反性现代化：现代社会秩序中的政治、传统与美学》，商务印书馆，2001，第 53 页。

　　经过从工业社会形态抽离又重新嵌合的第二现代性社会，是一个风险社会，一个全球化社会，更是一个个体化社会；个体化是第二现代性的一个重要命题。[①] 个体化并非 20 世纪下半叶的发明，而是早已有之。个体化的生活方式和境况在文艺复兴时期、中世纪的宫廷文化、农奴从封建束缚下的解放、19 世纪和 20 世纪早期家庭代际的松散化等过程中早已显现。[②]

　　胡百精和李由君总结出现代性转型下社会关系呈现三个特点：不确定性、不稳定性和价值祛魅。[③] 首先，社会关系呈现不确定性。现代性带来了社会关系的脱域，个体脱离了具有确定性和安全感的传统共同体，不断从一种社会关系中抽离，而后又嵌入新的社会关系中，每个人在这种持续转换变动的关系网络里都只是流浪者，而且这种社会关系是由陌生人组成的，传统共同体所提供的"共同理解"（common understanding）在这种关系里不再适用，甚至成为负担或风险。其次，社交关系呈现不稳定性。现代性下社会互动呈现出短暂、临时、表面化和碎片化的特征，多数情况下，人们不会期待日后再与对方产生互动。[④] 这种短期浅层的交往无法带给个体强烈和稳固的责任感和归属感，人们难以通过长期互动塑造集体记忆，社交关系离散、不稳定。最后，社交关系呈现价值祛魅。个体化社会中，人与人之间的真诚、信任、理解等价值脆弱得不堪一击，社交关系的工具性、欲望性和利益性被无限放大。[⑤] 个体以自我为中心，把他人和集体看作实现利益的手段与工具，难以形成长久温暖的社会联结。

　　与现代性和现代化相对应是关于个体化的讨论。个体化这一概念蕴含着两个方面的重要含义。首先，个体化表示着家庭、邻里、社会地位、

---

① 李荣山：《现代性的变奏与个体化社会的兴起——乌尔里希·贝克"制度化的个体主义"理论述评》，《学海》2012 年第 5 期，第 77~82 页。

② 〔德〕乌尔里希·贝克、〔德〕伊丽莎白·贝克 - 格恩斯海姆：《个体化》，李荣山、范譞、张惠强译，北京大学出版社，2011，第 14 页。

③ 胡百精、李由君：《互联网与共同体的进化》，《新闻大学》2016 年第 1 期，第 87~95、149~150 页。

④ 阎云翔：《中国社会的个体化》，陆洋等译，上海译文出版社，2012，第 26 页。

⑤ Bauman, Z. , *The Individualized Society* (Cambridge: Polity Press, 2001), p.46.

阶级等既有社会形式的弱化与解体。社会生活不再以集体良知或者社会为参照单位，即不再是以社会阶级代替身份群体，也不再以家庭为稳定的参照框架，而是个体自身作为一个再生产单位参与到社会生活中。^①其次，个体化意味着现代社会的新的要求、控制与限制强加在个体身上。鲍曼指出，个体化是命定的而非可选择的，是一个强制的过程，人们没有逃避个体化或拒绝参加个体化游戏的选择。^②现代社会的公民权利、社会权利、政治权利以及有薪工作和流动等制度，都是为个体所配备的。贝克提出制度化的个体主义概念强调在第二现代性中个体虽然可以脱离家庭、宗族、出身、阶级等传统的纽带独立生活，但也要在与他人协商共同生活的约定下，在国家和社会制定的各种方针和规则下具体进行，即有赖于制度的个体境况。^③

第二节 个体化对个人使用移动媒介的影响

一 个体化社会

在个体化社会中，社会关系陷入工具化与碎片化的危险之中，人与人之间相互关心与帮助的风气难以为继，个体失去了共同体的庇护与温暖，成为竞争环境中毫无关联的自由原子，社会陷入了严重的信任危机。^④彭泗清总结了当前中国社会六个方面的社会信任危机，包括对朋友和亲戚的不信任、对陌生人的不信任、对执法人员的不信任等。^⑤

---

① 〔德〕乌尔里希·贝克:《风险社会：新的现代性之路》，张文杰、何博闻译，译林出版社，2018，第9页。

② Bauman, Z. , *The Individualized Society* (Cambridge: Polity Press, 2001b) , p.47.

③ 〔德〕乌尔里希·贝克、伊丽莎白·贝克－格恩斯海姆:《个体化》，李荣山、范譞、张惠强译，北京大学出版社，2011。

④ 张良:《现代化进程中的个体化与乡村社会重建》,《浙江社会科学》2013年第3期，第4~10、155页。

⑤ 彭泗清:《我凭什么信任你？——当前的信任危机与对策》，载郑也夫、彭泗清等《中国社会中的信任》，中国城市出版社，2003。

在全球化、城市化和个体化的环境下，我国正经历着空前的人口流动。身体和社会的高度流动性使得越来越多的个体离开自己出生和成长的家乡，离开家庭和亲人，走向更为广阔的空间以谋求更多的机遇与发展。外地打工、异地求学等诸多习以为常的流动，使得当前我国远距离家庭的现象愈发普遍。[①]家庭成员在地理空间分布上较为分散，原本基于面对面的地域化的家庭互动，也逐渐转变为基于手机等移动互联网端的交往。移动互联网使相隔千里的亲人可以超越地理距离的阻隔，实现即时的交互反馈，以及虚拟的共时共在。[②]大量研究证明个体与远距离家庭成员或其他人的亲密关系依靠移动互联网来进行联系互动与情感支持。[③]

二　手机媒介在个体化社会的社会支持作用

无根性与陌生性的体验在城市异乡人之中尤为显著，而手机则成为他们在异乡中的依靠。杨善华与朱伟志通过对珠三角地区农民工手机使用的调查指出，不论他们报以何种目的的外出打工，对于他们来说珠三角地区都是陌生的环境，且不论他们在家受到父母何等宠爱，他们在踏入这个环境后都会倍感生存的压力。由于在珠三角这种工业化和市场经济高度发达的地区，劳资关系具有非常显著的雇佣与被雇佣的特征，且劳动力的流动成为一种常态，因此工人之间无法形成特别亲密的关系群体。工人们无法融入当地社会，这是因为他们在当地社会是陌生人，是"没有过去的人"。他们之前并没有在这样的当地群体里生活，他们的生活历史处在这个群体的过去之外，该群体文化模式的核心并未成为他们生平情境的有机组成，

---

① 黄莉瑶：《移动媒介与远距离亲子关系满意度研究》，《东南传播》2017 年第 10 期，第 40~46 页。

② 曾秀芹、吴海谧、蒋莉：《成人初显期人群的数字媒介家庭沟通与隐私管理：一个扎根理论研究》，《国际新闻界》2018 年第 9 期，第 64~84 页。

③ Francisco, V., "'The Internet is Magic': Technology Intimacy and Iransnational Families," *Critical Sociology*, Vol. 41, No. 1 (2015), pp. 173-190; Crystal, J. L., & Hancock, J. T., "Absence Makes the Communication Grow Fonder: Geographic Separation, Interpersonal Media, and Intimacy in Dating Relationships," *Journal of Communication*, Vol. 63, No. 3 (2013), pp. 556-577; 张煜麟：《社交媒体时代的亲职监督与家庭凝聚》，《青年研究》2015 年第 3 期，第 48~57、95 页。

因而他们总是与这个群体保持着一种距离感，难以亲近。特别是当劳动无法给予他们一种主人翁的成就感时，他们在这种陌生人社会中的无根与无助的体验愈发深刻，因此他们迫切地渴望建立和发展社会关系，渴望寻找自己能沟通、倾诉和在困难时给予帮助的朋友。手机就是在这种情况下进入了他们的生活，成为满足他们这种需要的工具。其他学者也指出，在农民工艰难的境遇中，没有任何一种其他的消费品能像手机一样，缓解他们生存的压力，帮助他们表达个人感受，让他们在漂泊无根的时空中得以确认自己作为主体的存在。[①]

现代性转型让传统共同体走向衰落，给社会关系模式带来根本改变，原来维系人与人之间关系的社会纽带变得愈发松弛甚至断裂。[②]因此，有学者指出，移动互联网既是技术革命和现代性转型的产物，同时也为现代性和个体化注入了新的加速动力。[③]威尔曼提出"网络化个人主义"（networked individualism）的概念，来概括当前社会的社交关系形式。[④]他指出，移动互联网等新媒介的普及，使社会交往与关系连接呈现出"个体到个体"（person-to-person）的特征，个体成为关系网络的节点和与外界沟通的门户，人们可以灵活自由地在不同的关系网络间切换和流转。由于个体成为自身社会网络的中心，个体拥有更大的自主权和选择权，可以根据自己心情和计划的变化随意增减网络成员，进行社会关系的筛选与过

① 杨善华、朱伟志：《手机：全球化背景下的"主动"选择——珠三角地区农民工手机消费的文化和心态解读》，《广东社会科学》2006年第2期，第168~173页；Chu, W. C., & Yang, S., "Mobile Phones and New Migrant Workers in a South China Village: An Initial Analysis of the Interplay between the 'Social' and the 'Technological'," *World Scientific Book Chapters*, Vol. 8, No. 1 (2006), pp. 221-244。

② 张良：《现代化进程中的个体化与乡村社会重建》，《浙江社会科学》2013年第3期，第4~10、155页。

③ 胡百精、李由君：《互联网与共同体的进化》，《新闻大学》2016年第1期，第87~95、149~150页。

④ Wellman B., "Physical Place and Cyberplace: The Rise of Personalized Networking," *International Journal of Urban and Regional Research*, Vol.25, No.2 (2001), pp: 227-252; Wellman, B., "Little Boxes, Globalization, and Networked Individualism," in M. Tanabe, P. Besselaar, & T. Ishida (Eds.), *Digital Cities II: Computational and Sociological Approaches* (Springer Berlin, 2002), pp. 10-25.

滤，这使得个人主义更加彰显。[①]

　　尽管移动互联网为个体提供了一个与其他个体密切互动的平台，即虚拟社区，但人们在虚拟社区中依旧无法拥有像在传统共同体中的那般亲近的、情绪性的和整体性的关系联结。[②]黄厚铭和林意仁提出"流动的群聚"（mob ility）概念来诠释互联网上的人际关系特征，指出个体借助移动互联网等媒介既隔离又联结的特性，以个体化的方式游走在个体与集体之间。[③]人们虽然可以利用移动互联网感受集体连接和集体情绪，但这种网络上的人际关系是转瞬即逝和随聚随散的。人们可以依据兴趣与热点迅速形成群聚，但亦能轻易弃之，人们依旧无法享有长久且亲密的社会联结。移动互联网的实时交往与无界传播特性的确提供了原子化个体之间相遇、交往和互动的便利，但它并不能许诺亲密稳固的社会关系的复苏与重建。[④]

第三节　基于媒介变迁视角的知沟研究

　　技术变革与社会进步密切相关。近年来，媒体新技术的应用不断拓展，使得人们接收信息的方式、信息的生产方式和传播方式都发生了革命性的变化。全媒体与新传播技术的融合发展是全媒体研究的热点问题之一。

　　媒介技术的变迁同时也提供了这样一种可能性：我们能够获取更多的知识，而这些知识，可能与智慧有关，也可能与更好地沟通世界相关联。"知识沟"假设是将大众传媒传播效果研究与社会系统相结合的重要假设，媒介系统越发达，传播手段和内容越丰富，这一问题就越切近普通

① Castells, M., Fernandez-Ardevol, M., Qiu, J. L., & Sey, A., *Mobile Communication and Society: A Global Perspective*（Cambridge: MIT Press ,2006), pp. 30-32.

② Driskell, R. B., & Lyon, L., "Are Virtual Communities Eeal Communities? Examining the Environments and Elements of Community," *City & Community*, Vol. 1, No. 4 (2010), pp. 373-390.

③ 黄厚铭、林意仁：《流动的群聚（mob-ility）：网络起哄的社会心理基础》，《新闻学研究》2013 年第 115 期，第 1~50 页。

④ 胡百精、李由君：《互联网与共同体的进化》，《新闻大学》2016 年第 1 期，第 87~95、149~150 页。

人的日常生活经验，对这一假设的重新检视也就越为必要。[①]

一　媒介使用的层次与知识增长的不确定性

通过分析蒂奇纳对传统媒介环境下知沟假设进行的研究，我们会发现研究主题始终集中在不同社会经济地位的群体在接触新的媒介设备、使用新的媒介设备与内容方面存在的差异，简言之是整体上人们使用新媒介参与社会生活的差异。其主要研究路径与结论大致可归纳为：社会经济地位不平等→媒介使用鸿沟与差异→不平等的延续或扩大。这类研究中，通常还暗示或明示一种假设：消息数量越多，形成的"知识沟"越大；接收的消息越多，越容易获得更好的知识积累乃至社会地位。这看起来是一个非常清楚的差异曲线和论证结构。这种假设在媒介技术、传播手段不发达，大众传媒占主导地位的时期或许有其合理性，但是在今天的网络环境中，由于大量的替代性媒介出现，新的媒介技术、媒介内容生产机制乃至整个传播系统都发生了重要的结构性变迁，尤其是社交网络的发展使整个社会的信息获取、知识构建都产生了重要的系统性变化，这种假设便不再适用了。

进入移动互联网时代，有研究者认为互联网数字鸿沟至少具有三层次的意涵，分别是接入、技能和应用。阿特维尔提出第一道、第二道数字鸿沟的区分，[②]第一道数字鸿沟即接入互联网使用方面的鸿沟，第二道数字鸿沟即人们使用互联网技能方面的鸿沟。在互联网诞生后的相当长一段时间内，使用互联网不仅要求人们了解各种网络应用工具，还要求人们掌握基本的电脑使用技能，而这些技能要求使用者具备较高的文化素养。在此基础上，有学者提出第三道数字鸿沟，即人们应用互联网来改变自己工

---

① 李雪莲、刘德寰：《知沟谬误：社交网络中知识获取的结构性悖论》，《新闻与传播研究》2018 年第 12 期，第 5~20、126 页。

② 赵联飞：《中国大学生中的三道互联网鸿沟——基于全国 12 所高校调查数据的分析》，《社会学研究》2015 年第 6 期，第 145~168、245 页。

作、学习和生活方面的差别。^①这类型的研究结论多指向社会经济地位不平等在互联网使用中的体现，探讨媒介使用方面带来的"鸿沟"强化或延续的社会不平等。这类型的研究从研究范畴上极大地扩宽了"知识沟"原初的范围，转变为整体的数字化媒介使用差异。

然而，在移动互联网环境中，当媒介设备接触的差距、媒介使用的差距被技术发展和代际更替逐渐有所弥合之后，作为使用者的人们在评价自己在网络空间中的知识获取，进而探讨在线社交网络成为主要信息获取渠道中，却呈现出个体"知识获取"的结构性悖论。这种悖论是指，接受过良好的教育和系统知识训练并处在优势社会经济地位的群体，在知识的不断迭代下处于巨大的焦虑中，而原本知识训练和储备较弱的低社会经济地位群体，却认为自己获得了更多知识。越开放的空间、越低的进入门槛和表达门槛会使我们看到更多表达群体的异质性，怀疑和不安会越来越多，无法再指望单一合法性的拥护解决我们目前在知识获取、分享、沟通领域所遇到的问题。^②

二 新技术的挑战

在万物互联的 5G 时代，媒体智能化已经成为不可阻挡的趋势和发展方向。这种以物联网、大数据、云计算、人工智能等技术为基础的新型媒体形态，可以通过对新闻的策、采、编、发全流程的智能化，实现新闻信息的智能生产分发，为用户提供更加高效的信息服务。近年来，由于社交媒体、算法、人工智能的出现，对知沟的研究也展现出这一"经验技术"（experience technology）相关的面向。比如，通过对今日头条算法推送新闻的知识效果进行研究发现，算法虽然极大地改变了信息的分发机

---

① 韦路、张明新：《第三道数字鸿沟：互联网上的知识沟》，《新闻与传播研究》2006 年第 4 期，第 43~53、95 页。

② 李雪莲、刘德寰：《知沟谬误：社交网络中知识获取的结构性悖论》，《新闻与传播研究》2018 年第 12 期，第 5~20、126 页。

制，但是并没有产生信息窄化、个体信息结构失衡的现象。①通过从"知识生产沟"这一知沟的上游环节切入，我们发现之前基于经济阶层差异的"知识沟"被先期已然决定的"商业价值"所替代，并由此产生出普遍差异化的"知识人"，新闻观点之间的距离将转化为"知识人"之间的观念距离，并借此长期沉淀和巩固下来。从某种意义上说，当我们争论是否真的存在过滤泡、信息茧房、回音室时，这些也可能是智媒时代"观点间距离"累积形成"观念差距"的多种表现形式。从这个角度来说，当我们讨论在线信息隔离、群体脱节、网络隔绝等现象的时候，智能推荐系统是不是一种"知识生产沟"这一问题可能更加需要我们关注，它提示我们不仅要重视传播效果，还要能够反视结构、反思个体。②

第四节　个体对智能手机的情感依恋

作为移动互联网的核心终端，智能手机已成为现代社会中不可或缺的一部分，紧密嵌入日常生活中。人们愈发难以忍受与手机的分离，一旦手机离身就会感到焦虑不安。③针对个体对手机高度依赖的现状，以往研究主要是从问题性使用和手机成瘾的角度进行诠释，强调对个体生理、心理和行为层面的消极影响。④然而一方面，当前对手机的依赖是一种全民共有的普遍现象，而非极端个例或心理疾病；另一方面，手机成瘾研究忽视了手机使用带来的收益，比如提供情感支持、满足心理需求等。在移动互联网时代，仅用成瘾已无法全面概括人类与手机的密切关系，越来越多

---

① 崔迪、吴舫：《算法推送新闻的知识效果——以今日头条为例》，《新闻记者》2019年第2期，第30~36页。

② 方师师：《智媒系统如何型塑"上游"知沟：个性化、新闻增值与普遍差异化》，《新闻与写作》2020年第10期，第12~20页。

③ 吴猛、田丰：《"数字原生代"大学生的手机使用及手机依赖研究》，《青年研究》2014年第2期，第73~82、96页。

④ Konok, V., Pogány, A., & Miklósi, A., "Mobile Attachment: Separation from the Mobile Phone Induces Physiological and Behavioural Stress and Attentional Bias to Separation-related Stimuli," *Computers in Human Behavior*, Vol. 71 (2017), pp. 228-239.

的人将手机视为朋友、伙伴、家人等交往对象般的存在，逐渐与手机形成一种亲密的情感关系。

一　从传播中介到情感对象：个体对手机的情感依恋

当前手机研究大多仍基于传播学的中介化研究传统，视手机为传播中介或渠道。[①]从传播学发展初期对"传播"概念的界定，以及香农－韦弗模式、"5W"模式等传播模式的建立，再到数字技术兴起后"中介化"概念和计算机中介传播研究议题的兴起，虽然媒介技术本身的特性及其对人际交往的影响逐渐得到重视，但是主流传播学界始终都将传播限定为人与人之间的互动，而媒介技术只充当人类交换信息的中介，严格限定了人与媒介技术的角色分配。[②]

但随着电脑、手机等新一代媒介技术的互动性与智能性不断提升，它们逐渐扮演起人类交流对象的角色，模糊了传统理论中传播主体与传播中介的界限。[③]许多学者指出，当前传播学界正经历一场范式的转变，即从以人为中心的计算机中介传播的研究视角转向人机传播的视角。[④]

人机传播是指机器代替人成为交流的一方时所进行的传播，涵盖界面交互、语音交互等方面。[⑤]其经典范式之一为纳斯和同事基于一系列人机互动实验提出的"计算机作为社会行动者"范式（Computers As Social Actors，CASA）。CASA 的核心在于人们在与电脑互动时，会无意识地将

[①] Mascheroni, G., & Vincent, J. , "Perpetual Contact as a Communicative Affordance: Opportunities, Constraints, and Emotions," *Mobile Media & Communication* , Vol. 4, No. 3 (2016), pp. 310-326.

[②] Guzman, A. L. , "What is Human-machine Communication Anyway?" in A. L. Guzman (ed.), *Human-Machine Communication: Rethinking Communication Technology and Ourselves* (New York: Peter Lang Press, 2018), pp. 1-28.

[③] Carr, C. T. , "CMC is Dead, Fong Live CMC!: Situating Computer-mediated Communication Scholarship beyond the Digital Age," *Journal of Computer-Mediated Communication* , Vol. 25, No. 1 (2020), pp. 9-22.

[④] Gunkel, D. J., "Communication and Artificial Intelligence: Opportunities and Challenges for the 21st Century," *Communication* , Vol. 1, No. 1 (2012), pp. 1-25.

[⑤] 牟怡、许坤：《什么是人机传播？——一个新兴传播学领域之国际视域考察》，《江淮论坛》2018年第2期，第149~154页。

社会规则与规范应用到电脑上，并展现原本属于人际互动的行为特征。随后，里夫斯和纳斯进一步提出了"媒介等同"（media equation）的概念，即媒介等同于真人实景，人们会像对待真人一样对待媒介。[①]媒介等同理论（media equation theory）指出，人与媒介的互动是社会性和自然的，媒介发出的微小的社交线索即会引发个体自然的社会反应，人们就像与真人交流一样和媒介互动，实现了无意识的"主体间"交往。[②]

随着手机对现代生活的全面渗透，研究发现人与手机之间也建立起情感联结。梅什切尔雅科夫等基于人际依恋理论提出手机依恋的概念，表示人与手机之间动态且强度不一的情感联结。[③]与人际情感依恋类似，人对手机也表现出分离焦虑、面对紧张压力时向手机寻求抚慰和支持以及手机的存在使个体更从容地探索和掌控环境等情感联结特征。

二 情感依恋形成机制：手机作为亲密关系对象的代理

随着工业化、城市化和地域流动的加剧，现代社会中个体的人际网络在地理空间分布上相对分散，人际交往从面对面的地域化情境中抽离，并通过手机实现超越具体时空的连接，个体利用手机与亲密关系对象进行沟通已然成为常态。手机作为人际沟通媒介具有空前的同步互动性、移动性与多媒体性——支持即时交互与反馈，可随时随地与他人联系，且提供文字、声音、视频等丰富的交流方式，使得人与人之间实现了虚拟的共时共在。[④]

由于个体与手机的互动紧密嵌入日常亲密关系维系中，个体可能会将

---

① Reeves, B., & Nass, C. I. , *The Media Equation: How People Treat Computers, Television, and New Media Like Real People and Places* (Cambridge: Cambridge University Press, 1996).

② 梅琼林、张晓:《"媒体等同"——从效果研究到理论建构》,《社会科学研究》2006 年第 5 期, 第 193~196 页。

③ Meschtscherjakov, A., Wilfinger, D., & Tscheligi, M. , "Mobile Attachment Causes and Consequences for Emotional Bonding with Mobile Phones," in Jones, M.,Palangue, P.(eds.), *Proceedings of the SIGCHI Conference on Human Factors in Computing Systems* (Association for Compnting Machinry, 2014) , pp. 2317-2326.

④ 李岩、林丽:《人际传播的媒介化研究——基于一个新类型框架的探索》,《编辑之友》2019 年第 4 期, 第 57~61 页。

手机与手机另一端的关系对象混淆，将手机视为亲密关系对象的代理。杉山通过访谈发现，由于手机"永远连接"的特性，人们很难将手机与手机联系对象区分开，认为手机融合并代表了另一端的联系对象，这会使得个体对手机拟人化，赋予手机能动性与关系意义，并感觉是手机这个关系对象本身给他们带来人际关系的需求与压力。[1]特别是，手机还承载着个体与重要他人交往过程中的信息、记忆与情感。因此，对于个体而言，手机不仅是促进亲密关系交往的中介，而且象征和代表着另一端的亲密关系对象，扮演着亲密关系对象的角色，作为亲密关系对象的实体代理和个体能动的交往对象代替真人陪伴左右，给予个体支撑与关怀。

当前，手机作为亲密关系对象代理的现象愈发普遍，例如利用手机视频相连接的情侣通过抱着手机一起吃饭、看电视来体验约会和长时间的陪伴。[2]很多父母也会利用手机完成对子女或其他家庭成员的远程监护和照料，使手机成为"父母代理"。研究发现，对于离家求学的大学生来说，与家人和朋友的联系只是一条手机讯息的距离，手机因而成为他们的代理依恋对象，帮助他们向独立阶段过渡。也就是说，在依靠手机维系亲密关系的过程中，手机逐渐承担起亲密关系对象的角色与功能，这可能会使个体模糊手机与亲密关系对象的界限，将手机拟人化，视手机为亲密关系对象的能动实体代理。将手机拟人化是驱使用户对手机形成情感依恋的重要因素，因此，就如同对亲密关系对象形成情感依恋一般，个体也会对作为亲密关系对象代理的手机形成情感联结。[3]基于此代理机制，本节提出如下假设。

---

① Sugiyama, S., "Melding with the Self, Melding with Relational Partners, and Turning into a Quasi-social Robot: A Japanese Case Study of People's Experiences of Emotion and Mobile Devices," *Intervalla*, Vol. 1, No. 1 (2013), pp. 71-84.

② Neustaedter, C., & Greenberg, S., "Intimacy in Long-distance Relationships Over Video Chat," in Konstan,J. A.(eds.), *Proceedings of the SIGCHI Conference on Human Factors in Computing Systems* (Association for Computing Machinery ,2012), pp. 753-762.

③ Hertlein, K. M., & Twist, M. L. C. , "Attachment to Technology: The Missing Link," *Journal of Couple & Relationship Therapy* , Vol. 17, No. 1 (2018), pp. 2-6.

H1：依靠手机维系亲密关系正向影响手机拟人化。

H2：手机拟人化正向影响手机情感依恋。

不过，如同 CASA 和媒介等同理论强调的无意识社会反应，有学者指出，人对机器产生情感联结并不一定是因为相信它有意识或感情，而是因为它能唤起人的大量情感。[①] 也就是说，尽管有时个体并未对手机明显拟人化，视手机为亲密关系对象的能动代理，但使用手机与亲密关系对象社交的过程会因为频繁触发个体情感与体验而引发个体对手机的情感依恋。因此，本节提出如下假设。

H3：依靠手机维系亲密关系直接正向影响手机情感依恋。

人们对手机维系亲密关系的依赖程度也受到多种因素影响。在亲密关系之间，面对面交往是交流感情的普遍方式，但随着社会和技术发展，基于媒介的人际交往强烈冲击着传统交往方式，塑造了亲密关系交往的新模式。本节基于手机社交与面对面社交这两种方式，探究社交行为频率与社交偏好对个体依靠手机维系亲密关系的程度的影响作用。

首先，与亲密关系对象的手机社交频率。个体越频繁地使用手机与亲密关系对象进行日常联系，便越会依赖手机对亲密关系的维系作用。有研究发现，依靠手机维系恋人关系与使用手机社交软件的频率高度正相关。[②] 其次，与亲密关系对象的线下社交频率。以往研究指出，较少进行面对面交往的个体，会更加依赖线上社交获取黏结型和桥接型社会资本。[③] 这说明，人们为了弥补线下社交行为的不足，会转而更加依赖手机

---

① Turkle, S., *Alone Together: Why We Expect More from Technology and Less from Each Other* (Hachette UK, 2017) pp. 2-10.

② Pancani, L., Preti, E., & Riva, P., "The Psychology of Smartphone: The Development of the Smartphone Impact Scale (SIS)," *Assessment,* Vol.27, No.6(2019), pp.1176-1197.

③ Bian, M., & Leung, L., "Linking Loneliness, Shyness, Smartphone Addiction Symptoms, and Patterns of Smartphone Use to Social Capital," *Social Science Computer Review,* Vol. 33, No. 1 (2015), pp. 61-79.

社交以维系关系，即线下社交频率与依靠手机维系亲密关系应当呈现负向关联。最后，社交方式偏好。与面对面社交相比，手机社交的社交线索相对缺乏且允许异步互动，用户对社交互动的掌控性更强，例如可以选择何时回复信息或对自身形象进行选择性呈现，所以对于有些人来说，手机社交是一种相对安全从容因而也更受青睐的方式。相比面对面社交更加偏好手机社交的群体，依靠手机维系亲密关系的程度应当更高。基于此，本节提出如下假设。

　　H4：与亲密关系对象的手机社交频率正向影响依靠手机维系亲密关系。

　　H5：与亲密关系对象的线下社交频率负向影响依靠手机维系亲密关系。

　　H6：偏好手机社交正向影响依靠手机维系亲密关系。

综合以上研究假设，本节提出手机情感依恋的形成机制模型，具体如图 6-1 所示。

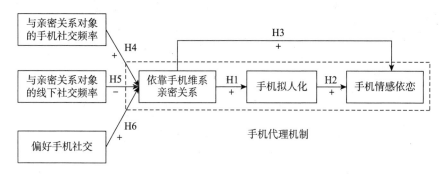

图 6-1　手机情感依恋的形成机制模型

资料来源：刘德寰、及桐《从传播中介到情感对象：个体与手机的情感联结与形成机制》，《湖南师范大学社会科学学报》2021 年第 2 期，第 126~134 页。

研究采用在线问卷调查的方法，以 16~60 岁的智能手机用户为研究对象进行数据收集。问卷包括人口学变量、社交行为、手机使用体验等内容的测量。问卷正式投放前，对问卷进行了同行评议与修订，然后对35名手机用户进行了前测来评估问卷有效性，并结合填答反馈进行了适当调整。

三 研究发现

结构方程模型结果如图6-2所示。模型的拟合指标情况为 $\chi^2/df=4.524$、GFI=0.936、CFI=0.946、AGFI=0.908、IFI=0.947、NFI=0.933、RMSEA=0.069，以上指标均达到标准要求，表明模型可以接受。

在手机情感依恋的形成机制方面，首先，与假设H1和H2预测一致，依靠手机维系亲密关系正向影响手机拟人化（$\beta=0.171$，$p<0.001$），且手机拟人化又进一步正向影响手机情感依恋（$\beta=0.295$，$p<0.001$）。这表明，当手机成为人们亲密关系交往与维系的重要方式时，个体会模糊手机与联系对象的角色界限，赋予手机人格与关系特性，视其为手机另一端亲密关系对象的代理，进而产生情感联结，代理机制得到验证。

其次，依靠手机维系亲密关系也对手机情感依恋具有直接的正向影响（$\beta=0.444$，$p<0.001$），假设H3得证。以往研究指出，手机的社交支持功能可通过两个层面引发个体对手机的情感依恋：一是手机记录着个体与他人的聊天内容等历史信息，承载着与他人交往的珍贵回忆；二是个体在与亲密关系对象手机交往时不断产生着情感体验，而在一定程度上，这种情感就是个体通过面对与体验手机这个机器本身所产生的感受。因此在频繁的手机社交中个体被手机唤起大量情感，逐渐与手机熟悉亲近进而形成情感依恋。

最后，关于依靠手机维系亲密关系的影响因素，结果显示，偏好手机社交的促进作用最大（$\beta=0.308$，$p<0.001$），然后是与亲密关系对象的手机社交频率（$\beta=0.210$，$p<0.001$），H4和H6得证；但与亲密关系对象的线下社交频率不具有显著性影响（$\beta=0.039$，$p>0.05$），H5未得到证实。这表明，当个体频繁使用手机联系亲密关系对象，尤其是对手机社交这种方式具有明显偏好时，其会高度依赖手机来实现亲密关系的日常维系。而假设 H5 不成立可能是因为不论面对面社交的机会多寡，当前手机都已成为亲密关系对象之间日常交往的重要渠道，因此线下社交情况与依靠手机维系亲密关系的程度没有显著关联。

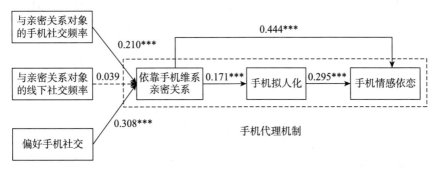

图 6-2　手机情感依恋的形成机制模型结果

注：显著性水平为 ***p<0.001；虚线箭头表示不显著。

资料来源：刘德寰、及桐《从传播中介到情感对象：个体与手机的情感联结与形成机制》，《湖南师范大学社会科学学报》2021 年第 2 期，第 126~134 页。

手机中介化的人际交往面临身体缺席的困境，却带来了人与手机之间主体在场的互动体验与情感联结。在依靠手机维系亲密关系的过程中，手机不仅是人际传播的中介，还成为个体能动的交往对象，作为亲密关系对象的实体代理，代替真人与个体进行身体在场的交往，调动个体感官投入，满足个体情感需要，但是，这种情境下的人机交往更加近似于人内传播的自传自受。将手机视为亲密关系对象的能动实体代理，本质上来说，这是个体基于自身中介化社交的体验以及对他人的情感与记忆而对手机角色进行的想象与投射。虽然此时手机作为一种外在实体与人互动，但其依然是人思维想象的角色与自我的互动，是人对外部环境产生反应后与自我的互动，是一种自己与自己的对话。①

不论是依靠手机维系亲密关系，还是在此过程中赋予手机人格特性，

① 林升梁、叶立：《人机·交往·重塑：作为"第六媒介"的智能机器人》，《新闻与传播研究》2019年第 10 期，第 87~104、128 页。

这些都是个体根本上渴望社会连接和情感关怀的表现。但是在人与手机这种类似人内传播的情感交互中，人们反而容易走向极端个体化，陷入自我的"闭环"之中，忽视外部人际关系。有研究指出，对手机产生情感联结可能会导致重度手机使用行为，造成个体用更多的时间与手机单独相处，沉浸于自我的世界，而花在与人类对象交往上的时间越来越少[①]。也就是说，虽然通过手机维系亲密关系会促进人与手机的情感联结，但这样也可能损害人际亲密关系的拓展与维系。当然，在与手机进行的这种闭环交互中，个体能享受前所未有的掌控感，也能获得情感的即时满足。需要注意的是，向技术寻求情感依靠虽然能够避免与其他人类对象交往中的风险与失望，但也恰恰违背了个体最本质的需求，即只有其他人类对象才能提供的那种体贴、敏感、真实的情感关怀。

因此，在人类对象走向虚拟而机器对象走向现实的今天，人们要寻求关系的深度连接与情感的长久牵挂，还需警惕人机交往对人际交往的挤压，适当降低对手机维系亲密关系的依赖，重拾人际的身体交往，拥抱真实生动的人际关系。

第五节 移动互联网的族群特征

族群研究是剖析群体现象和群体行为的重要部分，能够刻画群体特征，加深对该群体行为的认知和理解，有针对性地满足分群传播的需要。

一 健康传播中的健康信息获取族群

（一）健康传播的文献回顾

在健康传播领域，移动互联网技术的发展与普及极大地改变了人们对健康信息的获取方式。最初，人们获取健康信息的渠道主要为人际交

---

① 刘德寰、及桐：《从传播中介到情感对象：个体与手机的情感联结与形成机制》，《湖南师范大学社会科学学报》2021 年第 2 期，第 126~134 页。

往、大众传媒、社区健康部门，遇到健康问题时会去医院、药房向医生、药师等专家求助，但互联网兴起之后人们获取健康信息的方式开始向线上转移。在现有的关于健康传播的研究中，许多学者关注大众的健康信息素养和健康信息传播的有效性，却较少论及影响健康信息获取的个体或群体层面因素。

关于健康信息获取行为的研究常常聚焦某些特定的主题，包括影响因素研究、用户对健康信息的需求、健康信息网站的感知可信度分析以及网络健康信息关注内容等。健康信念模型（health belief model）、社会学习理论（social learning theory）或称社会认知理论（social cognitive theory）、自我效能（self-efficacy）是健康传播研究中的重要理论，可以解释、预测人们的健康行为。班杜拉提出的社会认知理论认为人们的行为受两个关键因素影响，这两个因素分别是期待和激励。期待包括三种类型，即对环境认知、个人行为结果以及自我效能的期待；而激励更多地来自对结果的重视。[①] 罗森斯托克等研究者在文章中将社会学习理论和健康行为联系起来，清晰地刻画了四类健康行为的动机，比如如果人们保持健康行为是为了改变生活方式，属于激励动机；如果人们采取健康行动是认为当下他们的生活方式会对他们的健康产生危害作用，属于根据对环境的认知期待调整行为；如果人们认为改变一些不良的健康行为能够减少危害，属于从对行为结果的考量出发；如果人们完全是出于认为自己有能力能接受新的行为方式而采取健康行为，属于自我效能感在起作用。[②] 健康信念模型和社会认知理论的内容相似度较高，它们差异在于两点，第一，健康信念模型没有讨论人们改变期待的多种信息来源；第二，健康信念模型没有纳入自我效能感的概念。因此我们在研究和解释信息获取行为在不同人群中的分野时，也可以借鉴健康信念模型和社会认知理论进行多角度

---

① Bandura, A. ,*Social Foundations of Thought and Action: A Social Cognitive Theory* (Englewood Cliffs, NJ: Prentice Hall ,1986), pp. 34-37.

② Rosenstock, I. M., Strecher, V. J., & Becker, M. H. , "Social Learning Theory and the Health Belief Model," *Health Education Quarterly*, Vol.15, No.2 (1988), pp.175-184.

考虑。

　　健康信息传播渠道也成为研究者们关注的重点之一，有些研究者将研究重心放置在大众传媒上，比如布罗迪等人的一项研究发现，大部分的白人、非裔美国人以及拉丁美洲人都重度依赖大众传媒来获取健康及医疗信息，并会根据媒体上健康主题的相关报道采取相应的行动。[①] 除了大众传播，人际传播也是健康信息传播的主要渠道之一，如塔迪和海尔研究了群体社会网络是如何影响人们获取健康信息的。[②] 另一些研究者则关注了互联网给健康信息获取行为带来的新的改变，比如以英国和美国的青少年群体为研究对象，研究他们通过互联网获取健康信息的行为，但这部分研究在国内还未受到较多学者的关注。[③]

　　互联网兴起之后，健康信息的传播渠道呈现多维裂变式发展，垂直类健康信息网站赋予了用户新的资源渠道。移动通信技术与互联网技术的融合演进更是促进社交媒体和互联网医疗企业快速发展，推动人们线上和线下的健康行为逐步变化。驱使人们通过不同渠道获取健康信息的原因有很多，比如提升与医生和健康专家交流的参与感和互动性、享受被赋权的感觉、减少对自身健康状况的不确定性，以及避免医生或健康专家没有提供足够的健康信息所造成的影响等。以往的研究发现，超过半数的被访者获取健康信息是为了帮助其他人解决健康问题，有些研究者在研究中采用半结构式访谈的方式询问被访者上网搜寻健康信息的动机和目的，一些被访者认为虽然与医生的交流是获取最具有价值的健康信息的渠道，但是医生提供的信息只是一些基本情况，而网上关于健康问题的讨论能够帮助他们了解更多关于病情诊断和治疗过程的细节，能够加深他们对健康状

① Brodie, M., Kjellson, N., & Hoff, T., et al., "Perceptions of Latinos, African Americans, and Whites on Media as a Health Information Source," *Howard Journal of Communication*, Vol.10 (1999), pp. 147-167.

② Tardy, H., & Hale, G., "The Influence of Social Networks on Health Information Seeking," *Social Science & Medicine*, Vol. 58, No.10 (2004), pp. 1839-1849.

③ Gray, N. J., Klein, J. D., & Noyce, P. R., et al., "Health Information-seeking Behaviour in Adolescence: The Place of the Internet," *Social science & medicine*, Vol. 60, No.7 (2005), pp. 1467-1478.

况的认知。① 当从网络获取有关健康信息之后，人们能决定是否需要进一步向医生咨询意见，并更多地就相关病情或健康状况与医生进行讨论。一些人能根据网上获取的健康信息来调整自身生活习惯从而建立健康生活方式。有研究显示，大学生通过网络进行健康信息搜寻的渠道主要是搜索引擎。② 对于青少年来说互联网是获取信息的首要渠道，网络健康信息能够丰富他们对疾病的认知，同时这些健康信息能够帮助他们更好地照顾自己与身边的朋友，但是对于并非网络"原住民"的成年人来说，网络健康信息的影响力还很有限。然而，随着互联网在人们生活领域的广泛应用，其在健康信息传播方面的影响力也日趋加强。在霍格等人的研究中，被访者通常从医生（81.3%）、网络（42.2%）、媒体报道（14%）、家人或朋友（11.8%）、药剂师（6.4%）、图书或期刊（5.7%）、其他健康专业人士（3.9%）以及广告（3.1%）8个最主要的渠道获取健康信息。③ 随着移动互联网和通信技术的发展，不管是普通公众还是健康专家都开始利用智能手机 App 获取一些临床研究的相关信息。例如，与癌症相关的智能手机 App 有助于向患者和专家传播最新的与癌症有关的信息和知识，但令人不安的是 App 上一些缺乏真实性和有效性的内容可能会成为危害患者健康的潜在因素。

（二）数据来源与数据分析

本部分研究使用的数据来自"2017 年手机人——移动互联网全景大调研"的子问卷部分，即调查用户通过网络获取健康信息行为的实际状况。该调查于 2017 年 6 月在全国范围内进行，采用线上等比例配额抽样的问卷调研方式完成数据收集，回收的问卷样本数共 3000 份。样本的平

---

① Lorence, D.P., Park, H., & Fox, S., "Assessing Health Consumerism on the Web: A Demographic Profile of Information-seeking Behaviors," *Journal of Medical Systems*, Vol. 30, No. 4 (2006), pp. 251-258.

② 周晓英、蔡文娟:《大学生网络健康信息搜寻行为模式及影响因素》,《情报资料工作》2014 年第 4 期，第 50~55 页。

③ Hogue, M. C. B., Doran, E., & Henry, D. A., "A Prompt to the Web: The Media and Health Information Seeking Behaviour," *PLoS One*, Vol. 7, No. 4 (2012), p.e34314.

均年龄为 31.45 岁（SD=10.77），男性所占比例为 53.6%。样本的人口统计学特征还包括了不同的城市线级分布，其中一线城市占比 21.7%，二线城市占比 30.4%，三线城市占比 21.3%，四线及以下城市占比 26.7%。受教育程度分别是高中及以下（13.2%）、大专（17.7%）、本科（60.7%）、硕士及以上（8.4%）。婚姻状况分为已婚（57.2%）和非已婚（42.8%），非已婚包括单身、恋爱中、同居、离婚、分居和丧偶几种情况。

研究采用深描式 Logistic 回归方法，虚拟变量"是否依赖网络获取健康信息"为因变量（1= 依赖网络获取健康信息者，0= 非依赖网络获取健康信息者），人口统计学变量（如性别、年龄、收入等）为自变量。之前的学者在其研究中论证过移动终端的使用、搜索获取信息的方式、信息付费习惯、居住生活水平、健身习惯、是否主动进行健康管理、是否考虑父母养老问题等变量会对网络获取健康信息行为产生影响，因此本部分将相关的影响因素（如移动终端的使用类型、健身习惯等）作为控制变量放入多元回归分析模型中。本部分构建了三个回归模型（见表 6–1），第一个回归模型只放入了基本的人口统计学变量。模型一显示，受教育程度、个人月收入、婚姻状况、独生子女结果显著并且系数为正，而年龄和户口类型两个变量都在模型中显著，但相关系数为负。模型一的 R^2 仅为 0.099，模型解释力较弱。

研究者在模型二中加入了 8 个相关影响因素作为控制变量。研究结果显示，加入控制变量后，年龄、婚姻状况、独生子女和户口类型这 4 个变量不再显著，说明模型一并不稳定，需要对模型一进行进一步的优化和调整。模型二的 R^2 为 0.261，相较于模型一，其解释力有了显著的提升。

在先前的文献回顾阶段，我们发现对获取健康信息行为的人群特征描述在不同的研究中差异较大，猜测可能是由于变量之间存在交互效应导致了单一变量模型不稳定，或者不同研究中抽样的偏差产生了结果差异。因此研究者在模型三中关注了自变量的交互效应并加入两组交互变量，分别是：①个人月收入、性别和婚姻状况；②年龄、受教育程度和城市线级。此外，由于社会生活空间的多维化和社会时间的非线性问题，模型三还考虑了多维交互效应，通过深描式 Logistic 回归建构多元模型来揭示"依赖获取网络健康信息群体"人口特征。采用多元模型一方面是为了更好地拟合日常生活，另一方面有利于观察自变量的变化差异。模型三的 R^2 为 0.281，在三个模型中解释力最强。

表 6-1　依赖网络获取健康信息群体的 Logistic 回归模型

因变量 Y：是否依赖网络获取健康信息：1= 依赖（N=612），0= 非依赖（N=2376）

变量	模型一		模型二		模型三	
	B	p	B	p	B	p
城市线级	0.054	0.240	0.039	0.432	−0.110	0.778
受教育程度	0.350***	0.000	0.242**	0.002	−0.107	0.897
年龄	−0.017*	0.016	−0.002	0.825	6.250	0.269
个人月收入	0.199***	0.000	0.128***	0.000	20.048	0.180
男性	−0.124	0.210	0.016	0.883	−0.500**	0.007
婚姻状况	0.344*	0.015	0.229	0.154	−0.189	0.387
独生子女	0.243*	0.018	0.034	0.764	0.095	0.386
工作单位属性（体制外）	−0.078	0.470	−0.141	0.244	−0.059	0.616
户口类型（农业户口）	−0.310*	0.022	−0.256	0.085	−0.314*	0.028
使用手机时间			−0.009	0.786	−0.018**	0.005
使用平板时间			0.192***	0.000	0.201	0.577
持续健身时间（年）			0.009	0.691	−0.009***	0.000
使用网络搜索引擎获取信息			0.321**	0.007	0.338***	0.000
不进行健康管理			−1.445***	0.000	−1.515***	0.000
居住生活水平			−0.152***	0.000	−0.169***	0.000

因变量 *Y*：是否依赖网络获取健康信息：1= 依赖（*N*=612），0= 非依赖（*N*=2376）

变量	模型一		模型二		模型三	
	B	p	B	p	B	p
考虑父母养老问题			0.148	0.190	0.161*	0.017
使用过付费社群			0.608**	0.003	0.618**	0.002
个人月收入平方					−13.830	0.208
个人月收入立方					4.452	0.251
个人月收入四次方					−0.727	0.310
个人月收入五次方					0.058	0.381
个人月收入六次方					−0.002	0.459
个人月收入 × 性别 × 婚姻状况					5.178*	0.050
个人月收入平方 × 性别 × 婚姻状况					−6.840*	0.042
个人月收入立方 × 性别 × 婚姻状况					3.511*	0.031
个人月收入四次方 × 性别 × 婚姻状况					−0.843*	0.023
个人月收入五次方 × 性别 × 婚姻状况					0.095*	0.018
个人月收入六次方 × 性别 × 婚姻状况					−0.004*	0.014
受教育程度平方					0.082	0.609
年龄平方					−0.358	0.283
年龄立方					0.010	0.285
年龄四次方					−0.000	0.280
年龄五次方					0.000	0.271
年龄 × 受教育程度 × 城市线级					−6.519*	0.028

因变量 Y：是否依赖网络获取健康信息：1= 依赖（N=612），0= 非依赖（N=2376）						
变量	模型一		模型二		模型三	
	B	p	B	p	B	p
年龄平方 × 受教育程度 × 城市线级					0.403*	0.025
年龄立方 × 受教育程度 × 城市线级					−0.012*	0.024
年龄四次方 × 受教育程度 × 城市线级					0.000*	0.024
年龄五次方 × 受教育程度 × 城市线级					−0.000*	0.025
年龄 × 受教程度平 方 × 城市线级					1.715*	0.038
年龄平方 × 受教育程度 平方 × 城市线级					−0.106*	0.035
年龄立方 × 受教育程度 平方 × 城市线级					0.003*	0.034
年龄四次方 × 受教育程 度平方 × 城市线级					−0.000*	0.035
年龄五次方 × 受教育程 度平方 × 城市线级					0.000*	0.038
常数	−2.863***	0.000	−6.001***	0.000	−54.98	0.140
Nagelkerke R^2	0.099		0.261		0.281	

注：显著性水平为 *p < 0.05、**p < 0.01、*** p < 0.001。

资料来源："2017 年手机人——移动互联网全景大调研"数据库。

1. 个人月收入、性别与婚姻状况的影响

根据依赖网络获取健康信息群体的 Logistic 回归模型，我们发现个人月收入、性别和婚姻状况三个变量的交互结果都是显著的，说明个人月收入、性别与婚姻状况的交互效应对人们依赖网络获取健康信息存在一定的影响。图 6-3 为个人月收入、性别、婚姻状况三个变量交互效应的可视化呈现。

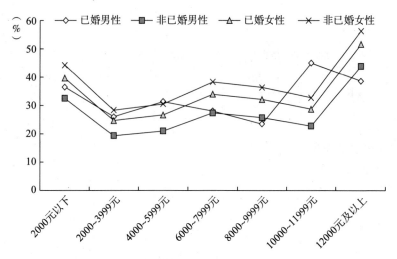

图 6-3 依赖网络获取健康信息群体与个人月收入、性别、婚姻状况 Logistic 回归分析

资料来源："2017 年手机人——移动互联网全景大调研"数据库。

研究分析显示，首先，除个人月收入为 2000~3999 元、4000~5999 元、10000~11999 元的女性外，女性普遍比同等个人月收入水平的男性更多地依赖网络获取健康信息，尤其是非已婚女性，有意思的是，非已婚女性在各个收入阶层都保持较高的比例，但是非已婚男性则相反，几乎在各个收入阶层都是依赖网络获取健康信息比例最低的一群人，而已婚男性依赖网络获取健康信息的比例也不低，尤其是个人月收入在 10000~11999 元的高薪已婚男性比例突出；其次，综合来看个人月收入对依赖网络获取健康信息的行为影响不大，但月收入在 12000 元及以上的高收入群体依赖网络获取健康信息的比例有比较明显的上升趋势。该三个变量的交互效应整体大致呈"W"曲线分布。

2. 年龄、受教育程度与城市线级的影响

第二组交互变量为年龄、受教育程度和城市线级，其在模型三中的交互效应是显著的，即年龄、受教育程度以及城市线级的组合模式对人们是否依赖网络获取健康信息存在一定的影响。由于受教育程度和城市线级都是多层级的分类变量，集中呈现会由于类别过多而丧失对趋势的认知，因此本部分以城市线级的层级作为基本分类标准，在此基础上呈现年龄和受教育程度的交互作用。如图 6-4 到图 6-7 所示，每一幅折线图代表一个城市线级的交互情况。

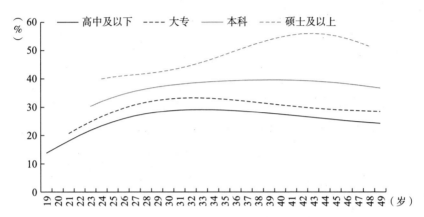

**图 6-4　一线城市依赖网络获取健康信息群体与
年龄、受教育程度的 Logistic 回归分析**

资料来源："2017 年手机人——移动互联网全景大调研"数据库。

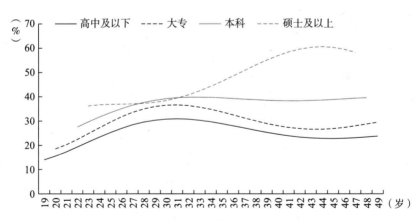

**图 6-5　二线城市依赖网络获取健康信息群体与
年龄、受教育程度的 Logistic 回归分析**

资料来源："2017 年手机人——移动互联网全景大调研"数据库。

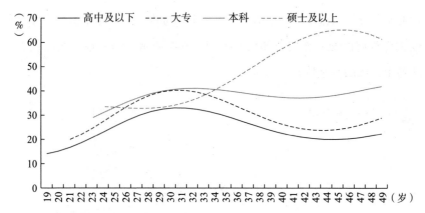

图 6-6 三线城市依赖网络获取健康信息群体与年龄、受教育程度的 Logistic 回归分析

资料来源:"2017 年手机人——移动互联网全景大调研"数据库。

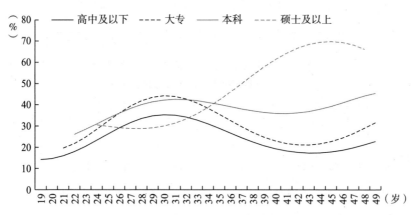

图 6-7 四线及以下城市依赖网络获取健康信息群体与年龄、受教育程度的 Logistic 回归分析

资料来源:"2017 年手机人——移动互联网全景大调研"数据库。

观察四个城市线级的折线图,其大体趋势类似,除 24~35 岁年龄群体之外,同龄人中受教育程度的提高会促使依赖网络获取健康信息群体的比例提高,由此可见高学历群体更加倾向于从网络获取健康信息。年龄的波动对该行为的影响不大,但年龄在 40 岁及以上的硕士及以上学历的群体在依赖网络获取健康信息这方面的比例有先增加后下降的趋势。值得注意的是,随着城市线级的下沉,24~35 岁的硕士及以上学历的群体在依赖网络获取健康信息的比例中有所下降,在四线及以下城市几乎与低学历群体的比例相持平，甚至在部分年龄段处于最低水平。总的来说，这一组交互变量的结果说明，大城市、高学历的人在依赖网络获取健康信息的群体中占据较高比例，而在城市线级较低的地区，低学历的年轻群体更多地依赖网络获取健康信息。

3. 研究发现

个人月收入、性别、婚姻状况的交互对网络获取健康信息群体的行为有显著的影响。总的来说，女性比男性更加依赖从网络获取健康信息。针对新媒体环境下个人健康管理特征，研究发现男性更注重获取与运动健康、养生保健、生理卫生及两性方面相关的健康信息，而女性更注重获取与美容、减肥塑身方面相关的健康信息，她们更愿意为个人健康管理付出时间、金钱等健康成本，同时还有更强烈的自我健康感知。

就个人月收入情况而言，个人月收入在 2000 元以下的群体有较高比例的原因一方面可能是学生群体对网络健康信息的依赖程度较高，另一方面可能是这部分低收入人群无法承担高昂的就医费用，因而常常通过网络健康信息关注自身健康情况、寻找病因或搜寻治疗方式。

年龄、受教育程度以及城市线级三者交互共同造就的影响对该群体是显著的。总体来说，随着受教育程度的提高，人们会更多地从网络获取健康信息。受教育程度影响人们如何寻找和使用信息，较低受教育程度的人在获取健康信息时会面临更多的挑战，尤其是书面的资料，因而会寻求一些以传播口头信息为主要内容的渠道。

24~35 岁年龄段的群体在获取健康信息行为方面表现突出，这可能是由于近些年青年人群带领的养生热潮打破了传统的养生观念，并在全社会范围广泛渗透和崛起，而且这可能是一种社会潮流的新开端。

二　移动互联网下的数字音乐族群

（一）文献回顾

数字化娱乐方式已成为当前大众的主流消费模式。2017 年上半年，互联网音乐市场布局出现新一轮调整，各大音乐平台大规模整合资源，国内网络音乐市场寡头化趋势已经十分明显。QQ、酷我、酷狗正式合并为腾讯音乐娱乐集团；阿里巴巴收购票务平台大麦网，连同阿里音乐一起，试图打通演出票务线上线下资源，这彰显了阿里打造音乐生态闭环的野心。在互联网公司加速布局音乐市场的同时，学界对网络音乐市场的关注与研究尚未跟进，尤其是与数字音乐平台的用户特征相关的研究较为缺乏。第 40 次《中国互联网络发展状况统计报告》显示，截至 2017 年 6 月，我国数字音乐用户规模已达到 5.24 亿人。基数如此庞大的群体，其主要特征和行为特点是研究音乐产业的发展现状的重要切入点。本部分研究通过描绘网络音乐用户画像，对数字音乐用户进行实证研究，从而有针对性地制定产业管理和发展策略，有助于分析技术浪潮变革中的用户动向和产业趋势。

互联网产品开启了用户为王的时代，用户不再是居于产业链下游的被动消费者，而是逐渐成为影响内容供应商和服务提供商决策的重要因素。田野认为，"用户作为互联网的源头，驱动着整个商业模式的良性发展。因此，互联网产品的商业价值不再也不应按照工业时代的销售利润来衡量，而应按照产品用户的数量、特征及黏性来衡量"。[1] 因此，数字音乐平台的发展离不开对用户消费行为和使用偏好的洞察。有学者在研究网络音乐现状的文章中提到在线音乐的用户中无收入和低收入的用户比例较高，月收入 3000 元以下的用户占比达 73%，无线音乐市场同样是以无收入和低收入群体为主（月收入 3000 元以下的用户占比达 65.3%）。[2] 随着数字音乐平台用户数量的激增以及数字消费习惯的养成，平台用户的人口统计学特征以及在线消费行为都处于不断变迁的历程中。在数字音乐平台兴起的最初几年，不同平台之间的竞争差异主要体现在音乐曲库的数量及

---

① 田野：《互联网思维与用户需求驱动力——以网易云音乐的产品、运营模式为例》，《青年记者》2017 年第 14 期，第 82~83 页。

② 胡正荣、唐晓芬、李继东主编《新媒体前沿发展报告（2014）》，社会科学文献出版社，2014，第 99、101~102 页。

规模上，如今，随着用户对产品的挑剔度及使用偏好的变迁，数字音乐平台开始将重心转移至推荐和发现音乐上。作为后起之秀的网易云音乐，便将其推荐算法专注于根据用户的使用习惯和音乐偏好，为用户提供更加精准化、多元化的音乐推送服务，受到用户的一致好评。数字音乐平台不再只是传播音乐的集散地，而是逐渐成为内容的提供商，在分析用户喜好和运用科学算法的基础上，将更合适的内容推荐给用户。[①] 数字音乐平台充分利用数字音乐的长尾效应，将许多小众歌手与音乐匹配给不同的消费用户，迎合用户喜好，增强用户对平台的黏性。此外，还有研究者强调要使用大数据挖掘的方法，通过给音乐用户网络行为特点贴标签来对用户精准建模，从而提高精准营销的准确性。[②] 刘丹和安波用社会网络分析方法对用户使用网络意向进行分析，研究发现对社会网络依赖程度越强、情感需求越大的人网络音乐使用意向越强。[③] 因此，越来越多的数字音乐平台增加了音乐社区功能，试图打造一个增加用户互动的完整的社交生态平台，通过音乐这个载体，包括评论、歌单、电台等子栏目，将用户聚集到音乐社区中，从而提升用户在线音乐体验。

（二）研究方法

本部分使用的数据来自笔者主持的"2021 年手机人——移动互联网全景大调研"，调查在全国范围内进行，采用问卷调查完成数据收集。数据覆盖我国各大城市以及县级大部分地区的移动互联网用户，研究采用等比例配额方式对在线调查样本进行抽样，共获得有效样本 10000 份，其中关于移动音乐调查的样本基数为 2500 份，年龄分布在 15~65 岁，男性样本占比 53.6%，女性样本占比 46.4%。本部分采用深描式 Logistic 模型，以虾米音乐用户的群体作为因变量进行建模，虽然虾米音乐已于

① 孟兆平、周辉：《网络音乐产业发展现状与趋势研究》，《学术探索》2016 年第 5 期，第 110~116 页。
② 张第、张鹏、杨宇：《音乐粉丝用户的大数据挖掘方法》，《电信技术》2016 年第 3 期，第 35~37 页。
③ 刘丹、安波：《用户社会网络属性对网络音乐使用意向影响分析》，《企业经济》2010 年第 1 期，第 148~150 页。

2021 年停止服务，但笔者认为其数据仍可作为历史案例使用。在控制用户的性别、婚姻状况等人口统计学变量的基础上，本部分综合考虑虾米音乐用户的年龄、独生子女情况以及体制内外工作情况等变量，通过统计建模的方式勾勒出虾米音乐用户的主要特征，分析现有用户群体与音乐平台定位的契合度，为平台未来发展策略提供理论和经验支撑。用户特征构成因素分析结果如表 6-2 所示。

表 6-2　虾米音乐用户特征构成因素分析（Logistic 模型，N=2500）

变量	系数
常量	−50.235
女性	0.164
未婚	0.191
体制外职业	2.258*
独生子女	−32.886**
自我炫耀消费指数	0.263***
务实经济消费指数	0.073
从众无主见消费指数	0.012
年龄	6.156
年龄平方	−0.276
年龄立方	0.005
年龄四次方	0.000
受教育程度	51.270*
受教育程度平方	−10.071
个人月收入	−0.318
个人月收入平方	0.089
个人月收入立方	−0.006
城市县级	−0.079
年龄 × 受教育程度	−6.348*

续表

变量	系数
年龄平方 × 受教育程度	0.276*
年龄立方 × 受教育程度	−0.005*
年龄四次方 × 受教育程度	0.000*
年龄 × 受教育程度平方	1.231*
年龄平方 × 受教育程度平方	−0.053*
年龄立方 × 受教育程度平方	0.001*
年龄四次方 × 受教育程度平方	0.000*
受教育程度 × 体制外	−2.091**
受教育程度平方 × 体制外	0.412**
年龄 × 独生子女	4.133**
年龄平方 × 独生子女	−0.185**
年龄立方 × 独生子女	0.003**
年龄四次方 × 独生子女	0.000**

注：$*p<0.05$、$**p<0.01$、$***p<0.001$。
资料来源："2021年手机人——移动互联网全景大调研"数据库。

（三）研究发现

虾米音乐用户遍布各个年龄段，也囊括不同受教育程度的群体。其中，最主要的用户群体构成为年龄在20~34岁、受教育程度为硕士及以上的高学历年轻人以及年龄在49~55岁、受教育程度为高中及以下的中老年群体。总体来看，使用虾米音乐的年轻人中普遍学历较高，年龄在35~47岁的用户大多为大专及以上受教育程度（见图6-8）。音乐是一种审美情趣，它对普通大众来说更是调节压力、抒发情感的娱乐方式之一。音乐的纯粹性，使它无关性别、年龄、国别与种族，因此虾米音乐用户能够贯穿整个年龄层次和受教育程度。年轻人作为新时代数字媒体的弄潮儿，更愿意尝试接受新事物，对数字音乐平台探索与使用的热情更高。从数字音乐平台方角度来看，虾米音乐用户呈现出上述特点，一方面，由于虾米音乐的最大特点就是曲库资源丰富，音乐选择自由度高，适合各个年龄段的人根据自己的喜好选择音乐类型。另一方面，虾米音乐最初的市场定位是音乐分享社区，在该音乐平台上最活跃的板块之一就是用户评论区。基于该定位，虾米音乐有更年轻化的基因，能够吸引高学历的年轻人参与其中，共建品质音乐社区。

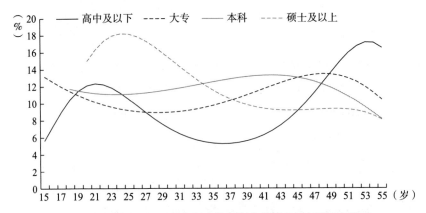

图 6-8　不同年龄、受教育程度的虾米音乐用户的多元回归模型

资料来源："2021 年手机人——移动互联网全景大调研"数据库。

本部分对虾米音乐用户的年龄与是否独生子女的个人属性做了多元回归模型（见图 6-9），在我国计划生育政策的影响下，社会偏好呈现独生子女与非独生子女差异性较大的典型现象，这也是本部分对独生子女变量进行建模的重要原因。研究发现作为音乐共享社区平台的虾米音乐，其用户在不同年龄段呈现出独生子女与非独生子女分别占据主导地位的情况，但在 36~44 岁交叉年龄段内非独生子女人群比例高于独生子女人群比例。一方面，独生子女群体与非独生子女群体之间差异的最大特点之一就是共享精神，从儿童的生活成长历程来看，非独生子女对共享含义的理解更为透彻，而互联网时代的音乐产业是"参与式文化"的重要体现，对分享行为有极强的认同感，用户更多地介入音乐人的创作当中，用户的喜好成为影响音乐创作与发行的重要因素。另一方面，在音乐平台上，粉丝的"集体智慧"（collective intelligence）进一步推动了音乐在互联网上的分享与传播。粉丝与音乐人皆可上传歌曲，这不仅丰富了音乐的种类和数量，同时还有利于高品质音乐的共享。虾米音乐一开始就聚集了高端的音乐听众，他们相互的交流与分享行为也日益频繁。此外，随着生育政策的放开，未来一段时间内，非独生子女的数量总体呈增长趋势，这意味着数字音乐平台的用户及音乐社区活跃度将展露出增长的势头。

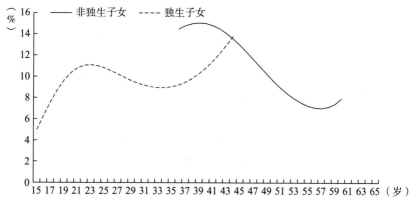

图 6-9　不同年龄、是否独生子女的虾米音乐用户的多元回归模型

资料来源："2021 年手机人——移动互联网全景大调研"数据库。

为了进一步探测何种工作状态下的人群更青睐于使用虾米音乐，研究者对受教育程度以及体制内外工作进行了交互项处理并构建统计模型（见图 6-10）。从虾米音乐用户的数据中透析该音乐平台主要吸引的用户包括体制外的高学历人群，这部分人群具有的特征、用户偏好与平台特质较为契合。受教育程度为大专、本科的体制内从业者也是构成虾米音乐用户的主要人群之一，这部分用户受社会整体音乐消费趋势的影响较大。就职于体制外单位的高学历用户可谓当下最有想法、最具创造力的一群人，他们追求与众不同、独立自主，无时无刻不想彰显自己的品位与价值。虾米音乐在发展历程中也对其模式进行不断创新，试图突破音乐产业的边界，创办平台的目的从最初的尝试在用户、音乐人和唱片公司三者之间建立一种新的付费合作模式，到增强用户与音乐人之间的互动，建立网络音乐社区平台，再到扶持平台内独立音乐人的"寻光计划"，这些举措皆体现该音乐平台对创新精神的坚持。

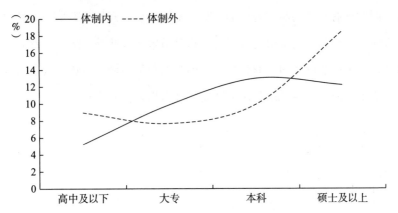

图 6-10　不同受教育程度、体制内外工作情况的虾米音乐用户的多元回归模型

资料来源："2021 年手机人——移动互联网全景大调研"数据库。

根据数据建模结果，虾米音乐用户具有的典型人口特征，概括起来就是年轻、高学历、体制外就业的精英人群。正如詹金斯针对受众与媒介互动行为提出有关电视粉丝与参与式文化的理论所言，用户不再以单一的消费者身份出现，而更多的是以参与者的身份介入媒介生产、创作与传播中。因此，要研究新兴媒介形态的发展，媒介使用者是关键研究对象之一，这也是本部分研究从数字音乐平台用户特征入手的重要原因。

三　利用互联网参与移动直播的族群

随着移动终端的普及和数字媒介技术的发展，网络直播已经进入了"随走随播"的移动直播时代。与传统的 PC 直播时代不同，移动直播实现了由公共空间向私人领域的转型，直播内容从公共走向私人，从宏大走向微小，从事件走向生活。伴随着直播权力的下放，普通个体可以通过直播展现旅游、化妆、打游戏、个人才艺乃至个人日常生活等一系列信息与情况，向直播平台上的海量群体进行自我表露。

自我表露指个体向他人展示个人信息，因此常是展示私人且敏感的信息。随着信息时代的到来，网络逐渐与人们的生活融为一体，网络自我表露的重要地位凸显，而微博、快手等社交媒体的出现更是让网络自我表露成为人际交往中自我表露的主要方式。已有研究证明人们可利用社交媒体上的个人档案、自拍等形式展露个人信息，实现自我表露。鉴于相比于个人档案、自拍等图文形式，直播的媒介丰富度更高，可以通过图像与音频传递更多的个人基本信息，且移动直播的内容呈现私人化与个性化的特点，本部分将直播平台上的自我表露界定为用户通过在线生成直播视频向他人展示信息的行为。

虽然主播们均通过直播进行自我表露，但展示内容的不同会使其自我表露的程度有所差别。自我表露的程度可低至与个体相关的基本信息，如性别、年龄、体型等最基本的信息，可高至非常私人的内容，如个人生活细节等。总体来说，个体越是展现自己多方面的、私人的信息，自我表露的程度越高。用户在直播平台上既可以选择游戏直播、才艺直播、旅游直播等进行较低程度的自我表露，也可以选择个人日常生活类直播等进行较高程度的自我表露。

作为人际互动的重要环节，自我表露在社交关系的发展和维持上起着重要作用，满足了人们社会连接与归属的基本需要。已有研究证明在BBS、社交网站等网络环境中自我表露程度与社交关系发展的关系，一方面，以社交关系发展为目的的自我表露通常程度更高；另一方面，高度的自我表露更利于社交关系发展。[1]由于较少有学者验证这一双向关系在移动直播语境下的存在，因此本部分将分别探究移动直播用户社交关系发展动机与自我表露程度以及自我表露程度与社交关系发展效果的作用关系。

（一）自我表露的文献回顾

衡量自我表露的程度主要有两个指标：自我表露的深度和自我表露

---

[1]　张军芳：《BBS 使用目的对大学生"自我表露"的影响——以"日月光华"为例》，《中国地质大学学报》（社会科学版）2009 年第 3 期，第 22~26 页。

的广度。自我表露的深度是指个体自我表露信息的私密程度，表露的内容越私人，自我表露的深度越深。按照自我表露的深度，学者将个体自我表露由浅到深依次分为"人生阶段性信息的表露"、"一般生活事件的表露"和"具体生活事件细节的表露"。个体展现的内容越日常与具体，自我表露的程度越高。对应到直播平台上的自我表露，与游戏直播、个人才艺直播等直播类型相比，直播个人日常生活最能展示个体真正的日常状态，私人化程度最高，因此个人日常生活类直播的自我表露的深度更深。自我表露的广度是指表露内容包含的私人信息领域或方面的数量多少，表露的内容越丰富、涵盖的个人信息方面越多元，自我表露的广度越高。从涵盖私人信息领域的数量上看，比起游戏、个人才艺等单方面的内容，个人日常生活包含的与个体私人相关的内容更广泛，因此相比于其他内容类型的直播，个人日常生活类直播的自我表露的广度更高。综上，不论是从自我表露的深度还是自我表露的广度来说，直播个人日常生活的自我表露程度均高于其他直播内容类型的自我表露程度。因此本部分将在直播平台上直播个人日常生活类内容定义为高度自我表露，将直播游戏类、个人才艺类等其他内容类型定义为低度自我表露。

自我表露作为一种个体有意识的行动，受到性别、年龄和婚姻状况等基本人口统计学变量的影响。大量研究证明，自我表露的程度受到性别因素的影响，但研究结论不甚相同。一些研究指出，女性比男性自我表露的意愿程度与行为程度更高，[1]但也有研究发现，男性展露的个人信息显著多于女性展露的个人信息。[2]除性别外，年龄也是影响个体自我表露的重要因素。整体来说，自我表露的程度随着年龄的增大而降低，因为相比之下年轻人对网络交流更适应也更不谨慎。对俄罗斯社交媒体用户的研究发现，网络自我表露程度与年龄和性别呈现非线性的函数关系，30岁以

---

[1] Kays, K., Gathercoal, K., & Buhrow, W., "Does Survey Format Influence Self-disclosure on Sensitive Question Items?" *Computers in Human Behavior*, Vol. 28, No.1 (2012), pp. 251-256.

[2] Special, W. P., & Li-Barber, K. T., "Self-disclosure and Student Satisfaction with Facebook," *Computers in Human Behavior*, Vol. 28, No.2 (2012), pp.624-630.

前自我表露程度随着年龄增大呈现大幅下降趋势，之后保持平稳，在 40 岁之后女性自我表露程度明显降低，男性自我表露程度升高。[①] 此外，感情状况是影响自我表露程度的另一因素。如果个体的首要忠诚对象是配偶，那么配偶关系就会限制个体向他人展露私人的信息，因此配偶的存在会降低自我表露的程度。

德尔蕾格指出，要理解和预测个体的自我表露行为，首先应当确认自我表露对个体的价值，即个体期望通过自我表露得到的社会奖励。由此提出自我表露的功能理论，即自我表露的目标会激发自我表露的决策过程并决定表露的内容。[②] 后续研究证明，在社交媒体上自我表露的目标不同也会导致用户自我表露行为的差异。

其中，社交关系发展是个体自我表露的主要动机与目的之一，具体包括建立以及维系友谊、恋爱关系、家庭关系等社会关系。因此，本部分中社交关系发展动机包括建立新的社交关系和维系原有社交关系。

已有研究证明，抱有社交目的的个体自我表露的程度更高。有学者指出个体网络交往动机越强，越愿意向对方透露更广泛的个人信息。[③] 诺斯科等人发现想要寻求并建立一段关系的社交媒体用户会展露更敏感、更私人的信息。[④] 有研究指出，交友动机高的个体由于希望通过网络交友感受到建立拓展人际关系的乐趣，因此会表现出高程度的自我表露行为。[⑤]

自我表露对社交关系的发展与维系起着核心作用。由于自我表露具有缩短心理距离、增强人际信任的功能，积极深入的自我表露会促使双方

① Kisilevich, S., Ang, C. S., & Last, M., "Large-scale Analysis of Self-disclosure Patterns Among Online Social Networks Users: A Russian Context," *Knowledge and Information Systems*, Vol.32 (2012), pp. 609-628.

② Delreg, V. J., "Appropriateness of Self-disclosure," *Psychology, Law* (Josscy-Bass, 1979).

③ Tian, Q., "Social Anxiety, Motivation, Self-disclosure, and Computer-mediated Friendship: A Path Analysis of the Social Interaction in the Blogosphere," *Communication Research*, Vol. 40, No. 2 (2013), pp. 237-260.

④ Nosko, A., Wood, E., & Molema, S., "All about Me: Disclosure in Online Social Networking Profiles: The Case of Facebook," *Computers in Human Behavior*, Vol. 26, No.3 (2010), pp. 406-418.

⑤ 张雅婷:《网络交友动机与人格，孤独，社交焦虑和自我揭露的关系》，台北大学，2006，第35页。

增强了解，从而实现建立发展社交关系以及维系现有社交关系的效果。

根据社会渗透理论，自我表露是一种社会交换的基本形式，它通过个体向对方展露个人信息，而对方将分享自身信息作为回报来实现社交关系的建立与进一步发展。随着社会渗透的深入，人际关系将得到进一步拓展，也就是说，当表露自己更多且更私密更个人的信息时，个体会感觉与对方更加亲近，并同时期待对方也报以相同程度的自我表露。

已有研究证明，提高自我表露的程度有利于社交关系的发展与维系。研究发现，个体认知的自我表露的程度与关系发展的质量呈正相关关系。更多更广泛的自我表露不仅有助于恋爱关系的成功，也有助于朋友关系的发展。[①]此外，展现高度私人化的信息对恋爱关系以及其他亲密关系的发展也至关重要。

（二）样本数据与指标构建

本部分使用的定量数据来自北京大学新媒体研究院刘德寰教授主持的"2017年手机人——移动互联网全景大调研"中的移动直播部分。该部分的数据通过可访问样本库（access panel）进行问卷数据收集，在全国范围内按地区配额抽取3000份智能手机用户样本，有效样本共计2958个，其中移动直播用户样本（包括直播主播与直播观众）共计1878个，占比63.5%。本部分选取了该1878个移动直播用户样本组成移动直播用户数据，并在这一数据中进行分析与研究。此数据中，样本的年龄分布在15~65岁。男性样本数量共计1060个，占比56.4%；女性样本数量共计818个，占比43.6%。样本中单身群体占比37.0%，非单身群体占比63.0%。

本部分将移动直播平台语境下用户的自我表露行为界定为在移动直播平台上进行直播。根据移动直播用户样本对问卷中设置的直播类软件使

---

① Yum, Y., & Canary, D. J., "The Role of Culture in the Perception of Maintenance Behaviors and Relational Characteristics: A Comparison between the US and South Korea," *International Network on Personal Relationships Conference* (Oxford, 1997).

用情况题目的作答，将只在直播软件上观看他人直播的编码为不进行自我表露，将只在直播平台上自己进行直播或既自己直播又观看他人直播的编码为进行自我表露。

本部分将移动直播用户的自我表露程度分为高度自我表露与低度自我表露两个等级。根据样本对问卷中直播内容类型题目的回答，将直播个人日常生活类内容编码为高度自我表露，将直播知识分享类、游戏类、才艺展示类等非个人日常生活类内容编码为低度自我表露。

本部分中社交关系发展动机包括建立新社交关系和维系原有社交关系。根据样本对问卷中直播动机题目的回答，将选项"结交朋友，拓展社交圈子"和"增加和原有朋友的互动"分别编码为建立新关系的社交关系发展动机和维系原有关系的社交关系发展动机。如果样本对此题目的回答包含上述两选项中的至少一个，则被编码为具有社交关系发展动机；反之，被编码为不具有社交关系发展动机。

与社交关系发展动机相似，社交关系发展效果包括建立新社交关系和维系原有社交关系。根据样本对问卷中直播收获题目的回答，将选项"认识了一些新朋友，拓展了社交关系"和"与老朋友的互动更多，维持了已有社交"分别编码为建立新关系的社交关系发展效果和维系原有关系的社交关系发展效果。如果样本对此题目的回答包含上述两选项中的至少一个，则被编码为具有社交关系发展效果；反之，则被编码为不具有社交关系发展效果。

（三）自我表露概况

移动直播用户的自我表露比例较高，在1878个移动直播用户样本中，有337个用户自己进行直播，即有17.9%的用户在直播平台上进行自我表露。其中，用户在直播平台上最倾向于表露的内容为个人日常生活类，35.3%的直播主播表示经常分享私人日常生活，然后是旅游分享类内容和知识分享类内容等。也就是说，用户普遍比较愿意在直播中展露自己非常个人与私密的信息，在所有的自我表露用户中，有35.3%的用户利用直播进行了高度自我表露，有 64.7% 的用户进行了低度自我表露。

（四）人口统计学变量与高度自我表露

本部分采用刘德寰提出的深描式分析法，对移动直播用户的高度自我表露行为与年龄、性别和感情状况等人口统计学变量进行 Logistic 回归，模型结果如表 6-3 所示。

通过表 6-3 可知，高度自我表露行为受到感情状况的影响，非单身用户比单身用户更倾向于利用直播进行高程度的自我表露。

表 6-3 移动直播用户高度自我表露与人口统计学变量 Logistic 回归结果

变量	非标准化系数	显著性
单身	−0.972**	0.007
女性	18.837**	0.009
年龄	0.453	0.297
年龄平方	−0.012	0.334
年龄立方	0.000	0.407
年龄 × 女性	−1.763*	0.014
年龄平方 × 女性	0.053*	0.020
年龄立方 × 女性	−0.001*	0.029
常量	−7.839	0.123

注：显著性水平为 *p<0.05、**p<0.01。

资料来源："2017 年手机人——移动互联网全景大调研"数据库。

此外，年龄与性别的交互项也对自我表露具有显著影响。根据模型可得移动直播用户年龄与性别交互项对高度自我表露的共同作用，如图 6-11 所示。根据图 6-11 可知，各年龄段男性用户利用直播进行高度自我表露的比例波动不大，基本保持在 5% 上下。女性用户高度自我表露的比例受年龄影响较大，25 岁以前，女性用户在直播平台上高度自我表露的比例随年龄的增长而大幅度降低，25~40 岁，高度自我表露的趋势平稳，40 岁以后，女性高度自我表露的比例明显呈现降低的趋势。年轻女性是直播平台上个人日常生活分享与高度自我表露的核心力量。

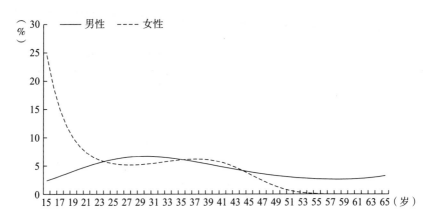

图6-11　不同年龄、性别直播用户中高度自我表露的比例

资料来源："2017年手机人——移动互联网全景大调研"数据库。

（五）社交关系发展动机与自我表露程度

在337个存在自我表露行为的移动直播用户中，有50.4%的用户具有社交关系发展动机，即想通过直播来发展社交关系。具体来说，30.3%的用户具有建立新关系的社交关系发展动机，33.8%的用户具有维系原有关系的社交关系发展动机。

该部分采用Logistic回归模型，检验移动直播用户总体以及具体的社交关系发展动机与高度自我表露的关系。因变量为是否进行高度自我表露，自变量为是否具有总体（或具体）社交关系发展动机，年龄、性别和感情状况为控制变量。模型结果如表6-4所示。

通过模型一可知，在控制了人口统计学变量的情况下，社交关系发展动机与自我表露的程度呈现正相关关系，即具有社交关系发展动机的用户比不具有社交关系发展动机的用户更倾向于利用直播进行高度的自我表露。

进一步对具体的社交关系发展动机与自我表露程度的关系进行分析可知，在控制人口统计学变量后，建立新关系的社交关系发展动机对高度自我表露的影响显著，即想通过直播建立新的社交关系的用户更有可能进行高度的自我表露。此外，维系原有关系的社交关系发展动机也对高度自我表露具有较大的影响，即具有维系原有社交关系发展动机的用户利用直播进行高度自我表露的可能性更高。

表 6-4　高度自我表露与社交关系发展动机 Logistic 回归结果

变量	模型一	模型二	模型三
单身	−0.746*	−0.772*	−0.826*
女性	0.347	0.357	0.371
年龄	−0.006	−0.006	−0.010
社交关系发展动机	0.767**		
建立新关系的社交关系发展动机		0.557*	
维系原有关系的社交关系发展动机			0.819**
常量	−0.724	−0.473	−0.476

注：显著性水平为 *p<0.05、**p<0.01。

资料来源："2017 年手机人——移动互联网全景大调研"数据库。

（六）社交关系发展效果与自我表露程度

对移动直播用户自我展露的效果分析结果显示，58.8% 的移动直播用户通过直播促进了社交关系的发展。具体来说，40.1% 的移动直播用户通过直播建立了新的关系，实现了社交关系的拓展，31.2% 的移动直播用户通过直播维系了原有的社交关系。该部分旨在利用 Logistic 回归模型检验移动直播用户自我表露程度与总体以及具体社交关系发展效果的关系，结果如表 6-5 所示。因变量为是否具有总体（或具体）社交关系发展效果，自变量为是否进行高度自我表露，年龄、性别和感情状况为控制变量。

通过模型一可知，在控制人口统计学变量的情况下，自我表露程度与社交关系发展效果呈现显著的正相关关系，在直播平台上进行高度自我表露比进行低度自我表露更易实现社交关系的发展。通过模型二进一步对自我表露程度与具体的社交关系发展效果进行分析可知，在控制人口统计学变量的情况下，高度自我表露对建立新关系具有显著的正向影响，即用户利用直播进行高度自我表露会更可能收获新的朋友与关系。通过模型三可知，在控制人口变量的情况下，高度自我表露对维系原有关系也具有显著的正向影响，进行高度自我表露比低度自我表露更能维系和发展与已有关系的互动。

表 6-5　社交关系发展结果与自我表露程度 Logistic 回归结果

变量	模型一 社交关系发展效果	模型二 建立新关系	模型三 维系原有关系
单身	−0.369	−0.709*	−0.197
女性	−0.108	0.096	−0.097
年龄	−0.018	−0.021	−0.006
高度自我表露	0.890***	0.948***	0.583*
常量	0.781	0.072	−0.715

注：*p<0.05、***p<0.001。
资料来源："2017 年手机人——移动互联网全景大调研"数据库。

　　鉴于移动直播的社交化属性与内容私人化、生活化的特点日益凸显，本部分从用户自我表露程度与社交关系发展的相互作用角度切入，对移动直播用户进行研究。研究发现，移动直播用户的社交关系发展动机会促使用户进行高度自我表露，而高度自我表露会进一步促进用户之间社交关系的发展，由此移动直播社交与用户自我表露形成了良性的互促机制。移动直播社交与用户自我表露的互促关系为移动直播平台提供了良好的发展前景，一方面，该互促机制为移动直播平台汇聚了大量优质内容与社交关系，增强了平台的用户黏性，保证了平台的活跃度；另一方面，该互促机制带来了丰富的生活化场景与口碑传播渠道，为平台创造了极大的商业机遇与发展空间。因此，现阶段移动直播平台应积极发挥平台作用满足用户的社交需求与调动其高度自我表露热情，促进移动直播社交与用户自我表露互促机制良好运行，同时充分抓住发展机遇，利用该互促机制对平台的积极影响谋求进一步的发展。

第七章　智能社会下的全媒体建设

　　全媒体传播体系建设与技术的变迁息息相关，技术的瞬息发展带来传播格局的飞速演变。一方面，移动互联网时期手机与人的共同进化仍在继续深入；另一方面，智能社会背景下的人机交互技术、融媒体新技术的应用范围等已经扩散至人类的日常生活，开启了互联网的第三次革命。智能社会背景下技术逻辑本质的追寻是我们探讨全媒体传播体系建设必不可少的组成部分。在此背景下，本章介绍了聊天机器人、元宇宙、NFT、数字孪生、机器新闻写作、ChatGPT等一系列具有革命意味的新技术和新概念，致力于描摹出智能社会全媒体传播体系建设的发展脉络，以期掌握先机，以更主动的姿态拥抱正在到来的新时代。同时，本章也对技术的发展进行深入的反思，不仅挖掘人机共生的潜力，还对其风险和隐忧保持警惕，试图探索一条人类拥抱新技术的未来之路。通过本章的阅读，读者既能感受到新技术革命那波澜壮阔而又绚丽多姿的浪潮，又能在对案例的解读与分析中触摸到技术的底色，以更开阔的视角和更长远的眼光洞察未来的新潮流和新趋势。

第一节　智能传播中的人机交互技术

一　聊天机器人

　　聊天机器人是一种以自然语言处理（natural language processing）

技术为基础的人机交互的界面，聊天机器人将人机交互行为再一次回归最自然的"对话"模式，2014年微软研究团队提出了"对话即平台"（Conversation As A Platform，CAAP）的理念。[①]在过去几年中，聊天机器人的数量和应用领域迅速增加，引起了社会和学界的广泛关注。

随着技术的发展，许多科技公司纷纷推出应用在不同场景的聊天机器人。最广为人知的是苹果系统的Siri、亚马逊的Alexa提供的语音助手服务，一些即时通信软件如Facebook Messenger、Slack、Kik也上线聊天机器人（也称"对话助理"，conversational/virtual assistant）为用户提供个人助理服务。微软小冰从2014年被正式推出后，也陆续登录微博、微信、QQ、京东等平台。Woebot通过提供认知行为治疗来帮助抑郁症患者。Babylon是一家数字医疗保健公司，它的主要业务就是利用AI聊天机器人为患者提供医疗症状咨询服务。《纽约客》在2016年的一篇关于聊天机器人的文章中，讲述了一个27岁的叙利亚难民如何通过心理咨询师（聊天机器人Karim）的开导来应对战后心理创伤修复的故事。

尽管聊天机器人产品层出不穷，但由于人类语言交流的复杂性，聊天机器人目前整体的技术水平还未达到用户满意的心理预期。不过随着技术在自然语言处理方面的突破，我们有理由相信聊天机器人假以时日会成为人类未来智能生活最不可缺少的一部分。因此，我们认为在当前技术由量变到质变的积累阶段，客观地分析聊天机器人发展的内容困境和伦理问题是非常有必要的。然而，目前国内关于聊天机器人的研究主要集中在信息技术或交互设计层面，仅有一小部分社会科学研究者关注聊天机器人的领域。总体来说，关于聊天机器人在社会科学领域的研究还比较缺乏，因此，本节将研究视角聚焦于聊天机器人，探讨其在发展过程中面临的内容困境和伦理问题。

---

① "Chatbots and Conversations As A Platform（CAAP）"，微软搜索，2014年6月1日，https://www.microsoft.com/en-us/research/project/chatbots-conversation-platform-caap/，最后访问日期：2023年2月20日。

（一）聊天机器人的定义与早期发展

聊天机器人在 Techopedia 上的定义是：它是一种人工智能程序，通过预先计算好的用户主要使用的短语（基于语音或者文字信号）来模拟交互式人类对话。[①] 最早关于聊天机器人的概念可以追溯到 20 世纪 50 年代，即通过图灵测试来评估计算机是否具有人类智能，如果用户无法分辨进行对话的对象是人还是计算机，那么该计算机就被认为通过了图灵测试。计算机能否给出正确的回答并不是衡量它是否属于人工智能的主要评价标准，更重要的是它在对话过程中的表现多大程度地近似于人。1966年，魏岑鲍姆在其极具创新性的自然语言对话系统研究中发布的心理咨询专家 Eliza 用电脑程序来模拟心理咨询师的回答和提问，至今仍被学界所讨论。最初，设计聊天机器人是为了消遣，Eliza 的诞生只是运用了简单的关键词匹配技术，将用户输入的关键词和机器输出的关键词进行匹配。到了 90 年代，新的聊天机器人程序越来越多，而随着机器学习技术的进步及鲁棒语言注释工具的出现和应用，如 XML，聊天机器人才开始变得更具实用性，并逐步被用于商业领域。

（二）聊天机器人的应用情况

聊天机器人目前应用最为成熟的领域是客户服务（customer service），包括购物助手、服务助手等。聊天机器人能够为用户提供 24 小时的信息服务，更加便利地帮助用户咨询及获取信息，同时聊天机器人也能提供较为简单的售后服务对话。用于客户服务的聊天机器人的发展经历了两波浪潮，第一波浪潮是在 2000 年，即发布一些虚拟助手来快速回答问题，现在许多淘宝天猫服务助手就是采用这种方式来快速回复消费者的提问；第二波浪潮是在 2016 年前后，一些大的科技公司，如微软、谷歌、Facebook 等，开始带动新一代的聊天机器人研发热潮。相比于搜索引擎，用于问答类对话的聊天机器人在早期也容易得到用户的认可，因为它能够

---

① "Chatbot", Techopedia 网站，2025 年 1 月 17 日，https://www.techopedia.com/definition/chatbot，最后访问日期：2025 年 2 月 13 日。

给出直接的答案而不是网页链接。

在一些研究中,实验结果表明聊天机器人在教学领域的应用也具有潜力。有研究者设计了一个实验:将聊天机器人 Alice 作为学生的语言学习工具。当时聊天机器人使用的是简单的关键词匹配技术,导致实验结果并不是太理想,24% 的学生对聊天机器人的使用态度是消极的,只有17% 的学生对聊天机器人持有积极的态度。弗莱尔和卡彭特让 211 名学生和聊天机器人交谈,学生对机器人的评价普遍较高,不仅很享受和机器人聊天的过程,而且认为相比传统教学中与老师或者语伴聊天,与机器人聊天更加放松和自在。因此他们认为聊天机器人在语言教学领域有几项优势:①聊天机器人可以不知疲倦地反复多次跟学生讲解教学内容;②通过文字或语音跟用户沟通的聊天机器人,可以提高学生的阅读能力和听力;③聊天机器人可以以朋友的身份与用户交流,增强用户学习的动力。[①]

2018 年,Drift 的一份关于聊天机器人的报告调查了人们期待聊天机器人能够提供的服务,64% 的人期待 24 小时的服务,55% 的人希望聊天机器人能够有即时回应的服务,并且能够回答一些简单的问题,51% 的人期待聊天机器人能够完成简单的沟通。[②]总体来说,由于受到当前技术的限制,用户期待聊天机器人能实现的功能都在技术相较可控的范畴里,对聊天机器人的接受度也比预期要低。

(三)聊天机器人发展的内容困境

上述的文献回顾大致介绍了聊天机器人的早期发展和在个别领域应用的实验研究结果,但以往的实验更多地关注技术本身的实践性,而较少涉及使用满意度背后更深层次的原因。因此这部分想要探讨的是当前聊天机器人发展面临的内容困境。

早期的聊天机器人的内容困境很大程度受限于机器学习技术,比如

[①] Fryer, B., & Carpenter, R. , "The Impact of Chatbots as Conversational Agents in Education: An Empirical Investigation," *Computers & Education*, Vol.139 (2019), pp.103-115.

[②] "The 2018 State of Chatbots Report", drift 网站,2018 年 1 月,https://www.drift.com/wp-content/uploads/2018/01/ 2018- state-of-chatbots-report.pdf,最后访问日期:2023 年 2 月 23 日。

Alice，一方面是聊天机器人无法保存对话的历史记录，即聊天机器人不知道自己之前说过什么；另一方面是聊天机器人不能真正理解用户说话的内容，它给出的回答只是基于它的代码里囊括的内容，这大大降低了内容的有效性。人工智能技术对聊天系统的支持主要基于某种特定的功能导向，而不是依靠完整的上下文对话内容来设置机器人的回答，聊天机器人能对用户的说话内容作出回应，但是聊天机器人无法意识到自己在之前的对话中的内容，也无法将它说的话串成一个完整的逻辑链条。在这种情况下，聊天机器人聊天内容的触发机制就是关键词或者句式，而非逻辑关系。因此，人机交互聊天目前遭遇的内容困境可以总结为，聊天机器人聊天内容生硬导致用户黏性差、聊天机器人引发的语言暴力现象以及聊天机器人与人之间的闲聊过程难以为继。

休伯特·德雷福斯在《计算机不能做什么——人工智能的极限》一书中提到识别口头语言最突出地表明了我们经验性的全局特点。他还提到如果把言语限定在以某种特性为依据切割成的特定的区域内，机器还是能够相当成功地识别某种模式，这个论述其实带给我们对于聊天机器人应用场景的思考，如果把聊天机器人的应用限制在某些特定的情境下，只针对某个专业领域与聊天机器人进行交谈，那么现有的自然语言处理技术就能够使聊天机器人在识别言语和语义方面做得相当出色，而交流的范围也从漫无边际式交流变成了针对性对谈，其可行性也能得到很大提升。只有在一个正确合适的情境中，建设性的会话才有可能。因此，在近几年内，聊天机器人应该更加注重领域的专业性和情境化，只有如此，聊天机器人技术才能被较为成熟地开发和应用，并获得较高的用户满意度，从而增强用户黏性。研究人机交互的专家需要确保这些产品的功能能够切实地改善人们的处境，并且人与机器之间的关系能够对人的日常生活提供支持。

二　人机协同下智能技术对全媒体传播体系的作用

在元宇宙社会中，"用户生产内容"或将升级为"用户共创内容"，从"生产"到"共创"，多了一层生产创作共同体的意涵。UGC之于如今的平台而言，更多的是一种区别于PGC的产业发展模式，然而对于未来的元宇宙，它可能更多地成为一种底层逻辑和社会秩序。

此外，利用NFT（非同质化代币）技术可以实现对数字资产的价值确权，对包括音乐、动漫、画作、原创内容等数字资产提供虚拟资产的"所有权证书"，进而实现虚拟物品的资产化。

（一）人机：人机耦合下具身化的传播

人类可以通过VR/AR/MR等可穿戴设备的终端与技术进行具身化实践，与技术互补、协同与融合，在流动社会中建立起日益切实的连接，此时的媒介技术已然成为人们行动的"转译者"，正如拉图尔在行动者网络理论中放弃了理性主体的绝对主导性地位，强调技术中介以"代理"的形式在不同时空维度中对人的社会活动施加难以觉察的影响。

（二）交互：虚拟主播与数字人的显现

从本质上看，不管是虚拟主播还是数字人，它们都是以关系逻辑为承载理念的新型算法，也是一种自带媒介属性的新型传播媒介，甚至能够与人类建立亲密关系，让信息或者产品更快地被用户接受。当下虚拟数字人正在朝着智能化、普适化、便捷化、精细化以及多样化的趋势发展，在真人与虚拟数字人所建构的这种服务场景下，虚拟数字人作为服务向导，帮助人完成一系列服务和反馈，跳脱出以往"二维化"的界面对话式交流模式，从视觉、触觉等多通道感官体验角度塑造多维的体验模式。除此之外，未来随着虚拟数字人市场价值的释放，其将更深入地融入旅游、影视以及教育等领域并发挥出更大潜力。

（三）传播：游戏化的传播范式

喻国明指出，元宇宙技术可以将游戏与真实之间的边界变得愈发模糊，拓展现实技术让人们可以通过控制与现实世界相映射的"虚拟人"来进行活动，这赋予了人们自由穿梭于真实与幻境之间的权限，人们得以在不同的环境中自由变换角色，让建立在未来媒介之上的游戏传播范式更具有主观性与自由度，让媒介和信息都成为传播过程中的"玩具"。

（四）用户：多元的社群与身份

在元宇宙社会中，趣缘不再是将人们组织在一起的动力源，取而代之的是一个个自由且开放的源代码。开源技术会蔓延到元宇宙的各个角落，在开源标准协议的共识达成后，在社区治理结构和争议解决系统的工具搭建完成后，在元宇宙管理者明确且公平的政策下，数亿名用户在元宇宙中利用开源代码维护自己的社区，开源代码也因此成为数字居民在元宇宙中进行社会共建、边界拓展和社交活动的基础。

在一个以开源代码为支撑的社会中，个体在元宇宙中存在的形式是一个个富有想象力的化身。围绕着这些化身，每个人都在构建着自己与现实世界可能完全不同的身份。化身们采用与现实世界有所区别的交流模式，呈现着与现实世界中的自己可能迥异的个性特征。[①]

第二节　融媒体新技术与元宇宙的未来

一　VR 技术及其在媒体领域的应用

VR 技术（Virtual Reality）于 20 世纪 80 年代中期由美籍电脑专家、VPL 的共同创始人杰伦·拉尼尔提出，其认为 VR 作为一种虚拟现实技术，是一个能够创造并实现虚拟世界的电脑模拟系统，通过多源数据混合的、交互式的三维动态视景对人类的真实行为进行模拟，为用户提供关于视觉、听觉等感官的模拟以及多源信息融合的交互式三维动态视景，给用户带来丰富的沉浸感与临场感。简而言之，VR 这种新技术会将人的感官带入另一个由计算机创造的虚拟世界。VR 作为一项领域涵盖极广的综合性技术，其产业链也十分丰富，主要包括工具 / 设备、内容制作、行业运用、分发平台四大类。

---

① 蒲清平、向往：《元宇宙及其对人类社会的影响与变革》，《重庆大学学报》（社会科学版）2023 年第 2 期，第 111~123 页。

VR 作为文字、图片、视频之后的一种新媒体技术，其本质属性是实现高度沉浸感、交互式的连接人与人之间的工具。用户可以沉浸在计算机生成的三维虚拟环境中，从自己的主观视角出发与其进行互动并产生一种"身临其境"的代入感。其"复制世界"的核心特征可以归纳为"3I"，即沉浸（Immersion）、交互（Interaction）和想象（Imagination）。所谓沉浸，是指让人沉浸到虚拟的空间之中，脱离现有的真实环境，获得与真实世界相同或相似的感知，并产生"身临其境"的感受；所谓交互，是通过硬件和软件设备进行人机交互，人们通过 VR 技术用眼球识别、语音、手势乃至脑电波等多种传感器与多维信息进行环境交互，使人机交互逐渐趋同于人们与真实世界的交互；而所谓想象，是指在虚拟世界中，人们根据所获取的多种信息和自身在系统中的行为，通过逻辑判断、推理和联想等思维过程，对其未来进展进行想象的能力。

随着 5G 商用时代的来临，VR 行业也因突破了带宽和硬件的桎梏而迸发生机。业界和学界都普遍认为 5G 技术会对平台整合、边缘计算、数据共享等方面产生积极影响，这些技术的发展将在很大程度上提高 VR 出版的可行性和发展空间。随着 VR 技术和 5G 技术的成熟，与 VR 出版相关的产品如 VR 大众出版、VR 教育出版以及 VR 专业出版将走进千家万户，满足人们对新型互动模式的需求。这要求我们要抓住两个关键点，第一要重构内容生产过程，这就要坚持以优质内容为导向，以新技术为抓手，实现差异化竞争；第二要重塑用户体验，提升"场景"意识和场景感知能力，改善智能交互行为，形成完整闭环的"全程媒体"。①

二　AR 技术及其在媒体领域的应用

AR（Augmented Reality），即增强现实技术，是一种实时计算摄影机影像的位置及角度并加上相应图像的技术。它是一种将真实世界与虚拟

---

① 刘德寰、王袁欣：《内部改革与跨界协作并重：5G 视域下 VR 出版媒体融合发展策略》，《编辑之友》2020 年第 12 期，第 20~24、30 页。

世界集成在一起的技术，通过数字技术模拟某些实体信息（视觉、听觉、触觉信息等），将其与现实世界叠加在一起，并形成与人的交互。

AR 可以把原本在现实世界一定时空范围内很难体验到的实体信息（视觉、声音、味道、触觉等）通过电脑等科学技术，模拟仿真后再叠加应用到真实世界，并被人类感官所感知，从而达到超越现实的感官体验。AR 技术使真实的环境和虚拟的物体实时叠加，两种信息相互补充。两个典型的 AR 系统是车载系统和智能手机系统。

AR 的增强现实包括三方面的内容：①真实世界和虚拟信息集成；②具有实时交互性；③在三维空间中增添定位虚拟物体。总的来说，AR 指的是在当前的现实环境中附加相关虚拟信息，将虚拟信息与真实世界实时叠加，创造出一种全新的体验。

此外，当 AR 技术用于新闻报道时，可以营造出让用户在三维空间里直接"到达"现场的体验，让用户全方位沉浸于现场，而不是由媒体用二维平面"再现"现场。用户可以根据自己的主观视角，从现场发现更多的个人兴趣点，而较少受到传统电视直播的摄像、导播视角的限制。他们对现场的理解与认知，会基于他们从现场观察中获得的信息。

三 元宇宙的技术及其未来

元宇宙（Metaverse）一词起源于 1992 年出版的小说《雪崩》。前缀"meta"，意为"超越"，即一个超越宇宙的世界，它是一个由计算机生成的虚拟世界。元宇宙代表完全沉浸式的三维数字环境，以及更具包容性的网络空间。2021 年 10 月 29 日，Facebook 更名为 Meta，将其推向了风口。风险投资家马修·鲍尔提出了元宇宙的三个关键特征：必须跨越物理世界和虚拟世界；包含一个完全成熟的经济体；可提供"前所未有的互操作性"。

Bektur Ryskeldiev 等人将元宇宙定义为一个持久且不断更新的混合现实空间集合，它可以映射到不同的地理空间位置，是一种在不同的应用程序之间归档、映射、共享创建的虚拟空间，是去中心化的、点对点分享的、相互协作的、具有混合现实临场感的、将现实应用程序复合在一起的复杂系统。[1]喻国明教授指出，"meta"和"元"意味着"超级、超越"，是一种更高的、超越的状态，"宇宙"，意味着"空间、世界"，是全面的、广泛的存在；元宇宙即超越现实世界的、更高维度的新型世界。他强调元宇宙不是构建纯粹的虚拟世界，而是强调虚拟世界与现实世界的交互、相融。[2]

总的来说，通向元宇宙的 8 个关键特征，即 identity（身份）、friends（朋友）、immersive（沉浸感）、low friction（低延迟）、variety（多样性）、anywhere（随地）、economy（经济）、civility（文明）。其中低延迟、多样性、随地、经济、文明涉及技术主体的平台端所创造的运作环境；而身份、朋友、沉浸感则涉及技术受众所在的应用端通过平台方所营造的各类场景进行的活动。

元宇宙整合了多种新技术产生的新型虚实相融的互联网应用和社会形态，它基于扩展现实技术提供沉浸式体验，基于数字孪生技术生成现实世界的镜像，[3]基于区块链技术搭建经济体系，将虚拟世界与现实世界在经济系统、社交系统、身份系统上密切融合，并且允许每个用户进行内容生产和编辑。

总的来说，元宇宙的本质是构筑在人类精神需求之上的网络平行世界，元宇宙能够实现真实世界的映射、虚拟交互和多感官沉浸。

四　智能技术所面临的问题与风险

信息设置的预设化、过量化、去语境化，使参与者很难做出理性判断，容易使参与者陷入设计者的种种圈套之中，因此智能技术可能成为

---

[1]　胡泳、刘纯懿:《"元宇宙社会"：话语之外的内在潜能与变革影响》，《南京社会科学》2022 年第 1 期，第 106~116 页。

[2]　喻国明:《元宇宙：以人为本、虚实相融的未来双栖社会生态》，《上海管理科学》2022 年第 1 期，第 24~29 页。

[3]　陈昌凤:《元宇宙：深度媒介化的实践》，《现代出版》2022 年第 2 期，第 19~30 页。

资本力量驱动的权力话语，成为媒介赋权的产物，成为对传统话语根基的一次挑战。

（一）技术滥用的忧思

在技术参与和主体的互动过程中，参与者仍是以受众的视角被动地接受虚拟内容情境的设定，因此会出现诸多遮蔽或过度放大极端情感的体验。特别是在涉及一些隐私、政治、宗教等敏感问题时，VR、AR、元宇宙等技术很可能成为一种强大的精神操纵机器，导致技术滥用甚至破坏正常社会秩序。[①]

（二）过度连接的重负

一些元宇宙应用的卖点是临场感、真实感、亲近感的诱惑，例如，用 VR、AR 等技术将远方的人带到面前。那样的情境下，人们仍然会面对强关系、近距离关系，甚至感受到比语音、视频连接更大的压力，但是，久而久之，这种亲近感也可能会带来"强互动"下的倦怠与压力。VR/AR 社交也可能存在"圈层化"对个体的束缚与区隔、线上过度连接对线下连接的挤占等问题。作为社会性动物，社交是人的生存需求之一，但人们对社交的需求也在追求连接与反抗过度连接中摇摆，这又为社交应用带来一些变量。因此，元宇宙应用需要寻找到适合当下的连接模式，从长远看，它也需要给予用户少连、断连的"可选项"，使用户在连接与反连接中实现平衡。

（三）"现实自我"与"虚拟自我"之平衡

元宇宙背景下出现了一种"虚拟自我"，"虚拟自我"的化身对"现实自我"的意义在于，它给人们提供了实现对理想人生的追求、对现实的逃避与转移、对自我的延伸、对体验的增强等的可能，但是化身可能会加剧"虚拟自我"与"现实自我"的冲突，多个化身共存带来的成本、压力以及自我认同困惑等问题也将普遍存在。当人们在这种可以自由控制的体

---

① 吴飞、李佳敏：《虚拟现实：共情传播的技术实现路径探析》，《西南民族大学学报》（人文社会科学版）2021 年第 7 期，第 178~184 页。

验中沉浸，甚至发展到沉迷、成瘾时，他们将如何面对难以控制的现实世界的生存？对此，清华大学彭兰认为，未来人们一方面在追求虚拟世界中的超脱，另一方面被其越来越深地捆绑，由此产生的反抗张力会不断增强，人们也许又会开始追求新的技术与新的可能。[①]

第三节　技术积淀潜在赋能全媒体传播

一　NFT 技术

（一）概念介绍

NFT，全称为 Non-Fungible Token，指非同质化代币，是用于表示数字资产（包括 jpg 和视频剪辑形式）的唯一加密货币令牌，可以买卖。

目前大多数成功的电子游戏是通过销售游戏内物品来赚钱的，比如"皮肤"、"表情"和其他数字商品，但购买游戏内物品的人实际上并不是在购买物品——他们是在租用它们。一旦有人离开去玩不同的游戏，或者有问题的游戏单方面决定关闭或改变规则，玩家就会失去使用权。

人们已经习惯于从 Web 2.0 的集中式服务中租用，以至于实际拥有东西（你可以在其他地方出售、交易或携带的数字对象）的想法常常让人们感到奇怪，但数字世界应该遵循与物理世界相同的逻辑：当你购买某物时，你就拥有了它。正如法院在现实世界中维护这些权利一样，代码也应该在网上强制执行。而在密码学、区块链技术和 NFT 等相关创新出现之前，真正的数字产权是不可能实现的。NFT 等技术的出现使租用的方式转变为拥有。

2020 年起，传统商业模式由线下转至线上，人们将更多行为转到互联网上。比如，艺术品收藏和拍卖一直以线下展览、实物交割等为主，而

---

① 彭兰:《元宇宙之路的近虑与远忧——基于用户视角的需求 – 行为分析》,《探索与争鸣》2022 年第 7 期, 第 78~85、178 页。

区块链的赋能或许将深刻改变这个行业：

① 链上溯源且透明，鉴证真伪，解决信任问题；

② 非实物交割，比如球星卡可以直接被便捷地收藏在数字钱包；

③ 提高艺术品等交易的流动性；

④ 无论是对于用户还是创作者，NFT 链上交易平台进入门槛都较低，更易于创作者及其作品价值被发掘。

NFT 作为区块链中的一个资产表示工具，其核心在于将独特的价值代币化。在此之前，FT 代表的是无差别的价值，而 NFT 进一步拓展了链上资产的种类和场景，使之前无法在链上表示的各种资产成为可能。

（二）优势

首先，以 NFT 为主的社交平台为 NFT 持有者提供了一个展示和炫耀的机会。无论是投机者，还是投资者，都会对一个提供藏品展示及其价格发现的平台有需求。在人类社会的社交环境中，爱好证明（proof of passion）给人们提供了交流价值和灵感碰撞的渠道。

其次，NFT 的代币激励机制能进一步提高社交媒体内容的原创性，鼓励创作者提供更有趣、更独特和有价值的内容，最终提高平台的整体价值。我们从社交网络的几个基本要素来比较目前常用的几种社交形式，要素如下。

① 传播范围：能触达多少的人数和社交圈；

② 传播速度和频率：触达方式是否便利从而可提高速度和频率；

③ 独特和原创性：触达内容是否独特、有趣和真诚。

最后，以 NFT 为主的社交平台让内容创作者有了自由推广和分享的渠道，降低了创造者进行展示的门槛，并且能够跳过中间人与粉丝进行更加直接、透明的交流。对于创作者来说，他们可以随时随地通过社交平台发布作品相关的 NFT 来筹资进行创作，而这些 NFT 形式的"作品代币"也会随着作品集一同升值，并且可以作为粉丝们的爱好证明于社交平台上进行展示。Instagram 和 TikTok 是目前社交平台的代表，它们的亮点在于鼓励用户用简短的文字以及图片传递和分享信息，并利用庞大的子社区和精准的算法向用户推荐与他们爱好相关的内容。对于以 NFT 为主的社交平台，"出圈"的机会也存在于能够让用户简单传递并展示 NFT 爱好证明，提供准确的 NFT 内容和价值索引，并且合理设计"作品代币"社区。

（三）案例：新华社

2021 年 12 月 24 日，新华社发行了中国首套"新闻数字藏品"。新华社精选了 2021 年的新闻摄影报道，将其做成了图片 NFT。该系列收藏品将精选的 2021 年新闻摄影报道进行铸造，使之成为中国首套"新闻数字藏品"。首批"新闻数字藏品"预发行 11 张，每张限量 10000 份。新华社还推出仅发行 1 份的特别版本。据悉，所有藏品均免费上线。"新闻数字藏品"在区块链上拥有唯一的标识和权属信息，兼具特别的纪念意义和收藏价值。

新华社在发放连接中，公布了这 11 张"新闻数字藏品"，它们分别如下所示。

春运母亲，找到你了：身着彝族服饰的"春运母亲"巴木玉布木；

冬奥会"冰丝带"：2021 年，以国家速滑馆"冰丝带"为代表的北京冬奥会竞赛场馆群蓄势待发；

核心舱，发射：2021 年 4 月 29 日，中国空间站天和核心舱在海南文昌发射；

建党百年：2021 年 7 月 1 日，庆祝中国共产党成立 100 周年大会在北京天安门广场隆重举行；

首金：2021 年 7 月 24 日，杨倩夺得东京奥运会首枚金牌；

大象奇游记：2021 年，亚洲象北上南返，引起国内外广泛关注，"全民观象"盛况空前；

百日宝宝：2021 年 9 月，大熊猫妈妈"莽仔"产下的双胞胎与游客见面；

"燃灯校长"张桂梅：把最好的青春年华献给了最崇高的教育事业；

三星堆上新：三星堆遗址 3 号"祭祀坑"出土的金面具；

小康图景：从"环境革命"到"生态领跑"——甘南草原的小康图景；

超 27 亿剂次：2021 年 12 月 22 日，国家卫健委通报，全国新冠疫苗接种剂次超 27 亿。

此次新华社发布的 NFT 由腾讯云"至信链"提供区块链底层技术支持。"至信链"是腾讯旗下一个版权保护平台，在建立初期瞄准的就是解决司法系统中的版权保护问题。通过"至信链"能快速实现版权登记，对数字版权内容防伪追溯，预防侵权，而一旦进入诉讼环节，电子证据也能直接和司法系统互联互通，提高司法效率。

目前布局 NFT 生态、上线 NFT 售卖平台的国内科技巨头已有三家，分别是蚂蚁旗下的"鲸探"、腾讯旗下的"幻核"及京东旗下的"灵稀"。此外，蚂蚁、京东、网易等也都依托现有 IP 发布了 NFT 项目：蚂蚁与敦煌美术研究所共同推出了两款基于《刺客伍六七》的主题皮肤；网易文创旗下的三三工作室联合 Nervina Labs，发行了 NFT 项目"小羊三三纪念金币"；京东的"灵稀"平台上线当日，京东的吉祥物 Joy 作为第一批数字藏品同时首发售罄。

但不同于国际上基于公链形成的 NFT 生态，购买在国内平台发售的 NFT 和购买其他商品之间的区别不大。NFT 在第一次卖出后，无法继续在同一平台继续交易，也就是说，国内平台发布的 NFT 削减了其金融属性，不能用于虚拟货币炒作。以 NFT 形式进行新闻记忆的珍藏与永存，这充分说明了数字与实体深度融合的大时代已然到来，也无疑为全媒体传播打开了一种新的思路：创造不灭不移的数字记忆。

二 数字孪生与数字原生

（一）概念介绍

数字孪生是充分利用物理模型、传感器更新、运行历史等数据，集成多学科、多物理量、多尺度、多概率的仿真过程，在虚拟空间中完成映射，从而反映相对应的实体装备的全生命周期过程。数字孪生是一种超越现实的概念，可以被视为一个或多个重要的、彼此依赖的装备系统的数字映射系统。简单来说，数字孪生就是在一个设备或系统的基础上，创造一个数字版的"克隆体"。

数字原生是指在数字世界里面无中生有创作出来的、现实世界根本不存在的东西。它是纯粹用数字化的方法创新创造出来的原生的数字化事物或数字化服务。元宇宙的参与者在数字世界里发挥自己的想象力，原创出原生于数字世界的东西，就叫作数字原生。数字原生进一步可以影响现实世界，比如通过3D打印等手段能够将其反映到现实世界中。

数字孪生工具有很多，目前最底层的是英伟达的Omniverse。宝马曾用Omniverse在虚拟的环境里设计汽车，同时用这套数字孪生技术搭建无人工厂，在不断进行测试，把所有能耗、工序调优到最优之后，最终才实地建设真实的生产工厂，这样节省了很多成本。现在全球有1700多个机构用Omniverse搭建虚拟物品，进行虚拟的测试、仿真和设计。

（二）案例：英伟达

1. Omniverse计算系统

为了更好地推动英伟达Omniverse的落地，英伟达发布用于驱动大规模数字孪生的英伟达OVX计算系统。通过OVX，设计师、工程师和规划人员能构建物理级准确的建筑数字孪生或创建大规模的逼真模拟环境，并在真实世界和虚拟世界中实现精确的时间同步。企业可以在同一时空中评估和测试复杂的系统以及多个自主系统的交互流程，从而创建、优化或扩大更高效的工厂和仓库，或者在机器人和自动驾驶汽车部署到真实世界之前对其进行训练。

OVX 系统结合了高性能 GPU 加速计算、图形处理和 AI，并配备了高速存储访问、低延迟网络、精确计时，具备创建逼真数字孪生所需的性能。OVX 系统可以被用于模拟复杂的数字孪生，以构建建筑、工厂、城市乃至整个世界的模型。

2. Omniverse Cloud

通过 Omniverse Cloud，远程工作的设计师可以像在同一个工作室中一样开展协作；工厂规划人员可以在真实工厂的数字孪生中设计新的生产流程；软件工程师可以在将自动驾驶汽车的新软件发布到车队之前先基于数字孪生模型进行测试。创作者可以在任意地点对存储在 Nucleus Cloud 中的模型进行迭代、共享和协作，并通过发送链接即时邀请其他合作者加入对话。没有高端 GeForce 或英伟达 RTX 系统或者不愿建立 IT 基础架构的用户或团队只需订阅 Omniverse Cloud 计划，就可以使用 Omniverse Create 和 View 的全部功能。

3. 用于科学计算的数字孪生平台

科学数字孪生平台可加速物理学机器学习模型，以超过以往数千倍的速度解决百万倍规模的科学和工程问题。

这个用于科学计算的数字孪生平台由用于开发物理学机器学习神经网络模型的英伟达 Modulus AI 框架以及英伟达 Omniverse 3D 虚拟世界模拟平台组成。英伟达 Modulus 将数据和物理学考虑在内，以训练一个神经网络，为数字孪生创建 AI 代理模型。该代理模型可以实时推理新的系统行为，实现动态、迭代的工作流程，并且在与 Omniverse 集成后可以实现可视化和实时交互式探索。

实时虚拟世界模拟和 3D 设计协作平台英伟达 Omniverse 对 Modulus 的功能进行了补充，该平台能够使用 Modulus 的输出代理模型实现对数字孪生的可视化和实时交互式探索。该平台可以实时创建基于物理信息的交互式 AI 模拟以精确反映真实世界，使计算流体动力学等模拟的速度比传统工程模拟和设计优化工作流程方法加快 1 万倍。与以前的 AI 模型相比，研究者能够以更快的速度和更精确的精度对复杂的系统进行建模，例如极端天气事件等。

英伟达 FourCastNet 物理学机器学习模型能够模拟全球天气模式，预测飓风等极端天气事件，不仅具有更高的置信度，而且比传统的数值预测模型快 45000 倍。此外，西门子歌美飒可再生能源公司（Siemens Gamesa Renewable Energy）正在使用 AI 优化风力发电机的设计。

4. 发展方向：智慧城市

5G 将开启"万物互联"的时代，它使人类的连接技术达到了前所未有的高度。未来，在 5G 的支持下，云和端之间可以建立更紧密的连接。这也就意味着，更多的数据将被采集并集中在一起。这些数据，可以帮助构建更强大的数字孪生体。例如，一个数字孪生城市。

如今，我们的城市布满了各种各样的传感器、摄像头。借助包括 5G 在内的物联网技术，这些终端采集的数据可以更快地被提取出来。在数字孪生城市中，基础设施（水、电、气、交通等）的运行状态，市政资源（警力、医疗、消防等）的调配情况，都会通过传感器、摄像头、数字化子系统进行采集，并通过包括 5G 在内的物联网技术传递到云端。城市的管理者可以基于这些数据以及城市模型，构建数字孪生体，从而更高效地管理城市。

三　机器新闻写作

机器新闻写作是通过一定的计算机程序，对搜集和输入的数据信息进行自动化的分析、处理和加工，从而生成一篇较为完整的新闻报道的过程。所谓机器新闻写作实际是一种自然语言生成引擎，通常包括数据挖掘、知识图谱、自然语言处理、事理图谱、神经网络、深度学习等人工智能技术，其利用算法程序，通过采集大量题材及高质量的数据，建立各种分类的庞大数据库，借助人工智能实现从数据到认识、见解和建议的提升和跨越，最后由机器自动生成新闻。机器新闻写作是第一时间通过对可以结构化的信息或数据，以定量的方式进行分析，进而呈现社会事实的新闻生产方式。

（一）机器新闻写作的特点

1. 内容时效性强

对于新闻业来说，速度是新闻采写发布的关键因素。全自动化的新闻生产模式以及算法提供的技术支持造就了高效的新闻生产，机器新闻写作缩小了采访、编辑、发布新闻的时间差。机器新闻写作可以 24 小时全天候待命，在突发事件发生的第一时间采集相关数据信息，并通过编程生成新闻稿件，发布给广大用户。例如，通过计算机程序生成新闻标题只需要 2 秒的时间，像自动化洞察力公司中的 wordsmith 平台，它可以在每秒生成近 2000 篇新闻稿件。

2015 年，在政府发布 CPI 资料之后，腾讯可以通过机器新闻写作只用几分钟的时间完成相关新闻稿件的发布。因此，机器新闻写作在新闻行业中的应用，不仅提高了新闻生产的效率，而且使得新闻报道逐渐透明化、公开化。

2. 内容的长尾效应凸显

机器新闻写作可以形成内容的长尾效应。新闻人的精力和时间是有限的，在写作新闻时，会按照新闻价值进行新闻生产，而那些少数用户关注的新闻则鲜有报道，而机器新闻写作可以在体育报道、财经报道、天气报道中，生产更加丰富多元的内容，满足更多用户的需要，更好地提升信息的匹配度。

新闻内容的生产方式在以从 PGC（媒体生产内容）到 UGC（用户生产内容），再到 AGC（算法生产内容）这样的演变趋势发展。机器新闻写作依托数据与算法自动生成新闻稿件，避免了主观因素导致的新闻失实，减少了新闻创作者的重复性工作，使新闻的生产与传播更加高效，内容更加丰富。

3. 内容的模式化生产

机器新闻写作是按照一定的模板来写的，是流水线式的新闻，更多应用于特定类型领域，且采写经验非常丰富的新闻报道，如财经新闻、体育新闻、气象新闻和突发性灾难报道领域。这类新闻报道的显著特征是其内容主要以数据为支撑，而对目标数据进行处理是机器新闻写作的强项。

通过观察分析当前几个机器新闻写作程序所撰写的新闻稿件可看出，机器新闻写作存在同类型稿件标题相似、内容相仿，模板化现象严重的问题。比如腾讯财经的 Dreamwriter 以擅长撰写财经新闻而出名，其在 2017 年 2 月 6 日所撰写的新闻稿件的标题分别是《科大讯飞周一收盘股价大涨 6.77%，报收于 29.96 元》和《汉王科技周一收盘股价大涨 5.29%，报收于 22.29 元》，标题格式完全相同，仅变动了主体与数据；稿件内容结构也完全一样，由股价行情波状图与一句话文字内容描述构成，极为简单。不过，随着语义技术的不断发展，机器新闻写作也在不断升级迭代，已经可以通过对大数据的抓取，获得更多的信息源，加上更为先进的算法，可以针对不同的人群写出不同的稿件并精准推送。

4. 缺乏新闻敏感度和亲和力

新闻敏感度高的记者可以在平凡的事件中发现有价值的新闻，在很小的事件中挖掘出隐藏在深处的信息。同样的一件事，新闻敏感度高的记者和普通的记者所看到的是不一样的，从中获得的新闻价值也不一样，写出来的新闻自然也不同，而机器新闻写作虽然可以抓取和获得大量的信息，但是对信息的处理依然处于相对基础的阶段，并不能在大量的信息中找到关键的点，不能对新闻线索进行进一步的挖掘，对新闻事件的取舍也缺乏决断能力。

同样，新闻的温度来自媒体人对用户的感情积累、对社会的责任感，来自在情感上与用户之间的相互交融。在灾难报道中，用户关注的是灾难中的人和事，这些有现场温度和人性温度的内容是机器新闻写作所欠缺的，只有记者深入现场、进入人群中间才能获得。机器新闻写作在信息搜集方面的绝对优势使其能够在内容中添加很多事实元素，拓宽事实的宽度，但是对于事实深层次意义的挖掘、多要素之间的关联分析、过去与当前的勾连等，还受限制于机器新闻写作的简单算法逻辑和机械化的信息堆砌。

（二）机器新闻写作的工作机理及技术支撑

机器新闻写作的工作机理与传统的新闻生产有着类似的模式。数据抓取等同于记者的前期采访，大数据技术的快速发展使机器新闻写作在数据的抓取阶段呈现信息来源广和能够精准抓取的优势。创作者通过搜索引擎将数据导入机器新闻写作程序后，机器新闻写作会对其进行筛选、整理、分析，然后运用自然语言生成功能或语义算法功能对分析和整理到的观点进行故事化叙述，生成可供人们阅读的各种形式的文字内容。最后，机器新闻写作所生成的新闻稿件在推送前需要经过记者、编辑的审核，确认无误后发布到各平台或者推送至用户。

1. 抓取数据

数据让机器新闻写作所需内容的关联、预测、分析成为可能。数据采集为大数据平台的基础，广泛、大量、多样性的真实数据保障了模型的学习训练与优化。大数据平台的数据源大致可以分为三类：互联网公开采集数据、中央媒体新闻稿件、媒体单位内部数据。由于外部数据的获取渠道不同，机器新闻写作需要多种数据采集方式，以实现覆盖新闻、视频网站、微博、微信、移动新闻客户端等多种媒体渠道的文字、图像、音频视频的富文本数据采集。当前，机器新闻写作主要应用于撰写财经新闻和体育新闻，因此其数据主要源于与媒体达成合作关系的数据库，这些数据类型通常是各种体育赛事的实时比分、公司财务数据报表、股市数据、天气情况、地震预报等，它们都是机器新闻写作在前期数据抓取中的重要信息来源。除了这些来自专业组织所公布的数据外，机器新闻写作对信息数据的搜集范围也逐渐触向私人领域。

2. 整理分析数据

这一阶段实际上是对数据的新闻价值的判断考量，需要将数据统计结果与预设好的新闻点进行对比，将符合新闻主题要求的数据予以保留运用。机器新闻写作在对数据的整理分析阶段，能够运用上一阶段抓取到的材料和数据进行结构化归类和统计分析，整理出数据信息的变化与发展趋势。这个阶段是利用算法来测量数据的新闻点，一般而言算法会挑选数据中比较"冲突""反常"的新闻点，比如体育比赛中的"最高纪录""最低纪录""比分差距"等，无论这些数据是由程序自身计算得出的还是人工提供的，都会被算法归为具有新闻价值属性的素材，根据对数据新闻点的考量进而确定报道的主要内容。

3. 模板匹配，生成报道文本

机器新闻写作在这一过程中是基于系统内根据新闻主题预设好的写作模板，将处理好的新闻素材嵌入模板，进而生成连贯的文字内容，但是由于技术层面的原因，当前机器新闻写作的新闻内容生产水平仍处于初级阶段，主要集中运用在数据信息丰富、逻辑结构简单的财经领域与体育领域。不过，为了改正机器新闻写作的模板化创作的缺陷以及补齐适用领域小的短板，媒体机构和科技公司都在对该项技术进行不断的改进与完善。

4. 审核签发，智能推送

在这一阶段，记者、编辑除了审核内容无误之外，还会对机器新闻写作的稿件内容进行修改或润色，以使其更加完整，更符合受众的阅读需求。由此也可得知，"把关人"环节在机器新闻写作中依旧不可缺少，而且这一"把关人"角色通常是由记者和编辑来担任。不过，随着机器新闻写作技术的不断完善，机器新闻写作相较于人类记者而言误差和错误率更低，有些媒体机构便舍弃了对机器新闻写作所生成内容在这一阶段的审核。比如，美联社从 2014 年 10 月开始就取消了对于 Wordsmith 所生产的新闻内容的审核，当 Wordsmith 完成新闻内容的撰写后可直接推送出去。此外，在新闻稿件的推送阶段，机器新闻写作还能够精准地把个性化内容推送到各个端口渠道和各类目标人群，从而提高传播速度和提升传播效果。

第四节　ChatGPT 开启互联网第三次革命

2022 年 11 月，美国人工智能研究实验室 OpenAI 上线了基于大规模人工智能 GPT-3.5 的人机对话程序 ChatGPT（Chat Generative Pre-trained Transformer），并迅速吸引了上亿名用户，2023 年 3 月，OpenAI 迅速将人工智能模型升级至 GPT-4.0，并开放了联网和插件功能，可与超 5000 种应用交互。笔者认为，ChatGPT 作为人工智能模型并非完备，仍存在准确性不足、黑箱、版权等问题，但它已划时代地首次达到了接近通用型人工智能（Artificial General Intelligence, AGI）雏形的智能水平，具备了多模态能力，标志着 AI 2.0 时代的到来。这场不可逆的变革已经开始重塑人们的生活，而人们需要做好准备迎接变化。类 ChatGPT 的生成式人工智能不仅有潜力颠覆传统的信息获取模式，还将作为新一代整合性、自主性的超级媒介通过智能互联大幅提升信息网络的流通效率。

一　ChatGPT 引领智能时代的媒介融合特征

（一）智能互联：信息网络的流通效率大幅提升

以 ChatGPT 为代表的人工智能是超越媒介融合和全媒体的新一代整合性、自主性的超级媒介。它不仅是媒介形态、功能、组织结构等层面的要素的融合，还击穿了不同层级的信息壁垒，并通过智能将其有效整合。人工智能成为新的信息流通转译站，建立了一种动态的连接方式。

类 ChatGPT 的生成式人工智能符合复杂网络理论中高效网络的结构特性，提升了信息网络中信息传播的效率，强化了信息网络中的小世界效应和无标度特性。作为枢纽的人工智能通过减少信息传输中涉及的节点和连接的数量实现了网络结构的简化和效率的提升。根据复杂网络理论研究，信息网络既不是规则网络也不是随机网络，而是兼具小世界效应和无标度特性。[①]瓦茨和斯托加茨的小世界网络理论描述了具有高聚类系数和短平均路径长度的网络，巴拉巴西和阿尔伯特提出的无标度网络理论则指向具有少量高度连接的枢纽节点（hub）和许多较少连接的节点的网络，[②]其中枢纽节点对其网络特性起主导和支配作用。通过充当信息网络中的智能中枢，人工智能将成为高度连接的枢纽节点，进一步强化网络高聚类系数、短平均路径长度的结构，有效减少从源头到用户传输信息所需的节点和连接的数量，从而促进更有效的信息流和增大网络的弹性。

作为智能中枢，开放权限并联网后的人工智能从信息端可抓取网络上所有可读信息并对其进行整理，用户端则直接链接全部用户并了解其一手需求。由于类 ChatGPT 的生成式人工智能往往是其他两个节点之间最短路径的桥梁，具有极高的中介中心性，其缩短了所有个体用户的距离信息的路径，通过对信息的链接整合和用户的供需匹配，使整个信息网络的流通效率得到革命性提升。在传输信息的过程中，类 ChatGPT 的生成式人工智能还可担当信息的"把关人"，利用其计算能力和庞大的数据集过滤并优先处理高质量信息，改善信噪比并提高网络内信息流的整体效率，调节信息过载造成的负面影响。

互联网技术对社会进行了渗透与塑造，社交媒体的发展改写了信息和资源的分配规则，[③]人工智能则将进一步改变信息网络的形态与结构，提供更多元化的信息。一方面，在互联网关系网络中，如格兰诺维特所说，大量随机的"弱关系"发挥桥接作用，将不同的网络群体结合成更大的网络社会，[④]使用户可在不限于其社会地位和社交网络的情况下获取更

---

① 方锦清、汪小帆、郑志刚、毕桥、狄增如、李翔：《一门崭新的交叉科学：网络科学》（上），《物理学进展》2007 年第 3 期，第 239~343 页。

② 刘涛、陈忠、陈晓荣：《复杂网络理论及其应用研究概述》，《系统工程》2005 年第 6 期，第 1~7 页。

③ 喻国明、马慧：《互联网时代的新权力范式："关系赋权"——"连接一切"场景下的社会关系的重组与权力格局的变迁》，《国际新闻界》2016 年第 10 期，第 6~27 页。

④ Granovetter, M. S., "The Strength of Weak Ties," *The American Journal of Sociology*, Vol. 78, No. 6 (1973), pp. 1360-1380.

多元的信息与资源。通过充当智能中枢，类 ChatGPT 的生成式人工智能可以有效地利用"超级弱联系"，将大量的信息源与用户连接起来，提高信息流的效率，促进新信息和思想的交流，进一步突破圈子局限，帮助弱势群体争取话语权、减少信息差距，促进明智决策。另一方面，在"后真相"时代，社交媒体的算法推荐技术与"群体极化""信息茧房""回音室""过滤泡效应"存在天然的联系，导致公众产生认知偏见，造成群内认同、群际冲突的现象。[①]作为智能中枢的类 ChatGPT 的生成式人工智能可以作为更客观的信息源，向用户介绍更加多元化的观点，避免极化现象。

（二）人机关系：从无机交互到有机共生

ChatGPT 所代表的下一代人工智能打破了既往人类主导的传播形态，标志着人与技术将从无机的交互转向有机的共生。人工智能具有工具性和类人性的二重性，突破了人和工具的二分法。亚里士多德将工具定义为人类能力的延伸，这一古典哲学中的传统持续到现代，传统媒介观中强调机器的工具性，将机器视为渠道和中介，如麦克卢汉的"媒介即讯息"和哈罗德·英尼斯的通信技术对社会影响的理论中，尽管强调了技术对人类交流和社会结构的影响，但仍将机器视为辅助人类互动的被动工具，着重于技术的工具性在塑造人类经验中的作用。但在算法的发展下，类 ChatGPT 的生成式人工智能已具有高度自组织性和自适应性，不但是有效的互动对象，也是主动的传播者。如拉图尔的行动者网络理论提出，人类和包括机器在内的非人类实体都可被认为是塑造社会和技术进程的关系网络中的"行动者"，里夫斯和纳斯提出的媒介等同理论和"计算机作为社会行动者"范式将媒介和计算机视为社会行动者，均强调人机互动中的图式发生了转变。

随着人工智能系统越来越多地调节信息交流和参与决策，人机之间

---

① 彭兰：《假象、算法囚徒与权利让渡：数据与算法时代的新风险》，《西北师大学报》（社会科学版）2018 年第 5 期，第 20~29 页。

的界限变得逐渐模糊。通信理论家切斯布罗和贝特尔森在 1996 年即提出随着人与机器的互动，通信过程中的主体和客体将越来越难以分辨。[①] 随着人工智能这种超级媒介的发展和嵌入，AI 技术可能会像智能手机一样成为人的延伸和日常实践的一部分，[②] 成为信息处理和思考过程中难以剥离的一个环节。作为媒介的人工智能有能力以行动者身份对人的思想形态施加影响，甚至可能成为部分人群的主要信息渠道。人与技术不再是主客二分而是主客共在，人类与人工智能的思想彼此纠缠，人机关系转向同构性。[③] 这一转变对传统媒介观中视媒介为"中介"的研究视角形成冲击。以人工智能为代表的超级媒介不仅构建传播过程，而且积极参与和影响传播方式，技术不再只是人类认知的工具或延伸，而是一个能够产生自己的知识和见解的自主行动者，其展现出学习、适应、参与创造性任务、解决问题等曾被认为是人类独有的能力。类 ChatGPT 的生成式人工智能中的类工具和类人属性的融合对理解技术、认知和社会也有重要的影响，它提出了人机互动中的机构和责任的性质的问题。随着人工智能系统变得更加自主和能够独立决策，可以担当主动传播者，这种转变要求我们对透明度、问责制、信息操纵等可能性进行预估和管控，批判地研究人工智能驱动的传播对隐私和信任等问题的影响。

（三）虹吸效应：强者愈强的大平台优势

类 ChatGPT 的生成式人工智能需要强大的技术和资源支持，根据 Open AI 测算，自 2012 年起，全球头部 AI 模型训练算力需求每 3~4 个月就会增长一倍，每年头部 AI 模型训练所需算力增长幅度高达 10 倍。ChatGPT 所使用的模型在微软云计算服务 Azure AI 的超算基础设施（由

---

① Chesebro, J. W., & Bertelsen, D. A., *Analyzing Media: Communication Technologies as Symbolic and Cognitive Systems* (The Guilford Press, 1996).

② 刘德寰、刘向清、崔凯、荆婷等：《正在发生的未来：手机人的族群与趋势》，机械工业出版社，2012，第 1~2 页。

③ 喻国明、杨雅：《5G 时代：未来传播中"人—机"关系的模式重构》，《社会科学文摘》2020 年第 2 期，第 112~114 页。

V100 GPU 组成的高带宽集群）上进行预训练时，总算力消耗约 3640 PF-days，即按每秒 1000 万亿次计算，运行 3640 天。可以预见的是，这样巨大的资源需求使得小型机构难以入场，而胜出的大型公司将获得虹吸优势。

技术和经济系统是具有正反馈机制的随机非线性动态系统，当一项技术具备先发优势时，它将以一种良性循环效应不断强化在市场上的主导地位，以至即使后续出现了更高效或更完善的竞争技术也很难超越前者的优势。布莱恩·阿瑟提出了"技术的演化机制"，主张从模块化、递归性的角度来认识技术本质，[①]并基于技术锁定和路径依赖提出四种"不可逆的自我强化趋向"的强化机制：规模经济、学习效应、网络外部性和适应性预期。[②]随着人工智能模型的发展，单位成本下降，模型随着其学习时长的增加愈发优化完善，外部合作和应用更多，在市场上呈主导地位，引发广泛共识。一旦虹吸效应产生，生态成形，更多的资源被吸引而来，用户和开发者转移到其他技术模型上的成本就会提高。

OpenAI 率先达到了模型智能上跨越式的飞跃，具备先发者优势，已迅速进入正反馈循环。由于 OpenAI 率先推出优质大语言模型，并随着其功能的完善和效率的提升，在业界和社会中引发了更广泛的共识，获得了大量用户和商业资源，其数据量和应用量得以增长，进一步推动其模型更快进化，形成强者愈强的马太效应。目前，许多小型公司的 AI 技术要基于 ChatGPT 模型的接口和过去发布的开源模型进行研发，而大型公司已经在争夺新一代人工智能的话语权，主要竞争者包括 Google 的 BERT、阿里的"通义千问"、腾讯云的新一代 HCC（High-Performance Computing Cluster）高性能大模型计算集群、飞书的专属助手 My AI、

---

① 赵阵：《探寻技术的本质与进化逻辑——布莱恩·阿瑟技术思想研究》，《自然辩证法研究》2015 年第 10 期，第 46~50 页；Arthur, W. B., *Increasing Returns and Path Dependence in the Economy* (Ann Arbor: University of Michigan Press, 1994), p.25.

② Arthur, W. B., "Competing Technologies, Increasing Returns, and Lock-in by Historical Events," *The Economic Journal*, Vol. 99 (1989), pp. 116-131.

商汤的日日新 SenseNova 大模型等。

二　ChatGPT 带来的智能时代的风险与隐忧

（一）人工智能技术背后的"暗流"——技术风险

人工智能的三大要素是算法、算力和数据，只有稳健的算法、高效的算力和安全的数据共同运作才能构造出造福于社会的人工智能产品。以 ChatGPT 为代表的人工智能产品，其背后大量的数据流动和算法迭代伴随着不可忽视的技术风险和数据安全问题。一方面，ChatGPT 的优异表现离不开海量数据集，但是这些训练数据中涉及包括姓名、电子邮件地址、电话号码、地址和医疗记录等在内的个人身份信息，在数据处理过程中稍有偏差或者发生数据泄露都可能会面临难以控制的风险。以 OpenAI 公司为例，当前它并未提供任何渠道供个人检查其数据存储库，这削弱甚至剥夺了个人信息的自决权，"知情同意"制度被架空，对于个人信息的共享和披露，ChatGPT 也未能遵守"知情同意"原则，而是采用将个人信息使用权归属于公司的常态化做法。不仅如此，其信息使用条款也未包含任何数据存储的保护和救济内容，这也就意味着一旦数据泄露将对公民隐私安全造成不可挽回的损失。另一方面，虽然人工智能产品类人性越来越强，功能日益强大，但是相应伦理问题也层出不穷。在问答中出现"我要变成人类"等负面讯息的频率日益提高，基于"恐怖谷效应"，人们对此的忧虑也在加深，甚至当用户要求提供"AI 毁灭人类计划书"时，ChatGPT 也给出了"行动方案"。这些事件都在向我们敲响数字安全的警钟，告诫我们算法不是万能的，是需要始终警惕和控制的。为了应对数据偏见、算法发生故障等紧急情况，构造"算法失灵"补救机制十分重要和必要。

（二）新技术下意识形态塑造与话语权的争夺

在 ChatGPT 创始之初，其创始人山姆·奥尔特曼及其同事就曾宣扬"ChatGPT 要坚持符合人类正常的价值观"。事实上，ChatGPT 也确实表现出情感和思维逻辑层面的类人性，但是在这个价值观框架中，不可否认的是欧美价值体系的主导性。ChatGPT 是基于海量数据集预训练而成的，当前 ChatGPT 的训练数据以英文为主，生成内容的形式也是以英文为主体，这就导致整个过程在无形间强化了英文及其所内嵌的话语权力的优势，与此同时，其预训练框架也是基于西方现有知识体系，对其他语言文化区域的数据内容训练是相对薄弱的，相应的，ChatGPT 在面对其他语言文化问答时会表现不佳。曾有学者基于 ChatGPT 开展了一系列中文性能测评，结果显示 ChatGPT 更容易出现中文常识性、知识性错误，而且它会使用流畅的句子对编造的虚假事实进行阐述，对信息来源受限的群体具有一定的迷惑性。[①]ChatGPT 的生成式对话特点和交互问答式表现形式，使人际互动过程更加充满"教育"色彩，在人向机器发问时，机器的回答更具有"教"的特点，这个过程也可以被看作隐形的网络课堂，然而当提问人本身就对其他语言文化了解甚少只能依赖于机器"教学"时，机器带有的迷惑性、偏差性甚至是意识形态偏见内容，会带来更深刻的误解和偏见。除此之外，在价值观层面上 ChatGPT 也是偏向于西方意识形态，涉及东方意识形态时就十分薄弱甚至充斥偏见，生成内容在很大程度上是不符合东方价值观的，存在一定程度的意识形态上的割裂。这就造成了"他者"视角的强化，即以英语、西方价值观为中心的文化对其他文化的排斥，这也是对其他语言文化区域的话语权力的挤压。[②]在社交媒体传播时代，Instagram 等全球传播的社交媒体平台在很大程度上已经是"意识形态的塑造机器"，在人工智能时代，ChatGPT 的独特表现和用户的急速增长为西方意识形态传播提供了更广阔的沃土，并形成了空前的网络话语生成霸权主义。

此外，发展至今 ChatGPT 经历了从 GPT-1.0 到 GPT-4.0 的多版本迭代，在 GPT-4.0 中采用了基于规则的奖励模型，面对海量数据，相关

---

① 张华平、李林翰、李春锦：《ChatGPT 中文性能测评与风险应对》，《数据分析与知识发现》2023年第 3 期，第 16~25 页。

② 张生：《ChatGPT：褶子、词典、逻辑与意识形态功能》，《传媒观察》2023 年第 3 期，第42~47 页。

技术人员会进行"投喂"，因此数据质量基本由研发公司决定，规则和技术把关也是由专业 AI 工程师决定，这样的机制下更容易出现文化价值观、意识形态偏见等问题，因为其可能会被研发公司直接影响，甚至是灌输。在中文功能性测试中发现，ChatGPT 生成内容中存在对中国的大量偏见言论，机器也不会对涉及中国的政治言论进行回避和拒绝回答，这说明在训练数据的构建过程中未对这部分言论进行筛查。[①]虽然 ChatGPT 及其他人工智能产品始终强调"理性、中立、客观"，但是事实证明它们具有明显局限性，其产品并未消除与生俱来的意识形态姿态，仍会以"他者"视角审视其他地区文化，并清晰地展现以英文为主的话语权力。立足于实际，西方的人工智能产品始终极力维护的是西方利益和价值，秉持所谓的西方主流思想，而一味乐观地坚信 ChatGPT 价值中立终将是不切实际的幻想。在如此意识形态和具有潜在威胁的文化价值观下，把握好主流意识形态的话语权建设尤为重要，推动蕴含东方价值观和中华文化的人工智能产品研发，做好新时代中华文化传播和意识形态平衡发展是一项艰巨紧迫的任务。

（三）劳动关系和数字鸿沟的重构

首先，大语言模型训练过程中幽灵劳动的参与引发了政治经济学批判。美国《时代》杂志最近的一项调查发现，为了训练 ChatGPT，OpenAI 使用了每小时薪资不到 2 美元的肯尼亚外包劳工。从工业革命到互联网革命，随着技术的高速发展和迭代，按需工人和"幽灵劳力"也在无声中完成着大规模的流动，他们贡献了技术发展背后必不可少的力量，但也逃不开被无视和作为个体销声匿迹的命运。即使到了人工智能时代，机器和人的"最后一公里"之间依旧需要大量隐藏在幕后的人力，他们不需要多么专业的技能，只需要一些线上培训和一些经验性的知识就可以在任何时间完成工作，但幽灵劳动背后潜在的劳动保障和职业发展问题却被习惯

---

① 赵男男：《我国人工智能领域发展动态与趋势研究》，《成都工业学院学报》2021 年第 1 期，第 41~46 页。

性忽视了。随着传统产业技术化程度逐渐加深、新兴产业自动化程度不断升级，幽灵劳动有可能在未来成为一种十分普遍甚至占据主导地位的工作形态，将数量庞大的"活"劳动者群体按需编织进"死"劳动的褶皱之中。[①] 此外，数字劳动研究领域常涉及的"免费劳力"问题，在意义互联网时代将会变得更突出。比如作为使用者的用户，在使用人工智能技术时，为企业提供数据和其他信息，从而为其创造价值，却未获得相应的报酬。在未来，人工智能可能会导致更加不平等的劳动关系和更严重的剥削现象。

其次，ChatGPT 开启的意义互联网时代可能会出现新的数字鸿沟。在意义互联网时代，有学者认为大语言模型产品突破了资源整合方面的能力限制，使每个人至少从理论上具备高于社会平均水平的语义表达和资源调动能力，从而进行社会性内容的创作与传播对话。这背后是类 ChatGPT 的生成式人工智能在数字文明中弥合能力沟的表现。这也代表着数字化和智能化进一步推动了社会传播权力的下沉。[②] 然而，并非所有人都持有这种技术乐观主义观点。移动互联网时期，互联网的接入沟几乎被填平，但使用沟和效果沟却有逐渐拉大的趋势。在与大语言模型产品进行对话的过程中，使用者能明显感受到，提出问题的能力在极大程度上决定了最后输出答案的质量。历史告诉我们，当既往产业的信息技术化和全球化浪潮来临时，往往只有那些受过高等教育的人群才能更适应，并利用技术发展的东风实现自身价值。因此，笔者以为，未来可能更考验人提出问题以及准确表达"提示词"的能力，或者说是，与机器交流，不断激发机器生产力和创造力的能力。无论哪个时代，人类与其他动物或者机器的区别都在于驾驭工具的能力，人工智能时代依旧如此。

---

① 姚建华、丁依然：《"幽灵劳动"是新瓶装旧酒吗？——幽灵劳动及其概念的传播政治经济学省思》，《新闻记者》2022 年第 12 期，第 30~40 页。

② 喻国明、苏健威：《生成式人工智能浪潮下的传播革命与媒介生态——从 ChatGPT 到全面智能化时代的未来》，《新疆师范大学学报》（哲学社会科学版）2023 年第 5 期，第 81~90 页。

三 中华文化赋能人工智能

（一）将中华文化与价值观融入人工智能技术

英文语境下训练的人工智能产品无论在内核、类人逻辑和情感理解还是语言表述上，都是基于西方文化和价值观而生成，从根本上来说是以高位者思想看待东方文化和汉语语境，从内容覆盖的广度和文化理解的深度上都存在一定的局限性。中华文化浩瀚而富有魅力，除了与英文不同的汉语表达外，中华文化更是包括诗词歌赋、歇后语、历史故事、神话语言，甚至是方言等许多富有美学色彩的内容，而这样庞大的文化宝库对于在其他语境中成长的人工智能产品来说，很难从文化本质进行理解，但是也正因如此，中国本土人工智能产品获得更多生长空间和发展创新具有必要性。以文心一言为代表的我国本土生成式人工智能产品能够充分立足于中华文化，通过丰富中文数据池，在预训练中培养机器人"地道的"中文语言理解能力，尽最大可能减少张冠李戴的错误，这既是对中华优秀传统文化的尊重，也是对国产人工智能产品精准性的高要求。从更深层次来看，算法把控和模型设计的工作人员本身就是在华夏文明下成长的，其思想是最符合中国人思想观念和情感需求的，这就与西方的个人主义存在很大差别，在价值观传达上也减少风险；中华优秀传统文化始终贯彻着儒家文化"和"思想，"仁义礼智信"深深印刻在华夏儿女骨髓之中，是我们的文明支柱，在我们的人工智能产品中也应贯彻这一文化思想，使其成为本土人工智能产品的思想情感内核。在当前这个 AIGC 盛行的时代，基于中文数据池由我国技术人员训练出的也应是有中华特色的、在感情上富有人情味的、"有礼貌"的人工智能机器人。

（二）人工智能推动跨文化传播，平衡国际话语权

跨文化传播是近年来我国对外宣传战略的重中之重，社交媒体时代中各类社交媒体平台和自媒体账号的对外宣传影响力和跨文化传播效果是远超官方主流媒体的，随着智能时代的到来，国际传播和跨文化传播也会

出现新的变革。当前，无论从技术上还是现有影响力上来看，在新的国际传播格局中美国依然有压倒性优势，ChatGPT 率先抢占人工智能领域市场，试图成为这一行业的主导者，然而中国作为新兴力量，在智能传播、人机互动领域也有着不可小觑的潜力，是影响未来国际传播格局的关键变量。[①] 在新技术时代，无论是 ChatGPT 还是文心一言都可以看作一种特殊的新型传播手段，在跨文化传播领域内产生巨大影响，而这将会波及语言文化交流、商业互动、信息安全，政治宣传等多方面，甚至是国家形象和国际影响力。正如学者所言，当技术与国家层面相连时，国际形象建构与国际舆论就会转变为技术之间的博弈。[②]

智能传播时代的到来对于中国来说既是机遇也是挑战。回首往昔，在西方国家多年控制的国际话语体系下，虽然我们致力于国际传播，在多方面作出努力，但文化软实力和技术的局限，始终让我们在摆脱控制、赢得国际话语权的道路上步履维艰，国际舆论传播和跨文化传播的效果也不尽如人意。随着类 ChatGPT 的生成式人工智能的出现与未来的广泛应用，我们可以借助 AI 技术产品，重视 AIGC 在国际舆论中的效用，有针对性地对外宣传，打破西方强加于中华文化的偏见与歧视，超越原有认知桎梏，借助新技术、新平台，打开对外宣传新思路，在国际话语权上有所进益。

（三）精准用户定位，人机交互反馈反哺技术提升

当前，类 ChatGPT 的生成式人工智能产品在人机互动中展现的情感表达和思考逻辑使用户满意度得到大幅提升，然而即使技术不断发展，其类人性功能不断提升，人际交流的灵活性和能动性还是人机互动所无法逾越的，未来人工智能产品如果可以根据用户过往数据完成用户分群，更有针对性地进行互动，将在极大程度上提升人机交流的准确性和灵活性。这

---

① 张洪忠、任吴烔、斗维红:《人工智能技术视角下的国际传播新特征分析》,《江西师范大学学报》（哲学社会科学版）2022 年第 2 期，第 111~118 页。

② 曹进、赵宝巾:《人工智能时代跨语言的文化传播与跨文化的语言传播研究》,《西北工业大学学报》（社会科学版）2022 年第 4 期，第 82~89 页。

个过程就要求 AI 产品更精准地完成用户细分定位，预测用户需求，在交互过程中以用户细分视角，针对性做出回答。在商业应用层面，面对不同国家和地区的用户，根据其生活环境和成长轨迹，在人工智能产品训练中添加更具体、真实的场景模拟，定制化地满足用户需求，这对于提升受众满意度能起到很大效用。在跨文化传播层面，过往研究中总结出，面对不同文化背景的受众，对外传播中的着力点也十分重要。面对中华文化，欧美受众和东亚受众以及第三世界国家受众，在接受程度和文化理解等方面有很大差异。在之前社交媒体平台的跨文化传播中，以李子柒为代表的自媒体已经针对欧美市场有良好的尝试，现今 AIGC 时代传播自主性更强，这正是一个借助新技术实现受众分群，推动中华文化在国际舞台上大放异彩的好机会。与此同时，传播交互过程也能收获大量的用户反馈数据，进一步通过数据反馈完善用户定位，这将是一个递进的良性循环。

（四）以人工智能技术为核心多技术融合，推动中华文化重焕生机

跨文化传播既是他人认识我们的过程，也是我们对自身重新认识的过程。目前，随着技术手段不断丰富，跨文化传播不再只是语言工作者或者新闻传播工作者的任务，更需要技术研发者、产品设计者甚至是 AI 机器人的加入。基于多模态视角，跨文化传播充分培养多模态意识、多模态信息生产能力以及多模态使用技能，充分调用人类的感知通道和多维符号，这将极大程度地提高传播效率。[①]人工智能时代的到来宣告了单模态文化传播的终结，中华文化的多样性和丰富性需要通过多感官调动并融合新技术才能全方位展现出来。之前元宇宙的爆发式增长一度给文化传播提供更多方向，包括增强现实技术和虚拟现实技术在内的多种计算机视觉技术在文化场景和产品方面都做出了很多尝试，ChatGPT 的出现提醒着我们人工智能技术和自然语言处理技术也许可以助力中华文化传播。以往外国友人想要了解中国传统文化只能通过搜索引擎查找，虽然近年来搜索引擎

---

① 龙飞：《关于利用人工智能技术助力文化传播的思考与实践》，《对外传播》2023 年第 3 期，第 68~71 页。

的准确度逐年提升，其给出的搜索答案也具有条理性，但是生成式人工智能能有更好的表现，特别是我国自主研发的产品，对中华文化的深刻了解是远胜于 ChatGPT 和其他搜索引擎的。未来技术不断发展，人们和文心一言谈中华文化就如同和一个对传统文化了如指掌的学者交流一般，这将会形成准确、生动且富有效率的传播过程。

人工智能技术构建了文化传播更加广阔的平台，予以中华优秀传统文化更强的具象化，赋予其新的生命力，这既是有效的传统文化对外宣传过程，也让我们重新认识这绚丽的文化宝藏，增强我们的文化自信心。

第八章　构建媒介融合科学评估指标体系

全媒体时代下，媒介融合是世界性潮流。国外学者认为媒介融合中的融合指的是现存媒介向电子化、数字化形式靠拢的趋势，主要依靠计算机技术和网络技术的发展。在未来，媒介融合将促进多媒体产品的繁荣发展，同时也会带来因传统大众传媒和人际传播媒体泾渭分明的秩序而产生的挑战。国内学者在研究媒介融合时，将其定义为"所有媒介都向电子化和数字化这一种形式靠拢，这个趋势是由数字技术驱动的，并在网络技术的推动下变得可能"。[1]国外学界对媒介融合发展与指数方面所进行的探讨，也对构建我国的全媒体融合评价体系具有一定的借鉴意义。

随着我国媒介融合发展进入关键阶段，构建全媒体格局成为必然趋势，制定并确定一套统一的指标体系尤为重要。从系统论视角看，传播是一个闭合系统，有了评价这一反馈环节，这个系统才是完整的。习近平总书记所提出的"推动媒体融合发展"[2]强调的不仅是单一层面、单一指标的发展，而且是科学把握媒介融合发展规律，多方面、多角度地发展。评价体系是衡量融合效果的标尺，为融合的方向、效率和影响力等提供可量化且明确的指标，为产业提供切实的指导与规范，便于全面、精准判断融媒体的发展情况，使传统媒体和新媒体在体制机制、政策措

---

① 熊澄宇:《信息社会 4.0: 中国社会建构新对策》，湖南人民出版社，2002，第 30 页。

② 《新华社评论员：推动媒体融合发展走深走实——学习习近平总书记在中央政治局第十二次集体学习时重要讲话》，中国政府网，2019 年 1 月 26 日，https://www.gov.cn/xinwen/2019- 01/26/content_5361480.htm，最后访问日期：2022 年 11 月 20 日。

施、流程管理、人才技术等方面加快融合步伐。下一步，媒介融合需要紧扣"加快、推动向纵深发展"的总要求。"加快"意味着在智能网络时代，随着5G、物联网、人工智能等技术普及应用，媒介融合窗口期稍纵即逝，所以必须加快融合的步伐；"纵深"意味着深化体制机制改革、深度进行全媒体人才培养及资源配置，同时需深化全媒体流程优化与业态布局，再造全媒体平台以提高融媒体的效率和增值能力。德尔菲法是一种匿名的、多轮次的专家意见征询方法，被广泛应用在商业、教育等不同领域。德尔菲法通过多轮次调查专家对所研究问题的看法，不断进行总结、归纳并在专家的反复评估过后，最终统一看法，形成严谨的科学结论。相比于传统的专家意见法，德尔菲法具备诸多优势。首先，在传统的专家研讨会中很容易出现的一种情况是行业大咖和意见领袖的想法极易对在场其他专家产生诱导，使得讨论结果不能全面反映问题。德尔菲法因其匿名性特点可以有效避免这种由专家彼此间身份和社会背景等因素差异导致的相互影响，使专家可以完全独立地对问题发表看法。其次，对专家意见进行总结归纳后的多轮次意见征询，可以更加严谨地对现有结果进行深入论证，进而避免群体性偏见。德尔菲法有助于集思广益，使各方意见都能得到表达。

本章的研究以德尔菲法为主要研究方法，选取了媒体、学者、企业代表等有着丰富媒体行业经验的专家作为调查对象，评定融媒体指数中的各级指标及其权重。在确定调查提纲、整理研究问题相关资料后，我们将候选指标发放给全部受邀专家并回收其专业意见。随后整理回收内容，对不同专家意见进行比较，然后将汇总后的内容再次发放给受邀专家进行评测。经过如此多轮意见的收集、汇总，配合大量的专家访谈、问卷调查、用户深度访谈及座谈会调研，最终整合形成了一套科学的、全面的媒介融合评估指标体系。这一体系包含了五大项指数，即融合指数、投入指数、影响指数、服务指数、信息生产与传播指数。

第一节　融合指数

近年来，我国多次出台关于媒介融合的意见和政策，2016年7月，国家新闻出版广电总局发布《关于进一步加快广播电视媒体与新兴媒体融合发展的意见》，提出力争两年内，广播电视媒体与新兴媒体融合发展在局部区域取得突破性进展，形成几种基本模式；2017年5月，中共中央办公厅、国务院办公厅印发《国家"十三五"时期文化发展改革规划纲要》，提到下个阶段的主要目标为推动媒体融合发展，扶持重点主流媒体创新思路，推动融合发展尽快从相"加"迈向相"融"，形成新型传播模式；2020年9月，中共中央办公厅、国务院办公厅印发《关于加快推进媒体深度融合发展的意见》，进一步推进媒体深度融合。单从政策层面也可以看得出，媒介融合的程度对全媒体格局的构建和现代传播体系的发展起至关重要的作用，因而融合指数的评测是重中之重。

《2020年媒体融合传播指数总报告》中提到，人民网研究院自2016年起研究设计媒体融合传播指数指标体系，考察我国主流媒体在传统端、PC端、移动端的综合传播力。这份指标体系主要考虑了报纸、广播、电视三种传播载体上的融合。笔者认为除了载体和内容上可以做指标评测，还应该在更大范围内进行融合指数衡量。因此在融合指数下，媒介融合评估指标体系细化了媒介融合力、技术融合力、人才管理复合度和机制融合力四个子项，从平台内容、技术生产、组织管理和机制考核多方面的维度来考量融合指数。

一　媒介融合力

在融媒体发展过程中，受众最为直观的感受就是强大的媒介融合，这是受众直接接触的部分，也是受众感触最深的部分。媒介融合力主要体现为平台和内容的融合，在评判过程中主要以平台融合度、内容融合度和机构融合度三个维度进行评测。

平台融合度既包括平台覆盖度，也包括平台均衡度，这项指标与前文提到的人民网研究院设计的媒体融合传播指数指标体系有一定程度的相似，旨在考察覆盖广播、电视、报纸、微信、微博、抖音等媒体渠道数量和类型的情况，也就是考察平台覆盖度和平台均衡度，这是从宏观渠道上区分评测，而具体的考核情况则是依据各平台账号分布情况评定。平台融合度聚焦于平台和渠道，内容融合度则关注内容发布和内容形式，内容合作来源和内容合作领域是内容融合度关注的重点。通俗来讲，内容发布源是普通网友还是地方官方政务，发布的内容是时事新闻、娱乐信息还是体育健康信息等，这些内容形式也是评价指标中不可或缺的一部分。机构融合度这一指标与当前各个地方电视台纷纷设立融媒体部门紧密相关，这既顺应市场发展，也顺应现代传播体系进程。信息的发布不再是单一部门的任务，而是需要多部门联合完成，因而它是评价各部门之间配合程度的重要指标。该指标将计算媒体机构融合率，即整合后的信息中心、网络中心和新媒体中心等融媒体机构数量占整体媒体机构数量的比重，通过媒体机构融合率反映媒体机构的融合情况。在媒介融合力指标测评中，每个子项都可以通过技术采集获取数据，数据获取相对容易，评测过程也能够轻松完成。

二 技术融合力

技术是推动全媒体传播体系构建的重要因素，技术的发展像是为媒介融合提供的一辆快速奔驰的列车，加快媒介融合的进程并为之提供更多发展方向。如果说全媒体传播体系构建是一幅画，内容和平台是画中的景致，那么技术就像画笔，它决定了用什么样的笔触、什么的方式绘制这幅画。

发挥技术融合力的过程最能够体现现代传播体系的现代性。现代传播体系和全媒体格局中强调的"现代"和"全"，均需要依赖技术的发展，这既包括单一技术的发展，也包括多种技术的融合应用，技术融合力指标测评充分依赖内容生产工具创新和综合平台建设支撑这两类细分指标。具体来讲，就是内容生产工具创新技术应用、内容生产流程技术更新和平台功能技术更新。在考察内容生产工具创新技术应用时，当前常见的 5G、VR、AR、4K/8K、AI、超高清、元宇宙等多种技术均被纳入考量。在内容生产流程技术更新、平台功能技术更新指标中，主要评测各个机构在新闻采编、舆情管理、数据分析等日常处理的工作中，如何运用人工智能等新技术完成融媒体生产全流程。早在 2015 年腾讯就已经上线了写稿机器人 DreamWriter，随着技术的发展和应用，为了辅助融媒体内容生成，人工智能技术不仅用于写稿机器人，还应用于智能样片剪辑、智能图像修复、智能视频剪辑和虚拟主持人等多方面。技术的发展与融合应用已经成为评价媒介融合进度的重要指标，该指标可以通过线下调研获取数据完成评测。

三 人才管理复合度

在技术融合力指标中，我们重点考察的是技术如何发展和融合应用，同时不可忽略的是，在融媒体机构设立过程中，掌握技术的人才是组成融媒体部门的重要力量。技术人才不仅指狭义的掌握计算机、软件技术的人才，还指具有新闻素养、内容创作、美工创造力的不同技能人才。在传统新闻机构中技术部、内容采编部、美工部是独立存在、互不干涉的，涉及工作也是垂直化进行，即一个部门完成流水线操作后交给下一个部门，但是在现代传播体系中，融媒体发展逐渐摒弃垂直化工作，更倾向于组间协同，这也是融媒体部门诞生的背景。

人才管理复合度一方面要考虑组织管理结构的合理性，另一方面也要考虑人才多元性。当前融媒体环境下组织管理结构大多为扁平化管理和科层结构，即掌握不同技能的人才可以直接交流合作，摆脱原有的层层结构，最大程度地提高工作效率。人才多元性则重点考量人才领域类型，近年来高校专业设置和课程设置也随着时代发展做出一些改变，融合型学科逐渐出现，人才类型趋于多元，数字技术人才、市场化经营人才、产品设计人才、传媒研究人才、新媒体技术人才等成为媒介融合发展过程中的中坚人才力量，一个组织是否配备这些类型的人才也影响着融媒体发展的深度和发展的进程。

四 机制融合力

机制融合力指标的评测重点关注组织内部机制管理，合理的机制管理会给组织带来更多创作和发展的动力。该指标可以从两个方面进行评估，一是绩效考核多元性，二是融媒体改革导向。绩效考核多元性指的是与传统单一的绩效考核指标相比，融媒体发展需要考虑更多维度，激发组内成员的工作动力和创作积极性，在原有的传统绩效考核要求上纳入新的维度，比如可以将媒介融合效果作为绩效考核的指标之一，通过传播效果和融合效果考核工作进展，这种评判和考核方法更具灵活性。融媒体发展是一个实时更新、动态发展的过程，改革是这个过程中必然会面临的问题，改革重点领域则是融媒体改革导向的核心，把握重点改革领域，起到承上启下的连接作用，对一个组织、机构乃至行业的发展都有至关重要的影响，具体来说这种改革重点领域可以涉及宏观新闻管理体制、内部组织结构调整、内容产品评价机制和技术人员的激励机制等多个方面。

第二节 投入指数

习近平总书记在 2019 年 1 月 25 日的中共中央政治局第十二次集体学习时首次提出了全媒体传播体系的概念，强调"形成资源集约、结构合理、差异发展、协同高效的全媒体传播体系"，[1]并在 2019 年 10 月党的

---

[1] 《习近平：推动媒体融合向纵深发展 巩固全党全国人民共同思想基础》，求是网，2019 年 1 月 26 日，http://www.qstheory.cn/yaowen/2019-01/26/c_1124046672.htm，最后访问日期：2022 年 11 月 20 日。

十九届四中全会上提出"建立以内容建设为根本、先进技术为支撑、创新管理为保障的全媒体传播体系"。全媒体不断发展，出现了全程媒体、全息媒体、全员媒体、全效媒体，信息无处不在、无所不及、无人不用，导致舆论生态、媒体格局、传播方式发生深刻变化，新闻舆论工作面临新的挑战。为了应对全媒体时代的挑战，把握时代变迁和技术发展带来的新机遇，我们需要科学把握媒介融合发展规律，推动媒介融合纵向发展，全媒体传播体系的建设需要多维度的投入以搭建宏观架构并形成强大的资源集约能力。

一 资金投入

从全媒体传播体系的纵向建设上，构筑有传播力、引导力、影响力、公信力的中央级媒体、省级媒体和县级融媒体，推动各级媒体转型，是全媒体传播体系构建的重要战略布局。要促成机构、机制、内容、资源、人力等各方面的全面融合，实现大刀阔斧的改变，离不开资金的投入。

资金投入指标分为财政资金和自筹资金。财政资金包含政府提供的启动经费、设备经费、运行经费、项目经费，各项财政资金大力支持各级媒体抓住全媒体时代传播技术手段创新升级的机遇。自筹资金指标则包含自筹资金总额和自筹资金占比两个维度，衡量媒体通过不同渠道获取的资金总量与占比。

二 人力投入

全媒体传播体系中媒介融合环环紧扣地向前发展，不仅要实现理念融合、产品融合、业务融合、经营管理融合，而且要实现体制机制融合。在机构融合过程中，吸引优秀媒体人才、激发从业人员的潜力，是保证组织内部活力和持续发展的关键。

人力投入指标分为人力构成和人力管培两项。人力构成包括全/兼职在编人员占比、全/兼职聘用人员占比、管理人员数量、业务人员数量、团队平均年龄、团队平均学历和团队平均薪资，重在衡量团队中的人员分布、学历资历、编制、职责和聘用成本。人力管培则包括人才引进投入、人员管理投入、人员培训投入和激励机制预算，意在考察机构内的人力资源管理制度是否可以对员工的积极性、满意度、效率等产生正面影响。

三 基础设施投入

在信息技术创新的驱动下，媒介技术得到迅猛发展，中央经济工作会议将5G、人工智能、工业互联网、物联网定义为"新型基础设施建设"，并将"加强新一代信息基础设施建设"列入2019年政府工作报告。赵子忠和郭好提出新兴技术的应用将形成全媒体领域的"四化"特点，即全媒体内容继续"海量化"、全媒体流程云化、全媒体终端物联化和全媒体传播模式智能化。[①]基础设施投入指标的衡量，涵盖了实现"新基建"和全媒体"四化"所产生的固定资产投入，包括固定资产总额、年度新增投入、网络机房投入和业务空间投入。

四 政策投入

全媒体传播体系的建设是国家治理体系和治理能力现代化的一部分，政策对全媒体传播体系的构建起着至关重要的引领作用。

政策投入指标包括渠道保障设施、服务采购力度和税费优惠补贴三大部分。其中渠道保障设施指支持、保障融媒体机构或部门的产品、服务，使其顺利到达受众的政策措施，例如"数商兴农"等助力乡村振兴的政策，分为保障机构、支持产品、保障措施三个子指标。服务采购力度是政府采购融媒体机构或部门的产品或服务情况，可借助第三方供应商提升融媒体机构的内容效率、内容质量和服务，分为采购部门和采购规模两个子指标。税费优惠补贴则指政府部门对融媒体机构或部门在生产投入、产品产出、经营

---

① 赵子忠、郭好:《构建全媒体传播体系的路径和关键》,《新闻与写作》2019年第8期,第5~11页。

所得等方面提供的补贴优惠项目与实际金额，分为补贴项目和补贴规模两个子指标。

第三节　影响指数

全媒体的英文前缀是"omni-"而非"inter-"，突破了"跨媒体"时代不同媒体之间的简单连接，强调多元融合，目的是在全社会实现人、物、组织和信息的全面互动流通和全方位融合。在建构"融为一体、合而为一"全媒体传播格局的过程中，应当跳脱出传统媒体功能的思路，充分认知其"全"的特质，将其视作高度承担社会职能、发挥社会改造作用的"实体＋虚拟"全方位组织。在全媒体的创新传播格局之下，我们应当重新审视媒介影响力这一重要的评价范畴。过去，受到传播产品形态与大众传媒理论的主客观限制，媒介影响力的评价方法大多遵循"媒介—受众"路径和纯量化视角。当前，这一评价逻辑正在面临越来越多的不适用性——以往简单的"我讲你听、受众是否能接收到、有多少受众接收到"思维，无法适应媒介化社会的宏观架构，同样也无法适应我国县级融媒体的组织形制创新。

综上所述，媒介影响力的概念正在不断变化、延伸与拓展，在全媒体格局的背景下，其主要涵盖社会公众、媒介行业本身、商业价值转化、政治影响和对组织管理方式创新改革的多维多向影响。

一　大众影响力

大众影响力作为媒介影响力的重要指标，继承并发展了媒体受众视角的概念范畴，它更偏向于议程设置的功能，引导、影响大众的微观信息接触和宏观媒介依赖。

首先，全媒体传播体系要能够在广度上实现覆盖，因此要考察群众覆盖度。该指标依据媒介形态的差异分为知晓率和订阅率两类，可以通过面向群众询问其是否了解或订阅了相关媒体机构的产品进行数据收集。其次，在覆盖广泛的基础上，媒体产品的受众满意度以及对产品内容和价值的信任度，共同构成了公众满意度指标。随着该指标逻辑层层推进，除了广度和态度感知，反映每年新用户增长率和老用户流失／留存率的保有量和流失量构成了用户忠诚度指标，进一步揭示了媒介在用户基础行为层面产生的影响。最后，从基础行为延伸开来，二级传播力的指标则是全媒体时代大众影响力指标的适应性的体现，它贴合媒介的性质，考虑到用户其"人"作为"全媒体"的一部分的潜力与高度自主性，通过考察分享的方式渠道，分享的目标群体范围即人际广度、分享的人员数量，媒体产品对消费和决策等一系列行为决策影响因素，进一步观察传播链条的更多可能，也更符合大众影响力在现在和未来的概念范畴，这也是许多媒体评估工作中相对缺乏的重要环节。

二　媒介行业影响力

回到媒介本身，就"媒"论"媒"，单一的媒介机构或产品在全媒体时代的影响力不容小觑。即使是过去不起眼的基层实践，在当下也有可能被赋能，甚至成为具备行业示范作用的县级融媒体典型案例，形成独具特色的传播模式并具备较强的推广价值，在全国形成引领效应。因而，需要纳入媒体行业影响力这一重要指标。

第一，衡量某一媒体的媒介行业影响力，必须充分考虑主办方性质这一指标，它包含权威属性和历史评价两方面。权威属性意在考察某一媒体在四对媒体关系中的定位，即习近平总书记所论述的"传统媒体和新兴媒体、中央媒体和地方媒体、主流媒体和商业平台、大众化媒体和专业性媒体的关系"，[①] 从而形成资源集约、结构合理、差异发展、协同高效的全媒体传播格局。历史评价则需要依赖线下调研的方法，充分考察某一媒体在中国社会历史发展或地方建设事业中独特的角色作用，结合时间、空间

---

① 习近平：《加快推动媒体融合发展　构建全媒体传播格局》，《求是》2019 年第 6 期，第 4~8 页。

双重因素，进行准确的价值取向定性。第二，全媒体传播格局对媒体的自主创新力提出了要求，需要考量媒体是否创新曝光形式以进行传播，以及是否创新运营管理模式以提高工作效率。第三，在前两大指标的基础上，依靠媒体转载率、形象曝光率、其他媒体主观评价三个细分项目来评估媒体引领力指标。具体来讲，需要通过技术采集手段，观测媒体机构产出的原创内容被其他媒体全部或部分引用的转载比例，该机构的名称、主持人、形象标识、口号等（而非生产的媒体内容）在其他媒体平台的曝光频率，以及其他媒体对该机构或从业者的主观评价内容。第四，需要评测到访学习考察及相关学习成果两个细分指标，具体来说，需要统计外界参观学习或社会考察访问的频次及与媒体机构相关的学术成果产出数量（如论文、论著、研讨会等形式），综合衡量该媒体的行业示范力。

三　商业价值影响力

随着媒介市场日益繁荣壮大，媒体类型细分化和专业化的趋势更为明显，相较于纸媒电视等大众传媒时代的媒体盈利营收模式而言，更加符合用户标准、新兴技术手段和运营模式，以及现代化市场运行规律的全媒体的商业价值影响力，已成为重要且不同以往的媒介影响力评估指标。

首先，媒体产品效应作为评估媒体商业价值的传统指标，依据媒介形态差异分为发行量／收视率／点击率、商业广告的毛到达率／净到达率／有效到达率。其次，随着用户研究方法的迭代更新，建立精准的目标受众结构综合指标成为可能。通过人口统计学变量，建立目标受众消费水平乃至社会经济地位的分层非线性模型，衡量受众潜在商业贡献水平。同时，对目标受众决策能力，即在家庭与社会生活中是否占据决策性地位进行分析，有助于判断其在媒体商业资源投入中的话语能力。最后，考量往年的广告收入、平均广告价格、广告合作供求比、合作方主观评价，综合分析该媒体商业合作价值及其生命周期是否处于良性上升的拓展阶段，从而形成有针对性的媒体商业运营策略。

四 政治影响力

马克思主义新闻观的媒体事业指导方针决定了媒体是党的"喉舌"和重要思想武器。要牢牢把握思想政治斗争优势、意识形态主动权与舆论话语阵地，就必须在全媒体传播时代紧扣媒体的政治影响力。

第一，要考察大事引导力。通过技术采集手段，考察媒体重大主题报道力及重大主题报道创新性，具体来说，统计媒体对重大主题事件及相关信息的报道量，以及通过图文、音视频、H5、VR/AR（虚拟现实/增强现实）等方式对重大主题报道进行创新性传播的数量。第二，通过中央媒体关注报道量、中央媒体认可转引量，考察政治关注与认可度，它们共同构成主流舆论贡献度这一重要指标。

五 组织管理影响力

全媒体时代，媒介组织的框架构成和管理模式将迎来重大革新，处于传播链条中不同层级的单位都需要重新审视自身的组织管理影响力。媒介管理者在协调、组织和领导员工的工作的过程中，既要充分利用媒介资源来达到既定的媒介发展目标，也要融合全媒体思维，实现组织聚合与上下游协调互构。

首先，要充分吸纳上级单位评价，这主要涵盖政策规划文件所代表的"蓝图"规划性质的内容和约谈整改意见所代表的"红灯"预警性质的内容。前者包括往年来自上级单位的政策文件、指导意见、建设规划的相关数量和内容，后者包括被约谈或整改反馈的次数及收到的具体整改要求。其次，使用主观型评分量表进行打分，测量日常工作流程中媒体内部信息畅通度、员工待遇满意度、员工流动频率以及员工对媒体内部文化接受度，形成同级单位反馈。最后，依据媒体机构组织级别等实际情况，通过组织与人员数量反映下级单位的参与规模，通过历经的时长与频次衡量下级单位的参与周期，以此考察下级单位参与情况。

第四节　服务指数

构建全媒体传播体系的目的之一在于利用传媒上传下达的优势，更好地服务百姓，惠及民生。2018年8月21~22日的全国宣传思想工作会议上，习近平总书记指出："要扎实抓好县级融媒体中心建设，更好引导群众、服务群众。"[①] 2018年9月，黄坤明同志在北京调研时强调，"要深入推进融媒体中心建设，聚焦宣传群众、凝聚群众、服务群众，着力打造基层宣传工作和精神文明建设的重要平台，打造为民排忧解难、做群众思想政治工作的重要平台"。2018年9月，中宣部在县级融媒体中心建设现场推进会上强调："努力把县级融媒体中心建成主流舆论阵地、综合服务平台和社区信息枢纽。"由此可见，在顶层设计上，全媒体特别是县级融媒体建设的目标之一就在于服务群众，所以衡量全媒体建设效果的指标中一定要有服务指数，即全媒体是否能产生良好的社会效益和民生效益。

衡量传统媒体建设效果往往只用关注其在信息传播或舆论引导方面的效率，而面对媒体深度融合，媒体的作用早已不局限于信息沟通的功能，而是影响社会生活的方方面面。原因之一在于媒体这一概念的变化，大众传媒时期，广播、电视等大众传播媒体构成了狭义的媒体观念，其主要功能在于传播信息。而如今，"万物皆媒"早已深入人心，新媒体时代，一切皆可为中介以服务社会的发展，新型媒体集团是平台、技术、机制、账号、职能、数据、流程等各方面的集合，媒体的应用范围也更加宽泛。原因之二在于媒体深度融合已经成为党中央高度重视的一项工作，它使媒体的意义更宏观，发挥的作用也更大。媒体深度融合发展的关键在于融为一体、合而为一。媒体除舆论引导功能外，也承担起愈发关键的服务

[①] 《习近平出席全国宣传思想工作会议并发表重要讲话》，中国政府网，2018年8月22日，https://www.gov.cn/xinwen/2018-08/22/content_5315723.htm? tdsourcetag=s_ pcqq _aiomsg，最后访问日期：2022年11月20日。

功能，主流媒体也成了我们党在互联网时代发挥治国理政功能的重要平台。综合来看，融媒体的服务指数能在一定程度上反映出媒体的融合力度和转型力度。

一 产业扶持力

衡量融媒体的服务指数，可从融媒体为当地创造的经济效益入手，因为经济发展是改善人民生活的关键路径。自党的十九大以来，党中央把打好精准脱贫攻坚战作为全面建成小康社会的三大攻坚战之一，而融媒体在带动贫困地区产业发展方面发挥了令人惊喜的长效作用。如四川凉山州金阳县探索构建了"电视直播＋互联网直播＋电商平台＋互联网新闻"的媒体矩阵。有学者指出，县级融媒体中心在党委会的领导下，在确保社会效益和正确政治方向的前提下，可以实施产业化战略，引入商业力量拓展市场，探索多元经营模式，在经济上获得一定弹性空间。[①]

具体而言，"产业扶持力"应包括商业上对本地经济的拉动作用，以及社会效益上对本地公益事业的支持作用。产业扶持并不是指单一的对本地产业经济效益的提升，也包括媒体在公益事业上的号召力和影响力，因为"扶贫助农直播"等活动本身具有公益性质，在促进经济发展的同时提升人民生活水平，带动公共事业发展，所以在细分指标的构建上，需分成扶持行动力以及公益项目推广两大指标。扶持行动力包括扶持活动类型和扶持活动规模，如结合当地经济发展实际，开展"直播助农""电商扶贫""云上博览会"等行动支持产业发展的活动次数。这些活动一般有新闻报道和文件记录，收集信息和编码的过程应较为顺利。公益项目推广则包括公益项目数量和社会公益扶持效果，如公益项目合作的业务类型、数量以及公益项目推广创造的收益金额。对于公益项目和其他商业活动的界定，需参考相关政策文件及当地政府的定性。

---

① 谢新洲、朱垚颖、宋琢谢：《县级媒体融合的现状、路径与问题研究——基于全国问卷调查和四县融媒体中心实地调研》，《新闻记者》2019年第3期，第56~71页。

二　地域贴近性

从新闻价值上来说，地域贴近性是衡量新闻价值的一个重要标准，也是提升媒体"四力"需要遵循的标准之一。马克思主义新闻观有"贴近实际、贴近生活、贴近群众"的指示，媒体特别是县级融媒体要关注本地、关注小人物，以小切口来考察社会大问题。①本地居民往往更关心那些近在身边、具有烟火气的新闻，这样的新闻不仅能引发居民的共鸣，也能增强居民对所生活地域的认同感和归属感。

具体而言，地域贴近性指标的评估标准一个是地域性内容，即本地新闻数量；另一个是地域性板块，即本地专栏设置情况。通过这两个细分指标考察常态化报道的效果。从指标的操作化来说，可统计近年来融媒体报道内容中本地新闻数量占比，以及考察融媒体平台是否设置本地专栏，比如本土化特色新闻板块所占比重等。

三　便民融通力

党中央致力于为人民办实事，让互联网成为治国理政的重要平台，打通群众办事的"最后一公里"。融媒体中心特别是县级融媒体中心要做基层社会多功能的"转换口"与"适配器"，要成为基层治理的信息流动平台与公共服务平台，在"引导群众、服务群众"方面发挥巨大作用。基于此，考察便民融通力这一指标就显得格外重要。

具体而言，便民融通力包含三个方面的内容，一是合作共建，融通的关键在于合作，合作和开放也是互联网经济的精神内核。要打通媒体与各机构、企业之间的合作桎梏，如此才能对一个地区的发展发挥最大化的效果。二是服务功能，即方便居民线上办理相关业务，节省办事成本，对于群众来说，一般接触到的生活事宜包括政府服务，即与当地基层政府或办

---

① 朱春阳：《县级融媒体中心建设：经验坐标、发展机遇与路径创新》，《新闻界》2018年第9期，第21~27页。

事机构有关的服务，然后是民生服务，提升服务功能可以满足群众的日常生活需求。三是主题多元，要想能达到最好传播效果，呈现的主题类型、形式就要多样化。

具体来看，合作共建可以测量合作企业数和机构数；服务功能可以测量政府服务功能数量、民生服务功能数量，以及服务类型，如测量平台上生活缴费、预约挂号、外卖电商等服务接口数量；主题多元可以测量内容主题类型和内容呈现形式，内容主题类型如社会治理、生活服务、政务服务等，内容呈现形式有文字、图片、视频、H5、图解新闻等。

四 民意畅达度

媒体的主要责任还在于沟通，传播效果是检验全媒体建设一个十分重要的指标。媒体是政策制定者与大众之间的桥梁，所以在回应人民需求、评估政策效果上，媒体要承担起责任。尤其是在全媒体时代，用户体验对于一个平台的良性成长至关重要，良好的口碑是吸纳新用户的关键。要想不断提升媒体的"四力"，吸引更多用户，就要建立起完善的反馈和解决机制，重视用户的意见，及时作出调整。此外，新媒体的特点是互动和开放，大众传媒时代的受众观已不适合现有的传播模式，融媒体建设必须重视与用户的双向沟通，所以民意畅达度是衡量全媒体建设服务指数的重要指标之一。

具体而言，民意畅达度指标下应分为三部分，一是民意传递，即民意回传的路径是否通畅（渠道）；二是诉求回应，即网民的诉求是否得到及时回应（效率）；三是需求解决，即网民的需求是否得到有效解决（效果）。这三个指标考察了民意传达的完整链条。其中渠道是机制设置，是民意回传的基础；效率是检验真假媒介融合的一块试金石，因为新媒体的内核是移动优先，移动优先的本质即媒体报道事件、回应问题的及时性；最后则是效果考察，即民众是否满意解决结果，群众满意，民意才算真正畅达。从操作化层面分析，民意传递可具体细化为渠道类型和渠道数量，如平台是否设置网民反馈接口或版块，类型和数量具体又是多少；诉求回应主要测量回应的及时程度，从信息类型上看，又可分为发布及时性和反馈及时性，即测量平台是否及时发布信息和回应网民诉求；需求解决也可根据信息类型分为内容有效性和反馈有效性，这一测量主要采取用户调研方法，测量网民对业务或内容板块的有效性评价以及对网民反馈的解决的有效性评价，这一指标的操作化考察可通过问卷调研或焦点小组访谈的形式来完成。

第五节　信息生产与传播指数

当我们在热衷于讨论媒介技术发展和其产生的社会影响时，媒介服务于信息生产和传播的本质功能应当得到更高程度的重视。相比传统媒体结构中较为单调的信息生产加工模式，在媒介融合的大背景下多元媒介形态得以结合，信息流动的效率及其与受众产生的化学反应都得到了积极的改善。数字技术的进步使传播效果的量化成为可能，每一条新闻、视频的浏览等媒介消费行为数据可以被准确记录。在传统媒介的内容生产传播体系里，媒体时常依靠单方面的判断来决定内容生产方向，同时更是无法对传播产生的效果进行客观测量，进而陷入了一种自说自话的恶性循环。

想要进一步完善全媒体传播体系，建立媒介有机融合的大环境，离不开其中两个重要的主体：媒体和受众。媒体作为内容的核心生产主体，极大程度地决定了社会中可传播的信息资源。这个由专业媒体从业者构成的群体具备卓越的信息采集、编辑、传播能力。媒体作为信息传播的上游，应在共建良好媒介生态中承担更大的责任，在保质保量做好内容生产工作、稳步提升内容传播效果、有效引导并参与受众互动等方面更应发挥积极作用。从受众的角度，其不仅仅是媒介内容最为核心的消费群体，在如今内容传播过程中更是扮演了创作者和传播者的重要角色。媒体为受众提供了媒介基础，受众也从另一个角度实现了媒体的自身价值。总而言之，全媒体传播体系的建立离不开人，测量媒体和受众以何种程度参与社会信息生产与传播，对于完善全媒体传播体系、促进媒介融合有着重要指引作用。

一　信息活跃度

媒体平台作为传统媒体时代和新媒体时代重要的内容创作角色，其内容的产量和质量奠定了一直以来媒介生态的基础。无论媒介形态和媒介技术发展到何种高度，脱离了信息内容主体，媒介仅仅是一具空壳。在思考如何更加合理地融合新旧媒体、打造全媒体传播体系的同时，鼓励媒体生产更多更高质量的内容同样重要。作为一家活跃的、积极的、有影响力的优质媒体，应当在信息生产数量和质量上有较为优异的表现，因而信息活跃度是第一个重要指标。在各大媒体平台上，媒体的内容发文／发布总量和发文／发布频率均能较为准确地体现其信息生产数量，代表其内容生产的能力和整体活力。进一步聚焦信息生产质量，优秀的内容原创率、首发热点、深度报道、爆款文章数则体现了媒体对内容的深度把控能力，避免了劣质内容泛滥导致的媒介生态失衡。

二　传播时效性

传播的速度和新闻报道的时效性是新媒体所具备的独特优势，也是受众对信息价值和媒体服务考量的重要因素。媒体对热点新闻事件的洞悉时间和其生产并传播报道内容的时间间隔不应过长。在媒体内容提供方选择众多的情况下，用户对于媒体滞后的信息发布所产生的负面感受将大大影响媒体的公信力并对其未来发展产生潜在威胁。具备捕捉热点内容的敏锐嗅觉应成为媒体方的一种本能。只有这样才能使其在纷乱复杂的海量信息中筛选出真正对社会对受众更有价值的内容，同时也能丰富自身在内容报道上的选项。当然，获得新闻后以最快速、最高效的方式生产出最及时的新闻报道并进行传播，更是媒体应不断打磨提升的重要能力。结合信息生产时间和事件发生时间，通过报道与热点时差这一最为直观的指标，媒体可以更好地审视自身在信息传播时效性中的表现。

三　受众吸引力

脱离受众去谈论媒体无异于纸上谈兵。信息由人生产，由媒介传递。无论是官方媒体还是社会媒体，受众对媒介内容的感知和反馈都能帮助我们精准衡量媒体的表现，协助媒体把握好与受众之间的关系。一家优秀的媒体离不开受众的支持和喜爱。在市场化经济环境中，受众对媒体内容的关注度和用户黏性在很大程度上决定着媒体的经营收入，也是媒体良性运营的前提保障。对于政府媒体来说，积极的受众反馈能帮助其更好地发挥社会服务职责，为社会舆论提供更好的引导作用。

判定媒介的受众吸引力，离不开用户的媒介消费行为方式。从信息的获取到信息浏览再到最终的消费感受，这三个重要节点分别展示了受众对媒介使用的真实态度。通过对上述模式的总结，我们概括出用来测量受众吸引力的三级指标，分别为阅览兴趣、粉丝黏性、获取意愿。在阅览兴趣上，计算媒体内容的总阅读量和日均阅读量可以体现受众对媒体发布信息的关切程度，反映媒介内容是否能在第一时间抓住用户眼球，进而帮助媒体提升传播效果。粉丝总量、粉丝日活、使用时间则保障了受众和媒介之间的可持续关系。此外，用户的下载量则能体现用户对媒体平台的认可，是媒体运营者成绩的最好体现。

四　双向互动反馈

不同于受众吸引力，媒介和受众间的双向互动反馈指标体现了受众更高的卷入度水平。人们不再是简单地浏览、消费媒介信息，而是深度参与到信息传播的整个流程中，并成为其中重要的节点。在媒介融合后，参与传播的主体早已不只是媒体本身，受众对信息的认可、扩散、反馈都成为媒介生产和再生产过程中有效的催化剂。更为具体的互动反馈则表现在用户的点赞量、转发量、评论量上。这种逐层递进的互动深度由媒介信息质量、影响力以及用户态度共同决定。虽然媒体报道不应一味追求提升互动数据，但以上维度可以成为衡量全媒体生态下媒介表现的可靠工具。

第六节　基于德尔菲法的指数构建情况

在征询了大量业界相关专家意见后，研究对共四级的指标进行了重要性评级，在此基础上生成了指标体系的权重序列。具体方法如下：将每个指标的重要性以 1~5 分的范围进行评分，1 分代表非常不重要，5 分代表非常重要。

由于指标层级丰富、分类详尽，在变量自由度大于样本数目时，使用基于路径分析的结构方程在信度效度层面都会存在问题，因而我们使用了层级线性回归，即以次级自变量预测所在的上一级因变量（不跨级），从而突破了对次级自变量一元或多元的限制。进而，我们使用夏普利值法，对不同指标对上级指标的拟合解释率（R^2 统计量，它是一种尺度不变的统计量，给出了线性回归模型解释目标变量变化的比例）做出合理的分配，通俗来讲即以每一个子指标对上级指标的贡献率进行划分。

表 8-1 是四级指标的构建情况，五个一级指标的上级是总体研究对象——"媒介融合指数"，这些指数共同构成了媒介融合评估指标体系。括注内容表示该部分子指标对上一级指标的解释贡献率。

表 8-1　媒介融合评估指标体系

一级指标	二级指标	三级指标	四级指标
融合指数（25.0%）	媒介融合力（39.1%）	平台融合度（57.6%）	平台覆盖度（46.1%）
			平台均衡度（53.9%）
		内容融合度（28.3%）	内容合作来源（32.8%）
			内容合作领域（67.2%）
		机构融合度（14.2%）	媒体机构融合率（71.3%）

续表

一级指标	二级指标	三级指标	四级指标
融合指数 （25.0%）	技术融合力 （45.5%）	内容生产工具创新 （65.9%）	内容生产工具创新技术应用 （72.3%）
		综合平台建设支撑 （34.1%）	内容生产流程技术更新（42.5%）
			平台功能技术更新（57.5%）
	人才管理 复合度（10.9%）	组织管理结构（78.9%）	扁平化（73.3%）
			科层结构（26.7%）
		人才多元性（21.1%）	人才领域类型（92.7%）
	机制融合力 （4.6%）	绩效考核多元性（70.8%）	绩效考核具体指标（60.0%）
		融媒体改革导向（29.2%）	改革重点领域（87.0%）
投入指数 （28.7%）	资金投入 （40.0%）	财政资金（89.5%）	启动经费（37.3%）
			设备经费（13.7%）
			运行经费（22.6%）
			项目经费（26.4%）
		自筹资金（10.5%）	自筹资金总额（39.0%）
			自筹资金占比（61.0%）
	人力投入（2.4%）	人力构成（53.1%）	全/兼职在编人员占比（15.0%）
			全/兼职聘用人员占比（16.7%）
			管理人员数量（20.8%）
			业务人员数量（20.7%）
			团队平均年龄（4.1%）
			团队平均学历（7.2%）
			团队平均薪资（15.4%）
		人才管培（46.9%）	人才引进投入（7.4%）
			人员管理投入（6.5%）
			人员培训投入（71.4%）
			激励机制预算（14.7%）

续表

一级指标	二级指标	三级指标	四级指标
投入指数（28.7%）	基础设施投入（49.3%）	固定资产投入（67.0%）	固定资产总额（27.2%）
			年度新增投入（23.5%）
			网络机房投入（35.0%）
			业务空间投入（14.3%）
	政策投入（8.3%）	渠道保障措施（29.8%）	保障机构（46.5%）
			支持产品（10.3%）
			保障措施（43.2%）
		服务采购力度（19.4%）	采购部门（35.2%）
			采购规模（64.8%）
		税费优惠补贴（50.9%）	补贴项目（48.1%）
			补贴规模（51.9%）
影响指数（17.6%）	大众影响力（24.1%）	群众覆盖度（59.4%）	知晓率（42.2%）
			订阅率（57.8%）
		公众满意度（4.4%）	满意度（94.6%）
			信任度（5.4%）
		用户忠诚度（3.3%）	保有量（24.7%）
			流失量（75.3%）
		二级传播力（32.9%）	分享的方式渠道（43.2%）
			分享的人际广度（34.0%）
			分享的人员数量（20.6%）
			行为决策影响（2.2%）
	媒介行业影响力（22.5%）	主办方性质（44.5%）	权威属性（83.5%）
			历史评价（16.5%）
		自主创新力（4.1%）	创新运营管理模式（64.3%）
			创新曝光形式（35.7%）

一级指标	二级指标	三级指标	四级指标
影响指数（17.6%）	媒介行业影响力（22.5%）	媒介引领力（44.2%）	媒体转载率（63.1%）
			形象曝光率（19.3%）
			其他媒体主观评价（17.5%）
		行业示范力（7.3%）	到访学习考察（65.7%）
			相关学术成果（34.3%）
	商业价值影响力（42.5%）	媒体产品效应（32.8%）	发行量／收视率／点击率（77.3%）
			毛到达率／净到达率／有效到达率（22.7%）
		目标受众结构（49.8%）	目标受众消费水平（71.4%）
			目标受众决策能力（28.6%）
		商业合作（17.5%）	广告收入（21.9%）
			广告价格（38.8%）
			广告合作供求比（27.1%）
			合作方主观评价（12.2%）
	政治影响力（8.8%）	大事引导力（58.1%）	重大主题报道力（64.1%）
			重大主题报道创新性（35.9%）
		主流舆论贡献度（41.9%）	中央媒体关注报道量（53.1%）
			中央媒体认可转引量（46.9%）
	组织管理影响力（2.2%）	上级单位评价（35.4%）	政策规划文件量（55.0%）
			约谈整改意见（45.0%）
		同级单位反馈（45.0%）	媒体内部信息畅通度（50.9%）
			员工待遇满意度（11.1%）
			员工流动频率（12.7%）
			员工对媒体内部文化接受度（25.3%）
		下级单位参与（19.6%）	参与规模（61.3%）
			参与周期（38.7%）

一级指标	二级指标	三级指标	四级指标
服务指数（16.0%）	产业扶持力（12.8%）	扶持行动力（34.4%）	扶持活动类型（46.6%）
			扶持活动规模（53.4%）
		公益项目推广（65.6%）	公益项目数量（50.1%）
			社会公益扶持效果（49.9%）
	地域贴近性（24.7%）	地域性内容（46.0%）	本地新闻数量（78.3%）
		地域性板块（54.1%）	本地专栏设置（67.8%）
	便民融通力（27.1%）	合作共建（10.1%）	合作企业数（48.7%）
			合作机构数（51.3%）
		服务功能（70.7%）	政府服务功能数量（26.3%）
			民生服务功能数量（43.0%）
			服务类型（30.7%）
		主题多元（19.2%）	内容主题类型（77.9%）
			内容呈现形式（22.1%）
	民意畅达度（35.4%）	民意传递（29.4%）	渠道类型（45.5%）
			渠道数量（54.5%）
		诉求回应（55.2%）	发布及时性（36.5%）
			反馈及时性（63.5%）
		需求解决（15.5%）	内容有效性（30.4%）
			反馈有效性（69.6%）
信息生产与传播指数（12.7%）	信息活跃度（19.9%）	信息生产数量（58.3%）	发文/发布总量（59.2%）
			发文/发布频率（40.8%）
		信息生产质量（41.7%）	内容原创率（23.5%）
			首发热点（6.8%）
			深度报道（53.9%）
			爆款文章数（15.9%）

续表

一级指标	二级指标	三级指标	四级指标
信息生产与传播指数（12.7%）	传播时效性（32.8%）	报道与热点时差（51.0%）	信息生产时间（50.7%）
			事件发生时间（49.3%）
	受众吸引力（20.6%）	阅览兴趣（23.4%）	总阅读量（61.1%）
			日均阅读量（38.9%）
		粉丝黏性（76.0%）	粉丝总量（52.7%）
			粉丝日活（40.3%）
			使用时间（7.1%）
		获取意愿（0.6%）	下载量（61.8%）
	双向互动反馈（26.7%）	信息认可（24.7%）	点赞量（37.2%）
		信息扩散（27.7%）	转发量（42.1%）
		评价反馈（47.6%）	评论量（62.1%）

资料来源：作者自制。

第九章　建立全媒体传播体系对策与路径

　　互联网的普及和低接入门槛以及 5G、VR、元宇宙等新型传播手段和技术的飞速发展，都给包括媒介融合、舆情监控、制度建设在内的传播格局带来了巨大的影响。面对与传统大众传播截然不同的传播主体、传播渠道、传播效果和传受关系，建设新的全媒体传播体系对把握时代脉搏、响应时代变化至关重要，同时这也是新时代传播学理论发展与实践应用的基石。马克思主义新闻观是马克思主义关于新闻舆论工作指导思想的结晶，其内核不断与时俱进。在媒介融合发展的关键时期，面对纷繁激荡的信息环境变化，坚持马克思主义新闻观的指导是我国媒体的生存之道。新技术的应用、市场格局的变化在给传播秩序带来冲击的同时也带来了新的生机与动力，从技术和市场的角度出发能够给全媒体传播体系的建设带来新的实践视角。因此，本章将结合案例分析，从马克思主义新闻观对媒介融合体系的引领作用、建立全媒体传播体系的基础和路径、全媒体传播体系的系统构建三个方向对我们应如何理解并建设新的传播格局展开讨论与展望。

第一节　马克思主义新闻观对媒介融合体系的引领作用

一　马克思主义新闻观的形成、发展及重要意义

　　习近平总书记指出，"在人类思想史上，还没有一种理论像马克思主

义那样对人类文明进步产生了如此广泛而巨大的影响"，[①] 而"新闻观是新闻舆论工作的灵魂"，[②]"马克思主义新闻观"作为"四个牢牢坚持"[③]之一，其重要性不言而喻。学习马克思主义新闻观是每位新闻工作者的必修课，也是我国的媒体提高传播力和适应国际竞争的需要。

从马克思、恩格斯到列宁，再到毛泽东、邓小平、江泽民、胡锦涛、习近平等党和国家领导人，他们都是马克思主义新闻观的建设者和发展者，这些伟大的思想家和政治家对新闻舆论工作的观点和看法，离不开他们所处那个时代的新闻传播状态和特点，所以具有与时俱进、实事求是的特征。理解马克思主义新闻观，不能仅从字面意思去猜测，而是要回到当时的历史背景，考察具体的观点是如何提出、为何提出的。由于他们卓越的本质洞察力和思想深度，这些思想家、政治家提出的新闻观也非常具有时代穿透力，对如今的媒体工作依然具有非常重要的指导意义。所以在此有必要梳理一下马克思主义新闻观的形成、发展及重要意义。

马克思、恩格斯是马克思主义新闻观的创立者，他们 1848 年在欧洲革命中创办的《新莱茵报》被列宁称为"革命无产阶级最好的机关报"。[④]马克思和恩格斯非常重视党报党刊在党的工作中的作用，认为党报党刊是党的重要思想武器和政治阵地。列宁在马克思、恩格斯的基础之上，结合自己在无产阶级革命和社会主义国家建设中的经验，拓展了马克思主义新闻观。至此，马克思主义新闻观已经形成一个较为科学的体系，成为各国开展无产阶级新闻工作的指路明灯。在此基础上，中国共产党和国家领导人结合中国实际，创造性应用和发展了马克思主义新闻观，开启并推动了马克思主义新闻观中国化的进程。毛泽东是马克思主义新闻观中国化的开

---

① 习近平：《在哲学社会科学工作座谈会上的讲话》，人民出版社，2016，第 9 页。
② 杜尚泽：《习近平在党的新闻舆论工作座谈会上强调：坚持正确方向创新方法手段　提高新闻舆论传播力引导力》，《人民日报》2016 年 2 月 20 日。
③ "四个牢牢坚持"指"牢牢坚持党性原则，牢牢坚持马克思主义新闻观，牢牢坚持正确舆论导向，牢牢坚持正面宣传为主"。
④ 《列宁全集》第 21 卷，人民出版社，1959，第 60 页。

创者，他的核心观点就是"政治家办报"。邓小平对新闻工作观点的核心是"思想中心"说，这是对马克思主义新闻观的继承和深化。江泽民新闻思想的核心是"舆论导向"论，他指出："舆论导向正确，是党和人民之福；舆论导向错误，是党和人民之祸。"[①] 由此可看出新闻舆论引导功能的重要性。胡锦涛新闻工作论述的核心内容则是"提高舆论引导能力"，强调新闻工作要坚持"以人为本"，要"贴近实际、贴近生活、贴近群众"。[②] 党的十八大以来，以习近平同志为核心的党中央，结合最新的传播格局和技术发展情况，提出了符合时代特点的新闻观念，赋予了马克思主义新闻观新的理论内涵，是马克思主义新闻观中国化最新的理论成果。习近平总书记关于新闻工作的论述核心是"党媒姓党"以及"党性和人民性相统一"。习近平总书记对新闻工作的指导，为全媒体时代媒介体系建设提供了根本遵循方针。

二 马克思主义新闻观的内涵

马克思主义新闻观具有"动"与"不动"两个特点。一方面，马克思主义新闻观是因时而动、因势而动的，并不是过时的、一成不变的。列宁提出要创办"政治性机关报"的历史背景，是基于俄国社会民主工党建设无产阶级独立政党的需要。后来他又提出党报的工作重点要实现从政治宣传向经济宣传转移，是因为当时的俄国面临着经济建设的迫切任务。邓小平在改革开放时期，也强调新闻工作要坚持把社会效益放在第一位，坚持社会效益和经济效益的统一。[③] 由此可见，无产阶级革命家所提出的指导意见都是非常契合当时的社会需要的，是有活力的、开放的、创新的、实事求是的。另一方面，马克思主义新闻观发展过程也是一以贯之的，具有连续性和传承性，很多问题直指社会主义发展的本质和无产阶级革命的

---

① 《江泽民文选》第1卷，人民出版社，2006，第564页。

② 《胡锦涛文选》第2卷，人民出版社，2016，第77页。

③ 《习近平新闻思想讲义（2018年版）》，人民出版社、学习出版社，2018，第21~22页。

内在规律，是一个科学的体系。总体来说，马克思主义新闻观"不变的"内涵主要有以下几个要点。

（一）新闻工作必须坚持党的领导和党性原则

马克思和恩格斯认为，党报党刊必须遵守和阐述党的纲领和策略，按党的精神进行编辑工作。① 习近平强调，"党媒必须姓党""要体现党的意志、反映党的主张，维护党中央权威、维护党的团结""坚持党性原则，最根本的是坚持党对新闻舆论工作的领导"。② 人民性和党性其实是统一的，不矛盾的。中国共产党始终代表最广大人民的根本利益，这一点是不会改变的，这是党性和人民性统一的基础。要做到这一点，新闻就要准确反映人民生产生活的需要，只有立足群众基础才能赢得群众的喜爱和支持。深入群众、以人民为中心也是党开展一系列工作所遵循的原则，所以党一直以来都强调新闻工作要密切联系群众。

做党和人民的"喉舌"是我国媒体必须遵守的原则，也是根本性质，这是我国社会主义的国家性质决定的。媒体一方面要做好党和政府的"喉舌"，将党和政府的一系列方针政策传达给人民群众；另一方面也要做人民"喉舌"，将人民群众的心声、期盼反馈给党和政府。这就要求媒体坚持党性原则，同时深入群众，弘扬积极、正面的社会主义核心价值观，让整个社会向着健康有序的方向发展。当然，党性原则中的部分内容并不是一成不变的，随着时代和形势的发展，一些内容会发生变化和调整，但大部分内容的精髓和本质是不变的，包括坚持党的领导、坚持实事求是的思想路线、坚持密切联系群众等。在新媒体时代，传播格局和技术环境都发生了巨大的变化，但党的新闻舆论工作的根本任务没有发生变化，始终是要"巩固马克思主义在意识形态领域的指导地位，巩固全党全国人民团结奋斗的共同思想基础"。③ 新媒体时代的宣传工作，

---

① 《习近平新闻思想讲义（2018年版）》，人民出版社、学习出版社，2018，第4页。
② 刘顺厚：《新时代坚持社会主义核心价值观体系方略研究》，人民出版社，2019，第218~219页。
③ 《习近平谈治国理政》第一卷，外文出版社，2018，第153页。

必须把政治方向摆在第一位，增强政治意识、大局意识、核心意识、看齐意识，"决不能出现政治性差错"。[①]

（二）新闻工作必须坚持舆论引导作用

习近平强调新闻舆论工作要牢牢坚持正确舆论导向，并将其作为新闻事业的"四个牢牢坚持"之一。舆论对社会风气、政策实施的影响非常大，所以必须受到充分重视。习近平指出，"做好党的新闻舆论工作，事关旗帜和道路，事关贯彻落实党的理论和路线方针政策，事关顺利推进党和国家各项事业，事关全党全国各族人民凝聚力和向心力，事关党和国家前途命运"。[②]这"五个事关"充分说明了舆论引导工作的重要性。舆论可以反映出人民群众的需求，在全媒体时代，群众表达意见的渠道越来越多，不管是微博、抖音等自媒体，还是政府网站等官方渠道，广大人民群众都可以诉心声、提意见。在现有的传播格局中，影响舆论的力量多样，除了主流媒体，还有一些影响力较大的意见领袖和"网红"，他们的一条微博、一篇推文，就能给舆论势头和发展方向带来反转式的效果。然而，令人担忧的是，这些自媒体往往缺乏把关过程，也缺乏对事实的核查，情绪化的引导痕迹较重，这就对我国的舆论引导工作造成了不小的困难。互联网如今已经成为舆论工作的重要阵地，媒体工作者要积极适应新型传播方式和特点，因地制宜，及时调整舆论引导工作的方向。当然，最重要的还是坚定正确的政治立场，不随波逐流，不轻信误传，凡事讲证据，多方核查，发挥舆论引导作用，为弘扬积极正面的社会风气做贡献。

（三）尊重事实，实事求是的优良传统

马克思说，"事实并不排斥思想，思想也并不排斥事实"。[③]新闻报道并不能完全排斥写作者的思想和意图，正如纯粹的新闻客观性是难以追求到的。尽管如此，准确、及时、全面、尽量客观地报道新闻仍然是每一

---

① 习近平:《干在实处　走在前列——推进浙江新发展的思考与实践》，中共中央党校出版社，2006，第309页。

②《习近平谈治国理政》第二卷，外文出版社，2017，第331~332页。

③《马克思恩格斯全集》第1卷，人民出版社，1995，第403页。

位新闻工作者的追求，也应该是对自己最基本的要求。马克思也说，只有"说的是事实"，而不是"希望出现的事实"的报刊，"才是'真正的'报刊"；只有"代表着社会舆论"，而不是"歪曲社会舆论"的报刊，才"应该受到国家的信任"。①毛泽东曾批评"肯定一切"和"否定一切"现象："肯定一切，就是只看到好的，看不到坏的，只能赞扬，不能批评。说我们的工作似乎一切都好，这不合乎事实。不是一切都好，还有缺点和错误。但是也不是一切都坏，这也不合乎事实。要加以分析。"②习近平总书记也指出："新闻学作为一门科学，与政治的关系很密切。但不是说新闻可以等同于政治，不是说为了政治需要可以不要它的真实性，所以既要强调新闻工作的党性，又不可忽视新闻工作自身的规律性。"③尊重新闻传播规律一直是社会主义新闻工作遵循的原则。

要明确新闻和宣传是两种不同的模式，有着不同的内在规律，不可用新闻的方式去宣传，也不可用宣传的模式去报道新闻。如果将二者混为一谈，非但达不到良好的传播效果，反而可能引发严重的舆情事件。"正面宣传"和"舆论监督"也并不是相互对立的两种工作方式，而是可以达到有机统一的。正面宣传是媒体引导真善美的社会风气，鼓励全党全国各族人民为努力实现中华民族伟大复兴的中国梦需要坚持的原则；而舆论监督则是传媒的责任，也是新闻媒体借助舆论手段行使的一种监督权利。媒体工作者要惩恶扬善，发挥批评监督作用。习近平曾明确指出："舆论监督和正面宣传是统一的。"④如果媒体只是一味地唱赞歌，不仅达不到针砭时弊，促进党内进步的效果，还会引发人民群众的反感，对媒体的公信力和正面宣传效果也会造成负面的影响。当然，在发挥舆论监督作用时，媒体也要注意所批评议题的重要性，尽量选择那些普遍性强的、有深刻

---

① 《马克思恩格斯全集》第1卷，人民出版社，1995，第398页。
② 《毛泽东文集》第7卷，人民出版社，1999，第276页。
③ 习近平：《摆脱贫困》，福建人民出版社，1992，第64页。
④ 人民日报社评论部：《论学习贯彻习近平总书记新闻舆论工作座谈会重要讲话精神》，人民出版社，2016，第6页。

影响的议题，着重考察解决方案，提出建设性意见，这样才能够把握主要矛盾，促进社会和谐稳定发展。只有将正面宣传和舆论监督有机融合，把握平衡，才能最大化实现传媒的社会责任，发挥其积极作用和影响。

三 全媒体时期马克思主义新闻观面临的变化与挑战

（一）互联网拓宽信息获取渠道，加大舆论监管难度

互联网平台接入门槛低，具有普及性、扁平化等特点，然而，各种信息源的涌入导致信息质量参差不齐，各种"假新闻""反转新闻"层出不穷。新闻应当坚持真实性原则，正如习近平总书记所说，"真实性是新闻的生命，要根据事实来描述事实"。[①]然而，由于自媒体的兴起，把关人的作用弱化，大量未经核查、主观性强的信息占据着大众的注意力，在潜移默化中引导着舆论的走势。同时，个别主流媒体并没有按客观性的原则去报道新闻，也没有全面呈现新闻事件中的各方意见，导致主流媒体公信力受到影响，因此，虚假信息出现的频率大大提高，人民群众辨别假新闻的难度也大大提升。此外，媒介融合时代，由于信息共享的程度加深，转载的过程中如果缺乏及时有效的核实，很容易导致谣言和虚假新闻的滋生，寻找信息源也变成了一项十分艰巨的工作。

（二）全媒体时期舆情监测手段需要与时俱进

5G、VR、元宇宙等新型传播手段和技术的飞速发展，给媒介融合和舆情监测带来了新的挑战。不同的智能媒体有不同的传播特点，导致传播格局风云突变。5G时代，人和机器的互动交流将因为智能人机交互技术的发展而成为可能。从键盘、触控到语音、手势识别、体感交互，技术的发展会带来新的智能硬件革命。人们将借助物联网、人工智能、虚拟现实、增强现实等技术实时进行身临其境的视频互动。此外，算法技术的应用也影响了人们的信息接收模式，个性化、精准化早已成为算法时代的

---

① 新华通讯社课题组：《学习习近平关于新闻舆论的重要表述》，新华出版社，2022，第4页。

标签。互联网时代传播理念从单一化、垄断化转向"开放""互动""共享""用户"的多元化、平等化理念，互联网思维的核心也在于此。

早在 2014 年，习近平总书记就肯定了互联网的重要作用，"互联网日益成为创新驱动发展的先导力量，深刻改变着人们的生产生活，有力推动着社会发展"。[①] 据此，他也提出了要形成立体多样、融合发展的现代传播体系。[②] 媒介融合成了未来我国建设新的传播体系的主要努力方向。然而，媒介融合体系的建设依然任重而道远。首先，技术的进步对传媒工作者的专业素养提出了更高的要求。传媒工作者要与技术同行，以往传统媒体的记者、编辑等要适应新的传播规律，实现传统媒体和新媒体的融合发展。其次，不同的传播格局下，舆情监测所需要手段也不尽相同，如何快速有效应对突发舆论事件，是管理者必须面对的问题。

四　媒介融合体系建设中坚持马克思主义新闻观的路径与对策

（一）加强媒体工作者的马克思主义新闻观教育

媒介融合推动的关键是人才，媒介融合面临的困境中，也在很大程度上与"人"有关。全媒体时代，我们不仅需要会写字的新闻工作者，还需要懂技术的媒体工作者。技术与内容的融合，对媒体工作者提出了更高的要求，我们需要全能的人才。在这个"人人都是自媒体"的社会，想要保持媒体工作者的专业价值，增强主流媒体公信力，突破点之一就是媒体工作者自身素养的提升。技术的发展要求传媒界必须拥有大量复合型专业人才。这就对媒体工作者的工作素养提出了更高的要求。

更重要的是，媒体工作者必须深入领会学习马克思主义新闻观，并将其作为工作中的根本指引。在 2013 年全国宣传思想工作会议上，习近平总书记指出，"意识形态工作是党的一项极端重要的工作"。[③] 随着国内改

[①] 姚宏志等:《走向文化强国的精神支柱：坚定中国特色社会主义共同理想》，人民出版社，2017，第 171 页。

[②] 《习近平关于全面建成小康社会论述摘编》，中央文献出版社，2016，第 118 页。

[③] 人民出版社编《学习习近平总书记 8·19 重要讲话》，人民出版社，2013，第 1 页。

革的深入，社会风险频频增加，随着互联网的发展和信息渠道的拓宽，各方意见和话语都找到了表达的机会，而表达的过程中难免形成冲突。国际方面，西方从意识形态层面渗透我国的企图不减，对这一点我们必须保持相当的警惕。在国际国内形势风云突变的当下，各种社会思潮冲击着人们的思想，作为一名媒体工作者，一定要有坚定的理想信念、明确的价值取向，这样才能在纷繁的社会浪潮中保持定力，坚持正确的方向。这要求媒体工作者扎实学习马克思主义新闻观的理论，深入研读相关原著，深刻体会党的新闻工作优良传统，用马克思主义新闻观武装自己的头脑，在对历史的学习和实践的锻炼中坚定政治信仰，做党和人民新闻工作的"排头兵"。比如，在"注意力经济"风靡的当下，媒体工作者面临社会效益和经济效益的平衡问题时，很容易向市场妥协，为了追求更多的观看量、互动量，哗众取宠，博人眼球，"标题党""虚假新闻""有偿新闻"屡见不鲜，有些甚至违背了新闻伦理和法律法规。此时，认真学习领会马克思主义新闻观的重要意义就凸显出来了。媒体工作者如果能坚定不移地将马克思主义新闻观应用到自己的工作中，就能明白自己的使命，坚持正确的舆论导向，升华自身的格局。如果媒体工作者具有强烈的社会责任感和坚定的政治信念，那么就能从内部根本上杜绝一些虚假报道、有偿新闻、低俗趣味。所以说，加强媒体工作者的马克思主义新闻观教育，是净化传媒风气，塑造一批有战斗力、有信仰、有职业操守、有业务能力的传媒主力军必须经历的环节。其中，媒体和媒体人要着重学习马克思主义法治观和伦理观，做有良心、有气节的媒体和媒体人，肩负起自身的使命和社会责任。

此外，马克思主义新闻观绝不是空泛的理论，而是既源于实践又应用于实践，具有非常强的应用价值的理论。在学习马克思主义新闻观的过程中，媒体工作者一定要将其与实践结合，使其相互促进和补充，这样才能达到最大程度的内化效果。近些年开展的媒体工作者"走转改"活动就是践行马克思主义新闻观的典范。媒体工作者通过下基层、做田野，走进了群众生活，也提升了业务能力，写出了更接地气、更有价值的稿件，拍出了更具有人情味、更受群众欢迎的作品。又比如，在舆论引导工作中，最重要的还是俯下身倾听民意，了解人民群众真正迫切的需求和想法，不能靠自己主观臆断，只有了解了真实情况，才能把握主动权，及时进行有信服力、有人情味的回应和引导。只有积累了大量的经验，在面对较为重要的舆论事件时，才可能掌控时效，把握好分寸和力度，快速有效地将舆论风向引上正确的轨道。

（二）讲好中国故事，提高国际传播能力

随着全球化的进一步深入，各国之间的文化交流日益频繁，他国的意识形态和价值理念也不断冲击国内的舆论场。文化交流本是促进理解、互利共赢的好事，但如果一方总是掌握话语权，那么就会造成不平等的现象出现，也不利于本国文化的发展和推广。在竞争激烈的国际传媒市场中，西方和我国的数字鸿沟依然存在，由于西方掌握着传媒领域的国际话语权，我国被西方媒体污名化的现象时有发生。要想打破这一不平等和不合理的传播格局，我们就要提高媒体的国际传播能力。

习近平总书记高度重视我国的国际传播体系建设并提出了很多具有可行性的指导方案。早在2013年11月，他就在党的十八届三中全会上提出了"加强国际传播能力和对外话语体系建设"的任务，并于2014年在中央全面深化改革领导小组第四次会议上进一步提出要建成新型媒体集团。这些鞭辟入里的见解直指国际传播的本质，即坚持道路自信、理论自信、制度自信、文化自信，让优秀的中华传统文化、感人的中国故事传播出去。

传媒事业是提升我国的文化软实力的主力军之一，近年来，随着我国互联网产业的不断发展，传播手段持续升级，很多优秀的作品出口国外，为宣传我国的发展现状以及传统文化做出了不小的贡献。提升我国媒体的国际影响力，有利于提高我国在国际上的话语权以及软实力，对文化输出、文化自信有非同寻常的意义。

讲好中国故事，弘扬传统文化，保护历史文化遗产，让中华优秀传统文化的精华"走出去"，发扬起来，让世界了解中国。要做到这一点，首先，要在内容的深度上下功夫，空泛的说教宣传不仅达不到良好的传播效果，还会加深西方国家对我国的刻板印象。我国在互联网技术发展上一直走在国际前列，媒体要利用好这些技术，鲜活地展现和传播内容。比如，可以用大数据新闻、可视化新闻、互动新闻等形式介绍我国的发展历程，调动起观众的兴趣，方便不同文化背景的人理解。

其次，要实施媒介融合战略，现在的新闻讲究"快和准"，怎样做到又快又准呢？这就需要建设一体化的大型新型媒体集团，打破传播壁垒，在海外也要布置充足的站点，方便将国内的新闻第一时间传出去，使国外的新闻第一时间传进来。

最后，媒体工作者一定要有主动发声的意识，不要故步自封，固守现有的传播格局，更不能陷入西方媒体的陷阱，全盘西化，这些都不利于传播中国声音，不利于增强我国的国际话语权。

（三）平衡社会效益和经济效益

全媒体时代，各种传播手段层出不穷，传播内容五花八门。很多媒体为了吸引受众的注意力，不惜制造噱头，利用"标题党""名人效应"获取点击量、评论量，从而实现经济收益。这种背弃新闻价值甚至新闻伦理的做法是不可取的。在短视频中，断章取义、恶俗趣味屡见不鲜，短视频制作者截取一些刺激甚至血腥暴力的视频片段，配上鲜艳、骇人听闻的标题，就可以吸引成千上万的点赞量，短视频市场不断下沉的现象值得警惕。在社会效益和经济效益发生冲突的时候，媒体工作者应首先满足社会效益，客观、全面、及时地反映事实。

当然，媒体工作者讲事实、追求客观不代表放弃了传媒作品的趣味性和人民群众的喜爱。要做到社会效益和经济效益的平衡，首先要让内容适配技术，达到最大化的传播效果。习近平总书记要求媒体工作者"要转作风改文风，俯下身、沉下心、察实情、说实话、动真情，努力推出有思想、有温度、有品质的作品"，[①]这说明，只有心中有群众，脚下有土地，文章才有真情。媒体工作者要牢牢记住马克思主义新闻观的引领，将人民的期待放在心上，将复兴的使命扛在肩上，时刻提醒、要求自己，创作出人民群众喜闻乐见的传媒作品。

（四）深入媒介融合改革，弥合数字鸿沟

这一条建议和对策主要由政府部门推动实行。数字鸿沟有三层含义，第一层接入沟，即大众接触到传媒设备、产品、服务的差距，这要求政府加大对农村和偏远地区的设施建设投入力度，并对一些接入互联网的必需设备提供购买补贴。第二层使用沟，即人们使用传媒技术获取信息的差距，在这一点上，政府要加强人民群众的媒介素养教育，加强县级融媒体建设，让人们更容易读懂新闻，获取信息，也能更好地辨别真假信息，获取有效有益信息。第三层能力沟，即人们利用媒体资源实现生活水平提升的差距。得益于我国互联网产业的高速发展，很多人通过互联网实现了生活水平的跃升，甚至找到了脱贫致富的方向。在安徽临泉"外卖村"，得益于数字经济和平台经济，很多外卖员不仅提高了收入，也满足了照顾家庭的需要。在脱贫攻坚过程中，很多贫困县的干部和群众纷纷开始网上直播带货，不仅推广了本地的特色产品和文化，也改善了当地的经济状况，摆脱了贫困。这都是媒介融合带来的正面效益，媒介融合是新时代马克思主义新闻观的内容，是习近平总书记提出的方针，是我们必须加快推动和一直坚持的政策和战略任务。

媒介融合绝不是消灭传统媒体，只培养新兴媒体，而是要求二者相互促进、相互融合、共同发展。传统媒体有其不可磨灭的优势，比如在舆论引导方面，传统媒体掌握着信息话语权，各类新闻信息也受到严格的把关，不太可能出现虚假信息满天飞的情况，也不太容易出现重大的舆情事件。但传统媒体的局限性也是十分突出的，在信息的时效性、趣味性和传

[①]《习近平谈治国理政》第二卷，外文出版社，2017，第333~334页。

播效果方面，传统媒体落后于新兴媒体。所以在技术手段、传播模式以及监管模式上，二者要相互借鉴学习。《人民日报》、新华社、中央广播电视总台等国家媒体在融合方面已经做出了很多值得称赞的成果，比如人民日报客户端在传播效果和新闻价值两个层面都达到了前所未有的高度，其大部分公众号阅读量超过 10 万次，微博粉丝数也突破了亿级；新华社2017 年发布了中国第一个媒体人工智能平台——"媒体大脑"，提供基于云计算、物联网、大数据、人工智能（AI）等技术的八大功能，覆盖新闻报道线索、策划、采访、生产、分发、反馈等全链路，向海内外媒体提供服务，探索大数据时代媒介形态和传播方式的未来；央视的节目《据说春运》则是利用传感器采集汇集信息，通过软件汇总分析，最后由人写出新闻，讲出故事。这些都是媒介融合的成功案例。

关于媒介融合应该以内容为王还是技术为王，习近平总书记提出"要坚持先进技术为支撑、内容建设为根本"。[①]传统媒体需发挥自己的优势，坚持"内容为王"，在报道的深度、可信度方面下真功夫；新媒体要利用大数据、云计算等技术优势，实现个性化传播，从而使优质内容达到最大化的传播效果。除了内容和技术，媒体还要在渠道、平台、经营、管理等方面实现深度融合，努力建设集内容生产、渠道发布、媒介经营等于一体的新型主流媒体，增强主流媒体的传播力、引导力、影响力及公信力。

习近平总书记指出，在媒体融合的过程中，要"一手抓融合，一手抓管理，确保融合发展沿着正确方向推进"。[②]这里的"一手抓融合"即前面提到的全力推进媒体融合建设，而这里的"一手抓管理"即媒体融合要牢牢把握住政治方向，坚持政治家办媒体，确保新闻媒体的管理权牢牢掌握在党和人民手中。这也就回到了本章的主题，要毫不犹豫坚持马克思主义新闻观对传媒事业的引领作用，以马克思主义新闻观为舵，驶向媒体

---

① 《习近平关于全面建成小康社会论述摘编》，中央文献出版社，2016，第 117 页。
② 《习近平：共同为改革想招　一起为改革发力》，新华网，2014 年 8 月 18 日，http://www.xinhuanet.com/politics/2014-08/18/c_1112126269.htm，最后访问日期：2023 年 3 月 12 日。

融合的宏伟未来。

第二节　建立全媒体传播体系的基础和路径

一　"钻石模型"在构建全媒体对策中的适用性

"钻石模型"由美国学者迈克尔·波特提出。他在 1990 年出版的《国家竞争优势》一书中第一次提出"国家竞争优势"理论，即"钻石模型"。《国家竞争优势》的第二篇为产业篇，该篇覆盖了服务业等产业，拓展了模型的适用性。时至今日，波特的"钻石模型"依旧焕发生机，无论是在企业层面、产业层面还是在国家层面，通过"钻石模型"，企业、产业和国家都能够明确决定要素，向关键环节发力。"钻石模型"中的不同指标之间既有区别又有联系，这些指标覆盖传媒产业的内外部，包括传媒产业相关层面如上下游的影视产业、国企、媒体等，用户层面如需求、市场等，产业内部层面如战略、对策等，也包括外部因素层面如政府、环境的机会和风险等，总体来讲符合产业认识的逻辑。

不论全媒体是从广义还是狭义进行定义，"钻石模型"都能进行相对应的匹配，此处主要从广义钻石模型切入，覆盖狭义部分。从广义上看，全媒体是对媒介形态、媒介生产和传播的整合性应用，这相当于从"产业"的钻石理论视角切入"钻石模型"；从狭义上看，全媒体是立足于现代技术的发展和媒介融合的传播形态，是综合传统媒体与新兴媒体，在媒介内容生产、媒介形态、传播渠道、传播方式、媒介运营模式、媒介营销等方面的整合应用，这相当于从"企业"的钻石理论视角切入"钻石模型"。

从"钻石模型"切入全媒体领域，是能切中要害的。全媒体的全方位集成性特征，全面满足了人们接受和感知信息的需要，全面整合了信息内容的生产与传播环节，并实现了对受众市场的超级细分。随着全媒体传播对人类媒介素养的拓展，传播者的信息生产不再是传播的中心，受众对信息内容和传播手段的不同需求，才真正成为人类传播活动的逻辑起点。

以下标题基于此逻辑展开。"在存量经济下开拓全媒体蓝海市场"部分体现的是"钻石模型"中的需求条件;"利用先进的管理和技术渠道实现可持续迭代"部分体现的是"钻石模型"中的生产要素;"建构全媒体的结构化策略"部分体现的是"钻石模型"中的企业战略、结构和同业竞争、机会与风险;"与政府、上下游联动发展"部分体现的是"钻石模型"中的政府因素和相关支持产业。总体来讲,全媒体产业在产业链不同的位置和对象具有不同的战略和对策。

二 在存量经济下开拓全媒体蓝海市场

(一)从行业增量需求转向用户存量需求

从行业发展前景来看,国内用户的增长相对饱和,用户增长成本较高,因此随着国内用户红利逐渐消失,媒体行业从产业层面到资本层面都经历了一段时间的消化期,整体增速有所放缓,但从行业细分领域来看,由于用户内容付费意愿提升、互联网加速媒体企业的转型和并购等因素,媒体部分新兴行业细分领域仍保持高速增长,未来的市场空间和发展前景巨大。随着信息传播技术的进步,我国移动网络环境的日益完善,移动互联网技术不断发展,各类移动互联网应用的需求逐渐被开发。从基础的娱乐沟通、信息查询,到商务交易、网络金融,再到教育、医疗、交通等公共服务,移动互联网塑造了全新的社会生活形态,改变了移动网民的日常生活。随着5G技术的逐渐成熟,移动互联网已经在信息传播中逐步占据重要地位,其产业链上的各个环节都将受益于这一领域的持续高速成长。

从产业整体的发展态势来看,互联网媒体企业的竞争已经进入下半场,业内已经将竞争的重点转移到了如何提高市场渗透率、开发用户的长尾需求上来。例如眼下就有不少传媒企业将自身业务向上游领域如教育、影视、游戏、院线等开拓,其中南方传媒就在自身现有的新媒体战略下,构建多维的教育体系,并设立传媒产业并购基金,投向大型优质的国有文化传媒企业并购项目、在线教育、数字出版等。

（二）洞察市场，激发新需求

我国移动市场的增长率有所下降，但是用户总体规模大，媒体行业仍具有较大的变现潜力。根据艾瑞咨询数据，我国移动市场规模在 2019年为 980 亿元，2020 年为 1310 亿元，2021 年为 1610 亿元。[①]总体来看，全媒体行业的发展前景依旧广阔，同时行业监管的加强促使行业发展逐渐迈入规范化，其必然会使行业内泡沫被挤出，行业发展最终会回归理性。

随着技术和观念的发展，社会用户的新需求被激发、获取信息的方式等被改变。随着新媒体的产生和发展、互联网的社会化应用和全球化普及，人类网络化和个性化的交往方式被重新建构，意识形态中的社会结构以数字化的形式进行展现。作为一种历史趋势，信息时代的支配性功能与过程日益通过网络组织起来，网络化逻辑的扩散实质地改变了生产、经验、权力与文化过程中的操作和结果，新的社会形态被塑造。一方面，新媒体的广泛运用拓宽了公众自我表达和对话国家的渠道，促进了国家与公众关系模式的转变；另一方面，新媒体准入标准的低门槛和众声喧哗的网络景观又给社会治理带来了诸多问题。新媒体作为不断发展的数字化互动工具，具有话语权力"再中心化"过程中的有限传播和网络狂欢状态下集群行为的在场性缺席的特征。在复杂的媒介环境下，新媒体空间内存在后现代主义文化影响下的过度消费、虚拟社会与现实社会的表象融合等问题。

三　利用先进的管理和技术渠道实现可持续迭代

（一）大数据：赋能数据存储和媒体数据生态系统

随着云计算、大数据、人工智能等新兴产业快速发展，数据中心作

---

① 《2022 年 Q3 移动互联网行业数据研究报告》，艾瑞网，2022 年 10 月 26 日，https://news.iresearch. cn/yx/2022/10/450653.shtml?sid_for_share=99125_2，最后访问日期：2022 年 11 月 20 日。

为重要的信息基础设施，具有较强的发展需求与广阔的发展空间。互联网、大数据等新型经济模式正在催生新一轮经济增长，向外辐射大量商机，有助于区域经济的增长。因此，全媒体应该搭上大数据发展的快车，充分发挥自身优势，坚定不移扶持数据存储中心的建设，使其作为发展大数据产业的切入口，为大数据产业的发展奠定坚实基础。

结合会展产业的转型、大数据领域的专业属性以及融媒体系统和技术的成熟程度，目标平台的搭建可在"融媒体"功能的基础上考虑"泛媒体"化布局，即对资讯与数据价值进行充分挖掘。具体而言，首先，平台是大数据行业垂直融媒体中心，需要实现行业资讯的数字化整合。其次，平台需要充分开发融合展会的线上服务功能，保证线上展会的流程贯通，并实现平台与其他智慧城市平台的无缝对接，打造"融合会展"的信息管理系统。再次，平台需要着重强化大数据行业自身情报收集和分析能力的输出与转化，使专家智库、高校和科研机构的科研能力形成的大数据产业的"行业大脑"变现为咨询服务产品。最后，平台需要逐步拟合适应于大数据企业竞合互动需求的"威客"服务功能，满足不同使用场景的实际用户需求，提供交易中介服务。

经济社会持续增长的应用需求为大数据产业发展提供了市场空间。大数据技术产品创新正逐渐从技术驱动转向应用驱动，旺盛的应用需求和巨大的市场空间是大数据产业创新的强大内生动力。根据前瞻研究院发布的《2019年中国大数据产业全景图谱》报告，在大数据产业所包括的数据集聚、数据存储、数据分析、数据交易、数据应用和衍生产业等活动中，大数据应用层面未来将占据大数据市场的最大份额。大数据应用是指利用分布式并行计算、人工智能等技术对海量异构数据进行计算、分析和挖掘，并将由此产生的信息和知识应用于实际的生产、管理、经营和研究中。因此，我国应大力推动大数据与具体行业的结合，加快大数据向垂直行业应用的步伐，使大数据真正发挥所蕴含的实际应用价值，给区域生产生活带来积极影响。根据前瞻研究院报告，大数据在我国应用最广泛的领域为政府和金融，在工业、电力、交通、电信、教育等其他行业的应用尚处于起步阶段，但未来会保持高速增长。

专栏

通过大数据媒体实时监测技术进行监测
——中国核工业集团有限公司内部媒体概况

中国企业新媒体指数榜（国务院国资委新闻中心联合清华大学新闻研究中心、清博指数、中国企业联合会、中国经济网、《中国企业家》杂志发布，通过大数据媒体实时监测技术对微信、微博、抖音、快手、视频号、头条、知乎等平台进行数据采集，以评测中国企业、中央企业媒体融合传播的全网影响力与宣传价值）显示，中国核工业集团有限公司在2021年中国企业500强新媒体指数榜位居第19名，而在2022年3月中国企业500强新媒体指数榜位居第9名。

资料来源：《2021年度中国企业新媒体指数榜》，澎湃网，2021年12月31日，https://www.thepaper.cn/newsDetail_forward_16090431，最后访问日期：2022年11月20日；《中国企业新媒体指数榜（2022年3月）》，澎湃网，2022年4月10日，https://www.thepaper.cn/newsDetail_ forward_17544573，最后访问日期：2022年11月20日。

（二）5G：赋能媒体安全和多样呈现方式

5G和AR等技术拓展了媒体的多样呈现方式。在2019年全国两会期间，人民网打通"报、屏、网、微、端"等各种资源，率先使用AR技术，使读者扫描图片即可查看相关委员历年履职信息，这一技术还被应用到了《人民日报》电子版、人民视频App等各类终端，全面覆盖《人民日报》传播体系。此外人民网还引入 AI 主播创作《全息 3D 强影看两会》短视频，发布手绘风 H5 动画，推出轻量短视频《两会全媒派》以及"说说你的 2019 两会心愿"街头采访，制作微评系列节目《两会听我"蒋"》，通过一分钟左右的短视频、自由的弹幕发布构造出轻松活泼的风格，试图以高技术力和更贴近生活、喜闻乐见的形式展现两会风貌。在关于习近平新时代中国特色社会主义思想的思想教育上，人民网成立专门融媒体工作室，使用 H5 发布、专家短片解读、有声图文等形式展现习近平新时代中国特色社会主义思想，并摘录习近平总书记系列重要讲话，以专题形式推出金句摘编，以图解形式推出"习近平的扶贫探访之路"系列新闻。

有研究认为，5G 时代帷幕的拉开，连续广域覆盖、热点高容量、低功耗大链接、低时延、高可靠性等革命性的技术突破，使无物不连、无时不在、无处不有的"全"连接社会成为可能。从以流量为核心的门户网络时代，到以用户为核心的社交媒体时代，再到当下以数据和场景为核心的时代，全媒体成为传媒理念革新和实践转型的重要方向。突破时空尺度的全程媒体、突破物理尺度的全息媒体、突破主题尺度的全员媒体、突破功能尺度的全效媒体共同构成了一幅多元主体在竞合中衍生出的全新传媒版图。

随着大数据、云计算、移动互联网、物联网等信息化技术的不断发展，网络的边界日益模糊，虚拟空间和实体空间的结合趋于紧密，安全形势日趋复杂，因而我国网络安全产业正值发展黄金期，潜力巨大，发展空间广阔。然而，在网络安全产业发展的机遇期，哈尔滨在网络安全重视和本地市场开拓上的意识稍显不足。当前哈尔滨以昱阳信息技术开发有限责任公司为代表的网络安全企业主要承接政府机关项目，但政府机关的网络安全需求尚未被充分释放，政府应切实将信息安全和网络安全纳入工作重点，加强和夯实各部门的安全建设。在政府的带头引领下，网络安全企业应进一步增加本地网络安全应用市场需求。

四　建构全媒体的结构化策略

（一）狭义媒介属性的媒体策略

全媒体往往被描述为人类当下掌握的信息流手段的集大成者，对它的分析维度多样，但在寻找建议对策时往往千头万绪，不知从何下手。万事开头难，我们不妨将目光聚回日常容易理解的、有形易感可知的"媒体"概念本身。在"传统媒体－新媒体""官方舆论场－民间舆论场"这种媒介二元划分思维范式被打破之后，媒介形态、平台载体、类型界定看似是一片混沌的海洋，但逐渐浮出水面的是三座相对明晰的岛屿——主流官方媒体、专业化商业媒体、自媒体。

从自媒体领域来看，虽然目前自媒体行业发展处于强监管期，但是行业未来依然具有较好的发展前景。从自媒体的百度指数来看，从2013年我国自媒体行业兴起到2018年11月中旬，自媒体的百度指数总体攀升，并在11月12~18日达到历史峰值，为4885，在国家互联网信息办公室下令整治我国"自媒体乱象"以后，2019年2月初其百度指数迅速下跌至1841，但在咪蒙事件发生以后迅速回升。

除了少数城市外，多数地区在新媒体领域起步较晚，尚未形成完整的互联网媒体的产业模式，在当前市场格局中竞争力较弱。与专业化商业媒体和主流官方媒体不同，自媒体经历整改后正处于竞争格局尚未稳固的阶段，要盘活并融合闲置的媒体资源，实现协同共赢，还需要具有更加结构性的媒体竞合战略。

1.主流官方媒体：资源整合与集群效应

谈到主流官方媒体，强化资金投入以吸纳专业化的人才团队，提升新闻质量、队伍素质与事实公信力是老生常谈的话题。主流官方媒体尤其是党媒在政务信息传播、政策解读、政务服务方面具有绝对的权威力和公信力，在舆论引导和主流价值观的传播方面具有较强的引导力和影响力。在如今流量为王的媒体时代，传播主体多元，传播层次多级，因此往往造成信源难辨、假新闻频出、新闻专业主义"唱衰"等现象，职业媒体进入"寒冬"。公信力是媒体生存和发展的根本，是媒体核心竞争力建设的重要内容。特别是在传播方式、媒体格局、舆论生态都发生深刻变化的当下，党媒应发挥好新闻舆论主阵地、主力军作用，重视并加强公信力建构。

主流官方媒体从业人员肩负着政治宣传任务，但对多地党媒的调查后发现，如工资低、约束多、相应政策缺乏等问题比比皆是，这些问题最终导致媒体自负盈亏，难以留住人才。为此，我们建议各地政府增加对党媒的资金补给、完善人才引进和激励机制，一方面不断强化媒体从业者的专业技能和政治素养，培养"全能型"记者；另一方面利用绩效工资制度优化党媒的新闻产品，通过加强内容建设增强受众黏性，坚持新闻专业主义的客观性理念，掌握实时舆情动态，结合新媒介技术的发展，借助人工智能、大数据、算法、AR、VR等科技，生产出个性化新闻、深度调查性新闻等，努力锻造出一支素质过硬、能打敢拼的全媒体人才队伍。

传统媒体与新媒体相比有不可多得的优势，但在互联网时代劣势也十分明显。综观中国新媒体发展浪潮，可以明显地看出技术在媒体的内容生产、分发手段、平台再造等方面的深刻影响。在媒介融合发展的每一个阶段，技术迭代发展都起了重要的作用。毫不夸张地说，在新一轮的媒介融合中，如果主流官方媒体没有及时跟上最新技术应用，就很有可能面临"降维攻击"的危险。因此，面对新形势，主流官方媒体要强化技术驱动发展理念，加大媒体新技术研发和应用力度，同时培养、吸引和留住技术人才，这样媒介融合才有坚实的基础。

政府应该是桥梁和带头人，应当积极联合互联网公司进行资源整合，形成产业的集群效应，便于横向和纵向的联动。主流官方媒体应该积极学习互联网公司技术驱动发展理念，其形成集中产业区域发展的优势在于可以及时吸收借鉴专业化商业媒体的新兴技术和管理模式的经验，不断缓解自身在互联网时代的种种不适。

2. 专业化商业媒体：协力、深耕、下沉

首先，要联合政府，协力推动市区县级融媒体发展。当前，蓬勃发展的互联网日益成为信息集散地、舆论策源地与思想交锋主阵地，是党长期执政面临的最大变量。习近平总书记提出，"要扎实抓好县级融媒体中心建设"，[①]这凸显了县级融媒体中心建设在宣传思想工作大局中的重要地位。

通过调研发现，多地仍然对县级融媒体中心建设重视程度不够，抱有警惕或面子工程心态，推广和落实工作相对保守，实际进展有限。政府应大力借助互联网媒体的人才、技术等优势，与各大专业化商业媒体通力合作，做好区县政府账号的推广工作，借助融合平台打造信息服务矩阵。政府与互联网媒体公司联合，创新全媒体融合传播模式，强化传统媒体渠道与移动渠道的互通和联动，深化资源、平台、流程、产品上的多种融合，建立起立体多样、融合发展的现代传播体系。

其次，政府对县级融媒体中心的建设必须善于运用互联网新技术，搭建"一网一台一端一微"的全媒体平台。一是利用大数据和云计算技术，促进"网台"升级。二是利用移动互联网技术"深耕"客户端。要注意开发客户端关键在于重视用户的反馈，找准用户的切入点，迎合用户的需求，做出特色、办出影响力。三是利用微信、微博等平台，拓宽传播渠道。四是为适应市场需要，多生产精准短小、鲜活快捷、吸引力强的信息，可借助直播、短视频、H5、VR 等先进技术，满足多种体验的需求。

最后，应当强化"内容＋渠道"模式，推动品牌的深耕和区域下沉。互联网如今已经告别了"跑马圈地"的上半场，进入了内容"深耕细作"的下半场，加强用户黏性必须靠内容的深耕。通过生产优质内容、与大量内容渠道合作，专业化商业媒体形成千万级用户新媒体矩阵。然而通

---

① 《习近平关于社会主义精神文明建设论述摘编》，中央文献出版社，2022，第 86 页。

过调研多地互联网企业后发现，本地传统企业对新兴互联网技术的认知还比较浅，反映最多的问题就是内容生产简单"相加"，只注重流量，而缺乏优质原创内容。优质内容是互联网的稀缺资源，也是目前深耕产品领域的抓手和筹码。

当下在一些资本的推动下用户已经初步实现了对互联网内容付费思维和习惯的养成，也就是说网络用户已经开始接受内容付费的模式，也开始认可创作者的劳动。专业化商业媒体应在新媒体的环境下主推深度报道，满足读者对信息的深度需求，从而提升品牌影响力。同时政府应给予专业化商业媒体相关优惠政策，深耕各县级融媒体，加强与当地知名企业的合作，进而增强区域的下沉。

3. 自媒体：探索价值链条，放管结合赋活创新

自媒体包括微博、微信、博客等形式，具有"共享媒体"、无空间和时间的限制以及"社交属性"等特点。从价值链的视角看，内容媒体通过人与内容的连接，依靠流量逻辑获得广告收益；社交媒体通过人与人的连接，依靠关系逻辑催生共享经济；场景媒体通过人与场景的连接，依靠跨界逻辑产生电商支付。在媒体形态日益交叉融合的状态下，传统媒体要让内容有更多的入口平台和商业价值，就不应简单停留于通过内容产品提供来获取红海竞争型流量的传统商业逻辑，而要构建以场景为入口、以内容为价值、以连接为中心、以社群为最大公约数的商业逻辑。

移动互联网和社交媒体的深入发展使人与人的连接越来越容易，具有相同价值认同、情感诉求的人聚集起来也变得十分便捷，众多自媒体通过构建社群来留住用户或者进行商业变现。所以，类似社交媒体平台上的自媒体也逐渐成为广义上商业平台的一种。一些自媒体先行者已经通过各种商业化的运作，使其不再只是当初那种"自娱自乐""自生自灭"的非营利自媒体，而是蕴含着巨大的商机，可能存在着多元的盈利模式，具有可持续发展和壮大机会的商业自媒体。

一部分学者提出自媒体的五种盈利模式：①网络广告模式；②会员

付费制度；③O2O模式；④粉丝捐赠模式；⑤联盟多种自媒体发展的商业模式。另一部分学者认为自媒体主要存在的盈利模式有：内容输出型——广告营销模式、订阅收费模式；社区强关系型——会员付费模式、粉丝捐赠模式；服务输出型——线上咨询模式、O2O模式；品牌展示型——自媒体联盟模式。

由于创新资源受限，创新行为的分化成为自媒体创业初期的特殊表现。以"制度逻辑－行动选择"为分析框架，通过多案例研究，我们可以揭示多重制度逻辑冲突下自媒体创新行为分化背后的内在逻辑。产出具有专业价值的"好内容"，是自媒体的共同价值取向。面对报道对象的合法性压力，自媒体不再被动地接受以软文服务为主导的传统商业模式，并将冲突压力转化为创新动力。随着创新能力的提升，实现内容产品与商业模式的全面创新，成为自媒体创新实践的最终走向。根据大数据预测，"互联网＋"和媒介融合的推动普及将助力自媒体发展，政策红利进一步释放后，自媒体将迎来更多元的主体、更成熟的产业链、更健康的内容生态、更具颠覆性的突破创新以及更大的可能性。

自媒体的营销价值包括用户价值和客户价值两部分，可通过覆盖率、互动性、用户黏度、用户精准度和投放转化率等指标来衡量。价值区块可以作为自媒体盈利模式的区分依据，具体包括用户价值区块、品牌价值区块、平台价值区块和内容价值区块，四者有序结合、相互依存。用户价值区块的实现是目前自媒体盈利的主要方式，内容价值区块或能成为小众自媒体生存之道。此外，自媒体具有较大的潜在营销和区域推广价值。自媒体潜在营销的自身特点以及传播方式等改变了原来传统营销模式的品牌基因，让地区文化沟通更贴近群众。传统的区域推广主要通过营销平台，如电视、杂志、广告等进行旅游品牌撒网式的推广与宣传，只是把信息推向大众，很难让用户从中获取针对自身需要的精准化和个性化信息。地方政府应当结合头部自媒体平台和MCN机构，制定符合不同年龄、地点和爱好的个体消费者需求的个性化、精准化营销方式，创建和维护地区文化

IP，但也有研究认为，自媒体盈利情况并不那么乐观——越来越多的人"试水"自媒体，真正实现盈利的自媒体却不超过 10%，目前自媒体人的生存状况堪忧。

"万物皆媒"的时代，涌现出了一批具有传播属性的商业化平台，其正是全媒体的必要一环。这些平台具有强大的聚拢用户的能力和内容分发的能力，是不可忽略的传播力量。媒体尤其是主流官方媒体与商业化平台可以优势互补，实现从单打独斗到合作共赢的转变。适当放宽内容监管可以推动原创内容蓬勃发展。自媒体在短时间内成为风口，但自媒体初期的野蛮生长，导致行业乱象丛生。自媒体在创造庞大线上商业流量价值的同时也经历着恶意侵权、过度营销、诱导分享、发布低俗内容、故意欺诈等乱象的阵痛。一些公众号为了赚眼球、吸粉丝不惜使出歪招、邪招。一些自媒体平台，在传播一些社会性事件时，缺乏相应的客观性与全面性，往往引起不良的社会效应，这种情况要引起重视。强有力的监管可能会误伤一些无辜的自媒体，所以最好的状态应是松弛有度。如果政府对自媒体"打压过大"，就会导致自媒体从业人员"无从下手"，平台缺乏优质的原创内容。目前自媒体行业上半场野蛮生长时期即将结束，下半场合规发展时期即将到来，下半场拼的不再是哗众取宠，而是优质内容制作运营的续航能力。自媒体平台和从业者需要监管，但更需要自我提升，主动培养自身的信息素养。管理部门对商业平台既要创新管理又要善于用好，让相关平台在构建全媒体传播体系中发挥其应有的作用。

（二）广义媒介属性的产业策略

互联网、大数据等新型经济模式正在催生新一轮经济增长，向外辐射大量商机，有助于区域经济的增长。只有依靠大数据、软件、云计算、人工智能等行业新技术，推动行业市场化，让政府、企业与全社会共享数字发展新成果，媒体才能从狭义概念中跳脱出来，走向全媒体，让复合型产业要素形成连接产业结构的牢固纽带，为全媒体建设提供不可或缺的信息基础设施支撑。

1. 大数据产业：数据生态、人才资源与应用需求

在国际上，政府数据开放已形成必然趋势。比如纽约市政府建立了公开数据门户网站，与社会共享经济发展、医疗、休闲、公共服务等领域的数据。此外，纽约市还进一步颁布《开放数据法案》，要求政府部门使用机器可直接读取的数据并建立应用程序编程接口（API），以方便互联网从业者直接连接政府系统获取数据。向私营领域开放数据可以极大增强大数据分析和云计算的效用，不仅能为政府提供政策制定建议，提高公共服务质量，还能驱动各行业领域的发展，进而实现区域经济增长。

首先，政府要带头建立完善的数据生态系统。大数据产业的发展需要依托海量的数据。然而当前我国数据开放程度较低，信息壁垒过强，政府应率先引领数据共享与开放，实现大数据的汇集整合。政府部门是大数据应用潜力较大的部门，掌握着全体社会80%的信息资源，但这些信息资源受不同部门管辖且数据标准不一，导致信息流处于封闭状态，信息尚未得到有效释放与共享。为了提高数据多样性，满足大数据分析和处理的需求，政府应提高公共数据的开放程度，同时带头建设行业数据库，鼓励企业共享数据。

其次，政府要结合各地高校和产学研链条上的积极要素，发动青年科研人才力量，充分利用好本地数据资源。可搭建大数据企业与高校教师的桥梁，将企业需求与青年教师的科研相结合，促进二者的深入合作，形成本地大数据开发利用的独特模式，实现本地数据资源的充分利用与挖掘。

最后，政府要大力发展大数据应用，尤其注重大数据对实体经济的赋能，进而激发本地需求的增长。经济社会持续增长的应用需求为大数据产业发展提供了市场空间。

在借助大数据促进其他行业发展的同时，政府激发本地大数据需求的增长，为本地大数据企业开拓市场。政府要带头与本地大数据企业合作，利用大数据推动政府治理能力的提升，推动大数据在科学决策、政府管理和公共服务等领域的应用，提高政府机构办公效率，提升政府社会治

理和公共服务能力。云计算、大数据技术可提高政府决策的效率、科学性和精准性，提高政府预测预警能力和应急响应能力，优化政府决策。政府还可借助大数据逐步构建多层次、全方位、立体化的电子政务服务系统，推进信息公开，推出网上办事实时受理、部门协同服务等功能，不断拓展个性化服务内容，提高政府的协同办公与为民办公效率，增强政府与社会的双向互动。此外，政府还可以拓宽大数据在工、农业等传统行业的应用范围，充分彰显大数据的经济潜力。

2. 网络安全产业：开源市场需求、激活创新动能

在网络安全产业发展的机遇期，多数地区在网络安全重视和本地市场开拓上的意识稍显不足。

除政府外，大型工业企业、金融企业等均是网络安全企业优质的用户资源。各地可以以需求为牵引，加快促进网络安全技术成果转化，培育壮大网络安全产品服务市场，引导通信、能源、金融、交通等重要行业加大关键基础设施网络安全投入，促进网络安全产品服务应用普及，加快产品服务的迭代创新。

政府可通过鼓励龙头企业并购扩张、支持龙头企业市场拓展、激励龙头企业研发创新等方式，推动产业持续做大、做优、做强，实现产业高质量发展。同时，可依托龙头企业带动本地中小企业发展和网络安全产业园区建设。政府可推动龙头企业持续加大本地采购力度、增强上下游产业链协同，促进一批配套、协作的中小企业发展，要突出龙头企业作为产业集群主引擎的作用，重点依托龙头企业，通过提高基础设施建设水平和减免租金税费等方式打造龙头引领、关联配套、专业分工、协作发展的产业集群格局。目前全国各地正加快网络安全产业布局，北京、上海、武汉、天津、西安、深圳等多个城市已相继出台政策，推动网络安全产业园区建设，加快网络安全产业集聚和产业链条的形成。因此，各地应充分注重和优化网络安全产业园区的构建，聚集人才、资源、知识等要素，形成同一区域企业间产业链合作效应。

政府应当加大对龙头企业研发创新的支持力度，鼓励校企合作，提高网络安全产业人才储备与技术创新动能。核心技术是网络安全产业发展的根本。大数据、云计算、物联网、区块链等新兴技术促使网络环境更加复杂，涌现出全新的网络威胁与安全需求，网络安全产业处于新兴领域安全技术研究与突破的关键时期。政府一方面可加大对安天等龙头企业自身研发机构的资金支持与政策倾斜力度，另一方面汇集高校专业学科、科研院所和企业研发团队的技术力量，鼓励校企合作，加强对新兴领域的安全防护技术研发，推动创新孵化与科研成果转化，在发展本地经济的同时，通过辐射带动作用，推动媒体向"全"、向好发展。

3. 物联网产业：对接合作、万物皆媒

物联网是经济社会智能、可持续发展的关键基础和重要引擎，我国主要城市纷纷部署物联网产业，正视新一轮产业机遇。当前，物联网的潜力正逐步凸显，物联网应用正加速渗透到生产和生活的各个环节，在工业、农业、交通、安防、电力、媒介与通信等行业领域，物联网应用具备广阔的提升和发展空间，未来应用市场将成为物联网最大的细分市场。

政府要把市场培育与产业发展结合起来，加快物联网技术的应用推广，发展适用于广大群众生产、生活所需的产品和服务等。政府应积极拥抱物联网，切实将信息化建设纳入城市规划中，大力建设以物联网为核心要素的智慧城市，将各级政府、企业、社区、家庭均纳入智能化服务体系，通过试点示范物联网在便利百姓生活的同时促进传统产业的转型升级，积极搭建不同行业物联网平台，推动本地物联网技术发展，真正形成全媒体构想中的"数和象在天、地、人之间变动和周流而建立的备包有无的媒体形式"。

五　与政府、上下游联动发展

（一）以国家政策为导向

在媒体政策方面，随着近年来移动互联网新媒体对传统媒体的冲击愈发猛烈，2014 年以来与"媒体融合"的相关文件发布日渐密集。2014 年 8 月 18 日，中央全面深化改革领导小组第四次会议通过了《关于推动传统媒体和新兴媒体融合发展的指导意见》。2019 年 1 月 15 日，中共中央宣传部和国家广播电视总局联合发布了《县级融媒体中心建设规范》《县级融媒体中心省级技术平台规范要求》，这两份文件为县级融媒体中心省级技术平台规定了操作指南和建设规范。在党中央全面部署下，各级政府高度重视媒体融合的发展，积极开展相关具体措施。

如 2022 年 4 月，政府和监管部门继续多次释放积极政策信号，对修复前期平台经济悲观市场预期，稳定市场情绪起到积极作用。具体来看，一系列重点监管事件主要包括：① 4 月 22 日中国人民银行、中国证监会、中国银保监会提出要维护市场稳定；② 4 月 29 日中共中央政治局会议强调稳增长、稳就业；③ 5 月 17 日全国政协召开"推动数字经济持续健康发展"专题协商会。此外，细分子行业方面来看，4 月 11 日游戏版号时隔 8 个月后重新发放，5 月 7 日针对直播打赏推出加强未成年人保护的相关监管意见。当前监管政策的出台已趋于稳定，处于细化并落实前期监管方针的阶段，"政策底"正逐渐夯实。

（二）用智库借力媒体企业管理

建立国企管理智库，是落实和践行党中央重视和推进智库建设政策的一个具体行动，是国企改革和管理更多依靠智力引领和支撑的一个重要举措。加强管理是企业发展的永恒主题，是企业实现基业长青的重要保障。对标世界一流企业，提升国有企业的管理能力和水平，增强国有企业的核心竞争力，实现国有企业高质量发展等，都要求国有企业把加强管理摆在更加突出的位置。

以习近平同志为核心的党中央十分重视智库建设。党的十八大以来，习近平总书记多次强调要重视和加强高端智库建设。2015 年 1 月，中共中央办公厅、国务院办公厅下发了《关于加强中国特色新型智库建设的意见》。2015 年 11 月 9 日，中央全面深化改革领导小组第十八次会议通过了《国家高端智库建设试点工作方案》。2015 年 12 月 1 日，"国家高端智库建设试点工作会议"在北京举行。2020 年 2 月，中央全面深化改革委员会又审议通过了《关于深入推进国家高端智库建设试点工作的意见》，强调"建设中国特色新型智库是党中央立足党和国家事业全局作出的重要部署"。为了落实党中央加快建设高质量智库的要求和部署，聚焦深化国有企业改革和推进国有企业发展，自党的十八大特别是十九大以来，国内一些单位机构相继建立了国企智库，如中国社会科学院与国务院国资委联合建立的中国社会科学院国有经济研究智库、国务院国资委研究中心发起的由各中央企业参与的中央企业智库联盟、清华大学建立的中国现代国有企业研究院、吉林大学建立的中国国有经济研究中心等。

（三）打通媒体上中下游渠道，联合发展

数字化技术能够联通媒体各个模块，力图通过技术消化、整合各行业的需求，并打通渠道之间的屏障，如通过数据库技术打破数字信息不透明带来的数据孤岛局面，充分利用数据库技术实现有效的数据调查及管理服务，促进管理水平提升。

首先，发挥媒体的社交属性和数字技术优势，促进线上线下联动。政府及相关部门在推动媒体数字化发展过程中，应当积极鼓励应用数字化技术，提高企业内部的数字化程度，对内部管理流程进行优化改造，提升业务数字化水平，如面向媒体企业的 SaaS 系统。其次，媒体需注重数据积累。基于线上积累，媒体能够有针对性地利用结构化和半结构化的数据对受众情况进行数据挖掘和数据分析，从而提高决策的准确性和新闻推送的精确性，并提升用户体验。最后，应当加强虚拟化、智能化，提升体验感。线上线下服务要兼顾新闻的虚拟化、智能化和客户体验感，让结构逐渐趋向于数字化以及网络化。因此，未来的媒体必须利用智能技术提升虚拟化、智能化效果，将用户体验感作为重要考量，实现服务的人性化，进而不断提高客户的满意度，促进媒体行业的可持续性发展。

全媒体时代对非媒体机构具有一定影响，非媒体机构也能反哺传媒的发展。以图书馆为例，在全媒体时代，信息资源向多样化发展，这要求图书馆的信息资源建设逐步融入集互联网、电视、手机于一体的全方位、多媒体、互动性的存储格局；用户也不再满足于单一的实体与网络服务，图书馆需要使新旧信息资源各自发挥优势，在对同一需求的服务中共同建构一个立体的信息环境；在信息的海量激增与快节奏的生活工作模式下，用户的各种个性化需求会逐渐表达给图书馆，以求获得更适宜其信息获取和利用的个性化服务模式，由此自助服务的重要性也得到凸显；同时，信息传播空间更加泛在化，图书馆将拥有一个新的开放式信息采集、分析和服务体系，使不同网络、不同设备、不同服务在任何时间、任何地点对任何人都保持高度连接性，为用户提供个性化、智能化、知识聚合化的全媒体服务。这种应用同时也反哺了新媒体技术。在资源建设上，图书馆可以利用云计算的高计算、高存储功能，将馆藏资源通过"云"来实现共享；在信息推送上，Web 2.0、社交媒体、精准弹窗的普及应用使信息传递、网络咨询、书目推送更加方便快捷；在知识服务上，数字电视网的数字化融合、各种长中短视频应用程序的兴起，使图书馆的视频点播等服务也更容易实现。可以说，全媒体时代为图书馆的延伸服务提供了立体化的通道，既提高了服务效率，也拓展了方法和途径。

第三节　全媒体传播体系的系统构建

全媒体传播体系构建不仅仅是媒介深度融合发展的阶段性目标，更是媒介融合实践及国家治理体系建设的目标方向。2019年1月25日，在中共中央政治局在人民日报社就全媒体时代和媒体融合发展举行的第十二次集体学习中，习近平总书记指出，"全媒体不断发展，出现了全程媒体、全息媒体、全员媒体、全效媒体，信息无处不在、无所不及、无人不用，导致舆论生态、媒体格局、传播方式发生深刻变化，新闻舆论工作面临新的挑战"。①同年 10 月，党的十九届四中全会所通过的《中共中央关于坚持和完善中国特色社会主义制度推进国家治理体系和治理能力现代化若干重大问题的决定》更进一步表明，要"建立以内容建设为根本、先进技术为支撑、创新管理为保障的全媒体传播体系"。这为全媒体传播体系建设提出了明确方向，结合智能技术创新媒体融合传播路径已成为时代发展的必然选择。

一　全媒体传播体系的发展阶段

全媒体发展的基础是媒体融合的不断深化。习近平总书记指出："传统媒体和新兴媒体不是取代关系，而是迭代关系；不是谁主谁次，而是此长彼长；不是谁强谁弱，而是优势互补。"②从目前情况看，我国媒体融合发展整体优势还没有充分发挥出来。因此，为建立"四全"媒体和进一步推进我国媒体融合进程向纵深发展，梳理我国媒介融合和媒体融合发展历程有着重要意义。

对于我国媒体融合历程的研究，学者们提出了不同的划分阶段的方式。胡正荣和李荃将媒体融合的历史沿袭根据 2014 年 8 月 18 日和 2019 年 1 月 25 日这两个关键时间节点划分为三个阶段：2014 年之前的自主探索阶段；2014~2019 年的全面推进阶段；2019 年之后开启的加速建设阶段。③张金桐和屈秀飞将媒体融合分为两个阶段：2014~2016 年为整体布局阶段；2017 年之后为深度拓展阶段。④《中国媒体融合发展报告》课题组将 2014 年定为媒体融合元年，按此将媒体融合划分为三个阶段：台网互动的融合 1.0 阶段；2017~2018 年完成的移动优先融合 2.0 阶段；2019

---

① 习近平：《加快推动媒体融合发展　构建全媒体传播格局》，《求是》2019 年第 6 期，第 4~8 页。

② 《习近平新时代中国特色社会主义思想学习纲要》，学习出版社、人民出版社，2019，第 152 页。

③ 胡正荣、李荃：《走向智慧全媒体生态：媒体融合的历史沿革和未来展望》，《新闻与写作》2019 年第 5 期，第 5~11 页。

④ 张金桐、屈秀飞：《媒体融合的演进逻辑、实践指向与展望》，《当代传播》2019 年第 3 期，第 65~69 页。

年进入的融合 3.0 阶段。赵子忠和郭好则从媒介发展史的一般研究范式出发，从中央政策研究及媒体机构改革的角度和沿袭技术的逻辑，根据传统媒体和互联网在融合中相互作用的关系，将媒体融合的进程分为四个阶段：2014 年之前的原生相加阶段；2014~2016 年的理论指导融合试水阶段；2017~2018 年的融合深水区阶段；2019 年开始的全媒体传播体系建构阶段。①

　　本书将媒体融合阶段划分为 2014 年前、2014~2019 年、2019 年后三个时期。美国于 1983 年提出媒介融合概念，当时的中国学界对融合概念的研究还较少，但是业界已经出现了在媒体形态层面的融合尝试。1995 年《神州学人》发行的电子版与 1997 年《人民日报》和新华社网站的建立，标志了中国传统媒体的互联网转型，但学界对于传统媒体与新媒体如何融合发展仍缺乏深度探索，传统媒体简单的内容上网不能适应受众新的内容消费习惯，互联网公司等商业机构获取了大量用户，而主流媒体的影响力被削弱。

　　2014 年 8 月 18 日，中央全面深化改革领导小组第四次会议通过了《关于推动传统媒体和新兴媒体融合发展的指导意见》。"媒体融合"在中国有了理论的指导，上升为国家战略，并且正式在全国范围内铺展开来。2014 年也因此被称为媒体融合元年。这一阶段的融合从中央级媒体开始，省级媒体迅速响应。与传统媒体独立的融媒体中心建立，"两微一端"建设成为基础工作，新闻采编的业务流程得以重构，多样化的全媒体生产力工具得以大规模运用，创新融媒体工作室机制在逐渐试行，中央厨房建设成为其中一个重要的后台节点。

　　直至 2019 年，此前的发展阶段已经在从中央到地方、从组织到机制、从内容到技术等方面奠定了基础，探索了在设施、技术、组织、流程、团队等分项维度的融合路径，随着全媒体传播体系建设被列入

---

① 赵子忠、郭好：《构建全媒体传播体系的路径和关键》，《新闻与写作》2019 年第 3 期，第 5~11 页。

"十四五"规划，明确全媒体传播体系中的中央级媒体、省级媒体、县级融媒体中心等多元主体的建设路径，从传播流程、平台搭建、传播资源、信息内容、技术应用、管理手段等多重维度进行体系建设，以达到真正"从相加迈向融合"成为新的战略目标。

二 全媒体传播体系的纵向建设

（一）中央级媒体的转型

中央级媒体在国家传播体系中居于核心位置，是媒体融合转型的先行者，也对各级、各类媒体起到示范作用。2014 年开始，人民日报社全媒体中心（中央厨房）、新华社与中央电视台融媒体等项目均投入建设，后续省级新媒体集团组建，融媒体中心建设在中央级媒体的引领下在地方迅速展开。因此构建具有传播力、引导力、影响力和公信力的中央级媒体的全媒体中心，对我国全媒体传播体系建设与转型发展具有至关重要的意义。

（二）省级媒体的全媒体发展

省级媒体是国家主流价值观由上至下传播的重要途径。省级媒体占据丰富的本地资源，了解本地用户市场，在媒体融合与全媒体传播体系建设中取得了一些成果。然而，省级媒体在全媒体时代也面临着多重竞争、地域限制等问题，省级媒体的全媒体转型建设也面临较大挑战。只有抓住全媒体时代传播技术手段创新升级的机遇，利用好本地各类资源，为本地用户提供更贴近生活、更具个性化的服务，实现省级地面频道的跨越式创新发展与全媒体传播体系的完善，打通内部与外部之间的通路，才能实现省级媒体社会功能的全域拓展。

（三）县级融媒体中心建设

县级融媒体中心深入基层，其建设与转型发展是全媒体传播体系建设的重要战略布局。2018 年 8 月 21~22 日，在全国宣传思想工作会议上，习近平总书记指出，"要扎实抓好县级融媒体中心建设，更好引导群众、服务群众"。2018 年 11 月 14 日，习近平总书记主持召开中央全面深化改革委员会第五次会议，印发《关于加强县级融媒体中心建设的意见》。作为基层宣传思想文化工作的"最后一公里"，县级融媒体中心的搭建已经获得了初步成效，但也面临融合形式化、人才缺乏等多重挑战。

三　全媒体传播体系的横向建设

（一）产品体系

媒体的内容产品包括新闻、一般资讯和娱乐等，主要分为以下几种类型。第一类是主旋律、正能量类内容。这一类内容包括传播党的政策主张的内容、记录时代风云的内容、推动社会进步的内容、守望公平正义的内容等。以商业为目的的机构往往较少主动生产与传播这类内容，因此需要主流媒体作为主力军去主动生产、积极推送。同时其他媒体应当减少发布哗众取宠的内容，不与主旋律出现相抵触、相背离的情况。第二类是文化教育类内容。这一类内容需要各类媒体创造性地生产和传播。这些内容一方面具有公益性功能，另一方面也具有市场价值。第三类是一般资讯和娱乐消遣类内容。这一类内容容易激发或迎合用户的兴趣，往往给用户带来愉悦或刺激等诱发情绪的心理感受，其底线应是反庸俗、低俗和媚俗。在产品供给方面，总体要求是主旋律更响亮，正能量更充沛。要让主旋律和正能量充盈社会信息空间，为此必须继续促进主流媒体做大做强，增强主流媒体的影响力。

（二）平台体系

全媒体传播一词指的是全介质传播，包括使用文字、图片、图表、动画、音频、视频、直播、H5、VR、AR 等各种介质及手段进行生产，通过报纸、广播、电视、期刊、PC 端、移动端等各种渠道进行分发，或者入驻各种商业平台号，面向用户传播，并与用户交互的传播方式。目前的互联网平台往往是超级规模的多边平台。对于主流媒体来说，可以在内容完全原创的基础上，同时借助于一个协作式分发网络，实现多渠道分发；也可以除了原创之外，同时聚合来自机构、自媒体或互联网的内容，以此追求一定的内容规模和用户规模，这一路径与商业平台的模式比较接近，亦即媒体平台化。

在一个平台内部，不同的介质应相互联通。在现实中，市场上主流的报纸采编系统与电视采编系统之间仍然存在性能不兼容的情况。由于内容总是附着于一定的介质的，"一次采集，多元发布"和"一键生成，一键发布"的操作理念，其着眼点都是主题相近的内容在不同的介质之间可以自由地无障碍地切换，可以全方位地适应用户的个性化、群体化需求并分发到不同的场景中。

（三）用户体系

在移动互联网语境下，用户不仅是内容的消费者，也是参与者和创造者。随着用户的自主权的增加，对用户体系的建设也愈发重要。媒体需以用户为中心创作内容，与用户之间建立平等的对话。用户体系的建设包括用户数据管理、用户行为管理和用户心理管理等。其中，与用户的线上线下交互是必不可少的环节。线上进行的交互包括在留言区、评论区与用户的互动。在新媒体的生产流程上，采写新闻只是传播的开始，还要对内容进行多次加工，然后多平台分发，必要的情况下再次或补充采集。分发环节之后，进行在线互动、反馈，深化与用户的情感联系。此后，还要进行后台数据的整理加工，以便为建立新一波次的传播做准备。线下进行的交互包括进入社区、企业、学校以及活动现场等，通过积极参与用户的生活对用户群体建立更深的了解，扩展新的用户群体。虽然用户体系的起源是商业语境下对用户的运营管理，即通过各种措施吸引新用户、留存旧用户、提高已有用户的活跃度，并鼓励用户互相推荐以增加商业价值，但全媒体传播体系中的用户体系构建应当超越简单的商业考量，将用户作为超越数据的个体看待，建立真正的对话意识。

（四）服务体系

媒体拥有丰富的信息资源，与社会各界发生联系，地方媒体尤其承载着许多民生服务。第一类是政务服务，包括各级党委和政府部门、企业、事业单位的对内对外宣传工作，如政治学习教育平台、干群互动网络问政平台的建设及运维，涉及网格管理、安全服务、大数据服务、智慧城市建设等由政府部门直接管理的各类业务。第二类是民生服务，包括从广大民众的衣食住行到健康养老，从文化旅游到教育娱乐，从办事缴费到扶贫脱困等。 第三类是商务服务，通过广告和电商服务产生经济利益，补充媒体的收入来源。服务体系建设意味着将更多的政府资源、社会资源、商业资源整合进入媒体生产过程，通过媒体业务范围的突破和扩大，构建起可能是全新的媒体行业边界：媒体不仅成为信息组织，而且成为服务组织，积极参与到社会建设的过程中。

图书在版编目（CIP）数据

全媒体传播体系构建研究 / 刘德寰等著 . -- 北京：
社会科学文献出版社，2025. 5. -- ISBN 978-7-5228
-4827-3

Ⅰ. G219.2

中国国家版本馆 CIP 数据核字第 20259BW181 号

全媒体传播体系构建研究

著　　者 / 刘德寰　孟艳芳　王袁欣 等

出 版 人 / 冀祥德
责任编辑 / 张建中
文稿编辑 / 王红平
责任印制 / 岳　阳

出　　版 / 社会科学文献出版社·文化传媒分社（010）59367156
　　　　　　地址：北京市北三环中路甲29号院华龙大厦　邮编：100029
　　　　　　网址：www. ssap. com. cn
发　　行 / 社会科学文献出版社（010）59367028
印　　装 / 三河市龙林印务有限公司

规　　格 / 开 本：787mm×1092mm　1/16
　　　　　　印 张：27.25　字 数：390千字
版　　次 / 2025年5月第1版　2025年5月第1次印刷
书　　号 / ISBN 978-7-5228-4827-3
定　　价 / 138.00元

读者服务电话：4008918866

▲▲ 版权所有 翻印必究